国家重点档案保护与开发项目资助

省情与施政

广东省政府会议录

（1925—1949）

第八册

广东省档案馆　编

SPM 南方出版传媒　广东人民出版社

·广州·

目　录

广东省政府第十届委员会会议录

（1945 年 9 月 25 日—1947 年 9 月 30 日）

广东省政府第十一届委员会会议录
（1947 年 10 月 8 日—1948 年 11 月 30 日）

广东省政府第十届
委员会会议录

（1945 年 9 月 25 日—1947 年 9 月 30 日）

广东省政府第十届委员会
第一次会议纪录

时　　间　民国三十四年九月二十五日

地　　点　本府会议厅

出席者　罗卓英　李扬敬　杜梅和　姚宝猷　罗为雄　肖次尹
　　　　罗香林　黄文山　黄范一　詹朝阳

请假者　鲍国宝　蔡劲军　陈绍贤

列席者　李东星　毛松年　陈国伦　谢天培（韩俭周代）

主　　席　罗卓英

纪　　录　李藻兴

报告事项

一、主席报告本届委员会九月二十四日以前各项工作进行情形，并转达元首在陪都召见各委员及主席辞行时训示省政要点。

二、委员兼秘书长罗为雄报告接收前任经过，及率领本府暨所属各厅处会局人员由东江复员迁穗情形。

讨论事项

一、主席交议，拟订本省施政大纲：（一）扫除积弊树立廉正风气。（二）扩大造产改善人民生活。（三）整顿县政巩固宪治基础。（四）发扬学术提高文化水准。（五）促进侨务发展国外贸易。请公决案。

（决议）修正通过，并交罗委员香林、黄委员文山，会同各有关厅处，依此大纲，拟具纲领，提会决定。修正文如左：（一）选贤任能，树立廉正风气。（二）扶植农工，改善人民生活。（三）健全县政，巩固宪治基础。（四）奖励科学，促进现代文化。（五）发扬侨务，充实建设力量。

二、主席交议，本省复员紧急措施应如何指定有关机关办理案。

（说明）查八年抗战，本省牺牲甚巨，现胜利光临，复员还业。

（一）治安秩序，亟待维持。（二）水陆交通，亟须兴复。（三）善后救济，亟待办理。（四）粮食问题，亟待解决。（五）金融亟须稳定。（六）物价亟须平抑。（七）各级学校，亟待恢复。（八）侨胞汇款，亟须畅通。事关紧急政务，应指定有关机关，赶速办理。

（决议）（一）关于治安秩序一项，送省保安司令部负责速办。（二）关于水陆交通一项，由建设厅、省保安司令部，会商航政局办理。（三）关于善后救济一项，由社会处、民政厅，会商善后救济总署广东分署，及其他有关机关，切实速办。（四）关于粮食一项，由田赋粮食管理处负责，会商粮食部广九特派员，及其他有关机关，切实办理。（五）关于金融一项，由财政厅会商财政部特派员迅速办理。（六）关于物价一项，由社会处负责会商省市党部及市政府等机关，切实办理。（七）关于恢复学校一项，由教育厅负责办理。（八）关于畅通侨汇一项，由财政厅与各有关机关协商办理。

三、委员兼秘书长罗为雄提议，查前任所拟本省复员工作计划，拟请推定委员从新审订案。

（说明）查前任所拟复员工作计划，因情势变迁，须加修改，例如：（一）第二方面军交办各事项应加列入。（二）田赋已奉令豁免，征实部分应加修改。根据中央颁发复员工作计划纲要从新厘订。

（决议）本案交肖委员次尹修订，提下星期二第三次会议决定。

四、主席交议，据会计处签呈，本府西江南路行署奉准裁撤，拟具该署结束费用暨员役遣散费拨支办法，请公决案。

（决议）交黄委员范一审查，提下星期第三次会议决定。

广东省政府第十届委员会
第二次会议纪录

时　间　九月二十八日

地　点　本府会议厅

出席者　罗卓英　李扬敬　杜梅和　姚宝猷　罗为雄　肖次尹

　　　　　　罗香林　黄文山　黄范一　詹朝阳

请假者 鲍国宝　蔡劲军　陈绍贤

列席者 史延程　李东星　毛松年　高信（李鸿毅代）

　　　　　谢天培（韩俭周代）

主　席 罗卓英

纪　录 李藻兴

报告事项

一、宣读第一次委员会会议纪录。

二、财政厅长杜梅和报告取缔商人买卖伪钞攫取非法利益。

讨论事项

一、主席交议，据会议处签呈，饶平县政府呈缴三十四年度地方岁入岁出第一次追加概算一案，经核编后，计各列一百九十万零一千九百五十五元，请提会核定案。

（决议）本案连同改善县级人员待遇办法，由李委员扬敬、杜委员梅和从新审查，由杜委员召集。

二、主席交议，据会计处签呈，本府由三十四年九月一日至九月十四日先后核定饬拨各项经费，列具清表，请提会追认案。

（决议）照案通过。

三、主席交议，据会计处签拟，修正三十五年度本省各县市局地方预算编制办法，请公决案。

（决议）交李委员扬敬、杜委员梅和、姚委员宝猷、罗委员为雄、肖委员次尹、罗委员香林、黄委员文山、黄委员范一、詹委员朝阳，九委员审查，由李委员召集。

四、主席交议，省立文理学院院长一职，拟改聘罗委员香林兼任；省立勤勤商学院，拟改名为省立法商学院，院长一职，拟聘黄委员文山兼任，提请公决案。

（决议）通过。

广东省政府第十届委员会
第三次会议纪录

时　　间　十月二日

地　　点　本府会议厅

出席者　罗卓英　李扬敬　杜梅和　姚宝猷　罗为雄　肖次尹
　　　　罗香林　黄文山　黄范一　詹朝阳

请假者　鲍国宝　陈绍贤　蔡劲军

列席者　史延程　李东星　毛松年　高　信　陈国伦　谢天培
　　　　丘新民　余俊贤（郭兆华代）黄　雯（杨松簌代）

主　　席　罗卓英

纪　　录　李藻兴

报告事项

一、宣读第二次委员会会议纪录。（余略）

讨论事项

一、委员兼民政厅长李扬敬提议，拟将南海、从化、花县、三水、东莞、增城、宝安等七县一律归还建制，仍由第一行政督察区管辖，请公决案。

（附注）本省行政督察区，于二十五年成立，自二十七年倭寇侵粤，省治迁韶后，沿海及中区一部分县份，沦为游击区，因交通梗阻，对于政令推行，颇感窒碍，当时为指挥敏捷起见，曾将原辖第一行政督察区之从化、花县两县，暂划归第二行政督察区管辖；南海、三水两县暂划归第三行政督察区管辖；东莞、增城、宝安三县，暂划归第四行政督察区管辖。现本省各沦陷区县份，经已次第收复，各地交通，亦渐复原状，拟将从化、花县、南海、三水、东莞、增城、宝安等七县，一律归还建制，仍由第一行政督察区管辖。

（决议）通过。

二、肖委员次尹审查奉交广东省复员工作计划一案，列具意见，报请公决案。

（决议）修正通过，仍交肖委员整理文字，呈主席核定办理。（修正文附后）

三、主席交议，民政厅长李扬敬签呈，据本厅第三科科长何名泽呈请辞职，拟请照准，遗缺拟以郑晖代理，检同该员简历，提请公决案。

（决议）通过。

附：广东省复员计划大纲

Ⅰ．民政

一、省府及各厅处局等机关，迅速迁回省会，健全人事，办理复员。

二、各区专员公署及县市政府管理局迁回原治，健全机构，办理复员。

三、接收伪民政机构。

四、协助收回租界及租借地。

五、稳定社会秩序恢复地方治安。

六、编整保甲及户政。

七、整编警察。

八、恢复破坏城市。

九、调查战时伤亡损失。

十、加紧禁绝烟赌。

十一、实施减租轻息。

Ⅱ．军事

一、协助军事复员办理退役转业。

二、表彰忠烈推行恤政。

三、保障复员复业切实保护交过〔通〕。

四、整理保安团队切实维持治安。

五、清理民枪强化地方自卫力量。

六、肃清奸伪残余潜伏武力绥靖地方。

七、净化地方游杂部队。

八、清剿边险区积匪。

九、整理师管区健全役政。

十、管理在乡军人举办兵工垦殖。

Ⅲ. 财政

一、接收伪财务行政机构。

二、恢复县市财务行政机构及调整补充人员。

三、废除日伪滥征之一切税捐规费。

四、整理自治财政。

五、清理一切公款公产及绝产。

六、恢复各区市局岁计会计制度。

Ⅳ. 金融

一、接收伪金融机构。

二、协助恢复银行业务。

三、禁止行使日伪钞票公债并予清理。

四、畅通侨汇。

五、办理复员紧急贷款。

Ⅴ. 田粮

一、接收日伪田粮机构及存粮。

二、调整田粮机构。

三、调节粮食。

四、办理粮食救济。

五、办理豁免田赋及停止征实征借。

六、清理田赋减免及积欠。

七、搜集整编赋册。

八、改订土地税率田赋科则。

九、清理土地奖〔契〕照。

十、清理田赋推收。

Ⅵ. 农垦渔牧

一、接收日伪经营之农垦渔牧机关及财产。

二、举办农业实物贷款及输入国外农业必需物资。

三、恢复南、顺等县蚕桑事业。

四、恢复林垦改良畜牧。

五、繁殖耕牛防治兽疫。

六、罗致专材恢复农业生产。

七、扶助渔民复业发展渔盐事业。

Ⅶ. 工矿商业

一、接收日伪之工矿商业机关及财产。

二、筹复战前省营工矿业。

三、调整省营工厂。

四、接管因产权纠纷而停顿之工矿商业。

五、修复省营造船厂。

六、调查日伪掠夺之省民营工矿业财产器材交涉偿还。

七、奖励民工矿业复工。

八、罗致专材恢复工矿生产。

Ⅷ. 交通

一、接收日伪所办之交通机关及财产。

二、收复公路补充车辆。

三、恢复各江航运补充船只。

四、修复各地电话电报线。

五、恢复邮路。

六、筹复民航事业。

七、训练交通技术及管理人【员】。

Ⅸ. 水利

一、整理东西北韩江水道。

二、修复各江基围及水闸并健全其管理机构。

三、修复塘坝及其他灌溉工程。

Ⅹ. 教育文化

一、接收日伪之教育文化机关及事业。

二、恢复各级教育文化机关及事业。

三、肃清日伪奴化教育。

四、甄试伪中等学校肄业及毕业学生酌予训练。

五、调整战区学生公费办法。

六、加强社教工作。

七、征集抗战忠义事迹及纪念品、战利品。

八、清查及保管地方文献。

九、调查被日伪掠夺公私古物图书及艺术品交涉偿还。

XI. 社会

一、调除或调整战时集会结社及人民生活上之各种限制。

二、解散日伪指使组织之人民团体。

三、调整人民团体机构。

四、调节物资供需平抑物价。

五、调整战时合作组织及推广合作事业。

六、救济难民难童。

七、辅导灾民难民回籍复业就业。

八、褒恤阵亡将士及殉难义民家属。

九、协助办理荣誉军人福利事业。

XII. 卫生

一、接收日伪卫生机构及器材药品。

二、恢复及整理公私立医疗机关。

三、增设医疗院所。

四、训练医务人员。

五、筹设制药厂所。

六、加强医政及防疫工作。

七、整理环境卫生。

XIII. 侨务

一、援助归侨出国复业。

二、援助归侨兴办实业。

三、辅导侨生回国就学。

四、调查侨民战时损失。

XIV. 地政

一、处理日伪侵占地权。

二、处理战时地权转移之纠纷。

三、清理市地农地之地籍。

四、实施土地重划。

五、扶植自耕农。

六、清理租佃纠纷。

七、推广土地信用贷款。

八、恢复航空测量。

广东省政府第十届委员会
第四次会议纪录

时　间　十月五日

地　点　本府会议厅

出席者　罗卓英　李扬敬　杜梅和　姚宝猷　罗为雄　肖次尹
　　　　罗香林　黄文山　詹朝阳　黄范一

请假者　鲍国宝　蔡劲军　陈绍贤

列席者　史延程　李东星　毛松年　谢天培　丘新民　陈国伦
　　　　陈鸿藻　黄　雯（杨松簇代）

主　席　罗卓英

纪　录　李藻兴

主席恭读　国父遗嘱

报告事项

一、宣读第三次委员会议纪录。

二、（略）

讨论事项

一、黄委员范一签复，奉交审查会计处签拟，拨支本府西江南路行署结束费用，暨员役遣散费办法一案，列具意见，请公决案。

（决议）照审查意见通过。

（审查意见）查该案未据会计处附列该署编制预算，所列应拨各款数字无从审查，至该署既经呈奉行政院核准裁撤，自应迅遵办理，兹据拟议该署结束期限及结束费用暨员役遣散费拨支办法，系参照例案办理，似可如拟拨支，当否，仍候公决。黄范一。三十四，十，二。

二、主席交议，据会计处签呈，抗战准备金经核定停征，原定在该科目拨支有继续性各经费，应如何办理等情，请公决案。

（决议）本案与县（市局）级，自卫经费米粮筹给，地方治安，有联带关系，暂时保留。

广东省政府第十届委员会
第五次会议纪录

时　间　十月九日

地　点　本府会议厅

出席者　罗卓英　　李扬敬　　杜梅和　　姚宝猷　　罗为雄　　罗香林
　　　　　黄范一　　詹朝阳

公出者　肖次尹　　黄文山

请假者　鲍国宝　　陈绍贤　　蔡劲军

列席者　余俊贤　　史延程　　李东星　　毛松年　　陈国伦　　黄　雯
　　　　　陈鸿藻　　丘新民　　黄公安

主　席　罗卓英

纪　录　李藻兴

主席恭读　国父遗嘱

报告事项

一、宣读第四次委员会议纪录。

二、民政厅报告一周办理重要工作。

三、教育厅报告一周办理重要工作。

四、建设厅报告一周办理重要工作。

五、会计处报告，准国防会议秘书厅函，为各机关财务处理尚有不合之处，遵经分别令行纠正一案情形。

讨论事项

一、委员兼民政厅长李扬敬提，本省各县市未成立乡镇民代表会之乡镇，其乡镇长副，拟由县市临时参议会遴选合格人员四倍，送由县市政府圈定委任，以昭慎重，请公决案。

（决议）由县市长约集县市党部、县市临时参议会、县市政府会同决定后，由县市政府委任。

二、主席交议，据教育厅签，转据省立肇庆师范学校请准将三十三年度师范生副食费节余款一十二万三千五百二十九元，移拨为该校临时设备费一案，经据会计处签复，似可照准等情，请公决案。

（决议）通过。

三、主席交议，据会计处签，以本府驻渝办事处继续设置，拟议拨发该处经费生活费及公粮办法，请核示等情，请公决案。

（决议）交杜委员梅和审查。

四、主席交议，据财政厅长杜梅和报告，召集各有关机关派员会商筹设广州民食燃料平价购销委员会经过，并拟具组织规程草案，请察核等情，请公决案。

（决议）委员会照案组织，其规程修正通过。

广东省政府第十届委员会
第六次会议纪录

时　　间　十月十二日
地　　点　本府会议厅
出席者　罗卓英　李扬敬　杜梅和　姚宝猷　罗为雄　肖次尹
　　　　罗香林　詹朝阳　黄文山　黄范一
请假者　鲍国宝　陈绍贤　蔡劲军
列席者　史延程　李东星　毛松年　丘新民　韦镇福　陈国伦
　　　　黄　雯　黄公安　陈鸿藻
主　　席　罗卓英
纪　　录　李藻兴
主席恭读　国父遗嘱

报告事项

一、宣读第五次委员会议纪录。

二、秘书处报告，奉交下教育厅呈，关于省立高州女子师范学校请准移用三十三年度增加学生副食费余款一万三千七百八十六元，移为临时迁校费一案，核属需要，所列数目亦无不合等情，经函送会计处签复，拟准照办等由，奉准如拟办理。

三、会计处报告一周办理重要工作。

四、广东田赋粮食管理处报告一周办理重要工作。

五、社会处报告一周办理重要工作。

六、地政局报告一周办理重要工作。

讨论事项

一、主席交议，据社会处签呈，拟具紧急救济实施要点，请察核等情，请公决案。

（决议）修正通过。

修正紧急救济实施要点：

战事胜利疮痍未复，施行紧急救济，实为当务之急，本府还省之初，即就实际需要，电请中央拨给紧急救济费十亿元在案，兹拟具紧急救济实施要点：（一）紧急救济之目的，在治其标，工作之进行，务必力求迅速确实，普遍公平。（二）紧急救济之对象，在收复区内之灾民，与省内流亡之义民，且必为确实贫寒无告者。（三）救济事项，暂定如左；甲、施赠棉衣；乙、施粥；丙、设所供应短期居住；丁、供给短距离之舟车；戊、施医赠药。（四）办理紧急救济时间，暂定为四个月，必要时得酌量延长之。（五）在省会所在地设紧急救济总会。收复区内各县市得设分会，其他各县应乎需要，可就其水陆交通之适宜地点，设紧急救济站，办理过境流亡义民之紧急救济，并与行政院善后救济总署广东分署连系互助。（六）紧急救济经费与物资之筹措办法：甲、请中央拨给；乙、由本省筹拨；丙、各地自筹。

二、委员兼教育厅长姚宝猷提议，拟调省立广雅中学校长冯肇光为本厅督学，遗缺拟派王兴瑞接充，检同简历，请公决案。

（决议）照派代理。

14

广东省政府第十届委员会
第七次会议纪录

时　　间　十月十六日

地　　点　本府会议厅

出席者　罗卓英　李扬敬　杜梅和　罗为雄　姚宝猷　肖次尹
　　　　罗香林　黄文山　黄范一　詹朝阳

告假者　鲍国宝　陈绍贤　蔡劲军

列席者　余俊贤　李东星　毛松年　陈国伦　丘新民　黄公安
　　　　陈鸿慈　黄　雯（冼维逊代）　谢天培（黎尚桓代）

主　　席　罗卓英

纪　　录　苏旭升

主席恭读　国父遗嘱

报告事项

一、宣读第六次委员会会议纪录。

二、民政厅报告一周办理重要工作。

三、财政厅报告一周办理重要工作。

四、教育厅报告一周办理重要工作。

五、建设厅报告一周办理重要工作。

六、秘书处报告一周办理重要工作。

讨论事项

一、主席交议，据民政厅签呈，转据中央警官学校正科十四期毕业生孙天民等联呈请补助回粤服务旅费一案，拟具办法，请核示等情，请公决案。

（决议）准每人补助五千元，款在本年度战时特别预备金项下开支。

二、主席交议，据会计处签呈，关于奉行政院电知，省参议会正副议长驻会委员，自八月份起，交通费改支标准案，拟具意见，请核示等情，请公决案。

（决议）由本年度省预算战时特别预备金项下，拨支六十八万元，余由省临时参议会本年度增加经费项下开支。

三、主席交议，拟设置粤侨事业辅导委员会，并附计划草案，请公决案。

（决议）原则通过，交黄委员文山整理文字，及拟具章则提会。

四、委员兼民政厅长李扬敬提，为遵照内政部电示，设置本省县（市）参议员选举监督事务所，拟具组织章程及经费预算表，请公决案。

（决议）修正通过，经费在本年度战时特别预备金项下拨支，公粮及生活补助费，分别在省预算各科目拨支。

五、主席交议，据财政厅长杜梅和签呈，本厅主任秘书张翼圣呈请辞职，拟予照准，遗缺拟派陈昌五代理，检同该员简历，请公决案。

（决议）通过。

六、主席交议，据建设厅签呈，拟以覃翰代理农林局稻作改进所技正兼北区指导员等情，请公决案。

（决议）通过。

七、主席交议，准中国同盟会纪念会常务委员邓青阳等联请救济前住韶关忠党堂本党老同志及前总统府护士队一案，经饬据省田粮处、会计处会签拟议办法，请核示等情，请公决案。

（决议）本案由本府会商省党部办理；并先由本府拨救济费五十万元，款在本年度省预算救济费项下开支。

广东省政府第十届委员会
第八次会议纪录

    时　间　十月十九日
    地　点　本府会议厅
    出席者　罗卓英　李扬敬　杜梅和　姚宝猷　罗为雄　肖次尹

　　　　　　罗香林　黄文山　黄范一　詹朝阳

告假者　鲍国宝　蔡劲军　陈绍贤

列席者　史延程　陈国伦　李东星　毛松年　黄公安　陈鸿藻

　　　　　　丘新民　黄　雯（冼维逊代）　谢天培（黎尚桓代）

主　席　罗卓英

纪　录　苏旭升

主席恭读　国父遗嘱

报告事项

一、宣读第七次委员会议纪录。

二、秘书处报告，奉交下会计处签呈，关于本府前奉行政院已支兴四电，核准三十四年补助招锡海妻黄氏一胎四孩教养费，年额六万元，另救济费一万元一案，现限期届满，经以腾未回平作电奉行政院申鱼兴四电核复，准继续补助一年（即三十五年度）计六万元，仍在第一预备金项下动支等因，拟请列报会议后分行等情，奉准如拟办理。

　讨论事项

一、委员兼民政厅长李扬敬提，拟具广东收复地区县（市）各级机构恢复办法，请公决案。

（决议）修正通过。

二、主席交议，据建设厅签呈，拟自本年十月一日起，裁撤农林局东区办事处，拟具办法，请核示等情，请公决案。

（决议）通过。

三、委员李扬敬等会复，奉交付全体委员审查会计处签拟，修正三十五年度本省各县（市局）地方预算编制办法一案结果，列具意见，报请公决案。

（决议）照审查意见通过，并推罗委员为雄，邀集罗委员香林、肖委员次尹、黄委员文山、黄委员范一、詹委员朝阳，会同拟具审查标准，提会决定。

四、委员兼教育厅长姚宝猷提，拟订收复区教育工作人员甄审委员会组织规程、收复区教育工作人员甄审办法、收复区教育工作人员训练办法、收复区中等学校学生资格甄审委员会组织规程、收复区中等学校学生甄审办法，及收复区中等学校学生训练办法等六种，请公决案。

（决议）修正通过。

五、委员兼民政厅长李扬敬提，本厅主任秘书李锡朋另有任务，拟予免职，遗缺派钟盛麟代理；秘书王仁佳拟调充第二科科长，遗缺并拟派邹奋鹏代理；又第一科科长悬缺未补，拟派邓东航代理。检同各该员简历表，请公决案。

（决议）通过。

六、委员黄文山提，最近旅暹侨胞，以悬旗庆祝盟国胜利，致遭暹罗军警残杀一案。查旅暹侨胞，多属粤籍，兹为表示本府关切侨情，并鼓舞内向心理起见，拟以主席及全体委员名义致电慰勉，如何，请公决案。

（决议）通过，电文交秘书处整理后拍发。

七、委员兼财政厅长杜梅和提，本厅第一科科长王绍猷呈请辞职，拟予照准，遗缺拟派梁津武代理，检同该员简历表，请公决案。

（决议）通过。

广东省政府第十届委员会
第九次会议纪录

时　　间　十月二十三日

地　　点　本府会议厅

出席者　罗卓英　李扬敬　杜梅和　姚宝猷　罗为雄　肖次尹
　　　　罗香林　黄文山　黄范一　詹朝阳

告假者　鲍国宝　蔡劲军　陈绍贤

列席者　黄世途　韦镇福　陈国伦　毛松年　朱祖英
　　　　谢天培（黎尚桓代）

主　　席　罗卓英

纪　　录　苏旭升

主席恭读　国父遗嘱

报告事项

一、宣读第八次委员会议纪录。

二、秘书处报告，奉交下教育厅呈，转据省立高州农业职业学校呈，以三十三年十二月抄敌犯廉化等地，本校奉命疏散，遵将重要图书仪器等项，移至茂名县北曹江乡荷桐村存放，计共支搬迁费九千七百零五元，拟由三十三年度本校职业生公费节余项下，九千七百零五元全数移拨，编具支付预算书呈请察核等情。经函送会计处签复，本案既据教育厅核属需要，案关同款移用，转请报会议后分行等由，奉准如拟办理。

三、秘书处报告，奉交人事处签呈，本府第十届委员会第七次会议讨论第六条"主席交议，据建设厅呈，拟以覃翰代理农林局技正兼北区指导员等情，请公决案"一案案由，"农林局"之下漏去"稻作改进所"五字，请补正报会等情，奉准如拟办理。

讨论事项

一、主席交议，准广东全省保安司令部代电，以本部及所属团队官佐待遇微薄，经核定三十四年每员发给补助服装费二千元，计共需二百五十五万四千元，拟由本部三十四年度经费节余项下支报，编造预算书，请查照等由，请公决案。

（决议）通过。

二、委员李扬敬签复，关于停征抗战准备金一案，经召集民、财两厅，会计、田粮两处主管人，军管区副司令，保安副司令会同研究，拟附整理意见，报请公决案。

（决议）（一）抗战准备金停征后，解省统筹部分，数目之清理照收支总表办理；其有继续性之经费，概发至十月底止；团管处保留人员，暨无线电站、电话班等经费，准列三个月，省区保部督导员，准发遣散费三个月，款并在催收款项下开支。（二）十一月份起，各县自卫队调整办法如下：1.名称照旧称自卫队。2.队数及编制，照民政厅所拟办理；但警长、警士、号警等名称，分别改为班长、士兵、号兵。3.预算除开办费应删去外，余照财政厅会计处签拟意见修正，仍准各县视其财力酌定报查。4.补助部分，除夏季服装费应删去外，余照财政厅签呈（二）项之（2）目办理，款在中央增拨本省三十二及三十三年度分配县市国税款开支。（三）龙和自卫总队十月底裁撤后，其人员由保安司令部编补。

三、主席交议，据建设厅签呈，以本厅主任秘书李世安、第一科科长林猷甫呈请辞职，拟予照准，所遗主任秘书缺，拟以朱祖英代理；遗第一科长缺，拟以曾朴代理；秘书黄展谟另候任用，遗缺拟以罗伯先代理。检同各该员简历表，请公决案。

（决议）通过。

四、主席交议，本府驻渝办事处处长李敏，查已离职，遗缺拟派李加勉代理，请公决案。

（决议）通过。

五、主席交议，据教育厅长姚宝猷签呈，本厅督学骆维骧，查已离职，遗缺拟以余沧清代理，检同该员简历表，请公决案。

（决议）通过。

六、主席交议，据教育厅长姚宝猷签呈，本厅督学黄炯第，查已离职，遗缺拟以姚璂秀代理，检同该员简历表，请公决案。

（决议）通过。

七、主席交议，据教育厅长姚宝猷签呈，省立志锐中学校长一职，悬缺未派，拟以黄家强代理，检同该员简历表，请公决案。

（决议）通过。

八、主席交议，据教育厅长姚宝猷签呈，本厅主任秘书谢群彬呈请辞职，拟予照准，遗缺拟调第二科长李秋谷升充，检同该员简历表，请公决案。

（决议）通过。

广东省政府第十届委员会
第十次会议纪录

时　间　十月三十日

地　点　本府会议厅

出席者　罗卓英　李扬敬　杜梅和　姚宝猷　罗为雄　肖次尹
　　　　罗香林　黄文山　黄范一　詹朝阳
告假者　鲍国宝　蔡劲军　陈绍贤
列席者　毛松年　丘新民　陈国伦（巫琦代）
　　　　谢天培（黎尚桓代）
主　席　罗卓英
纪　录　苏旭升
主席恭读　国父遗嘱

报告事项

一、宣读第九次委员会议纪录。

二、秘书处报告，奉交下省赈济会代电，转据广东妇女生产工作团呈缴该团及所属三十四年度经常费预算分配表，计全年该团（包括技工班及垦区）共列二十九万八千零四元，托儿所共列二万一千七百二十元，款拟在本会三十四年度赈济基金预算，教养机构经临科目拨支等情。经函送会计处签复拟准照办，仍转请核定后列报会议等由，奉准如拟办理。

三、秘书处报告，奉交下民政厅签呈，拟订本省各县乡镇民代表会经费支给标准：（一）乡镇民代表于开会期内，酌支膳宿费每人每日二百元，以会期三日为限。（二）乡镇民代表会开会办公费每次五百元。（三）上列经费，应由县编造预算，列入年度县总预算内，如本年度未列入者，仍应届期补造追加预算，专案呈核，请核夺等情，奉准如拟办理。

四、秘书处报告，奉交下教育厅呈，转据省立高州农业职业学校呈，以三十三年八月间，敌犯遂溪，往返搬迁，共垫支搬迁费二万八千元；又修葺农场校具等，共垫支工料费一万七千五百四十元，拟在本校三十三年度学生副食费节余项下，四万五千五百四十元全数移拨，编具预算书转请核示等情。经函送会计处签复，既据教育厅核属需要，案关同款移用，请转报会后分行等由，应准如拟办理。

讨论事项

一、委员兼财政厅长杜梅和提，奉本府第五次委员会议，交付本厅审查会计处签拟，议拨发本府驻渝办事处经费生活费及公粮办法一案结果，列具意见，报请公决案。

（决议）（一）处长准照简任八级待遇。（二）特支费暂定每月五万元，款在本年度战时特别预备金项下开支。（三）离职员工准发遣散费，每人三个月薪饷及生活补助费。（四）余照审查意见通过。

二、主席交议，奉行政院电，本省行政复员费准再增拨一亿元案，关于分配标准，经饬据会计处依照原电规定签拟前来，检同原分配标准及数额表，请公决案。

（决议）交罗委员香林、黄委员范一、詹委员朝阳审查，由罗委员邀集。

三、主席交议，据设计考核委员会签呈，拟具本省各县市局三十五年工作计划编造办法，请核示等情，请公决案。

（决议）编造办法修正通过。关于省订工作项目，由罗委员为雄邀集各委员及会计长，详细拟订，提会决定。

四、委员罗为雄等提，奉本省第八次委员会议，交付拟具修正三十五年度本省各县局地方预算编制办法之审查标准一案，列具意见，请公决案。

（决议）照审查意见修正通过。

修正文如左：（一）关于教育文化支出一款，决定如左：1. 各县市局原有教育产款较多者，其地方预算照原表所列岁出比率办理。2. 各县市局原有教育产款甚少，或全无教育产款者，其地方预算岁出比率，得增百分之三。所增之比率，由其他支出及乡镇临时事业费二款，各减出百分之一移列，余由公务员退休及抚恤支出与补助及协助支出二款，各减出百分之零五移列。（二）其余照原拟办理。

五、主席交议，据会计处签呈，转据和平县政府呈缴三十四年度地方岁入岁出第一次追加预算一案，核编后，计岁入岁出追加六百五十万五千四百五十七元，请核定等情，请公决案。

（决议）通过。

六、主席交议，据会计处签呈，关于本年度补助南澳等各战地县份，及毫无地方收入之安化局通俗宣传费一案，列具意见，请核夺等情，请公决案。

（决议）通过。

七、主席交议，据本府西江南路行署电，以本署奉令结束，无线电专台机材及员役应如何处置，请电示等情。关于结束办法，经饬据无线电总台及会计处签拟意见前来，请公决案。

（决议）照会计处签拟通过。

八、主席交议，据建设厅代电，以奉钧府代电，附发本厅领支特别办公费员额表，饬遵照等因。查原列漏列秘书科长等共十人，及工业试验所裁并本厅之荐任技正（士）等共六人，请并发给各该员特别办公费等情，请公决案。

（决议）照人事处签拟通过。

九、主席交议，据建设厅签呈，拟以方思齐代理公路处督察兼助理秘书，附呈荐委表请察核等情，请公决案。

（决议）通过。

十、主席交议，据财政厅长杜梅和签呈，本厅第三科长蔡铁郎另有任用，拟予免职，遗缺拟派谢永年代理；视察冯炳基、张礼达另候任用，拟予免职，遗缺拟派蔡铁郎、曹惠卿代理。检同各该员简历表，请公决案。

（决议）通过。

十一、主席交议，据民政厅长李扬敬签呈，佛冈县长关巩呈请辞职，拟予照准，遗缺拟派梁宗一代理；赤溪县长骆××，擅离职守，拟予撤职查办，遗缺拟派谢群彬代理。检同各该员简历表，请公决案。

（决议）通过。

十二、主席交议，本府卫生处处长黄雯另有任用，拟予免职，遗缺拟派朱润深代理，请公决案。

（决议）通过。

广东省政府第十届委员会
第十一次会议纪录

时 间 十一月二日

地 点 本府会议厅

出席者 罗卓英　李扬敬　杜梅和　姚宝猷　罗为雄　肖次尹
　　　　　罗香林　詹朝阳　黄文山　黄范一

告假者 鲍国宝　蔡劲军　陈绍贤

列席者 李东星　毛松年　陈鸿藻　丘新民　黄公安　巫　琦
　　　　　谢天培（黎尚桓代）

主 席 罗卓英

纪 录 苏旭升

主席恭读 国父遗嘱

报告事项

一、宣读第十次委员会议纪录。

二、秘书处报告，奉交下广东全省保安司令部代电，以准贵府代电，请派员探视经龙川至平远蕉岭路径，及调查给养驻地一案，当经本部派上尉参谋吴基伟等二员，前往办理，计共支出旅费二万四千七百八十元，除由贵府拨支一万元外，尚不敷一万四千七百八十元，拟在本部三十四年度保安经费节余项下开支，编具预算书请查照等由。经函送会计处签复似可照办，请转核定后，列报会议分行等由，奉准如拟办理。

三、秘书处报告，奉交下广东全省保安司令部代电，以本部所属修械所三十三年度六、十一、十二月份，先后补充各种材料，计共支出国币五万元，该款拟在本部三十三年度经费节余项下开支，编具预算书，请查照等由。经函送会计处签复似可照办，请转核定后，列报会议分行等由，奉准如拟办理。

四、秘书处报告，本府前奉行政院令，发省级公务员战时生育医药补助费办法补充规定，经于前九届委员会决定奉行办法分行，惟未定施行日期，现奉行政院未有兴四电复，该项补助费如有超支，可核实报请追加等因。又奉三十三年十二月二十八日指令核复，本府请解释医药补助范围疑义，以医药补助，包括医药、手术、住院、膳食四项费用各等因。经函送会计处签复，为免变更三十三年度核定各案，拟均自三十四年度起奉行，请转核定列报会议后分行等由，奉准如拟办理。

五、秘书处报告，奉行政院令，解释公务员因公伤病医药费核给办法第一条甲款"以不超过该员六个月俸额为限"一语，所称六个月俸额，系指本俸及其加成数（即本俸之倍数）而言，饬遵照等因。经函送会计处签复，请转核定报会后分行等由，奉准如拟办理。

讨论事项

一、委员黄文山提，奉本府第七次委员会议，交付整理设置粤侨事业辅导委员会计划草案文字，并拟具章则提会一案，拟具整理意见，暨该会组织章程，请公决案。

（决议）交黄委员文山、黄委员范一、詹委员朝阳审查，由黄委员文山约集。

二、主席交议，据秘书、会计两处签呈，拟修正湛江市政筹备处组织规程，请察核等情，请公决案。

（决议）交民政厅审查。

三、主席交议，准广东省公粮稽核委员会公函，拟在本会设置专任人员四人，以便办公，编具专任人员薪俸生活补助费及公粮预算表，请查照等由，请公决案。

（决议）照会计处签拟通过。

四、主席交议，据会计处签呈，关于翁源县政府呈缴三十四年度地方岁入岁出第一次追加预算案，核编后，计岁入岁出各追加二百二十八万元，请核定等情，请公决案。

（决议）通过。

五、主席交议，据会计处签呈，关于安化管理局电请改善员工待遇办法一案，签拟意见，请核夺等情，请公决案。

（决议）交民政厅、财政厅、会计处审查，由民政厅约集。

六、委员兼民政厅长李扬敬提，拟修正本省各县缩编乡镇办法，附乡镇公所编制经费标准表，请公决案。

（决议）通过。

七、委员兼民政厅长李扬敬提，拟从新裁减各县区署，增设县指导员，以利施政，兹拟具该项办法，请公决案。

（决议）通过。

八、主席交议，据教育厅长姚宝猷签呈，本厅第二科科长李秋谷经调升主任秘书，遗缺拟派张兆驷代理，检同该员简历表，请察核等情，请公决案。

（决议）通过。

九、主席交议，据建设厅签呈，拟派袁熹光代理农林局稻作改进所技正，检同该员任用审查表，请察核等情，请公决案。

（决议）通过。

十、主席交议，据建设厅签呈，本厅第四科科长李秀然呈请辞职，拟予照准，遗缺拟派杨华代理，请察核等情，请公决案。

（决议）通过。

十一、主席交议，据第六区行政督察专员兼保安司令公署代电，拟派裘同怡代理本署视察，检同该员任用审查表，请察核等情，请公决案。

（决议）通过。

十二、主席交议，据建设厅签呈，拟派朱鑫祖代理本厅技正，检同该员简历表，请察核等情，请公决案。

（决议）通过。

十三、主席交议，据财政厅长杜梅和签呈，本厅第四科科长钟叔苍拟调充视察，遗缺拟派姚传淦代理，检同各该员简历表，请察核等情，请公决案。

（决议）通过。

十四、主席交议，据秘书处签呈，本府无线电总台技正朱子政另候任用，拟予免职，遗缺拟派李鄂枝代理，请核示等情，请公决案。

（决议）通过。

十五、主席交议，据设计考核委员会签呈，遵谕拟具本席〔省〕三十五年度施政计划编造办法，附呈计划格式，请核夺等情，请公决案。

（决议）修正通过。

十六、（略）

十七、主席交议，据民政厅长李扬敬签呈，遂溪县长谭略另候任用，拟予免职，遗缺拟派梁朝恩代理，检同简历表，请察核等情，请公决案。

（决议）通过。

广东省政府第十届委员会
第十二次会议纪录

时　　间　十一月六日

地　　点　本府会议厅

出席者　罗卓英　李扬敬　杜梅和　姚宝猷　罗为雄　肖次尹
　　　　罗香林　黄文山　黄范一　詹朝阳

告假者　鲍国宝　蔡劲军　陈绍贤

列席者　黄世途　毛松年　朱祖英　谢天培（黎尚桓代）

主　　席　罗卓英

纪　　录　苏旭升

主席恭读　国父遗嘱——全体肃立

报告事项

一、宣读第十一次委员会议纪录。

二、秘书处报告奉交下财政厅签呈，以先烈党员抚恤金备付款，早已告罄，经迭电中央请款，迄未奉复，现各领款人纷纷具呈请发。兹为应付目前事实起见，拟在本年度省预算战时特别预备金项下，暂行挪借国币一十万元，俟款到后，即行归垫等情。经送会计处签复，似可照办，仍由财政厅负责向中央请款归垫等由，奉准如拟办理。

三、民政厅报告一周重要工作。

四、财政厅报告一周重要工作。

五、教育厅报告一周重要工作。

六、建设厅报告一周重要工作。

七、秘书处报告一周重要工作。

讨论事项

一、委员罗香林、黄文山提议，奉交依照本府五项施政大纲，会同有关厅处拟具纲领，提会核定施行一案，经会同办理。兹拟具本府施政纲领草案，请公决案。

（决议）修正通过。

二、主席交议，据会计处签呈，关于三水县政府呈缴三十三年度地方岁入岁出第一次追加追减预算一案，核编后，计岁入岁出各追加五十八万一千四百三十二元，请核定等情，请公决案。

（决议）通过。

三、主席交议，据会计处签呈，关于龙川县政府呈缴三十四年度地方岁入岁出第一次追加概算一案，核编后，计岁入岁出各追加二千零一十一万二千三百零九元，请核定等情，请公决案。

（决议）通过。

四、主席交议，据会计处签呈，关于梅县县政府呈缴三十四年度地方岁入岁出第一次追加概算一案，核编后，计岁入岁出各追加九百九十九万九千五百元，请核定等情，请公决案。

（决议）通过。

附：广东省政府施政纲领

本省政府秉承中央国策与法令政令，审察实地情形，以新精神，新方法，从事各项建设，推行各项政务，冀使本省三千五百万民众，生活于现代水准之上，同享抗战胜利所获成果，与三民主义下应有福益。当前要政，厥为选任贤能，树立廉正风气；扶植农工，改善人民生活；健全县政，巩固宪治基础；奖励科学，促进现代文化；发展侨务，充实建设力量。凡此五端，皆针对现实，应以最大努力，向前迈进。其纲领如左：

一、选任贤能，树立廉正风气：

（一）慎选县市局各级公务员，厉行法治保障人民权益。

（二）改善公教员工待遇，推行社会保险制度，以安定其生活。

（三）力行督察考绩，提高政治效能，以立政本。

（四）严惩贪官污吏，以肃官常。

（五）尊礼贤德，发扬民族精神，以敦民风。

二、扶植农工，改善人民生活：

（六）安定农村秩序，改善农工教育、卫生，以促进农工之福利。

（七）调整地方金融，推行合作制度，增加农工贷款，发展农田水利，以增进农工之生产。

（八）改善农业机构，应用科学方法，以谋农作物之质量进步。

（九）发展蚕桑渔盐畜牧垦殖等事业。

（十）复兴各地手工业，鼓励人民投资工矿及轻工业之经营，并指导其技术。

（十一）普遍兴办水电动力，以辅导农工业之发展。

三、健全县政，巩固宪治基础：

（十二）厉行禁烟禁毒禁赌，肃清盗匪，以除地方祸害。

（十三）举办户口调查，实施户籍及人事登记，完成户政。

（十四）办理土地清丈，及财富登记。

（十五）编练乡村警察，改良乡村道路，敷设乡村电话。

（十六）普及国民教育，推行保健事业。

（十七）健全各级民意机关，加强乡镇保甲组织及人民团体之管训。

（十八）整理税捐，清理公产，推行乡镇造产，充裕自治财政。

四、奖励科学，促进现代文化：

（十九）设置学术讲座，及学术奖金，鼓励科学之探求与发明。

（二十）设置国外留学名额，及派遣专才出国考察。

（二十一）发展职业教育，培养技术人才，以应建设需要。

（二十二）分区增设科学馆、博物馆、图书馆、体育场，以提高民众对于学术之兴趣。

（二十三）培养大量师资，遍设民众教育馆，限期扫除文盲。

五、发展侨务，充实建设力量：

（二十四）宣慰海外侨胞，设立粤侨事业辅导机构，扶助归侨，发展各种事业。

（二十五）畅通侨汇，运用侨资，以发展本省经济建设。

（二十六）发展海外航业，鼓励侨胞推销本省特产，及工业制品，以增进国外贸易。

广东省政府第十届委员会
第十三次会议纪录

时　间　十一月十四日

地　点　本府会议厅

出席者　罗卓英　李扬敬（钟盛麟代）　杜梅和　姚宝猷　罗为雄
　　　　　肖次尹　罗香林　黄文山　黄范一　詹朝阳

告假者　鲍国宝　蔡劲军　陈绍贤

列席者　黄世途　毛松年　丘新民

主　席　罗卓英

纪　录　苏旭升

主席恭读　国父遗嘱——全体肃立

报告事项

一、宣读第十二次委员会议纪录。

二、秘书处报告，奉交下民政厅签呈，以国民参政会为全国最高议事机关，本省参政员，系代表全省民意，凡所建议，关系地方兴革利弊，至为重大，拟援例由府一次过拨助参政员联谊会经费一十万元等情。经函送会计处签复，拟准照办，款在本年度战时特别预备金科目拨支，仍请列报会议后分行等由，奉准如拟办理。

三、秘书处报告，奉交下会计处签呈，以奉国民政府主计处训令，关于修正国内出差旅费支给标准一案，奉令按照现行标准各级一律增加一倍，计特任官每日膳宿杂费九百六十元，简任官每日七百二十元，荐任官每日六百元，委任官每日四百八十元，雇员每日三百六十元，雇工随从每日二百四十元，所有增加旅费，均在各机关原预算内开支，饬遵照等因。查此项修正出差旅费支给标准，实行日期未有明定。本省拟自

30

本年十一月一日起实行，请核定，并报告会议后分行等情，奉准如拟办理。

四、秘书处报告，奉交下财政厅、会计处签呈，以本省三十五年度各县市局总预算编审委员会，定十一月十六日开始编审工作，计需办公费六万元，款拟在本年度省预算第一预备金项下开支，附呈预算表，请察核等情，奉准如拟办理。

讨论事项

一、委员罗香林、黄范一、詹朝阳会复，奉交审查本省先后奉拨行政复员费一亿五千万元分配标准及数额表一案，列具意见及分配表，请公决案。

（决议）照审查意见修正通过。

二、主席交议，据民政厅签呈，遵奉军事委员会、行政院未养二电，规定约集军管区人事会计两处，会商拟具本省各县（市局）国民兵团裁并军事科实施办法，附编制表，请核示等情，提付公决案。

（决议）修正通过。

三、主席交议，据教育厅签呈，拟具本省收复区各县市小学教员登记甄审训练办法，请察核等情，请公决案。

（决议）通过。

四、主席交议，据会计处签呈，迩来物价高涨，且邮费增加，拟自本年十一月份起，增加各县市局办公费，附增加数额表，请核夺等情，请公决案。

（决议）通过。

五、主席交议，据省赈济会代电，转缴儿童教养院第六、七分院东迁和平及河源修建设备费预算书，请核示等情，请公决案。

（决议）通过。

六、主席交议，准广东全省保安司令部代电，以本部三十三年六月由曲江疏散连县，计不敷疏散费一百五十八万七千一百五十元，经在本部经费节余项下开支，附送预算书，请查照等由，请公决案。

（决议）通过。

七、主席交议，据建设厅代电，转缴公路处各工务所本年度经常费分配预算及生活补助费清表，请核示等情，请公决案。

（决议）交财政厅审查。

八、主席交议，据民政厅、财政厅、会计处会签，奉交审查饶平县政府三十四年度地方岁入岁出第一次追加概算，连同改善县级人员待遇办法一案，列具意见，请核夺等情，请公决案。

（决议）照审查意见修正通过。

九、主席交议，据教育厅长姚宝猷签呈，拟具广东省收复区内自修中学生甄审办法，请察核等情，请公决案。

（决议）修正通过。

十、主席交议，据民政厅长李扬敬签呈，本省公职候选人应考资格审查委员会工作繁多，拟添设干事三人，书记二人，附薪给预算表，请察核等情，请公决案。

（决议）通过。

十一、主席交议，据秘书处签呈，无线电总台长罗宗炜呈请辞职，拟予照准，遗缺拟派黄国和代理，附该员简历表，请察核等情，请公决案。

（决议）通过。

十二、主席交议，据民政厅长李扬敬签呈，台山县长阮君慈呈请辞职，拟予照准，遗缺拟派伍士焜代理，检同该员简历表，请察核等情，请公决案。

（决议）通过。

十三、主席交议，广东省实业公司总经理陆宗骐，协理陆冠裳、戴玉珩，查已先后离职，遗协理缺，拟派蓝逊、丘远雄接充，并指定蓝逊暂行代理总经理职务，请公决案。

（决议）通过。

广东省政府第十届委员会
第十四次会议纪录

时　间　十一月十六日

地　点　本府会议厅

出席者　罗卓英　李扬敬　杜梅和　姚宝猷　罗为雄　肖次尹
　　　　罗香林　黄文山　黄范一　詹朝阳

告假者　鲍国宝　蔡劲军　陈绍贤

列席者　丘新民　毛松年　谢天培（黎尚桓代）

主　席　罗卓英

纪　录　苏旭升

主席恭读　国父遗嘱——全体肃立

报告事项

一、宣读第十三次会议纪录。

二、秘书处报告：（一）奉交下广东全省保安司令部代电，编送三十四年度本部干训班学生队学生治装代金支付预算书，计共支八万元，款拟在本部三十四年度经费节余项下支报，请查照等由，经函送会计处签拟照办，请转核定列报会议后分行等由，奉准如拟办理。（二）奉交下行政院平拾字第三一九四号训令，以该省正规长警医药生育补助费，准照公务员标准按规定发给，自本年七月份起实行等因。经函送会计处签复，请转列报会议后分行等由，奉准如拟办理。（三）奉交下民政厅签呈，中央委员邹鲁及大埔旅渝同乡会电，请褒恤本府顾问萧冠英一案，拟请由府酌恤遗族等情，经函送人事、会计两处签复，依照公务员抚恤法第四条第二项规定，计应给萧顾问遗族，一次过恤金共五万九千四百四十元，款在三十四年度省预算公务员退休及抚恤支出科目抚恤费项下开支，请转核定后列报会议分行等由，奉准如拟办理。

讨论事项

一、委员兼财政厅长杜梅和提，重新拟具三十三年同盟胜利公债各县市局债额分配表，请公决案。

（决议）交李委员扬敬、黄委员范一、詹委员朝阳审查，由李委员约集。

二、主席交议，准广东全省保安司令部未世会一旭，及西感会一临代电，编送本部干训班三十四年度一至五月份输送兵经费支付预算书，及三至五月份、六至九月份经常费追加支付预算书，请查照等由，请公决案。

（决议）照会计处签拟通过。

三、主席交议，准广东全省保安司令部代电，编送本部三十四年一至六月份支出囚粮及价款计算表，暨支出有军人身份证囚粮及价款计算表，请查照等由，请公决案。

（决议）照会计处签拟通过。

四、主席交议，据会计处签呈，拟自本年三月份起，增加各区行政督察专员兼保安司令公署武职人员薪给，附呈需增发生活费清表，请核夺等情，请公决案。

（决议）通过。

五、委员詹朝阳、黄文山提，拟请组织本省法规整理委员会，限期切实整理本省战时各项单行法规，俾切实用，而立法治之正轨，请公决案。

（决议）修正通过。

六、主席交议，据秘书处签呈，本处编译室主任丘启薰另有任用，拟予免职，遗缺拟派陈恩成代理，请察核等情，请公决案。

（决议）通过。

七、主席交议，据民政厅长李扬敬签呈，拟派凌翀代理本省警察教导大队大队长，检同该员履历表，请察核等情，请公决案。

（决议）通过。

八、主席交议，据民政厅长李扬敬签呈，拟请派张任寰、吴梓芳、张致一、郑琼明、杨仲硕，代理本厅荐任视察等情，请公决案。

（决议）通过。

广东省政府第十届委员会
第十五次会议纪录

时　间　十一月二十日

地　点　本府会议厅

出席者　罗卓英　李扬敬　杜梅和　姚宝猷　罗为雄　肖次尹
　　　　罗香林　黄文山　黄范一　詹朝阳

告假者　鲍国宝　蔡劲军　陈绍贤

列席者　丘新民　毛松年　朱润深　张　明　颜泽滋

主　席　罗卓英

纪　录　苏旭升

主席恭读　国父遗嘱——全体肃立

报告事项

一、宣读第十四次会议纪录。

二、秘书处报告：（一）奉交下会计处签呈，关于南山管理局呈缴三十四年度地方岁入岁出第一次追加概算一案，所列自卫队经费九万元，管理局开办费三万元，及兵役宣传费一万元，均经由本府核定，在本年度分配县市国税款由省统筹部分拨助，并分别电知办理追加预算在案，拟列报会议后分行等由，奉准如拟办理。（二）奉交下会计处签呈，关于粮政局请准将结束期限展长三月，并核发展期结束各费，及田粮处请拨经费及生活补助费一案，拟议办法三项，请核定后报会等情，奉准如拟办理。（三）奉交下财政厅呈，关于本厅前向省银行借垫省临时参议会之三十二年追加经费一十八万七千九百元一案，该款经在参议会本年度开会费内扣除，现准该会电请如数签拨抵销前借省行欠款，应如何拨付，请核示科目，以便签发归垫了案等情。经函送会计处签复，扣发之开会费，拟签回参议会，至省行欠款，似可在本年度战时特别预备金项下拨还，请转核定列报会议后，呈请行政院核备等由，奉准如拟办理。（四）奉交下省田粮处签呈，关于本处前遵谕拟定广东省奖助民商购运洋米入口暂行办法一案，经呈奉军事委员会委员长广州行营戌寒勇粮购代电核复，准予照办在案，请报告会议后分行等情，奉准如拟办理。

讨论事项

一、委员黄文山、黄范一、詹朝阳、姚宝猷、肖次尹会复，奉交审查粤侨事业辅导委员会计划草案一案，经审查完竣，列具章程草案及编制表，请公决案。

（决议）修正通过。

二、主席交议，据建设厅签呈，转据公路处，抄呈交通部颁发通行公路人力兽力车辆管理规则施行细则，拟请增加人力兽力车养路费征收率，照货运汽车养路费征收率四分之一，请核示等情，请公决案。

（决议）通过。

三、委员罗为雄签，关于奉交拟订本省三十五年度各县（市局）工作计划项目提会决定一案，遵经约集各委员及会计长详细拟订完竣，谨附该计划项目，请公决案。

（决议）修正通过。

广东省政府第十届委员会
第十六次会议纪录

时　　间　十一月二十三日

地　　点　本府会议厅

出席者　罗卓英　李扬敬　杜梅和　姚宝猷　罗为雄　肖次尹
　　　　罗香林　黄文山　黄范一　詹朝阳

告假者　鲍国宝　蔡劲军　陈绍贤

列席者　黄世途　韦镇福　丘新民　毛松年　陈鸿藻
　　　　谢天培（黎尚桓代）　朱润深　黄公安　刘荣基

主　　席　罗卓英

纪　　录　苏旭升

主席恭读　国父遗嘱

报告事项

一、宣读第十五次会议纪录。

二、（略）

讨论事项

一、主席交议，据民政厅签，关于奉交审查秘书、会计两处签拟修正湛江市政筹备处组织规程一案，经约集财政厅秘书会计及人事处派员会同审查完竣，谨附意见，连同修正规程及编制表，请察核等情，请公决案。

（决议）修正通过。①

二、主席交议，据民政厅、财政厅、会计处会签，关于奉交审查安化管理局请改善员工待遇办法一案，经会同审查完竣，谨附意见，请察核等情，请公决案。

（决议）照审查意见通过。

三、委员兼民政厅长李扬敬签，关于奉交黄委员文山提请拟具办法，取缔本省各地收复区房主滥收费用一案，经遵谕约集财政厅、地政局、社会处、广州市政府，派员会同研究，谨附研究结果三项，请公决案。

（决议）修正通过。②

四、主席交议，拟发动全省扩大冬耕运动，增加生产，以裕民食，附具办法，请公决案。

（决议）原则通过，由建设厅邀请有关机关，详讨办法，迅速实施。③

五、主席交议，拟尽速恢复本省各公私工厂，救济失业，以裕民生，附具办法，请公决案。

（决议）原则通过，由建设厅邀集有关机关，详讨办法，迅速实施。④

---

① 原修正规程及编制表附后，现略。

② 原修正文附后，现略。

③ 原办法附后，现略。

④ 原办法附后，现略。

六、主席交议，拟于省会设立胜利纪念馆，陈列抗战胜利物品，及有关文献，以感发人心，永资纪念，请公决案。

（决议）通过，由民政厅主办。①

七、主席交议，本府【委员】派兼广东省银行董事郑丰呈请辞职，拟予照准，遗缺拟派本府委员罗为雄接充，请公决案。

（决议）通过。

广东省政府第十届委员会
第十七次会议纪录

时　间　十一月二十七日
地　点　本府会议厅
出席者　罗卓英　李扬敬　杜梅和　姚宝猷　罗为雄　肖次尹
　　　　罗香林　黄文山　黄范一　詹朝阳
告假者　鲍国宝　蔡劲军　陈绍贤
列席者　丘新民　毛松年
主　席　罗卓英
纪　录　苏旭升
主席恭读　国父遗嘱

报告事项

一、宣读第十六次委员会议纪录。

二、秘书处报告：（一）奉交下行政院训令，以准国防最高委员会秘书厅函，各政务机关之财产目录，及国营事业机关之财产报表，应由各机关会计人员依会计法之规定，注意登记，按期编报，并由审计人员切实审核，尤以国营事业为重要，转饬遵照，并饬属遵照等因。经送会计处签复，拟列报会议后分行，请转陈核定等由，奉准如拟办理。（二）奉交下行政院代电，据本府呈，请追加三十三年度公路保养基

---

① 原办法附后，现略。

金，准改作现年度岁出入追加饬知照等因。经送会计处签复，拟列报会议后分行各有关机关知照，请转陈核定等由，奉准如拟办理。（三）奉交下会计处签呈，关于中央警校粤籍毕业生孙天民等呈请补助回籍服务旅费一案，经由民政厅签，请提付本府第七次委员会议决议通过，每人准补助五千元，并电请行政院核示在案。兹奉电复，警校毕业回籍服务学生旅费毋庸由省补助等因，拟请列报会议注销前项法案后，电饬本府驻渝办事处转饬知照等情，奉准如拟办理。（四）奉交下行政院核定追加预算书，附抄发核定本府追加三十三年度收入支出预算清单，饬知照等因。经送会计处签复，拟列报会议后分行请转陈核定等由，奉准如拟办理。（五）奉交下主计处函，以县市岁入岁出总决算之编审，应比照战时县市预算编审办法第十二条之规定办理，请查照等由。经送会计处签复，拟列报会议后分行，请转陈核定等由，奉准如拟办理。（六）奉交下教育厅呈，转据省立长沙师范学校呈缴三十二年度迁移费预算书，计共支出二十九万五千四百零五元，拟在三十三年度师范生公费节余项下移用归垫一案，查尚属实，拟予照准，请核示等情。经送会计处签复，既据教育厅核属需要，案关省预算同款科目移用，拟报会后分行，请转陈核定等由，奉准如拟办理。

讨论事项

一、主席交议，据委员黄文山签，本省粤侨事业辅导委员会组织规程及编制表，经提本府第十五次委员会议决议通过，兹拟具该会三十四年度经常费预算书，请察核等情，请公决案。

（决议）通过。

二、主席交议，据田粮处签呈，奉交下粮食部电，本省三十四年度应储积谷额，经奉核定为五十万市石，请查照办理等由，兹拟具三十四年度各县募集积谷分配表，及本省各县（市局）储粮积谷竞赛办法，请核示等情，请公决案。

（决议）保留研究。

三、主席交议，准广东全省保安司令部未世会一旭等代电四件，附送干训班三十三年十一月经常费，三十四年度购置电池费，三十四年成立保八团辎重分队开办购置费，及三十四年度改装修卡士打小车支出工料费预算书，请查照等由，请公决案。

（决议）通过。

四、主席交议，据民政厅长李扬敬签，拟具裁撤本省梅录管理局意见，请核示等情，请公决案。

（决议）通过。

五、（略）

六、委员兼民政厅长李扬敬提，拟从新规定本省各县参议会经费，增加数目及列支办法，请公决案。

（决议）交财政厅、会计处审查，由财政厅召集。

七、主席交议，据建设厅签，拟调整本省经建事业之经管系统，以清权责，而谋发展，谨具调整经管系统原则六项，请察核等情，请公决案。

调整本省经建事业之经管系统原则：（一）凡属以调剂本省人民生活必须品为目的之工业，归建设厅经办。（二）凡属以研究试验及示范为目的之工业机构，归建设厅经办。（三）凡属以救济本省失业工农为目的之工厂与农垦场所，归建设厅经办。（四）凡属以增加本省生产，增进本省人民福利之工厂农场及推广运销事务，归实业公司经办。（五）凡属招集民资侨资，官商合股经营之工农事业，归实业公司经办。（六）以后本省兴办经建事业，均依上列经管系统原则办理。

（决议）通过。

广东省政府第十届委员会
第十八次会议纪录

时　间　十一月三十日

地　点　本府会议厅

出席者　罗卓英　杜梅和　姚宝猷　罗为雄　肖次尹　罗香林
　　　　黄文山　黄范一　詹朝阳

告假者　李扬敬　鲍国宝　蔡劲军　陈绍贤

列席者　丘新民　毛松年　陈鸿藻　朱润深　钟盛麟

高　信（李鸿毅代）

主　席　罗卓英

纪　录　苏旭升

主席恭读　国父遗嘱

报告事项

一、宣读第十七次委员会议纪录。

二、秘书处报告：（一）奉交下行政院指令，据本府代电，安化管理局三十二年十至十二月份增加员役生活补助金，准在中央增拨三十一年度分配县市国税款项下拨支等因。经送会计处签复拟报会后分行，请转陈核定等由，奉准如拟办理。（二）奉交下行政院训令，抄发机关结束费发给办法，饬知照等因。经送会计处签复，拟报告会议后分行等由，奉准如拟办理。（三）奉交下省赈济会代电，以关于儿童教养院呈缴三十四年度升学儿童缝制蚊帐费支付预算书，计需支一十五万七千五百元，请拨款缝制一案，核尚需要，款拟在本会三十四年度振款预算教养机构经临费科目拨支，请核示等情。经送会计处签复，拟准照办，请转陈核定，列报会议后分行等由，奉准如拟办理。（四）奉交下行政院训令，据本府呈，请追加三十三年度第三次追加分配县市营业税三百五十八万八千九百九十五元，及第七次追加本府及所属应变迁移费二千万元预算一案，业经立法院通过，饬知照等因。经送会计处签复，拟列报会议后分行各有关机关，请转陈核定等由，奉准如拟办理。（五）奉交下行政院训令，据本府呈，请追加三十三年度第八次追加公务员生活补助费三千三百五十二万元，及提高长警待遇一百二十九万六千元预算一案，业经立法院通过，饬知照等因。经送会计处签复，拟列报会议后分行，请转陈核定等由，奉准如拟办理。（六）奉交下行政院核定追加预算通知书，据本府呈，请追加公役公粮五千市石，折价二百五十万元一案，经奉国防最高委员会核定，饬知照等因。经送会计处签复，拟列报会议后分行，请转陈核定等由，奉准如拟办理。（七）先后奉交下行政院核定追加预算通知书二件，据本府呈，请追加卫生处卫生试验所三十三年度迁移费九万六千一百元，及废车变价收入九万六千一百元预算一案，经奉国防最高委员会核定，迁移费以该处三十三年度废车变价收入抵支，并改作本年度支出，废车变价收入，改作本年度收入，饬知照等因。经送会计处签复，拟列报会议后分行，请转陈核定等由，奉准如拟办理。（八）奉交下行政院训令，以近来物价节涨，原订省级公务员丧葬补助费标准，为数不敷，经呈奉国民政府核准自本年度起，改订为特任三万元，简荐任二万元，委任雇员一万元，所需经费，在各该省市预算公务员特别救济费动支，如将来不敷，由中央拨给，饬知照等因。经送会计处签复拟列报会议后分行，请转陈核定等由，奉准如拟办理。

讨论事项

一、主席交议，据财政厅签，奉交审查公路处各工务所本年度经常费分配预算，及生活补助费清表一案，经审查完竣谨列具意见，请察核等情，请公决案。

（决议）照审查意见通过。

二、主席交议，准广东省军管区司令部先后代电，编送团管处暨所属电站及龙和自卫总队八、九月份食盐代金预算表，请核拨转给等由，请公决案。

（决议）照会计处签拟通过。

三、主席交议，据赈济会代电，遵电示各点改编本会三十四年度振务事业费预算分配表，请察核等情，请公决案。

（决议）照会计处签拟通过。

四、主席交议，准省保安司令部代电，以本部冬防会议决议各区保部于剿匪期间，仍保留参谋副官译电司书各一人，请查照等由，请公决案。

（决议）照会计处签拟通过。①

五、主席交议，据建设厅呈，关于公路处呈缴三十四年度公路保养基金预算书一案，经本厅分别审查完竣，谨附审查意见书，请察核等情，请公决案。

（决议）照会计处签拟通过。

六、主席交议，据秘书处签呈，关于紫金县人民彭××等因私发辅币代用券事件不服紫金县政府所为封铺之处分，提起诉愿一案，经审查评议完竣，谨依法拟具决定书，请察核等情，请公决案。

---

① 原省保部代电及会计处签拟附后，现略。

（决议）通过。

七、主席交议，据建设厅呈，关于奉饬邀集各有关机关详情发动全省扩大冬耕运动办法一案，经已遵办，谨附本省三十四年度扩大冬耕运动座谈会纪录及办法，请察核等情，请公决案。

（决议）修正通过，所需临时费准在本年度战时特别预备金项下开支。

临时动议

一、主席交议，广东省银行董事张导民呈请辞职，拟予照准，遗缺拟派本府委员兼财政厅长杜梅和接充，请公决案。

（决议）通过。

二、主席交议，广东省银行行长胡继贤呈请辞职，拟予照准，遗缺拟派刘佐人接充，请公决案。

（决议）通过。

广东省政府第十届委员会
第十九次会议纪录

时　　间　十二月四日
地　　点　本府会议厅
出席者　　罗卓英　李扬敬　杜梅和　姚宝猷　罗为雄　肖次尹
　　　　　罗香林　黄文山　黄范一　詹朝阳
告假者　　鲍国宝　蔡劲军　陈绍贤
列席者　　毛松年　丘新民　罗　球　朱祖英
主　　席　罗卓英
纪　　录　苏旭升
主席恭读　国父遗嘱

报告事项

一、宣读第十八次会议纪录。

二、秘书处报告：（一）奉交下行政院训令，抄发战时陆军官佐退役俸粮给与表，规定自本年八月份起，由各该员役退后住在之原籍或寄籍县（市）政府，按月照数垫发，事后检据送军政部拨还，饬转行遵照等因。经送会计处签复，拟报会后分行，请转陈核定等由，奉准如拟办理。（二）奉交下行政院训令，以各公营事业机关，应切实遵行就地审计制度，及战时营业预算编审办法，饬转饬所属各公营事业机关遵照等因。经送会计处签复，拟报告会议后分行，请转陈核定等由，奉准如拟办理。（三）奉交下行政院戊马午兴四电，据本府电请增拨省第一预备金五千万元一案，准追加特别预备金一千万元，饬撙节支用等因。经送会计处签复，拟列报会议后分行各有关机关，请转陈核定等由，奉准如拟办理。（四）奉交下教育厅呈，以重编省立潮汕商船职业学校三十四年度建筑及设备费，预算分配表，所需款项，经由库存技术人员训练费，损失后余款一百二十八万四千元，先后拨发，至该校七月份经费三万五千一百五十九元，八月份经费八千三百八十五元，请签发具领等情。经送会计处签复：（1）分配表核尚可行，拟予照准，惟变更原案，似应先报会后分行，至损失部分，应饬照审计法规定办理。（2）该校七、八月份经费，已另案分行办理，请转陈核定等由，奉准如拟办理。（五）奉交下警卫团呈，编具本团三十四年度交代费支付预算书，计需款二十六万八千六百一十六元，该款拟在本团三十四年度经费节余项下支报，请核示等情。经送会计处签复，本案所列士兵一名，及办公费，依照规定拟删除，更正后为一十七万七千三百三十四元，并拟准在该团本年度任内经费节余项下开支，请转陈核定后，报告会议分行等由，奉准如拟办理。（六）奉交下卫生处代电，以据省立传染病院呈请发给员役遣散费，及延期结束经常生活补助费暨公粮等项一案，查属实情，请核示等情。经送会计处签复，拟议意见两项，惟案关变更原核定法案，请转陈核定后，列报会议分行等由，奉准如拟办理。

讨论事项

一、主席交议，据民政厅长李扬敬签呈，为配合本省三十五年度施政计划，并迅速开展全省警政建设，谨拟具本省各县市局警政建设纲要，请核示等情，请公决案。

（决议）修正通过。

二、主席交议，据民政厅长李扬敬呈，转缴省警察训练所编具追加学警生活补助费清表，及服装临时费预算分配表，请察核等情，请公决案。

（决议）照会计处签拟通过。

三、主席交议，准广东全省保安司令部代电，编送本部七月份增加官兵副食费，移作装备费九至十二月份分配表，请查照核复等由，请公决案。

（决议）通过。

四、主席交议，据本府都市计划委员会签呈，为策划复兴建设现代化都市，经列具修正本会组织暂行规程要点，会同秘书处建设厅修正完竣，谨附修正本会组织规程，请察核等情，请公决案。

（决议）保留。

五、主席交议，据秘书处呈，编具本府负担广东各界庆祝国庆暨抗战胜利，及欢迎何总司令大会经费支付预算表，请指款拨还归垫等情，请公决案。

（决议）照会计处签拟通过。

六、主席交议，据秘书处签呈，本处无线电总台各种机材，一部分使用逾龄，亟须补充修理，兹就目前急需补充器材列具清表，请拨款一百万元购办等情，请公决案。

（决议）照会计处签拟通过。

七、主席交议，据秘书处签呈，奉交下委员詹朝阳、黄文山提，请组织本省法规整理委员会一案，经会同人事处，拟具广东省政府法规整理委员会组织规程，请核示等情，请公决案。

（决议）通过，并推定黄委员范一为主任委员。

八、主席交议，据民政厅长李扬敬签呈，广宁县县长左新中呈请辞职拟予照准，遗缺拟派魏汝谋代理，请察核等情，请公决案。

（决议）通过。

广东省政府第十届委员会
第二十次会议纪录

时　间　十二月七日

地　点　本府会议厅

出席者　罗卓英　李扬敬　杜梅和　姚宝猷　罗为雄　肖次尹
　　　　罗香林　黄文山　黄范一　詹朝阳

告假者　鲍国宝　蔡劲军　陈绍贤

列席者　毛松年　陈鸿藻　朱润深　朱祖英　黎尚桓　黄公安
　　　　罗　球

主　席　罗卓英

纪　录　苏旭升

主席恭读　国父遗嘱

报告事项

一、宣读第十九次会议纪录。

二、秘书处报告：（一）奉交下行政院代电，抄发核定该省各学校机关三十四年度特别办公费简表，全年合计二百零一万六千元，饬知照等因，经送会计处签复，拟报会后分行，请转陈核定等情，奉准如拟办理。（二）奉交下行政院训令，以准军事委员会函，各省保安部队及防空部队之官佐，于正式军事学校出身者，现在合于退（除）役时，得适用陆军官佐战时退役俸给与办法，并发给支付证书，饬知照等因。经送会计处签复，拟报会后，分行省保安司令部，请转陈核定等由，奉准如拟办理。（三）奉交下行政院训令，抄发公务员战时生活补助办法及施行细则修正条文一份，饬知照等因。经送会计处签复，拟报会后分行，请转陈核定等由，奉准如拟办理。（四）奉交下第三区行政督察专员兼保安司令公署代电，为加强区属各县治安，达成迅速复员，特召集区属各县长开冬防会议，计需款十万三千八百元，谨编具冬防会议临时费预算书，请核拨等情。经送会计处签复，本案查属需要，似可准在国税拨县款由省统筹部分拨支十万元，尚不敷之三千八百元，拟饬在该署本年度增加经费内统筹开支，请转陈核定等由，奉准如拟办理。

讨论事项

一、主席交议，据民政厅呈，转缴省警察训练所编具第五期警长班结业学警分发旅费表，计需款三十九万一千八百八十元，请察核垫支等情，请公决案。

（决议）准在本年度战时特别预备金项下垫支。

二、主席交议，据民政厅签呈，拟具广东省警察队教导大队组织规程，及该大队招考警士办法，请察核等情，请公决案。

（决议）通过。

三、主席交议，据财政厅长杜梅和呈，本省沙田护沙费三十四年度临时征收办法，前经会议通过，兹编具本省三十四年度征收护沙费收入预算表，各县沙田面积及护沙费数目清表，请察核等情，请公决案。

（决议）交肖委员次尹、李委员扬敬、詹委员朝阳审查，由肖委员约集。

四、主席交议，据设计考核委员会签呈，三十四年度行将终结，兹拟具广东省各县（市局）长三十四年度工作考成办法，附办法要点，请察核等情，请公决案。

（决议）交设计考核委员会、人事处会同重拟。

五、（略）

六、委员罗为雄提，现抗战胜利环境变迁，拟撤销本省特种事业基金保缴委员会，谨附办法，请公决案。

（决议）该会暂仍保留，贷出款项，应由该会迅速清理报核。

临时动议

一、主席交议，据教育厅签呈，拟将省立江村师范学校改名省立勤勤师范学校，以纪念古勤勤先生等情，请公决案。

（决议）通过。

广东省政府第十届委员会
第二十一次会议纪录

时 间 十二月十四日

地 点 本府会议厅

出席者 罗卓英 李扬敬 姚宝猷 罗为雄 肖次尹 罗香林
黄文山 詹朝阳

告假者 杜梅和 鲍国宝 蔡劲军 陈绍贤 黄范一

列席者 毛松年 丘新民 陈鸿藻 朱润深 罗 球 陈昌五
朱祖英 黄公安

主 席 罗卓英

纪 录 苏旭升

主席恭读 国父遗嘱

报告事项

一、宣读第二十次会议纪录。

二、秘书处报告：（一）奉交下行政院训令，抄发修正中央分配县市国税处理办法乙份，饬遵照等因。经送会计处签复，拟报会后分行，请转陈核定等由，奉准如拟办理。（二）奉交下省田粮处签呈，以三十四年度县级公粮业经随赋豁免，拟将本处前订颁"本省各县带征三十三年第二期，及三十四年第一期，县级公粮多征部分流抵处理手续"，第（一）、（三）、（四）项内之"三十四年第二期及三十五年第一期"等字，改为"三十五年第二期及三十六年第一期"，请核示等情，奉准如拟办理。（三）奉交下新兴县人民欧××因争承荒地事件不服新兴县政府所为之处分，提起诉愿一案，经会同地政局审查评议完竣，依法拟具决定书，本件诉愿驳回，奉签准如拟办理。

讨论事项

一、主席交议，准国民大会广东省代表选举事务所代电，以本所遵总事务所电，经于本年十月一日恢复，兹参照原日编制，拟具本所编制

48

表，及经费预算表，请准拨支等由，请公决案。

（决议）照会计处签拟通过。

二、（略）

三、主席交议，据省赈济会代电，编造本会三十四年度赈济基金岁出岁入预算书，请核示等情，请公决案。

（决议）照会计处签拟通过。

四、委员兼民政厅长李扬敬提，拟修正本府前颁各县乡镇造产委员会组织章程，及乡镇造产办法施行细则，检同原章程及细则，请公决案。

（决议）通过。

五、主席交议，据本省三十五年度各县市局总预算编审委员会签呈，高要、开平、五华三县暨南山管理局三十五年度地方岁入岁出总预算书，经审编完竣，谨附比较表、增裁机构清表等件，请核夺等情，请公决案。

（决议）修正通过。

六、主席交议，据会计处签呈，编具本省三十五年度岁出单位预算书，请核示等情，请公决案。

（决议）修正通过。

七、主席交议，据财政厅呈，关于征收护沙费督导专员及驻护沙队联络员服务规则，业经由本厅订定，送会人事处秘书处参酌意见，修正完竣，谨附各该服务规则，请察核等情，请公决案。

（决议）通过。

八、主席交议，据社会处签呈，转据广州城西方便医院呈，以经济奇绌，请予济助一案，请核示等情，请公决案。

（决议）（一）由本府一次过补助国币一百万元，款在本年度救济费项下开支。（二）函请善后救济总署广东分署予以救济。（三）函请粤东盐务局准予平价购盐。

九、主席交议，据省田粮处签呈，拟派员分赴各县督导粮政，计需旅费八十万元，请核拨等情，请公决案。

（决议）照会计处签拟通过。

十、委员詹朝阳、黄文山提，拟设立广东省政府员工日用品供销处，以安定本府所属各机关学校员工及其眷属生活，请公决案。

（决议）交社会处筹组本府员工消费合作社。

十一、主席交议，据建设厅呈，拟派黄慎怀代理合作事业管理处副处长，附呈该员任用审查表，请察核等情，请公决案。

（决议）通过。

十二、主席交议，据教育厅长姚宝猷签呈，省立高陂陶瓷职业学校校长丘渊，因病出缺，拟派廖春猷接充，附呈该员履历表，请察核等情，请公决案。

（决议）通过。

临时动议

一、主席交议，据民政厅厅长李扬敬签呈，合浦县县长夏××违法贪污有据，拟饬第八区行政督察专员兼保安司令张国元，就近将该县长扣留解办，所遗合浦县长缺，暂派该专员兼代等情，除准予照办外，请追认案。

（决议）追认。

广东省政府第十届委员会
第二十二次会议纪录

时　　间　十二月十九日

地　　点　本府会议厅

出席者　罗卓英　李扬敬　杜梅和　姚宝猷　罗为雄　肖次尹
　　　　　罗香林　黄文山　詹朝阳

告假者　鲍国宝　蔡劲军　陈绍贤　黄范一

列席者　毛松年　丘新民　罗　球　朱祖英

主　　席　罗卓英

纪　　录　苏旭升

主席恭读　国父遗嘱

报告事项

一、宣读第二十一次会议纪录。

二、秘书处报告：（一）奉交下行政院核定追加预算书，以该省追加三十四年度公粮代金一亿三千二百万元一案，经转国防最高委员会核定，仰知照等因。经送会计处签复，拟报会后分行等由，奉准如拟办理。（二）奉交下社会处呈，以本处接收之难童及难民收容所所址，经由原机关收回，该难童及难民两所，业经由本处分别迁并救济院育幼所及垦区，计共支出搬迁费三十三万元，拟在本处接收省赈济会赈款基金教养机构经临费项下开支，谨造具预算书，请核示等情。经送会计处签复，既据该处会计室查明属实，拟准照办，并报会后分行，请转陈核定等由，奉准如拟办理。（三）奉交下广东全省保安司令部代电，以本部保十团及保三团先后呈报，三十三年下半年度接收南路等县新兵，以战事影响，无法归制，均拨补本团缺额，惟本团缺额有限，未有全数拨编，致形溢额，此项溢额新兵经费，计六个月，共需国币一十七万二千七百三十八元，拟在本部三十三年度保安经费节余项下开支，编送预算书请查照等由。经送会计处签复，三十三年度既经过去，似可准予照办，拟报会后分行，请转陈核定等由，奉准如拟办理。

讨论事项

一、主席交议，据社会处签呈，依照内政部、善后救济总署颁发战后收复地区房屋紧急救济办法，拟具本省收复区房屋紧急救济实施办法，送会秘书处参酌意见，修正完竣，谨附该办法，请察核等情，请公决案。

（决议）通过。

二、主席交议，据会计处签呈关于紫金县呈缴三十三年度地方岁入岁出第二次追加概算一案，经核编后，计岁入岁出各追加二十八万五千三百一十四元，请核定等情，请公决案。

（决议）通过。

三、主席交议，据建设厅先后签呈及代电，为推进各县合作事业发展农村经济，拟恢复各县农业推广所及合作指导室，未设置县份，一律组设成立，请察核等情，请公决案。

（决议）照民政厅、会计处签拟意见办理。

四、主席交议，据财政厅、会计处会签，关于奉交审查委员兼民政厅长李扬敬提，拟从新规定本省各县参议会经费增加数目及列支办法一案，经会同审查完竣，谨列具意见，请察核等情，请公决案。

（决议）照审查意见通过。

五、主席交议，据社会处呈，依照中央颁布之收复地区人民团体总登记办法，及收复地区人民团体调查办法，会同省党部拟订本省收复地区及省级人民团体复员办法，并送会秘书处参酌意见，修正完竣，谨附该办法，请察核等情，请公决案。

（决议）通过。

六、主席交议，据社会处先后呈缴修订该处救济院组织规程及编制员额表，暨编具追加经费，增加收容人数，补助膳食费，难民副食费预算表，并接收胡文虎捐赠救济本省难民食米二十万斤运什费预算表，请察核等情，请公决案。

（决议）（一）该院编制人数照人事处签拟通过。（二）增加员役，本年度所需生活补助费及公粮，在省预算开支。（三）所增名额之半数，三十五年度由该处就所属机构总额内，自行调整之。（四）余照会计处签拟办理。

七、主席交议，准广东省地方行政干部训练团先后代电，以本团财力支绌，请援案拨款津贴本团第十九期县政研究组、教育组、户政组及财务组受训学员，每名五千元等由，请公决案。

（决议）本期每员准月发五千元，款在本年度战时特别预备金项下开支。

广东省政府第十届委员会
第二十三次会议纪录

时　间　十二月二十一日

地　点　本府会议厅

出席者　罗卓英　李扬敬　杜梅和　姚宝猷　罗为雄　肖次尹

　　　　　　　罗香林　　黄文山

告假者　鲍国宝　蔡劲军　陈绍贤　黄范一　詹朝阳

列席者　毛松年　陈鸿藻　丘新民　朱润深　朱祖英　黄公安
　　　　　　方思齐

主　席　罗卓英

纪　录　苏旭升

报告事项

一、宣读第二十二次会议纪录。

二、秘书处报告：（一）奉交下会计处签呈，以三十四年度将告终了，本府核定已分配县市国税款总额，比对中央核定预算数超过了二百余万元，拟在三十二、三十三年度，中央增拨分配县市国税款余额四百余万元拨补，至分配县市国税款，仍照核定各县三十四年度预算列数签拟，兹拟具该项国税款之清拨办法七项，是否可行，谨签请核定，并报会后分行等情，签准如拟办理。（二）奉交下军事委员会战时运输管理局申齐运盟渝代电，抄送人力兽车养路费征收率表，请查照等由，经送建设厅签复，拟转饬公路处依照办理，并将前会议通过之增加人力兽车养路费征收率，照货运汽车养路费征收率四分之一案，拟免实行，请转陈核定等情，奉准如拟办理。

讨论事项

一、主席交议，据建设厅签呈，关于公路处电请修正本府前颁广东省战时征集工料修复公路办法，以符实际一案，经会同秘书处详细研究修正，谨附广东省征集工料修复公路办法，请察核等情，请公决案。

（决议）通过。

二、主席交议，据第一区行政督察专员兼保安司令公署呈，以本署辖境扩大，拟请改为甲种编制，并请于编制外，另准增设视察二员等情，请公决案。

（决议）准自三十五年一月改为甲种编制。

三、主席交议，据社会处呈，编具接收伪妇女会附属机关之婴儿保育院，及产育院维持费支出预算表，计八十九万六千四百元，请核拨归垫等情，请公决案。

（决议）通过。

四、主席交议，据会计处签呈，关于翁源县政府呈缴三十三年度地方岁入岁出第二次追加概算一案，经核编后，计岁入岁出各追加二百一十七万九千一百九十六元，请核定等情，请公决案。

（决议）通过。

五、主席交议，准广东全省保安司令部代电，编送本部本年八至十二月份应补领战时薪加成数计算清表，共计九百三十八万三千五百元，请拨付转发等由，请公决案。

（决议）照会计处签拟通过。

临时动议

一、主席交议，据民政厅厅长李扬敬签呈：（一）湛江市政筹备处处长李月恒，迭电辞职，拟予照准。（二）湛江市政府拟于三十五年一月成立，市长一职，拟派郭寿华代理，请察核等情，请公决案。

（决议）通过。

二、主席交议，据秘书处案呈，以迭准各厅处会局请求，现复员期间，工作倍繁，兹值年度将终，所有前疏存各地案卷及目下积压案件，亟待清理，惟现有人员，不敷分配，请转陈准在本年十一、十二月，照裁员前编制范围内，临时添用人员，俾资办理等由，谨附拟添用人数表，请核示等情，请公决案。

（决议）通过。

广东省政府第十届委员会
第二十四次会议纪录

时　间　十二月二十五日

地　点　本府会议厅

出席者　罗卓英　李扬敬　杜梅和　姚宝猷　罗为雄　肖次尹

　　　　罗香林　黄文山　詹朝阳

告假者　鲍国宝　蔡劲军　陈绍贤　黄范一

列席者　毛松年　丘新民　黄公安　朱祖英　罗　球

主　席　罗卓英

纪　录　苏旭升

主席恭读　国父遗嘱

报告事项

一、宣读第二十三次会议纪录。

二、秘书处报告：（一）奉交下本省各县市局三十五年度预算编审委员会签呈，为整齐划一各县市预算科目表起见，经将该项科目表，改为铅印，计需款六万三千元，此款经分别向财政厅会计处借垫，又本会办公费，前奉核拨六万元，因需用文具甚多，极感不敷，拟请在本年度省预算第一预备金项下增拨十二万元，俾资支应，请核定报会等情，奉准如拟办理。（二）广东省银行董事兼行长胡继贤前请辞职，业奉令准，所遗行长缺，经奉派刘佐人接充在案，该董事缺，拟请补派刘佐人继任，经签准补派。（三）奉交下警卫团代电，以本团十二月份调整人事，计已免职之官佐共二十一员，拟每员补助回乡旅费三千元，合计国币六万三千元，该款在本团三十四年度经费节余项下支报，谨编具预算书，请察核等情。经送会计处签复，拟准照办，请转陈核定，并报会后分行等由，奉准如拟办理。

讨论事项

一、主席交议，据民政厅签呈，抗战时期，本省各地方人士之毁家纾难，或捐躯报国者，不胜枚举，大节凛然，其事迹类皆可歌可泣，现抗战胜利，拟通令各县（市局）设立修志馆，修编县志，以表忠烈，发扬民族精神，兹拟订各县（市局）修志馆编制表，请核夺等情，请公决案。

（决议）交李委员扬敬、姚委员宝猷、罗委员香林、黄委员文山审查，由李委员约集。

二、主席交议，据民政厅签呈，关于汕头市政府呈拟该府组织大纲草案及系统表，请核示一案，经分别核议修正完竣，谨附修正汕头市政府组织规程草案及编制表，请察核等情，请公决案。

（决议）修正通过。

三、主席交议，据卫生处处长朱润深签呈：（一）拟将各县（市局）卫生协进会裁撤，改设卫生事业基金筹集保管委员会。（二）该会组织规程，经由本处拟订，送会民政厅设考会秘书处参酌意见修正完竣，谨附该组织规程，请察核等情，请公决案。

（决议）修正通过。

四、主席交议，据会计处签呈，以转奉国民政府令，关于公务员旧案恤金，依照三十三年度发给数额，再按十倍发给，饬知照一案，列具意见，请察核等情，请公决案。

（决议）三十三、三十四两年度，均照规定发给，款在本年度战时特别预备金项下开支。

五、主席交议，据本省三十五年度各县市局总预算编审委员会签呈，关于梅县、潮阳、揭阳、三水、普宁、郁南、龙川、阳春、翁源、蕉岭等十县呈缴三十五年度总预算案，经审编完竣，谨附核定该十县预算书等件，请察核等情，请公决案。

（决议）通过。

六、委员李扬敬、杜梅和、肖次尹、会计长毛松年会提，本省田赋奉令停征后，县级公粮无着，兹为安定县级公务人员生活起见，拟具县市级公教团警公粮救济办法，请公决案。

（决议）修正通过。

七、主席交议，据建设厅代电，本厅农林局技正简浩然，因病辞职，拟予照准，遗缺拟调畜疫防疗所技正兼制药组长何建民接充，请察核等情，请公决案。

（决议）通过。

八、主席交议，据民政厅长李扬敬签呈，南海县长黄××，因案拟予撤职查办，遗缺拟派王皓明代理；番禺县长黄××，因案拟予撤职，遗缺拟派陈汝超代理；顺德县长陈次恺，拟予免职，遗缺拟派麦骞代理；新会县长张××，因案拟予撤职，遗缺拟派汤灿华代理；清远县长张××，因案拟予撤职，遗缺拟派李慧周代理；乳源县长詹树旌，拟予调省另候任用，遗缺拟派潘绪忠代理；罗定县长梁×，因案拟予撤职，遗缺拟派陈权代理；德庆县长覃维正辞职，拟予照准，遗缺拟派范球代理；惠阳县长罗××，因案拟予撤职查办，遗缺拟派任颖辉代理；紫金县长钟震华辞职，拟予照准，遗缺拟派彭锐代理；潮安县长洪之政，另有任用，遗缺拟派朱宗海代理；阳春县长陈×，因案拟予撤职查办，遗缺拟派马北拱代理；兼代合浦县长张国元，拟毋庸兼代，遗缺拟派何乃英代理；乐东县长王醒亚，病故出缺，拟派余式如代理；崖县县长丘岳巍，拟予调省，另候任用，遗缺拟调新兴县长邓士采代理，递遗新兴县长缺，拟派刘尚一代理；澄海县长林××，因案拟予撤职查办，遗缺调丰顺县长蓝蓉洲代理，递遗丰顺县长缺，拟派林甘侯代理；蕉岭县长黄道南，拟调省另候任用，遗缺拟调五华县长缪叔民代理，递遗五华县长缺，拟派丘式如代理。检呈各员履历，请察核等情，请公决案。

（决议）通过。

广东省政府第十届委员会
第二十五次会议纪录

时　　间　十二月二十八日
地　　点　本府会议厅
出席者　罗卓英　李扬敬　杜梅和　姚宝猷　罗为雄　肖次尹
　　　　　罗香林　黄文山　詹朝阳
告假者　鲍国宝　蔡劲军　陈绍贤　黄范一
列席者　毛松年　丘新民　陈鸿藻　朱润深　黄公安　朱祖英
　　　　　罗　球
主　　席　罗卓英
纪　　录　苏旭升
主席恭读　国父遗嘱
报告事项

一、秘书处报告，奉交下行政院训令，以各机关所有领导一部分工作之荐任待遇人员，应准自本年一月份起，月支特别办公费一千五百元，在各机关经费匀支，不另追加，仰知照等因。经送会计处签复，拟报会后分行，请转陈核定等由，奉准如拟办理。

二、秘书处报告，奉交下教育厅呈，以关于仲元中学参加抗战学生云惟义等三十名待遇一案，前奉钧府代电核准准照公费待遇办理，至毕业为止，所需公费公粮，由本府东迁后，机构人员调整后，所减之学生公费公粮三成数内拨给有案，恳将前缴该校参加抗战学生名册分别照案拨发等情。经送会计处签复，本案三成数案经前届委员会议通过，呈奉行政院核定移拨为其他用途，已无余资可拨，该生等公粮部分拟在省级公粮项下发给，至副食费，则教育厅所拟在中央第一次增拨学生副食费，二千四百一十六万八千元准备费项下支报，惟案关变更原动支项目，请转陈核定，并报会后分行等由，奉准如拟办理。

讨论事项

一、主席交议，据建设厅呈，关于公路处编拟该处准备配合复员需要，由本年八至十二月份增加技术人员经费支付预算书一案，送经本厅分别核复遵办，谨附原呈预算书，请核示等情，请公决案。

（决议）照建设厅、人事处、会计处签拟意见通过。

二、主席交议，准广东全省保安司令部代电，编送本部暨直属队三十三年度领运军粮旅费支付预算书，计共三十一万一千零九十六元，请查照核复等由，请公决案。

（决议）通过。

三、主席交议，据会计处案呈，关于本府无线电总台及长途电话管理所先后呈请将本总台直属分台暨本所三十五年度经费编列省预算开支一案，谨列具意见，请核示等情，请公决案。

（决议）通过。

四、主席交议，据本省三十五年度各县市局总预算编审查委员会签呈，关于新兴、英德、恩平、从化、博罗、紫金、和平、连平、惠来、丰顺等十县三十五年度总预算，经分别审编完竣，谨附该十县预算书等件，请核夺等情，请公决案。

（决议）通过。

五、主席交议，据地政局签呈，依据行政院颁发收复区土地权利清理办法第十条规定，拟具广东省收复区土地权利清理办法施行细则，并送会秘书处参酌意见修正完竣，谨附呈该细则请核示等情，请公决案。

（决议）通过。

六、主席交议，据建设厅呈，拟派张炜文代理公路处督察，附呈荐委表，请察核等情，请公决案。

（决议）通过。

七、主席交议，据建设厅呈，拟派颜宝华代理公路处总务课长，附呈任用送审表，请察核等情，请公决案。

（决议）通过。

八、主席交议，据民政厅长李扬敬签呈，关于广州及汕头市政府遴报各该市临时参议会参议员候选人名册，请核定两案，兹拟定：（一）以陆幼刚等四十名为广州市临时参议会参议员，马有为等二十员为候补参议员，并以陆幼刚为议长，沈家杰为副议长。（二）以陈伟烈等二十员为汕头市临时参议会参议员，周南等十员为候补参议员，并以陈伟烈为议长，唐人为副议长，附呈各该市参议员名单，请核定等情，请公决案。

（决议）通过。

九、主席交议，据民政厅长李扬敬签呈，关于增城、遂溪、花县、宝安、东莞、番禺、新会、三水、南澳、澄海、从化、顺德、潮安、南海、中山、海康等十六县遴报各该县临时参议会参议员名册，请察核案，经分别拟圈完竣，谨附该增城等十六县参议员名单，请核定等情，请公决案。

（决议）通过。

十、主席交议，据民政厅长李扬敬签呈，关于琼山、文昌、万宁、陵水、定安、琼东、乐东、儋县、昌江、乐会、保亭、崖县、白沙、临高、澄迈等十五县政府遴报各该县临时参议会候选人名册，请核圈案，经分别拟圈完竣，谨附该琼山等十五县参议员名册，请核定等情，请公决案。

（决议）通过。

广东省政府第十届委员会
第二十六次会议纪录

时　间　民国三十五年一月四日

地　点　本府会议厅

出席者　罗卓英　　杜梅和　　姚宝猷　　罗为雄　　肖次尹　　罗香林
　　　　黄文山　　詹朝阳

告假者　李扬敬　　鲍国宝　　蔡劲军　　陈绍贤　　黄范一

列席者　毛松年　　丘新民　　陈鸿藻　　黄公安　　钟盛麟　　朱祖英
　　　　罗　球

主　席　罗卓英

纪　录　苏旭升

报告事项

一、秘书处报告，奉交下建设厅签呈，以关于省营茂名糖厂前呈缴三十四年度营业计划及概算请核转一案，经第十九次会议决议撤回在案。惟查茂名糖厂系于三十四年五月起停止保管，五月以前（一至四月份）业务费用开支，自应有法定预算以为依据；五月以后（五至十二月份）应饬编办保管费预算呈核，可照会计处十一月二十四日签拟意见，转呈行政院核办，请核示等情。经送会计处签复，本案建设厅所拟甚为适当，拟请准照办理，并饬照核定预算书执行，至三十四年五月底止，请转陈核定等由，奉准如拟办理。

二、秘书处报告，关于高要县民钟××因不服高要县政府就租赁关系所为勒迁之处分向本府提起诉愿一案，经会同地政局详细评议完竣，谨依法拟具决定书，诉愿驳回，并经签准如拟办理。

三、广东田赋粮食管理处报告一周办理重要工作。

四、社会处报告一周办理重要工作。

五、会计处报告一周办理重要工作。

六、统计处报告一周办理重要工作。

60

七、人事处报告一周办理重要工作。

八、卫生处报告一周办理重要工作。

九、地政局报告一周办理重要工作。

十、设计考核委员会报告一周办理重要工作。

讨论事项

一、主席交议，据建设厅签呈，关于公路处拟具本省公路修复及行车办法，请核示一案，经会同秘书处详加研究修正完竣，附呈该办法请察核等情。请公决案。

（决议）通过。

二、主席交议，据人事处签呈，依据县长考绩条例规定，修订本府前公布本省县市局长考绩委员会组织规程，并送会秘书处参酌意见修正完竣，谨附广东省政府县（市局）长考绩委员会组织规程，请核定公布等情，请公决案。

（决议）通过。

三、主席交议，据民政厅签呈，查湛江市政府经第二十三次委员会议通过，于三十五年一月成立在案，兹会同人事处秘书处，拟具该市政府组织规程及编制表，谨附呈察核等情，请公决案。

（决议）修正通过。

四、主席交议，据设计考核委员会、民政厅会签，关于奉饬重拟广东省各县（市局）长三十四年度工作考成办法一案，经依照行政院颁布县长考绩条例，及本府历年办理成案暨施政情形，分别修订完竣，谨附该办法及要点，请察核等情，请公决案。

（决议）通过。

五、主席交议，据建设厅签呈，关于公路处呈缴该处三十四年度行车营业计划及预算书，请核转一案。经由本厅详加审核，谨附原呈营业计划及预算书，暨本厅审核意见书，请核示等情，请公决案。

（决议）照会计处签拟意见通过。

六、主席交议，据会计处签呈，关于揭阳县政府呈缴三十三年度地方岁入岁出追加追减总预算一案，经核编后，计岁入岁出各追加一百四十万元，追减四百零四万四千三百六十五元，请核定等情，请公决案。

（决议）通过。

七、主席交议，据秘书处签呈，以无线电总台所属各电台使用机件多属抗战切〔初〕期购置，残旧不堪，亟应分别补充，以利通讯，谨附拟补充器材表，请指款拨购等情，请公决案。

（决议）准在三十五年度特别预备金项下垫付四百万元。

广东省政府第十届委员会
第二十七次会议纪录

时　间　一月八日

地　点　本府会议厅

出席者　罗卓英　李扬敬　杜梅和　姚宝猷　罗为雄　肖次尹
　　　　蔡劲军　罗香林　黄文山　詹朝阳

告假者　鲍国宝　陈绍贤　黄范一

列席者　毛松年　丘新民　朱祖英　罗　球

主　席　罗卓英

纪　录　苏旭升

报告事项

一、秘书处报告，关于广州市商民陈××因不服广州市警察局对于呈请饬令靖海分局毋庸受理司法案件一事所为之批示，向本府提起诉愿一案，经审查评议完竣，依法拟具决定书，本件诉愿不受理，并经签准如拟办理。

二、秘书处报告，奉交下民政厅签呈，关于筹建本省抗日殉难阵亡军民忠烈祠一案，业经由省党部于三十四年十二月十八日，召集各机关代表开筹备会议，商讨进行事宜，至开办费一项经决议定为二十万元，请省市政府各垫一十万元，俟筹到款项即归还等纪录在案，谨签请察核等情。经送会计处签复，本案由本府垫支十万元一节，拟在三十五年度省预算第一预备金项下垫支，请转陈核定，并报会后分行等由，奉准如拟办理。

三、民政厅报告一周办理重要工作。

四、财政厅报告一周办理重要工作。

五、教育厅报告一周办理重要工作。

六、建设厅报告一周办理重要工作。

七、秘书处报告一周办理重要工作。

讨论事项

一、主席交议，据秘书处签呈，拟定制本府合署办公各机关三十五年度职员证章，及本府来宾证章五千枚，计需款三十六万元，请拨款办理等情。经准予照办，该款并准在三十四年度省预算战时特别预备金项下拨发，请追认案。

（决议）追认。

二、主席交议，据会计处签呈，关于五华县政府呈缴三十四年度地方岁入岁出第二次追加追减预算一案，经核编后，计岁入岁出追加为一百三十万零九千元，追减一万二千元，请核定等情，请公决案。①

三、主席交议，据会计处签呈，关于恩平县政府呈缴三十三年度地方岁入岁出第一次追加预算一案，经核编后，计岁入岁出各追加三百四十一万一千四百元，请核定等情，请公决案。

（决议）通过。

四、主席交议，据会计处签呈，关于恩平县政府呈缴三十三年度地方岁入岁出第二次追加预算一案，经核编后，计岁入岁出仍各列八十万零四千九百四十三元，请核定等情，请公决案。

（决议）通过。

五、主席题议，据会计处签呈，关于恩平县政府呈缴三十四年度地方岁入岁出第一次追加预算一案，经核编后，计岁入岁出各追加一百七十八万七千零七十一元，请核定等情，请公决案。

（决议）通过。

六、主席交议，据会计处签呈，关于潮安县政府呈缴三十四年度地方岁入岁出第二次追加预算一案，经核编后，计岁入岁出各追加四百四十五万零八百七十元，请核定等情，请公决案。

（决议）通过。

---

① 原文缺"决议"内容。

七、主席交议，据会计处签呈，关于新会县政府呈缴三十四年度地方岁入岁出第一次追加预算一案，经核编后，计岁入岁出各追加四百四十一万三千二百三十六元，请核定等情，请公决案。

（决议）通过。

八、主席交议，据会计处签呈，关于东莞县政府呈缴三十四年度地方岁入岁出第一次追加预算一案，经核编后，计岁入岁出各追加一百一十六万九千零二十三元，请核定等情，请公决案。

（决议）通过。

九、主席交议，据卫生处呈，拟以曾宪文代理省立医院院长，附呈该员履历表，请察核等情，请公决案。

（决议）通过。

十、主席交议，据建设厅代电，拟以陆今大代理农林局秘书，附呈该员任用审查表，请察核等情，请公决案。

（决议）通过。

十一、主席交议，据教育厅长姚宝猷签呈：（一）省立粤秀中学校长黎杰，因病迭请辞职，拟予照准，遗缺拟以钟国鑫接充。（二）省立连州中学校长钟钲声呈请辞职，拟予照准，遗缺拟以肖怀德接充。（三）省立勷勤师范学校校长戚焕尧呈请辞职，拟予照准，遗缺拟调本厅第三科科长黄佐接充。（四）省立庚戌中学校长许培干另候任用，遗缺拟以陈智乾接充。（五）省立韶州中学校长黄焕福另候任用，遗缺拟以黄金佑接充。（六）省立长沙师范学校校长余超另候任用，遗缺拟以方惠民接充。（七）省立琼崖中学粤北分校拟改为省立琼崖师范学校，并迁回琼山原址，拟以詹行烑充任校长，原任省立琼崖中学粤北分校校长温心园拟另候任用。（八）本厅第三科科长黄佐另有任用，遗缺拟调本厅督学陈振名接充，递遗督学缺拟派杨树荣代理。检呈各该员履历表，请察核等情，请公决案。

（决议）通过。

广东省政府第十届委员会
第二十八次会议纪录

时　　间　一月十二日

地　　点　本府会议厅

出席者　罗卓英　李扬敬　杜梅和　姚宝猷　罗为雄　蔡劲军
　　　　罗香林　黄文山　黄范一

告假者　鲍国宝　肖次尹　陈绍贤　詹朝阳

列席者　毛松年　丘新民　陈鸿藻　朱润深　黄公安　巫　琦
　　　　朱祖英　罗　球

主　　席　罗卓英

纪　　录　苏旭升

主席恭读　国父遗嘱

报告事项

一、秘书处报告，据英德县商民吴××因购运煤油事件不服本府财政厅所为没收充公之处分，向本府提起诉愿一案，经审查评议完竣，谨依法拟具决定书，本件诉愿驳回并经签准如拟办理。

二、秘书处报告，奉交下广东省公粮稽核委员会公函，以近来物价高涨，邮费文具需支浩繁，办公费极感不敷，请由三十四年十一月份起至十二月份止，每月增拨一万八千元，共计三万六千元，以资挹注，附列追加办公费预算表，请查照等由。经送会计处签复，本案核属需要，拟准照办，款在三十四年度省预算第一预备金科目开支，并先分行，后补报会议，请转陈核定等由，奉准如拟办理。

三、秘书处报告，奉交下建设厅签呈，以本厅所属各公营事业机关盈亏拨补办法，前经签请核备有案，惟查该案于韶关转进时散失，兹为使各工厂编定计划预算，有所根据，谨参酌法令，及实际情况，重行拟订广东省政府所属公营事业机关盈亏拨补办法乙份，请核备等情。经送会计处签复，拟议意见两项，请转陈核定报会，并转呈行政院备案等由，奉准如拟办理。

四、秘书处报告，奉交下会计处签呈，以本府迁移龙川平远办公时期，因战事影响，西江南路邮递阻梗，为因应事实需要，关于西江南路行署所辖各县局追加预算，前经由府饬该行署代为审核，先行饬县遵办，俟邮通后，将核定案，汇呈本府补提会议在案，现据该署汇呈，前代府核定，发县执行之各县三十二、三十三年度历次追加预算，计有新会、罗定、茂名、阳春、信宜、廉江等六县到府，拟依照规定补报会议后，分行各有关机关俾完法案手续，请察核等情，奉准如拟办理。

五、广东田赋粮食管理处报告一周办理重要工作。

六、社会处报告一周办理重要工作。

七、会计处报告一周办理重要工作。

八、统计处报告一周办理重要工作。

九、人事处报告一周办理重要工作。

十、卫生处报告一周办理重要工作。

十一、地政局报告一周办理重要工作。

十二、设计考核委员会报告一周办理重要工作。

讨论事项

一、主席交议，据民政厅长李扬敬签呈，关于本省第一区行政督察专员兼保安司令公署转报台山县请将大澳地方划回本县管辖一案，列具意见，请核示等情，请公决案。

（决议）照民政厅签拟大澳划归阳江县管辖。

二、主席交议，依据中央五年建设计划，拟派定本府委员及延聘专家起草本省五年建设计划，附具办法，请公决案。

（决议）原则通过。推李委员扬敬、杜委员梅和、姚委员宝猷、罗委员香林、黄委员文山负责起草总纲，由黄委员约集。

三、主席交议，据本省三十五年度各县市局总预算编审委员会签呈，关于惠阳、潮安、陆丰、电白、龙门、防城、化县、饶平、大埔、新丰等十县三十五年度总预算业经审编完竣，谨附审定各该县预算书等件，请核定等情，请公决案。

（决议）通过。

四、主席交议，据建设厅签呈，转缴农林局派技术人员襄助张特派员接收海南岛农林机关临时费预算分配表，计需款七百零九万二千八百元，请核发等情，请公决案。

（决议）照会计处签拟意见办理。

五、主席交议，关于本府驻澳办事处主任陶少甫签请拨发经费一案，经准拨九十万元，办理结束，该款并经在三十四年度省预算新兴事业费项下开支，请追认案。

（决议）追认。

六、主席交议，准广东省党部公函，附送建筑本省忠烈祠筹备委员会第一次会议录，请查照办理等由，关于由本府负担该委员会经费部分，经饬会计处签拟前来，请公决案。

（决议）通过。

七、委员李扬敬、姚宝猷、罗香林、黄文山会复，关于奉交审查民政厅签拟通令各县（市局）设立修志馆修编县志及通志馆编制表一案，经审查完竣谨列具意见，请公决案。

（决议）照审查意见通过。

八、主席交议，琼崖收复善后措施，甚关重要，为便于政务推行起见，特设本府主席琼崖办公处，除组织规程另拟提会外，并拟派蔡委员劲军兼该处主任，请公决案。

（决议）通过。

九、主席交议，据委员杜梅和等签呈，关于三十五年度复员岁出及救济岁出预算编列一案，经遵谕邀集各机关代表审查决定原则，并由各机关代表会同改编，复由会计处整理汇编完竣，计复员岁出五百零六亿九千七百七十五万元，救济岁出八十一亿九千九百七十五万二千元，合计五百八十八亿九千七百五十万零二千元，谨附审查意见及修正概算，请核定等情，请公决案。

（决议）通过。

广东省政府第十届委员会
第二十九次会议纪录

时　间　一月十五日

地　点　本府会议厅

出席者　罗卓英　李扬敬　杜梅和　姚宝猷　罗为雄　蔡劲军
　　　　罗香林　黄文山　黄范一　詹朝阳

告假者　鲍国宝　肖次尹　陈绍贤

列席者　毛松年　丘新民　巫琦　朱祖英　罗球

主　席　罗卓英

纪　录　苏旭升

主席恭读　国父遗嘱

报告事项

一、秘书处报告，奉交下广东省赈济会代电，关于儿童教养院呈缴该院三十四年度所属各院部校教养费预算分配总表，第四、六、七分院实小培小部升学难童，及北江农工职业学校、江村师范学校教养费预算分配表，请核示一案，查该院等增加副食费一节，前经分别呈奉核准，所需款项，在本会三十四年度赈款预算教养机构经临费拨支在案，谨将原缴分配表电请察核等情。经送会计处签复拟准照办，请转陈核定，并报会后分行等由，奉准如拟办理。

二、秘书处报告，关于茂名县民梁××为不服广东省营麻织厂收用土地事件，向本府提起诉愿一案，经审查评议完竣，谨依法拟具决定书，本件诉愿不受理，并经签准如拟办理。

三、秘书处报告，关于紫金县凤凰乡中心学校代表人杜××及上安乡中心学校代表人李××因不服紫金县政府划拨校产，及组会代管校产收益之处分，向本府先后提起诉愿一案，经评议审查完竣，谨依法拟具决定书，本件诉愿驳回，并经签准如拟办理。

四、秘书处报告，关于前由本处垫付本府负担广东各界欢迎第七战区余司令长官莅省大会经费一十万元一案，经编具预算表呈府请指款拨还归垫，并由府发交会计处签复，该款拟准在三十四年度省预算战时特别预备金项下开支，请核定分行后补报会议等情，奉准如拟办理。

五、秘书处报告，奉交下第九区行政督察专员兼保安司令公署电，以转报：（一）琼山县民吴锦璠、张进德，于三十四年一月间，在书场海湾内，捞获美籍飞行员尸体一具，经由该两县民会同当地游击大队长王德宏，瘗葬该海湾附近荒野。（二）儋县莪蔓乡罐头村民众，于三十三年旧历三月十七日，收葬美籍殉难飞行员六人，于该村附近之桃兰地，请依章核发奖金等情，经先后分送民政厅会计处签复，拟各一次过发给奖金一十万元，计共二十万元，款拟在三十五年特别预备金项下报支，请核定报会分行，并转报军事委员会核备等由，奉准如拟办理。

六、民政厅报告一周办理重要工作。

七、财政厅报告一周办理重要工作。

八、教育厅报告一周办理重要工作。

九、建设厅报告一周办理重要工作。

十、秘书处报告一周办理重要工作。

讨论事项

一、主席交议，据建设厅签呈，关于公路处电请将该处护路官佐生活补助费，比照省级文职公务员待遇拨发，并将该队三十四年度经常费额拨足，俾资维持，附缴预算书，请核示一案，谨列具意见，请察核等情，请公决案。

（决议）照会计处签拟意见通过。

二、主席交议，据建设厅签呈，拟定印内政部函送第二集公私建筑标准制式图案二百份，通饬遵照推行，计需款三十一万四千五百元，谨附请款书，请拨款办理等情，请公决案。

（决议）通过。

三、主席交议，关于省立勤勤学院院长黄典元呈请依章发给该院被裁教职员杨伟绩等二十二员三个月遣散费，及照聘约支足教员一年薪津公粮，以维生活一案。经饬据会计处签具意见，并准照办，请追认案。

（决议）追认。

四、主席交议，据会计处案呈，关于本府负担广州市中山纪念堂暨革命先烈坟园祠宇管理委员会开办费，及三十四年十一、十二月份经常费，计共二十七万五千元一案。该款拟在三十四年度省预算战时特别预备金项下拨支，请核示等情，经准予照办请追认案。

（决议）追认。

五、主席交议，据教育厅签呈，本厅接收省图书杂志审查处后，工作繁多，人员不敷分配，拟请增设第五科专责办理，谨编具追加经费预算，及职员生活补助费清表，请核示等情。经饬据人事处会计处签具意见，并准予照办，请追认案。

（决议）追认。

六、主席决〔交〕议，据本省三十五年度各县市局地方总预算编审委员会签呈，关于中山、南海、台山、清远、钦县、海丰、云浮、信宜、封川、连山等十县三十五年度地方岁入岁出总预算，业经审编完竣，谨附审定各该县预算书等件，请核定等情，请公决案。

（决议）通过。

七、主席交议，据会计处签呈，关于信宜县政府呈缴三十四年度地方岁入岁出第一次追加追减预算一案，经核编后，计岁入追加五十二万零七百八十四元，岁出追加二百六十二万二千三百四十五元，岁出追减二百一十万一千五百六十一元，请核定等情，请公决案。

（决议）通过。

八、主席交议，据会计处签呈，关于连平县政府呈缴三十四年度第二次追加预算一案，经核编后，计岁入岁出各追加四十八万七千五百一十八元，请核定等情，请公决案。

（决议）通过。

九、主席交议，据会计处签呈，关于龙门县政府呈缴三十四年度地方岁入岁出第一次追加追减预算一案，经核编后，计岁入追加二百四十九万五千一百零九元，追减九十三万六千六百三十七元，岁出追加二百三十二万一千二百四十六元，追减六十六万二千七百七十四元，请核定等情，请公决案。

（决议）通过。

十、主席交议，据建设厅呈，拟以高志明代理本厅技正，附呈该员荐委表，请察核等情，请公决案。

（决议）通过。

十一、主席交议，据卫生处代电，拟以谢剑文代理本处技正，请察核等情，请公决案。

（决议）通过。

十二、主席交议，据建设厅代电，拟以刘耀佳代理公路处技正，附呈该员荐委表，请察核等情，请公决案。

（决议）通过。

十三、主席交议，据建设厅代电，转据公路处呈，拟调本处技士钟国康升充增加技术人员技正，附呈该员动态月报表，请察核等情，请公决案。

（决议）通过。

十四、主席交议，据卫生处呈，拟以梁尚博代理广东省立第三临时医院医务主任，附呈该员荐委表，请察核等情，请公决案。

（决议）通过。

十五、主席交议，据建设厅呈，拟以徐家鼎代理农林局技正，附呈该员送审表，请察核等情，请公决案。

（决议）通过。

十六、主席交议，据教育厅案呈，关于大埔县政府及县临时参议会等先后电，以大埔县立第一中学经费支绌，无法维持，请将该校改为省立，以宏造就一案，列具意见，请公决案。

（决议）通过。经费照会计处签拟意见办理。

十七、主席交议，据民政厅签呈，拟具广州市临时参加议会编制及经费预算标准、大会经费支给标准，及各县市临时参议会开办费数额，请核示等情，请公决案。

（决议）修正通过。

十八、主席交议，本府建设厅农林局迄未完成立法手续，兹拟于本年元月起遵照行政院指示，将该局改为农林处，直属本府，除组织规程，另拟提会外，请公决案。

（决议）通过。

广东省政府第十届委员会
第三十次会议纪录

时　间　一月十八日

地　点　本府会议厅

出席者　罗卓英　李扬敬　杜梅和　姚宝猷　罗为雄　肖次尹
　　　　蔡劲军　罗香林　黄文山　詹朝阳

告假者　鲍国宝　陈绍贤　黄范一

列席者　丘新民　毛松年　朱润深　陈鸿藻　朱祖英　罗　球
　　　　李鸿毅

主　席　罗卓英

纪　录　苏旭升

主席恭读　国父遗嘱

报告事项

一、秘书处报告，先后奉交下广东全省保安司令部代电二件，以据本部保安第三大队呈报，三十三年下半年接收海陆丰新兵，计支出经费四万零二百九十四元，军粮八千八百五十九市斤六两。又据保安第一大队三十三年度呈报，接收英德县新兵一百名补拨该队，因限于编制，每月均有溢额，计支出溢额新兵经费一万三千零五十六元，军煺二千三百一十七市斤二两。拟援案分别在本部同年度经费公粮节余项下支报，附送预算书，请查照核复等由。经送会计处签复批准照办，请转陈核定，并报会后分行等由，奉准如拟办理。

二、秘书处报告，奉交下民政厅呈，以省干训团第十九期户政组结业学员陈鸿基等四十六名，分派各县工作，旅费二十九万八千五百元，及该学员等结集后伙食费三天，共二万七千六百元，合共三十二万六千一百元，均由本厅垫支，谨造具清册请核拨归垫等情。经送会计处签复，学员分发旅费，拟饬财政厅在三十五年度省干训团事业费内，扣出拨还民政厅归垫，仍着民政厅将分发旅费领据径送省干训团支销，至膳食费，拟在三十五年度第一预备金科目开支，拨还民政厅归垫，请转陈核定并报会后分行等由，奉准如拟办理。

三、广东田赋粮食管理处报告一周办理重要工作。

四、社会处报告一周办理重要工作。

五、会计处报告一周办理重要工作。

六、统计处报告一周办理重要工作。

七、人事处报告一周办理重要工作。

八、卫生处报告一周办理重要工作。

九、地政局报告一周办理重要工作。

十、设计考核委员会报告一周办理重要工作。

讨论事项

一、主席交议，据财政厅签呈，为明定各县市办理地方自治财政之各级机关权责，增强联系起见，兹拟具本省自治财政"经征""督征""协助""征收"各级机关办事通则，请核示等情，请公决案。

（决议）照秘书处签拟意见修正通过。

二、主席交议，准广东全省保安司令部代电，以本部于三十四年十一月召开冬防会议，计共支出经费一百六十二万一千七百七十五元，款由本部额领经费支报，附送预算书，请查照核复等由，请公决案。

（决议）通过。

三、主席交议，据会计处签呈，拟具三十五年度特别预备金拨付各费清表，请核定等情，请公决案。

（决议）通过。

四、主席交议，据秘书处签呈，依照本府前颁广东省各县（局）城镇营建计划规程规定，拟具本省各县（市局）城镇计划委员会组织规程，并送会建设厅会计处人事处参酌意见修正完竣，谨附该规程请察核等情，请公决案。

（决议）保留。

五、主席交议，据社会处呈，以冬令已届，自应及时展开冬令救济，兹依照社会部颁发冬令救济实施办法规定，拟具本省冬令救济委员会组织规程、工作计划纲要、筹募寒衣办法，及编造经费预算表，请核示等情，请公决案。

（决议）膳食补助费准予照列，余照会计、人事两处及设考会签拟意见办理。

六、委员兼民政厅长李扬敬提，拟裁撤安化管理局，改设连南县，谨列具意见，请公决案。

（决议）由李委员扬敬约集有关机关，并邀罗委员香林、詹委员朝阳会同审查。

七、主席交议，据本省三十五年度各县市局总预算编审委员会签呈，关于顺德、兴宁、阳江、四会、罗定、花县、鹤山、新兴、阳山、平远等十县三十五年度地方岁入岁出总预算，业经编审完竣，谨附审定该县等预算书等件，请核示等情，请公决案。

（决汉）通过。

八、主席交议，据会计处签呈，关于博罗县政府呈缴三十三年度地方岁入岁出追加预算一案，经核编后，计岁入岁出各追加六十九万六千九百零六元，请核定等情，请公决案。

（决议）通过。

九、主席交议，据人事处签呈，关于设置本府主席琼崖办公处一案，业经第二十八次会议决议通过，兹拟具该处组织规程及编制表，请核示等情，请公决案。

（决议）修正通过。

十、委员兼民政厅长李扬敬提，本省乐东、保亭、白沙三县地方贫瘠，税捐收入甚少，复员工作难资开展，兹拟具特别补助该三县办法，并约集财政厅、会计处、人事处、卫生处会同审查完竣，谨附该办法，请公决案。

（决议）办法通过，经费由民政厅、财政厅、会计处、人事处会商呈核。

十一、主席交议，据财政厅长杜梅和呈，拟以谭栋材代理本厅视察，附呈该员任用审查表，请察核等情，请公决案。

（决议）通过。

十二、主席交议，据财政厅长杜梅和签呈，本厅视察蔡铁郎呈请辞职，拟请照准，遗缺拟以冯介廉代理，附呈该员履历表，请察核等情，请公决案。

74

（决议）通过。

十三、主席交议，据地政局呈，拟以李遂民代理本局开建县地籍整理办事处副处长，附呈该员任用审查表，请察核等情，请公决案。

（决议）通过。

十四、主席交议，据地政局呈，拟以林芳代理本局督导员，附呈该员荐委表，请察核等情，请公决案。[①]

十五、主席交议，据民政厅长李扬敬签呈，琼山县长陈哲、文昌县长何定之、定安县长钱开新、儋县县长王焕、万宁县长林镇、陵水县长李鼎京、澄迈县长王绍裕、临高县长王聘宗、琼东县岑孟雅、乐会县长王春和、昌江县长符祥和、感恩县长何重民、白沙县长李茂荣，拟均予调省另候任用，并拟派吴荣楫代理琼山县长，调恩平县长郑泽光代理文昌县长，谭伯棠代理定安县长，调陆丰县长陈藻文代理儋县县长，欧剑城代理临高县长，黄德川代理乐会县长，王定华代理陵水县长，罗盛元代理万宁县长，周正之代理澄迈县长，彭元藻代理琼东县长，叶崇竣代理感恩县长，廖逊我代理昌江县长，林士新代理白沙县长，至恩平县长遗缺派古贯郊代理，陆丰县长遗缺派罗尚忠代理。检同各该员履历，请察核等情，请公决案。

（决议）通过。

广东省政府第十届委员会
第三十一次会议纪录

时　间　一月二十二日

地　点　本府会议厅

出席者　罗卓英　李扬敬　杜梅和　姚宝猷　罗为雄　蔡劲军
　　　　罗香林　黄文山　黄范一　詹朝阳

告假者　鲍国宝　肖次尹　陈绍贤

---

① 原文缺"决议"内容。

列席者　丘新民　毛松年　朱祖英　罗　球

主　席　罗卓英

纪　录　苏旭升

主席恭读　国父遗嘱

报告事项

一、秘书处报告，奉交下建设厅签呈，关于公路处电，以本省已修复公路桥梁，间有未及加建，兹拟设置渡车船利便车辆来往，惟此项设置及其管理费用，在目前养路费收入奇绌，实无法负担，拟规定凡车辆过渡，每次每车征收渡河费二千元，藉资维持一案。查车辆渡河费广西等省已有征收，所请拟准照办，请核示等情。经由本处签拟本案征收办法，仍应饬由公路处严密厘订呈候核办，并经签准如拟办理。

二、秘书处报告，奉交下建设厅签呈，关于公路处呈，以本省公路收〔修〕养困难，拟自本年二月一日起，援照赣省先例，货车养路费征收率改为每吨公里二十四元，客车养路费征收率比照货车提高数率（照原额提高二分之一），同时调整小客车每车公里十六元，大客车每车公里五十四元，请核备一案。查赣省既已调整，本省似可援照办理，俾与邻省划一，而资弥补，谨签请核示等情，奉准如拟办理。

三、民政厅报告一周办理重要工作。

四、财政厅报告一周办理重要工作。

五、教育厅报告一周办理重要工作。

六、建设厅报告一周办理重要工作。

七、秘书处报告一周办理重要工作。

讨论事项

一、主席交议，据民政厅签呈，编具本省三十五年度县长考试经费概算表，及公职候选人考试预估汇转检核，所需经费分配预算表，请核示等情，请公决案。

（决议）照会计处签拟通过。

二、主席交议，据会计处签呈，关于高要县政府呈缴三十四年度地方岁入岁出第一次追加预算一案，经核编后，计岁入岁出各追加一千四百二十五万八千四百三十五元，请核示等情，请公决案。

（决议）通过。

三、主席交议，据会计处签呈，关于平远县政府呈缴三十三年度地方岁入岁出第三次追加预算一案，经核编后，计岁入岁出各追加五十一万二千四百零八元，请核示等情，请公决案。

（决议）通过。

四、主席交议，据会计处签呈，关于南山管理局呈缴三十四年度地方岁入岁出第二次追加预算一案，经核编后，计岁入岁出各追加六万六千六百六十一元，请核示等情，请公决案。

（决议）通过。

五、主席交议，据财政厅长杜梅和签呈，为彻底整理各县（市局）税捐，使法治与人治兼程并进起见，兹拟具广东省政府财政厅甄选各县（市局）税捐经征人员办法，并送会人事处秘书处参酌意见，修正完竣，谨附该办法，请核示等情，请公决案。

（决议）通过。

六、主席交议，据会计处签呈，奉行政院令，发中央分年豁免各省田赋补助县市经费办法，拟具意见请核示等情，请公决案。

（决议）原签（一）之二分配标准，修正为，各县公务员待遇总额在七千元以上者，此次不予分配，其他县份分为三级补助，余照办。

七、主席交议，据财政厅签呈，本厅秘书谢月峰另候任用拟予免职，遗缺拟派陈彝颂代理，附呈该员任用审查表，请察核等情，请公决案。

（决议）通过。

八、主席交议，据卫生处呈，拟以郑少康代理本处技正，附呈该员荐委表，请察核等情，请公决案。

（决议）通过。

九、主席交议，据民政厅长李扬敬报告，新派感恩县长钟应梅辞不赴任，遗缺拟派叶崇竣代理，检同该员履历，请察核等情。请公决案。

（决议）通过。

十、主席交议，据建设厅签呈，本厅公路处副处长郑昭拟另有任用，遗缺拟派肖达人代理，请察核等情，请公决案。

（决议）通过。

十一、主席交议，广东省银行副行长曾晓峰另有任用，拟予免职，遗缺拟派古沅祥代理，检同该员履历，请公决案。

（决议）通过。

广东省政府第十届委员会
第三十二次会议纪录

时　间　一月二十五日

地　点　本府会议厅

出席者　罗卓英　李扬敬　杜梅和　姚宝猷　罗为雄　肖次尹
　　　　蔡劲军　罗香林　黄文山　黄范一　詹朝阳

告假者　鲍国宝　陈绍贤

列席者　毛松年　陈鸿藻　黄公安　朱祖英　罗　球　黎尚桓
　　　　冼维逊

主　席　罗卓英

纪　录　苏旭升

主席恭读　国父遗嘱

报告事项

一、秘书处报告，奉交下建设厅签呈，关于博罗县政府电，以近来物价高涨，请将本府前令，转发交通部，未满二百总担帆船丈量检查注册给照办法，照原规定数额增一百倍征收一案，查目前物价高涨，所请增收丈量各费尚属需要，拟准照办，并通饬遵照及咨交通部备案等情，奉准如拟办理。

二、广东田赋粮食管理处报告一周办理重要工作。

三、社会处报告一周办理重要工作。

四、会计处报告一周办理重要工作。

五、统计处报告一周办理重要工作。

六、人事处报告一周办理重要工作。

七、卫生处报告一周办理重要工作。

八、地政局报告一周办理重要工作。

九、设计考核委员会报告一周办理重要工作。

讨论事项

一、主席交议，据人事处签呈，本府建设厅农林局经第二十九次会议通过，改为农林处，直属本府，兹遵谕拟具广东省政府农林处组织规程草案，及编制表，并送会建设厅秘书处参酌意见修正完竣，谨附该草案及编制表，请察核等情，请公决案。

（决议）（一）第五科并入第四科。（二）编制人员改定最底额为一百一十三人，最高额为一百三十三人。（三）建设厅原第三科第一股农林业务拨入农林处。

二、主席交议，据人事处签呈，为适应现实需要，修订本府前颁之本府所属各机关职员考勤规则，并送会秘书处参酌意见修正完竣，谨附该规则，请察核等情，请公决案。

（决议）通过。

三、主席交议，据财政厅签呈，兹参酌实际需要，修正本府前颁广东省各县市税捐征收处委托乡镇公所代征屠宰税办法，并送会秘书处参酌意见修正完竣，谨附该办法，请核示等情，请公决案。

（决议）通过。

四、主席交议，为发扬文化保存文物，拟设立广东文献馆，附具筹设办法，请公决案。

（决议）通过。

五、主席交议，据广东省复员协进会代电，以本会经费无着，请一次过拨助本会经费三十万元，以利进行等情，请公决案。

（决议）通过。

六、委员兼民政厅长李扬敬签复，关于奉交审查裁撤安化管理局，改设连南县一案，经约集各有关机关，并邀同罗委员香林、詹委员朝阳会同审查完竣，谨列具意见，请公决案。

（决议）照审查意见通过。

七、主席交议，据民政厅签呈，广州市奉行政院核定仍为省辖市，兹会同财政厅、秘书处、人事处、会计处，参酌实际情形，拟具广州市政府组织规程草案及编制表，请察核等情，请公决案。

（决议）原则通过。交民政厅邀集有关机关整理文字。

八、主席交议，据会计处签呈，遵照指示，拟具广东省政府主席，琼崖办公处三十五年度经费预算，请察核等情，请公决案。

（决议）通过。

九、主席交议，据民政厅长李扬敬签呈，三水县临时参议会议长邓慕韩请辞议长及参议员职，拟予照准，遗议长缺拟以参议员梁锡鸿接充，递遗参议员缺以候补参议员李国雄递补，请察核等情，请公决案。

（决议）通过。

十、主席交议，据民政厅长李扬敬签呈，关于感恩县政府遴报该县临时参议会候选人名册，请核圈一案，兹拟圈苏秀谦等十四名为参议员，符笃椿等七名为候补参议员，并以苏秀谦为议长，陈大环为副议长，请核定等情，请公决案。

（决议）通过。

十一、主席交议，据教育厅长姚宝猷签呈，省立肇庆中学校长梁焕康呈请辞职，拟予照准，遗缺拟以陈家骥接充；省立梅州中学校长李时可因病辞职，拟予照准，遗缺拟以刘淼华接充；省立罗定中学校长李擎支呈请辞职拟予照准，遗缺拟以唐廷纲接充。检同各该员履历，请察核等情，请公决案。

（决议）通过。

十二、主席交议，据建设厅呈，拟以熊正百代理本厅技正，附呈该员任用审查表，请察核等情，请公决案。

（决议）通过。

十三、主席交议，据地政局呈，本局秘书李如汉因病呈请辞职，拟予照准，遗缺并拟派李鸿毅代理，附呈该员荐委表，请察核等情，请公决案。

（决议）通过。

广东省政府第十届委员会
第三十三次会议纪录

时　　间　一月二十九日

地　　点　本府会议厅

出席者　罗卓英　李扬敬　杜梅和　姚宝猷　罗为雄　肖次尹
　　　　　蔡劲军　罗香林　黄文山　黄范一　詹朝阳

告假者　鲍国宝　陈绍贤

列席者　丘新民　毛松年　朱祖英　罗　球

主　　席　罗卓英

纪　　录　罗旭升

主席恭读　国父遗嘱

报告事项

一、秘书处报告，奉交下广东全省保安司令部代电，本部由连县东来人员，计官佐八员，士兵十七名，附带重要文卷收音机电话机等公物共八担，合计支出旅运费一十八万八千一百九十元，款拟在本部三十四年度经费节余项下开支，相应编具预算书请查照核复等由。经送会计处签复拟准照办，请转陈核定，并报会后分行等词，奉准如拟办理。

二、秘书处报告，奉交下会计处签呈，关于奉行政院令，颁中央分年豁免各省田赋补助县市经费办法一案，前经由本处列具意见呈请察核，并提付第三十一次会议决议，"原签（一）之二分配标准，修正为，各县公务员待遇总额月在七千元以上者，此次不予分配，其他县份分为三级补助，余照办"在案。兹遵照原决议拟定：（一）分级标准。（二）分配标准。是否有当，谨附分配表，请核夺等情，奉准如拟办理。

三、秘书处报告，奉交下军粮筹备委员会呈，以奉粮食部核定，自一月份起定价配购军粮，每大包连业务费不得超过一万二千元，着商承省政府就余粮县份公平摊定购额，如期如额购供一案，兹拟具定价配购军粮办法，及各县配购数额，请核示等情。奉批本省缺粮欠收，已电粮食部仍准各县照市价收购，惟各县驻军需粮孔亟，不能一日中断，而部发粮款均按定量价格拨汇，每与部队人粮市价不同，致难继续，姑就广韶惠属各县先行饬知定价配购，一面吁请中央仍照市价补发差额。

四、民政厅报告一周办理重要工作。

五、财政厅报告一周办理重要工作。

六、教育厅报告一周办理重要工作。

七、建设厅报告一周办理重要工作。

八、秘书处报告一周办理重要工作。

讨论事项

一 主席交议，据民政厅签呈，关于特别补助乐东、保亭、白沙三县办法一案之经费部分，经遵谕邀集有关机关派员会商拟定，谨附乐东、保亭、白沙三县经费补助办法，请核示等情，请公决案。

（决议）通过。

二、主席交议，据建设厅呈，关于长途电话所呈，以经费困难，请将本所员工生活补助费，列入省预算内拨给一案，转请核示等情，请公决案。

（决议）由建设厅约集人事处、会计处会商办法，再行提会。

三、主席交议，据人事处签呈，兹参照本府所属各厅处局分层负责办事通则，及实际情形，修订本府前颁之广东省政府所属各机关职员请假规则，并送会秘书处参酌意见修正完竣，谨附该规则，请察核等情，请公决案。

（决议）通过。

四、主席交议，据会计处签呈，关于中山县政府呈缴三十四年度地方岁入岁出第一次追加预算一案，经核编后，计岁入岁出各追加一百零五万二千二百八十元，请核定等情，请公决案。

（决议）通过。

五、主席交议，据会计处签呈，关于从化县政府呈缴三十四年度地方岁入岁出第一次追加预算一案，经核编后，计岁入岁出各追加一百九十七万七千七百六十三元，请核定等情，请公决案。

（决议）通过。

六、主席交议，据财政厅签呈，以近来物价高涨，为裕课恤商起见，兹按照各地商业实际情形，从新修改本省各县市局营业牌照税征收细则第四条条文，俾资因应，请察核等情，请公决案。

（决议）通过。

七、主席交议，据人事处签呈，关于省临时参议会函请本府确定养廉制度以奖励贤能一案，兹拟订广东省政府所属各级机关公务员养廉金发给办法，并送会民、财两厅，秘书、会计两处，核具意见，修正完竣，谨附该办法，请察核等情，请公决案。

（决议）通过。

八、主席交议，据教育厅呈，省立广州女子师范学校呈缴三十四年度添置校具及修理校舍费支出预算书等件，款拟在同年度师范生副食费，及师范生公费待遇节余款移用一案，转请核示等情，请公决案。

（决议）通过。

九、主席交议，准广东全省保安司令部代电，编送本部三十四年度整编团队编余官佐，各发薪津一个月遣散费预算书，款拟在本部三十四年度经费节余项下开支，请核复等由，请公决案。

（决议）通过。

十、主席交议，据会计处签呈，关于各机关先后请求增拨本年度经临费各案，兹分别列具意见，并编造本省追加三十五年度岁出单位预算书，请核示等情，请公决案。

（决议）通过。

十一、主席交议，据新派第八区行政督察专员兼保安司令林荫根签呈，拟带同赴任必要之人员十五名，日间赴任，请援例每人补助旅费六万五千元，合计九十七万五千元俾利遄行等情，请公决案。

（决议）通过。

十二、主席交议，据会计处签呈，列具本省本年生活补助费余额，拨付各机关生活补助费数目表，请核示等情，请公决案。

（决议）通过。

十三、主席交议，据会计处签呈，本年度省预算第一预备金及特别预备金，奉核定类额，经动支过半，现复员时期各项需支浩繁，拟电请中央各追加二亿元，俾资因应等情，请公决案。

（决议）通过。

十四、主席交议，据财政厅呈，拟以凌宗汉代理本厅第二科科长，附呈该员任用审查表，请察核等情，请公决案。

（决议）通过。

十五、主席交议，据建设厅呈，拟以徐庆丛代理本厅第三水利测量队技正兼队长，附呈该员荐委表，请察核等情，请公决案。

（决议）通过。

十六、主席交议，据建设厅代电，拟以黄镇波代理公路处技士，附呈该员荐委表，请察核等情，请公决案。

（决议）通过。

广东省政府第十届委员会
第三十四次会议纪录

时　间　二月一日

地　点　本府会议厅

出席者　罗卓英　李扬敬　杜梅和　姚宝猷　罗为雄　肖次尹
　　　　罗香林　黄文山　黄范一　詹朝阳

告假者　鲍国宝　蔡劲军　陈绍贤

列席者　丘新民　毛松年　陈鸿藻　黄枯桐　朱祖英　罗　球

主　席　罗卓英

纪　录　苏旭升

主席恭读　国父遗嘱

报告事项

一、秘书处报告，关于梅县平民医院代表李××因该院平民医院经费争执事件不服该县政府所为撤销既准之处分，向本府提起诉愿一案，经审查评议完竣，谨依法拟具决定书，本件诉愿驳回，并经签准如拟办理。

二、秘书处报告，奉交下教育厅呈，关于省立广州女子师范学校呈拟装设电话及设置篮球架所需款项，并拟以本校三十四年度追加师范生副食费节余项下，一十万五千九百元移用，谨编具预算表等件，请核准一案。查尚属实，请核示等情。经送会计处签复，本案现据教育厅核属需要，拟予照准，请转陈核定并报会后分行等由，奉准如拟办理。

三、秘书处报告，奉交下财政厅签呈，关于广东省党部函，请依照贵府前送，充裕党团事业费，协助政府促进地方自治之完成经费表原办法规定，转饬各县县长，于本会督导委员到县时，将公产划拨清楚，提拨百分之二十为党团经费一案。查本案，其原则虽经本府前第九届委员会第六百一十四次会议通过，但未声明各县教育款产在内。且各县教育款产收益，迭奉中央明令不得移作别用。兹为双方兼顾计，拟将各县公产收益，除教育款产收益外，以百分之二十提拨为党团事业费。除实施日期再行另定外，并拟函复省党部查照，请核示等情，奉准如拟办理。

四、广东田赋粮食管理处报告一周办理重要工作。

五、社会处报告一周办理重要工作。

六、会计处报告一周办理重要工作。

七、统计处报告一周办理重要工作。

八、人事处报告一周办理重要工作。

九、卫生处报告一周办理重要工作。

十、地政厅报告一周办理重要工作。

十一、设计考核委员会报告一周办理重要工作。

十二、农林处报告一周办理重要工作。

讨论事项

一、主席交议，据秘书处签呈，关于梅县人民古××等因与温友运承采煤矿发生纠纷事件不服本府建设厅所为不准撤销设权之处分，向本府提起诉愿一案，经审查评议完竣，谨依法拟具决定书，请核夺等情，请公决案。

（决议）通过。

二、主席交议，据人事处签呈，汕头市长谭葆寿积劳病故，拟予从优给恤及拨给治丧费，谨列具意见，请察核等情，请公决案。

（决议）准发丧葬补助费二万元，并由本府呈请优恤。

三、主席交议，据广东省党工干部会报秘书处签呈，兹编具本处经常费概算表，及员役生活补助费清表，请核示等情，请公决案。

（决议）照会计处签拟通过。

四、主席交议，据本府警卫团长蓝迅云代电，编具本团三十四年度额外人员周炳坦等十七员经费预算分配表，请核示等情，请公决案。

（决议）通过。

五、主席交议，据会计处签呈，拟自本年度起，增加各区行政督察专员兼保安司令公署办公费，及专员出巡旅费，谨列具意见，请核示等情，请公决案。

（决议）通过。

广东省政府第十届委员会
第三十五次会议纪录

时　　间　二月五日

地　　点　本府会议厅

出席者　罗卓英　李扬敬　杜梅和　姚宝猷　罗为雄　肖次尹
　　　　　蔡劲军　罗香林　黄文山　黄范一　詹朝阳

告假者　鲍国宝　陈绍贤

列席者　丘新民　毛松年　韦镇福　朱祖英　罗　球

主　　席　罗卓英

纪　　录　苏旭升

主席恭读　国父遗嘱

报告事项

一、秘书处报告，先后奉交下教育厅呈二件，关于：（一）省立兴宁高级工业职业学校呈，请将三十二年度学生膳食补助费节余四百八十元及三十三年度学生公费副食费节余二万五千六百八十元，移为该校各该年度学生实习设备费之用。（二）省立仲恺农业职业学校呈，请将三十三年度追加公费生副食费节余二十万零二千四百七十五元，移为该校三十三年度迁移设备费之用，各案转请核示等情。经送会计处签复，拟

86

予照准，惟案关同款移用，请转陈核定，并报告会后分行等由，奉准如拟办理。

二、秘书处报告，奉交下行政院代电，以核定各省公费上及保安官兵膳食费支给标准，计该省每月应增：（甲）公费上膳食费二千五百一十七万五千元。（乙）保安官兵膳食费六千八百六十四万元。（丙）士兵一千六百一十六万元。全年共准补列一十二亿六千九百三十五万元，特电遵照分行列入该省三十五年度预算等因。经送会计处签复，本案总散数未符，拟电请行政院查询更正，并先将支给标准分行各机关后补报会议，请转陈核定等由，奉准如拟办理。

三、秘书处报告，先后奉交下广东全省保安司令部代电二件，编送本部干训班三十四年度装备购置费一万二千九百七十元，及三十四年度军官军士学生队结业典礼费四万一千一百六十一元预算。该款拟在同年度，该班一至五月份经费余项下支报，请核复等由。经送会计处签复，拟准照办，并分行后补报会议，请转陈核定等由，奉准如拟办理。

四、民政厅报告一周办理重要工作。

五、财政厅报告一周办理重要工作。

六、教育厅报告一周办理重要工作。

七、建设厅报告一周办理重要工作。

八、秘书处报告一周办理重要工作。

讨论事项

一、主席交议，准广东全省保安司令部代电，编送南、番、中、顺四县联防办事处暨所属各分处三十四年十二月份经费预算书，请查照办理等由，请公决案。

（决议）交财政厅会计处审查。

二、主席交议，准广东全省保安司令部代电，为充实基层干部，加强绥靖力置起见，特继续举办干训班，调训各级干部。因所需开办费及经费甚大，本部无法挪垫，拟请在预算未核定前，准由加强保卫费科目，暂借一千万元应支等由，请公决案。

（决议）通过。

三、主席交议，据本省三十五年度各县市局总预算编审委员会签呈，关于合浦、茂名、德庆、遂溪、吴川、徐闻、始兴等七县及河源、廉江两县三十五年度地方岁入岁出总预算，业经分别代编及审编完竣，谨附各该县预算书等件，请核定等情，请公决案。

（决议）通过。

四、主席交议，据会计处签呈，关于灵山县政府呈缴该县三十三年度地方岁入岁出第二次追加预算一案，经核编后，计岁入岁出各追加三百零四万八千六百三十元，请核定等情，请公决案。

（决议）通过。

五、主席交议，据会计处签呈，关于灵山县政府呈缴该县三十四年度地方岁入岁出第一次追加追减预算一案，经核编后，计岁入追加五百六十一万三千一百八十三元，追减三千元，岁出追加七百零一万五千七百七十三元，追减一百四十万五千五百九十元，请核定等情，请公决案。

（决议）通过。

六、主席交议，据社会〔会计〕处签呈，关于中山县政府呈缴该县三十三年度地方岁入岁出第一次追加追减预算一案，经核编后，计岁入岁出各追加三十八万七千六百八十四元，请核定等情，请公决案。

（决议）通过。

七、主席交议，据会计处签呈，关于四会县政府呈缴该县三十四年度地方岁入岁出第一次追加预算一案，经核编后，计岁入岁出各追加三百二十万二千四百七十二元，请核定等情，请公决案。

（决议）通过。

八、主席交议，据民政厅签呈，为办理本省参议会参议员选举事项，计需款六十万元，请指款拨支等情，请公决案。

（决议）照会计处签拟通过。

九、主席交议，为研究本省各种建设问题，准备新兴建设事业起见，拟遵照中央指示，设立广东建设研究委员会，附具组织大纲，请公决案。

（决议）修正通过。

十、主席交议，据民政厅长李扬敬签呈，依据内政部颁布收复区实施户口清查办法，并参酌本省实际情形与需要，拟具广东省收复区实施户口清查办法施行细则，并送会秘书处参酌意见修正完竣，谨附该细则，请察核等情，请公决案。

（决议）通过。

十一、主席交议，据教育厅代电，拟以沈芷芳、张济昌等二员代理本厅督学，附呈各该员任用审查表，请察核等情，请公决案。

（决议）通过。

十二、主席交议，据建设厅代电，公路处技正张绍衡病故出缺，拟调技士蔡瑞占升充，递遗荐任技士缺，拟调委任技士林方远升任，附呈各该员任用审查表，请察核等情，请公决案。

（决议）通过。

十三、主席交议，据建设厅呈，拟以宋景澄代理合作事业管理处视察员，附呈该员任用审查表，请察核等情，请公决案。

（决议）通过。

十四、主席交议，据教育厅代电，请任用卫生处长朱润深，兼任省立高级护士助产职业学校校长等情，请公决案。

（决议）通过。

广东省政府第十届委员会
第三十六次会议纪录

时　　间　二月八日
地　　点　本府会议厅
出席者　罗卓英　李扬敬　杜梅和　姚宝猷　罗为雄　肖次尹
　　　　蔡劲军　罗香林　黄文山　黄范一　詹朝阳
告假者　鲍国宝　陈绍贤
列席者　丘新民　毛松年　陈鸿藻　黄枯桐　朱润深　朱祖英
　　　　罗　球　李鸿毅
主　　席　罗卓英
纪　　录　苏旭升
主席恭读　国父遗嘱

报告事项

一、秘书处报告，奉交下社会处呈，关于儿童教养院呈请由本年一月份起，将儿童副食费每童月增至五百元，以增强儿童营养一案，核属需要，款在本年度赈款内，教养机构经临费项下列支，转请核示等情。经送会计处签复，拟准照办，并饬该院按照本年实有儿童名额编列预算，呈由社会处核转，并列入三十五年度赈款预算内呈核，请转陈核定并报会后分行等由，奉准如拟办理。

二、秘书处报告，奉交下建设厅签呈，关于农林局呈，以本年度植树节为期将届，自应遵令举行。兹编具三十五年度省会各界联合植树运动临时费预算书，计共一十五万七千五百元，请核拨办理一案，转请核示等情。经送会计处签复，本案所需款项，拟在三十五年度第一预备金科目拨支，请转陈核定，并报会后分行等由，奉准如拟办理。

三、广东田赋粮管理处报告一周办理重要工作。

四、社会处报告一周办理重要工作。

五、会计处报告一周办理重要工作。

六、统计处报告一周办理重要工作。

七、人事处报告一周办理重要工作。

八、卫生处报告一周办理重要工作。

九、农林处报告一周办理重要工作。

十、地政局报告一周办理重要工作。

十一、设计考核委员会报告一周办理重要工作。

讨论事项

一、主席交议，据财政厅签呈，依据行政院订颁整理自治财政办法，修正本府前颁广东各县地方财务委员会章程、选举规则，及经费支给标准，并送会秘书处参酌意见修正完竣，谨附广东省各县市局地方财务委员会组织规程、委员选举办法，及经费预算表，请核示等情，请公决案。

（决议）通过。

二、主席交议，据财政厅签呈，为充裕各县财力起见，修正本府前颁广东省各县市屠场使用费征收规则第三条，及广东省各县征收码头租办法第三、四、十二各条条文，并送会秘书处参酌意见修正完竣，谨附各该修正条文，请核示等情，请公决案。

（决议）通过。

三、主席交议，据财政厅签呈，为因应现实起见，修正本府前颁广东省各县警捐征收暂行章程第五条条文，并送会秘书处参酌意见修正完竣，谨附广东省各县警捐征收规则，请核示等情，请公决案。

（决议）通过。

四、主席交议，据财政厅签呈，依据财政部公布使用牌照税法第十二条规定，拟订广东省各县市使用牌照税征收细则，并送会秘书处参酌意见修正完竣，谨附该细则，请察核等情，请公决案。

（决议）通过。

五、主席交议，据本省三十五年度县市总预算编审委员会签呈，曲江、灵山、南雄、高明、广宁、乐昌、澄海、海康、佛冈、赤溪等十县三十五年度地方岁入岁出总预算，经代编完竣，谨附各该县预算等件，请核定等情，请公决案。

（决议）通过。

六、主席交议，据人事处签呈，为因应事实需要，兹拟具本府秘书处三十五年度编制表，请察核等情，请公决案。

（决议）通过。

七、主席交议，据建设厅呈，拟以张绍琨代理本厅第二科科长，附呈该员荐委表，请察核等情，请公决案。

（决议）通过。

八、主席交议，据建设厅呈，拟以林舜仪代理本厅技正，附呈该员荐委表，请察核等情，请公决案。

（决议）通过。

九、主席交议，据民政厅长李扬敬签呈，潮阳县长陶××拟予撤职，遗缺拟派余建中代理；饶平县长林毅行拟予调省另候任用，遗缺拟派饶邦泰代理；高要县长覃××拟予撤职查办，遗缺拟调四会县长邓澂涛接充，递遗四会县长缺，拟派朱琼书代理。检同各该员履历，请察核等情，请公决案。

（决议）通过。

广东省政府第十届委员会
第三十七次会议纪录

时　间　二月十二日

地　点　本府会议厅

出席者　罗卓英　李扬敬　杜梅和　姚宝猷　罗为雄　肖次尹
　　　　罗香林　黄范一　詹朝阳

公出者　蔡劲军

告假者　鲍国宝　黄文山　陈绍贤

列席者　丘新民　毛松年　朱祖英　罗　球　李鸿毅

主　席　罗卓英

纪　录　苏旭升

主席恭读　国父遗嘱

报告事项

一、秘书处报告，奉交下社会处代电，呈缴三十四年度九至十二月份赈济基金岁入岁出预算书，请核示等情。经送会计处签复，本案核编后，岁入岁出准列一千九百二十二万四千零八十一元，拟将预算书存转，并先分行后报会，请转陈核定等由，奉准如拟办理。

二、秘书处报告，奉交下省赈济会代电，转缴妇女生产工作团暨托儿所三十四年度员役生活补助费清表，请核示等情。经送会计处签复：（一）工作团年列二百九十五万零五百元，计应由赈款负担者九万一千七百四十元，由三十四年度省预算生活补助费科目负担者，二百八十五万八千七百六十元，应饬财政厅签拨。（二）托儿所列二十九万四千元，应准援案在赈款拨支。以上（一）、（二）项，计由赈款负担该团所员役生活补助费，共三十八万五千元，准在该会三十四年度赈济基金教养机构经临费科目项下拨支，拟先分行后报会，请转陈核定等由，奉准如拟办理。

三、秘书处报告，奉交下社会处呈，转缴儿童教养院升学难童三十四年度上学期需用课本预算书，计列支一十六万二千八百一十八元。拟准在三十四年度赈济基金预算，教养机构经临费科目拨支，请核示等情。经送会计处签复，拟准照办，请转陈核定，并先分行后报会等由，奉准如拟办理。

四、秘书处报告，奉交下省赈济会呈，转缴儿童教养院暨所属各院部校三十四年度公役生活费清表，请核示等情。经送会计处拟议意见两项签复，请转陈核定，并先分行后报会等由，奉准如拟办理。

五、秘书处报告，关于灵山县人民李××因建筑水坝米研事件不服灵山县政府所为派员平复之处分，向本府提起诉愿。案经审查评议完竣，谨依法拟具决定书，本件诉愿驳回，并经签准如拟办理。

六、秘书处报告，关于新兴县商会主席梁××等因商会纠纷事件不服新兴县政府所为整理之处分，向本府提起诉愿一案，经审查评议完竣，谨依法拟具决定书，本件诉愿驳回，并经签准如拟办理。

七、秘书处报告，奉交下会计处签呈，关于补助新派第八区专员林荫根及随员赴任旅费一案，前经三十三次委员会议通过并分行在案。现准审计处通知，以赴任旅费依照规定，应于到达任所照实支舟车费，在该机关经费预算内旅费项下开支，且定额支给亦与规定不符，本案未便备查等由。查本案经另案核准，在护沙费透支户垫借一百万元，定为符规起见，俟该专员到任后，依照国内出差费规定核实支报，编列预算专案呈府核发归垫，惟事关变更原议，拟报会后分行等情，奉准如拟办理。

八、秘书处报告，奉交下人事处签呈，以本府主席琼崖办公处组织规程及编制表，经遵谕分别修正，谨附该修正规程及编制表，请核示等情，奉准如拟办理。

九、民政厅报告一周办理重要工作。

十、财政厅报告一周办理重要工作。

十一、教育厅报告一周办理重要工作。

十二、建设厅报告一周办理重要工作。

十三、秘书厅〔处〕报告一周办理重要工作。

讨论事项

一、主席交议，据社会处呈，编具派员赴番禺县沙湾运何柱彬献赠救济谷十万斤返省，运杂费支付预算表，计共垫支四十三万一千四百元，该款拟在三十四年度赈济基金教养机构经临费内列支，请核示等情，经准照办，请追认案。

（决议）追认。

二、主席交议，据建设厅签呈，关于长途电话所编具抢修电讯工程队计划预算书，计需款二百万零五百五十元，除奉拨发五十万元，恳照案续拨余款一百五十万零五百五十元，俾资办理一案，转请核示等情。该款经准在奉行政院拨本省恢复交通通讯款，总额五百万元项下开支，请追认案。

（决议）追认。

三、（略）

四、主席交议，据财政厅呈，编具本厅三十四年度十至十一月份办理征收护沙费事务经常费，及临时费分配表，请核示等情，请公决案。

（决议）通过。

五、主席交议，据教育厅签呈，拟定省立文理勷勤商学院联合分教处结束后，有聘约教员安置办法，谨附预算分配表等件，请核示等情，请公决案。

（决议）通过。

六、主席交议，据会计处签呈，关于防城县政府呈缴该县三十三年度地方岁入岁出第二次追加预算一案，经核编后，计岁入岁出各追加一百四十三万四千三百八十八元，请核定等情，请公决案。

（决议）通过。

七、主席交议，据建设厅签呈，县农业推广所组织解〔规〕程经奉中央颁发到府，兹拟将原组织规程通饬遵办，并将本府前颁广东省县农业推广所组织通则废止，请核示等情，请公决案。

（决议）照会计处签拟办法通过。

八、主席交议，据民政厅签呈，参酌财政厅人事处地政局先后提出意见，修正广东省汕头市政府组织规程，及编制表，请核示等情，请公决案。

（决议）通过。

广东省政府第十届委员会
第三十八次会议纪录

时　　间　二月十五日

地　　点　本府会议厅

出席者　　罗卓英　李扬敬　杜梅和　姚宝猷　罗为雄　肖次尹
　　　　　罗香林　黄文山　詹朝阳

公出者　　蔡劲军

告假者　　鲍国宝　陈绍贤　黄范一

列席者　　丘新民　毛松年　陈鸿藻　黄桔桐　朱祖英　罗　球
　　　　　李鸿毅　周达谋　何章年

主　　席　罗卓英

纪　　录　苏旭升

主席恭读　国父遗嘱

报告事项

一、秘书处报告，奉交下教育厅呈，关于省立肇庆师范学校呈，请将该校三十四年度公费生副食费节余款六十万一千三百五十元，移为附小迁移设备费之用，编具预算分配表请核准一案，查核尚属需要，分配表列各数亦无不合，谨转请核示等情。经送会计处签复拟予照准，惟案关同款异用，请转陈核定，报会后分行等由，奉准如拟办理。

二、秘书处报告，奉交下战时儿童保育会广东分会呈，以据难民招锡海呈，为民妻黄氏一胎四孩，前蒙政府奖励生育，年津贴教养费增至六万元，现物价高涨，生活困苦，无法维持，请由本年度起增发教养费，俾免饥饿一案，转核请示等情，经分送民政厅会计处先后签复，拟准补助教养费一十八万元，除前拨发六万元外，兹再签发十二万元，该款在三十五年度第一预备金项下开支，请转陈核定，报会后并报请行政院核备等由，奉准如拟办理。

三、秘书处报告，关于刊发各县市参议会关防一案，前经由本处编具预算，共列支四万八千元，呈府请指款拨支，并经奉电准予照数拨付，款在三十四年度省预算受训人员旅费科目项下开支在案。

四、秘书处报告，奉交下医生张蕴忠呈，拟赴龙川搬运前运存龙川之医药图书返省保管，请拨款办理，并批示祗遵等情。经分送卫生处会计处先后签复，拟准拨发运费一十五万元，款在本年度特别预备金科目开支，请转陈核定报会后分行等由，奉准如拟办理。

五、秘书处报告，奉交下会计处签呈，以省级机关经临费分配预算，俟中央核复本省岁出单位预算后，即须编办，兹参照以前年度编制办法，暨斟酌现在实际情形，拟订本省三十五年度，省级各机关编制分配预算注意事项，请核示等情，奉准如拟办理。

六、广东田赋粮食管理处报告一周办理重要工作。

七、社会处报告一周办理重要工作。

八、会计处报告一周办理重要工作。

九、统计处报告一周办理重要工作。

十、人事处报告一周办理重要工作。

十一、卫生处报告一周办理重要工作。

十二、农林处报告一周办理重要工作。

十三、地政局报告一周办理重要工作。

十四、设计考核委员会报告一周办理重要工作。

讨论事项

一、主席交议，据设计考核委员会签呈，为因应现实起见，修正本府前颁，广东省政府所属各机关暨各县市局工作考核实施细则，并送会秘书处参酌意见修正完竣，谨附广东省政府所属各级机关工作考核实施细则，请核示等情，请公决案。

（决议）通过。

二、主席交议，据财政厅签呈，为切合事实，修正本府前颁广东省各县（市）筵席及娱乐税征收规则，并送会秘书处参酌意见修正完竣，谨附该修正规则，请核示等情，请公决案。

（决议）通过。

三、主席交议，据民政厅签呈，以保亭、白沙两县临时参议会参议长钟英、卢朝玺非本县籍人，依法不能为各该县参议长及议员，请另行选定等情，请公决案。

（决议）照民政厅签拟通过。

四、主席交议，据会计处签呈，关于罗定县政府呈缴该县三十四年度地方岁入岁出第一次追加预算一案，经核编后，计岁入岁出各追加五百五十万一千八百三十四元，请核示等情，请公决案。

（决议）通过。

五、主席交议，据会计处签呈，关于东莞县政府呈缴该县三十四年度地方岁入岁出第二次追加预算一案，经核编后，计岁入岁出各追加六百七十六万二千九百三十二元，请核定等情，请公决案。

（决议）通过。

六、主席交议，据财政厅会计处会签，本省三十五年度各县市局地方岁入岁出总预算书，经编审委员会审编完竣，并先后提会核定，兹拟汇印分别呈送中央，计共需印刷费二百七十六万七千二百元，款在本年度省预算特别预备金项下开支，请核示等情，请公决案。①

七、主席交议，据会计处签呈，拟具中央增拨本省三十四年十至十一月份县级公粮补助费三千八百零五万三千一百二十五元分配表，请核示等情，请公决案。

（决议）通过。

八、主席交议，据民政厅长李扬敬签呈，拟派李荣新、陈德贤、梁英华等三员代理本厅视察，检同各该员履历，请察核等情，请公决案。

（决议）照民政厅签拟通过。

九、主席交议，据民政厅长李扬敬签呈，汕头市长谭葆寿病故出缺，拟派翁桂清代理，请察核等情，请公决案。

（决议）通过。

十、主席交议，据民政厅长李扬敬签呈，花县县长江××拟予免职，遗缺派沈锐代理；惠来县长陈宏溁拟予另候任用，遗缺派方乃赋代理；龙门县长刘伟森辞职拟予照准，遗缺调平远县长丘学训接充，递遗平远县长缺派张冠英代理；灵山县长陈公佩拟予另候任用，遗缺派陈曼熹代理。检同各该员履历，请察核等情，请公决案。

---

① 原文缺"决议"内容。

（决议）通过。

广东省政府第十届委员会
第三十九次会议纪录

时　　间　二月十九日

地　　点　本府会议厅

出席者　罗卓英　李扬敬　杜梅和　罗为雄　罗香林　黄文山
　　　　　黄范一　詹朝阳

公出者　蔡劲军

告假者　姚宝猷　鲍国宝　肖次尹　陈绍贤

列席者　韦镇福　张　明　丘新民　毛松年　朱祖英　罗　球

主　　席　罗卓英

纪　　录　苏旭升

主席恭读　国父遗嘱

报告事项

一、秘书处报告，奉交下教育厅呈，关于省立岭东商业职业学校呈，请将三十四年度职业生副食费节余款一十五万元，移为本校图书实习等设备之用，编造预算分配表，请核准一案。查属实情，分配表列数亦无不合，谨转请核示等情。经送会计处签复拟予照准，请转陈核定并报会后分行等由，奉准如拟办理。

二、秘书处报告，本府负担广东各界举行农民节纪念大会经费一万元，经由本处垫支，并编造预算表呈府请指款拨还归垫，暨由府发交会计处核签，本案拟予照准，款在本年度省预算特别预备金科目项下拨支等情，奉准如拟办理。

三、秘书处报告，关于兴宁县人民黄××、黄××等因土地所有权登记异议事件不服兴宁县政府所为驳斥之处分，向本府提起诉愿一案，经审查评议完竣，谨依法拟具决定书，本件诉愿驳回，并经签准如拟办理。

四、民政厅报告一周办理重要工作。

五、财政厅报告一周办理重要工作。

六、教育厅报告一周办理重要工作。

七、建设厅报告一周办理重要工作。

八、秘书处报告一周办理重要工作。

讨论事项

一、主席交议，据民政厅签呈，为加强本省警察机关管理，提高行政效能，确定警察行政职责起见，兹拟具广东省各县警区划分办法，请察核等情，请公决案。

（决议）通过。

二、主席交议，据人事处案呈，关于民政、财政、教育、建设各厅先后呈，以复员时期，为切实推行政令起见，拟请准在恢复员额内分别增加视察、督学、技正等名额，俾资因应一案，兹拟具本府各厅拟请增加视察、督学、技正名额表，请核示等情，请公决案。

（决议）通过。

三、主席交议，据秘书处签呈，关于佛冈县人民易××因加租饬迁事件不服曲江县税捐征收处所为之处分，向本府提起再诉愿案，经审查评议完竣，谨依法拟具决定书，请核定等情，请公决案。

（决议）通过。

四、主席交议，据秘书处呈，编具三十五年度本府负担广东省各界欢迎宋院长莅粤大会经费预算书，请指款拨还归垫等情，请公决案。

（决议）照会计处签拟通过。

五、主席交议，据本省三十五年度各县市局总预算编审委员会签呈，番禺、增城两县暨梅菉管理局、连南县、南澳县三十五年度地方岁出总预算，经分别审编及代编完竣，谨附各该县局预算书等件，请核定等情，请公决案。

（决议）通过。

六、主席交议，据本省三十五年度各县市局预算编审委员会签呈，东莞、仁化两县暨连县、宝安、开建、乳源四县三十五年度地方岁入岁出总预算，经分别审编及代编完竣，谨附各该县预算书等件，请核定等情，请公决案。

（决议）通过。

七、主席交议，据会计处签呈，关于信宜县政府呈缴该县三十三年度地方岁入岁出第四次追加预算一案，经核编后，计岁入岁出各追加二十六万一千二百六十三元，请核定等情，请公决案。

（决议）通过。

八、主席交议，据财政厅会计处会签，奉交审查南、番、中、顺四县联防办事处暨所属各分处三十四年十二月份经费预算书一案，经审查完竣，谨列具意见请察核等情，请公决案。

（决议）（一）三十四年十二月十六日至三十五年二月十五日，准月支二百万元，二月十六日至三月底准月支六十万元。（二）三十四年部分在抗战准备金解省余款开支，本年度部分在国税分配县市款开支。

九、主席交议，据财政厅会计处会签，遵谕拟具改善县级公务员待遇问题解决要点，暨切实整顿财源，推进县乡卫生、救济、教育、建设等事业办法，请察核等情，请公决案。

（决议）修正通过。

十、主席交议，据财政厅签呈，为整理本省沙田起见，兹拟具广东省整理沙田计划大纲之第一第二计划，请察核等情，请公决案。

（决议）交李委员扬敬、杜委员梅和、肖委员次尹、黄委员范一审查，由杜委员约集。

十一、主席交议，据民政厅签呈，遂溪县临时参议会副议长陈应魁电请辞职，可否照准，及选何人接充，请核示等情，请公决案。

（决议）慰留。

十二、主席交议，准广东省地方行政干部训练团函，以本团由本年度起恢复原有甲种编制，员役增加，前准核拨经费不敷应用。又各期学员课程讲义印刷费需款甚大，本团无力负担，拟请先拨五百万元应支等由，请公决案。

（决议）通过。

十三、主席交议，据民政厅长李扬敬签呈，从化县长赵仲荣呈请辞职，拟予照准，遗缺拟派张冠洲代理，检同该员履历，请察核等情，请公决案。

（决议）通过。

十四、主席交议，据民政厅长李扬敬签呈，安化管理局定三月一日改为连南县，该县县长一职拟派林志君代理，检同该员履历，请察核等情，请公决案。

（决议）通过。

广东省政府第十届委员会
第四十次会议纪录

时　间	二月二十二日
地　点	本府会议厅
出席者	罗卓英　李扬敬　杜梅和　姚宝猷　罗为雄　肖次尹 罗香林　黄文山　黄范一　詹朝阳
公出者	蔡劲军
告假者	鲍国宝　陈绍贤
列席者	丘新民　毛松年　陈鸿藻　朱润深　黄枯桐　朱祖英 罗　球　李鸿毅
主　席	罗卓英
纪　录	苏旭升
主席恭读	国父遗嘱

报告事项

一、秘书处报告，奉交下教育厅呈，据省立汕尾水产职业学校呈，请将三十四年度学生副食费节余款一百二十二万八千三百八十五元，移为本校三十四年度临时设备费，编具预算分配表，请察核一案，查属实情，表列数亦无不合，谨转请核示等情。经送会计处签复，拟予照准，惟案关同款异用，请转陈核定并报会后分行等由，奉准如拟办理。

二、秘书处报告，奉交下广东全省保安司令部代电，编具本部三十四年度各团队作战受伤官兵医药费支付预算书，计共一十万四千六百一十元，款拟在本部三十四年度保安经费节余项下支报，请查照核复等由。经送会计处签复，拟准照办，请转陈核定并报会后分行等由，奉准如拟办理。

三、秘书处报告，奉交下建设厅签呈，据公路处呈，以近来物价高涨，战时运输管理局东南分局，前颁发行车客货运价，不足维持成本，兹参酌广州市物价，拟将客货运价，酌予提高，计汽油车每客公里四十五元，每吨公里四百一十元，木炭车每客公里三十五元，每吨公里二百五十元，请察核一案。查属可行，谨转请核示等情，奉准如拟办理。

四、广东田赋粮食管理处报告一周办理重要工作。

五、社会处报告一周办理重要工作。

六、会计处报告一周办理重要工作。

七、统计处报告一周办理重要工作。

八、人事处报告一周办理重要工作。

九、卫生处报告一周办理重要工作。

十、农林处报告一周办理重要工作。

十一、地政局报告一周办理重要工作。

十二、设计考核委员会报告一周办理重要工作。

十三、粤侨事业辅导委员会报告一周办理重要工作。

讨论事项

一、主席交议，据民政厅呈，转缴省警察教导大队三十五年度编制表，及经临费概算书，请核示等情，请公决案。

（决议）保留。

二、主席交议，据民政厅签呈，依照奉颁市县文献委员会组织规程规定，拟具各县文献委员会编制表，请核示等情，请公决案。

（决议）照民政厅签拟意见通过。

三、主席交议，据会计处签呈，关于省临时参议会电请按月拨足该会正副议长及驻会委员每月交通费二十七万二千元一案，谨列具意见，请核示等情，请公决案。

（决议）照签拟第二项办理。

四、主席交议，据卫生处代电，关于本处各卫生区署奉准自本年度起裁撤并增设九个卫生督导专员一案，兹拟议各署结束办法，请核示等情，请公决案。

（决议）照会计处签拟通过。

五、主席交议，据社会处呈，本处救济院接办伪组织机构后，奉准增加职员人数，自本年度起，拟请将增加人员薪俸及生活补助费全数拨给等情，请公决案。

（决议）通过。

六、主席交议，据建设厅签呈，关于本省要明十三围工程处呈缴该处组织规程，请核示一案，经会同秘书处分别修正完竣，谨附请察核等情，请公决案。

（决议）修正通过。

七、主席交议，据地政局代电，本省三十五年度复员岁出总概算，未有地政复员预算列入，兹再编具复员工作计划实施办法，暨所需经费人员及物资计算表，请准电呈追加等情，请公决案。

（决议）转请地政署办理。

八、主席交议，据会计处签呈，关于安化管理局呈缴该局三十四年度地方岁入岁出第一次追加预算一案，经核编后，计岁入岁出各追加一百九十八万零一百三十六元，请核定等情，请公决案。

（决议）通过。

九、主席交议，据建设厅呈，拟印制内政部函送全国公私建筑制式图案，第一集、第二集各二百份，转发各县市推行，请拨四十万元办理等情，请公决案。

（决议）通过。

十、主席交议，据民政厅签呈，接财政厅人事处先后提出意见，拟修正湛江市政府组织规程，兹附原拟修正及加增条文，请察核等情，请公决案。

（决议）通过。

十一、主席交议，据民政厅签呈，关于第七区专员兼保安司令林时清电复，梅县管理局情形复杂，划治困难，请察核一案，兹再拟议意见，请核示等情，请公决案。

（决议）交李委员扬敬、黄委员范一、罗委员香林审查，由李委员约集。

十二、主席交议，据民政厅签呈，拟修葺五层楼为胜利纪念馆，计需修葺费六百万元，除前奉拨发三百万元外，请再拨三百万元，以便兴工等情，请公决案。

（决议）照会计处签拟通过。

十三、委员李杨敬、杜梅和、肖次尹、黄范一会复，奉交审查本省整理沙田计划大纲之第一第二计划一案，经审查完竣，谨附审查意见，请公决案。

（决议）照审查意见通过。

十四、主席交议，拟派刘禹轮代理农林处副处长，附该员简历表，请公决案。

（决议）通过。

十五、主席交议，据财政厅呈，拟派许衍董代理本厅秘书，检同该员任用审查表，请察核等情，请公决案。

（决议）通过。

十六、主席交议，据建设厅呈，拟以黄朋坤代理公路处督察，检同该员任用审查表，请察核等情，请公决案。

（决议）通过。

十七、主席交议，据社会处呈，拟派廖鑫安代理本处视导，检同该员任用审查表，请察核等情，请公决案。

（决议）通过。

十八、主席交议，据教育厅长姚宝猷签呈，省立广州工业职业学校校长黄巽呈请辞去省立工业专科学校校长兼职，拟予照准，遗缺拟派王仁宇接充；又省立钦州师范学校校长谭肇杰坚请辞职，拟予照准，遗缺拟派黄重汉接充。检同各该员履历，请察核等情，请公决案。

（决议）通过。

十九、主席交议，据民政厅长李扬敬签呈，揭阳县长李振东，拟予另候任用，遗缺拟派黄仲瑜代理；开平县长林光远拟予调省另候任用，遗缺拟派吴尚志代理；化县县长李明馨拟予另候任用，遗缺拟派吴梓芳代理；廉江县长黄镇拟予另候任用，遗缺拟派蔡熹代理；河源县长马克珊拟予免职，遗缺拟派张国馨代理；郁南县长张中鼎拟予另候任用，遗缺拟调三水县长陈让湖接充，递遗三水县长缺，拟派王启后代理。检同各该员简历，请察核等情，请公决案。

（决议）通过。

104

广东省政府第十届委员会
第四十一次会议纪录

时　间　二月二十五日

地　点　本府会议厅

出席者　罗卓英　杜梅和　罗为雄　肖次尹　罗香林　黄文山
　　　　黄范一

公出者　蔡劲军

告假者　李扬敬　姚宝猷　鲍国宝　陈绍贤　詹朝阳

列席者　张　明　丘新民　毛松年　黄枯桐　钟盛麟　李秋谷
　　　　朱祖英　阳心如

主　席　罗卓英

纪　录　苏旭升

主席恭读　国父遗嘱

报告事项

一、秘书处报告，奉交下第五区行政督察专员兼保安司令公署代电，编具本署三十四年度五至十月份，支出寄押军事人犯囚粮主副食费预算书，及清册各乙份，请核拨归垫等情。经送会计处签复，本案核计，共应发一十一万一千一百八十八元，款拟在保留三十四年度第一预备金备支囚粮费项下拨支，并先分行后报会议，请转陈核定等由，奉准如拟办理。

二、秘书处报告，奉交下广东全省保安司令部代电，编送本部三十四年度点验团队经费预算书，计共支旅杂费一十六万六千一百八十五元，款拟在本部三十四年度保安经费节余项下支报，请核复一案。经送会计处签复，拟准照办，请转陈核定，并报会后分行等由，奉准如拟办理。

三、秘书处报告，奉交下广东省地方行政干部训练团代电，以贵府民政厅，垫付本团第十九期户政组学员分发各县赴任旅费，共二十九万八千五百元，款拟在本团三十五年度事业费内，照数扣还民政厅归垫一案，查有未合，仍请收回成命，另行拨款办理一案。经送会计处签复，本案经核定向分发服务机关报支，拟着民政厅分别追回归垫，请转陈核定，并报会撤销前案等由，奉准如拟办理。

四、秘书处报告，奉交下教育厅呈，以据省立梅州女子师范学校呈，请将本校三十四年度师范生副食费节余款一百四十二万一千九百元，移拨建筑本校礼堂之用，编具预算书，请核准一案，查核尚属需要，表列数亦无不合，谨转请核示等情。经送会计处签复，拟予照准，请转陈核定并报会后分行等由，奉准如拟办理。

五、民政厅报告一周办理重要工作。

六、财政厅报告一周办理重要工作。

七、教育厅报告一周办理重要工作。

八、建设厅报告一周办理重要工作。

九、秘书处报告一周办理重要工作。

讨论事项

一、主席交议，据社会处签呈，兹拟具本省各县（市局）救济院组织规程，及编制表，并送会人事处秘书处参酌意见修正完竣，谨附请察核等情，请公决案。

（决议）修正通过。

二、主席交议，据建设厅呈，为规复粤北区域营林业务起见，拟恢复北区林业促进指导区，请核示等情，请公决案。

（决议）照会计处签拟通过。

三、主席交议，据建设厅呈，关于长途电话管理所呈缴该所三十四年度营业计划预算书一案，经详加审核，谨附原预算书及本厅审核意见书，请察核等情，请公决案。

（决议）照会计处签拟办理。

四、主席交议，据财政厅签呈，拟编印有关自治财政各项法规，分发各县整理自治财政查考，计需款四十九万六千元，请拨款办理等情，请公决案。

（决议）通过。

五、主席交议，据民政厅签呈，拟修葺五层楼为胜利纪念馆，请拨款办理等情，经准在三十四年度加强保卫费科目余额，拨付九十八万元，另在战时特别预备金科目拨付二百零二万元，合计三百万元，请追认案。

（决议）追认。

六、主席交议，据广东田赋粮食管理处签呈，本年度县级公粮，经由中央拨款补助，关于各县借用积谷一案，拟暂缓通行，请核示等情，请公决案。

（决议）通过。

七、主席交议，据会计处签呈，以奉行政院令知，改订省参议会正副议长及驻会委员交通费一案，拟议意见请核示等情，请公决案。

（决议）通过。

八、主席交议，据民政厅签呈，关于翁源县长曾匪石函呈，该县治于抗战期间，所有店户被炸毁十之八九，原日县府片瓦无存，且该地交通不便，经济文化落后，请准免迁回原治，拟改择龙仙圩为新治地点一案，列具意见，请核示等情，请公决案。

（决议）通过。

九、主席交议，据会计处签呈，关于连山县政府呈缴该县三十四年度地方岁入岁出第二次追加追减预算一案，经核编后，计岁入追加六万零八百零八元，追减三十六万零五百五十元，岁出追加一十三万四千五百元，追减四十三万四千二百四十二元，请核定等情，请公决案。

（决议）通过。

十、主席交议，据会计处签呈，关于三水县政府呈缴该县三十四年度地方岁入岁出第一次追加预算一案，经核编后，计岁入岁出各追加九百三十六万三千六百二十元，请核定等情，请公决案。

（决议）通过。

十一、主席交议，据会计处签呈，关于徐闻县政府呈缴该县三十二年度地方岁入岁出第三次追加预算一案，经核编后，计岁入岁出各追加一十二万八千八百八十五元，请核定等情，请公决案。

（决议）通过。

十二、主席交议，据教育厅呈，奉行政院电，准增拨本省教育复员费一亿二千五百万元一案，兹遵电编具预算分配表，请核示等情，请公决案。

（决议）修正通过，余照会计处签拟办理。

十三、主席交议，据会计处签呈，关于省干训团函请补助该团第二十期学员膳食费一案，谨列具意见，请察核等情，请公决案。

（决议）通过。

十四、主席交议，准广东省地方行政干部训练团函，拟修建团址，及充实训练设备，计需款一千五百万元，请拨专款办理等由，请公决案。

（决议）通过。

十五、主席交议，据建设厅签呈，关于长途电话管理所呈，以经费困难，请将员工生活补助费列入省预算内拨发一案，遵经约集人事处、会计处各有关机关商拟办法三项，请察核等情，请公决案。

（决议）通过。

广东省政府第十届委员会
第四十二次会议纪录

时　　间　　三月二十六日

地　　点　　本府会议厅

出席者　　罗卓英　杜梅和　姚宝猷　罗为雄　肖次尹　罗香林
　　　　　黄文山　黄范一

公出者　　蔡劲军

告假者　　李扬敬　鲍国宝　陈绍贤　詹朝阳

列席者　　毛松年　丘新民　黄枯桐　赖希如　罗　球　周斯铭
　　　　　张乃璧　周达谋

主　　席　　罗卓英

纪　　录　　苏旭升

主席恭读　国父遗嘱

报告事项

一、秘书处报告，奉交下建设厅签呈，以据公路处呈，为派车定期行驶广圃、广韶两线直达客运班车，附缴行车时间里程票价表及乘车规则各一份，请核备一案，查所缴各表及乘车规则尚无不合，拟准照办，转请核示等情，奉准如拟办理。

二、秘书处报告，奉交下行政院丑铣定四代电，该省第九区行政督察专员兼保安司令公署，前垫支美国飞行员歌德注射药针费及招待膳食费，共八万五千二百五十元，准改在该省三十五年度第一预备金项下拨还归垫等因。经送会计处签复，拟报会后分行等由，奉准如拟办理。

三、秘书处报告，奉交下教育厅呈，以据省立高州农业职业学校呈，请准将本校三十四年度公费生副食费节余款二十四万九千元，移为本校搬迁及修葺校舍校具之用，编具预算书及估价单请核备一案，查属实情，预算列数亦无不合，转请核示等情。经送会计处签复，拟予照办，请转陈核定并报会后分行等由，奉准如拟办理。

四、秘书处报告，奉交下建设厅签呈，以据公路处电缴征收汽车渡河费办法，请核备一案，查核尚合，拟准备案，请核示等情，奉准如拟办理。

五、秘书处报告，奉交下会计处签呈，关于补助新派第八区专员林荫根及随员，赴任旅费九十七万五千元一案，前经委员会议通过分行后，以审计处未准备查，复经签请核定在护沙费透支户垫借一百万元，并报告第三十七次会议在案。惟查上项办法，原属权宜处置，对于拨款问题，仍未解决，惟适应事实及变通办理起见，拟将该项补助旅费九十七万五千元，准由本府改为一次过增加该署三十五年度经费款，仍在本年度第一预备金项下开支，原案拟予撤销，并先分行后报会议，请核示等情，奉准如拟办理。

六、秘书处报告，奉交下教育厅呈，据省立琼崖中学粤北分校呈，请将本校三十四年度公费生副食费节余款一十三万六千六百元，移为卫生设备费之用，编具预算分配表请核准一案，查属需要，表列数核无不合，请核示等情，经送会计处签复，拟准照办，请转陈核定等由，奉准如拟办理。

七、秘书处报告，奉交下广东全省保安司令部代电，编送本部三十三年度接收新兵征招费支付预算书，计二万四千七百九十元，款在本部三十三年度保安经费节余项下拨支，请核复一案，经送会计处签复，拟准照办，请转陈核定等由，奉准如拟办理。

八、民政厅报告一周办理重要工作。

九、财政厅报告一周办理重要工作。

十、教育厅报告一周办理重要工作。

十一、建设厅报告一周办理重要工作。

十二、秘书处报告一周办理重要工作。

讨论事项

一、主席交议，据会计处签呈，奉行政院代电，核定本省三十五年度分配县市国税款，及田赋补助款数额一案，兹拟议分配办法，请核示等情，请公决案。

（决议）通过。

二、主席交议，据教育厅签呈，拟将省立粤秀中学改办省立惠州师范学校，并将校址迁设惠阳，请核示等情，请公决案。

（决议）通过。

三、主席交议，据民政厅签呈，关于吴川县临时参议会议长林太初等呈请将昔日租与法国之东营坡头调顺特呈南三胸州等地划归吴川县一案，列具意见，请核示等情，请公决案。

（决议）照民政厅签拟意见办理。

四、主席交议，据教育厅签呈，奉电检发核定乐东、保亭、白沙三县三十五年度经费补助办法一案，查原办法第九条关于教育经费补助部分，本省教育文化费无法负担，请另案核拨等情，请公决案。

（决议）照会计处签拟办理。

五、主席交议，据农林处签呈，兹拟具广东省政府三十三年度各县农林生产工作竞赛实施办法，并送会设计考核委员会、秘书处参酌意见，修正完竣，谨附呈察核等情，请公决案。

（决议）通过。

六、主席交议，据会计处签呈，关于清远县政府呈缴该县三十三年度地方岁入岁出第一次追加预算一案，经核编后，计岁入岁出拟准各追加三百九十九万三千五百元，请核定等情，请公决案。

（决议）通过。

七、主席交议，据会计处签呈，关于徐闻县政府呈缴该县三十三年度第一次追加预算一案，经核编后，计岁入岁出拟准各追加二百一十三万六千五百六十四元，请核定等情，请公决案。

（决议）通过。

八、主席交议，据会计处签呈，关于徐闻县政府呈缴该县三十三年度第二次追加预算一案，经核编后，计岁入岁出拟准各追加二百四十四万九千七百六十二元，请核定等情，请公决案。

（决议）通过。

九、主席交议，准广东全省保安司令部代电，编送本部三十四年李任移交费支付预算书，计共二十六万九千六百元，款在本部三十四年度经费节余项下支报，请核复等由，请公决案。

（决议）通过。

十、主席交议，据秘书处签呈，关于连县商民刘××因注销土地所有权状事件不服连县县政府之处分，向本府提起诉愿一案，经审查评议完竣，谨依法拟具决定书，请核定等情，请公决案。

（决议）通过。

十一、主席交议，据民政厅呈，关于省警察训练所呈，以本所学警膳费无着，请迅拨二百万元，俾资维持一案，转请核示等情，请公决案。

（决议）照会计处签拟办理。

十二、主席交议，据教育厅长姚宝猷签呈，为推进地方教育起见，兹悉照有关法令，拟具广东省各县市局整理教育款产实施办法，并送会财政厅、地政局参酌意见修正完竣，谨附该办法，请核示等情，请公决案。

（决议）通过。

十三、主席交议，据卫生处代电，遵电修正本处组织规程，并送会秘书处、人事处参酌意见修正完竣，谨附请核示等情，请公决案。

（决议）修正通过。

十四、主席交议，据民政厅签呈，关于广州市政府呈请增加人员及提高职员俸级一案，兹拟议意见请核示等情，请公决案。

（决议）通过。

十五、委员李扬敬、罗香林、黄范一会复，奉交审查民政厅签拟裁撤梅菉管理局改设县治一案，经审查完竣，谨列具意见，请公决案。

（决议）照审查意见办理。

十六、主席交议，据民政厅签呈，为救济米荒节省粮食消耗起见，兹拟具广东省禁酒办法，及广东省禁酒办法施行细则，并送本省粮食调节会议，提付第二次常务委员会议通过，谨附请核示等情，请公决案。

（决议）办法及细则通过，实施日期定四月十日。

十七、主席交议，据设计考核委员会签呈，遵照行政院颁发编造格式，重编本府三十五年度工作计划，经约集各有关机关会同审查，并汇编完竣，谨附请核示等情，请公决案。

（决议）交黄委员范一、罗委员香林、黄委员文山审查，由黄委员范一约集。

广东省政府第十届委员会
第四十三次会议纪录

时　间	三月三十日
地　点	本府会议厅
出席者	罗卓英　杜梅和　姚宝猷　罗为雄　肖次尹　罗香林　黄文山　黄范一
公出者	蔡劲军
告假者	李扬敬　鲍国宝　陈绍贤　詹朝阳
列席者	毛松年　丘新民　陈鸿藻　朱润深　黄枯桐　罗　球　周斯铭　张乃璧　李鸿毅　赖希如
主　席	罗卓英
纪　录	苏旭升
主席恭读	国父遗嘱

报告事项

一、秘书处报告，关于开平县人民劳××因兴办水利纠纷事件不服开平县政府处分，向本府提起诉愿一案，经审查评议完竣，谨依法拟具决定书，本件诉愿不受理，并经签准，如拟办理。

二、秘书处报告，关于四会县城其祥和号司理刘×及其祥和号后座联合粉厂经理黄×等，因保证关系致被查封货物抵偿事件不服四会县政府处分，向本府分别提起诉愿两案，经合并审查评议完竣，谨依法拟具决定书，本件诉愿不受理，并经签准，如拟办理。

三、秘书处报告，奉交下地政局签呈，以准地政署函，土地法一三六至一三八等三条收费标准，如市面零钞决〔缺〕乏找补不易，可斟酌当地情形，准照市面流通之最小法币单位征收一案，兹拟以十元法币为最小征收单位，是否可行，请核示等情，奉准如拟办理。

四、秘书处报告，奉交下教育厅呈，拟议将前奉中央核准，增拨本省三十四年度第一次追加公费生副食费二千四百一十六万八千元，分配预算内之准备费九十三万四千四百六十元，余额三十二万二千四百六十元，悉数移拨为仲元中学同年度设备费之用，请核示等情。经送会计处签复，拟予照准，请转陈核定，并先分行后报会等由，奉准如拟办理。

五、秘书处报告，奉交下卫生处代电，据省立第三临时医院呈缴该院迁移江门旅运费预算书，计共一十万元，请核拨归垫一案，查核尚合，转请核示等情。经送会计处签复，拟予照拨，款在本年度特别预备金项下开支，请转陈核定，并先分行后报会议等由，奉准如拟办理。

六、秘书处报告，奉交下会计处签呈，关于广东各界举行三十五年度春节慰劳抗战将士家属大会函请拨助该会经费五万元一案，拟予照拨，款在本年度特别预备金项下拨付，请核定分行后报会议等情，奉准如拟办理。

七、秘书处报告，奉交下会计处签呈，关于第六区行政督察专员兼保安司令周景臻电，以在梅县召集闽粤边区各县长开联防会议，计需款一十九万元，请拨发领用一案，拟准补助十五万元，款在本年度特别预备金项下拨支，请核定分行后报会议等情，奉准如拟办理。

八、秘书处报告，奉交下会计处签呈，关于修理中山纪念堂暨革命先烈坟茔委员会函请垫借该会开办费一十万元一案，拟予垫借，款在本年度特别预备金项下垫付，请核定分行后报会议等情，奉准如拟办理。

九、秘书处报告，奉交下民政厅签呈，以广东省各县市局国民兵团裁并军事科实施办法，及广东省各等县县政府军事科编制表，前经由本厅会同军管区司令部，遵照军事委员会、行政院三十四年未养二电规定，分别拟订签请提付第十三次会议通过，并呈报及分行在案，现准军、内政部核复，兹依照核复应修正各点，分别将前颁办法及编制表修正，请核示等情，奉准如拟办理。

十、广东田赋粮食管理处报告一周办理重要工作。

十一、社会处报告一周办理重要工作。

十二、会计处报告一周办理重要工作。

十三、统计处报告一周办理重要工作。

十四、人事处报告一周办理重要工作。

十五、卫生处报告一周办理重要工作。

十六、农林处报告一周办理重要工作。

十七、地政局报告一周办理重要工作。

十八、设计考核委员会报告一周办理重要工作。

十九、粤侨事业辅导委员会报告一周办理重要工作。

讨论事项

一、主席交议，据财政厅长杜梅和签呈，依照行政院颁发整理自治财政办法，暨参酌本省实际需要，重新厘订广东省各县（市局）税捐征收处及分处组织规程，并送会秘书处、人事处、会计处参酌意见修正完竣，谨附请核示等情，请公决案。

（决议）修正通过。

二、主席交议，据秘书处签呈，兹拟具本处政务无线电总台组织规程及编制表，请核示等情，请公决案。

（决议）修正通过。

三、主席交议，据会计处签呈，奉行政院核定本省三十五年度岁出预算一案，拟议奉行意见，请核示等情，请公决案。

（决议）除党工会报及设计考核委员会仍请照列外，余照会计处签拟办理。

四、主席交议，据设计考核委员会签呈，兹拟具本省三十五年度地方自治工作竞赛、机关管理工作竞赛、警察机关工作竞赛、清洁卫生工作竞赛等四种实施办法，暨各项工作竞赛奖励及宣传费预算表，并送会秘书处、人事处参酌意见修正完竣，谨附请核示等情，请公决案。

（决议）通过。

五、主席交议，据广东省银行代电，本行三十三年度全体决算经已办竣，谨将决算书表乙份呈缴察核等情，请公决案。

（决议）交肖委员次尹、黄委员范一、黄委员文山及财政厅长会计长审查，由黄委员范一约集。

六、主席交议，据农林处签呈，拟请恢复农棉试验场，并拟改为农业试验场，以本处接收之裕民农场为场址，谨附同该项计划开办费预算、组织规程及编制表，请核示等情，请公决案。

（决议）专案呈请行政院核示。

七、主席交议，据会计处签呈，关于广州市政府编缴，奉行政院核拨该市善后复员费二亿元预算书一案，拟议意见请核示等情，请公决案。

（决议）指复广州市政府酌拨警察复员费。

八、委员黄范一、罗香林、黄文山会复，奉交审查设计考核委员会重编本府三十五年工作计划一案，经审查完竣，谨列具意见，请公决案。

（决议）照审查意见通过。

九、主席交议，据农林处代电，编具本处接管敌伪裕民农场保管办法，及临时费预算分配表，请核示等情，请公决案。

（决议）照会计处签拟办理。

十、主席交议，据本省三十五年度各县市局总预算编审委员会签呈，关于白沙、乐东、保亭、乐会、昌江、感恩等六县三十五年度地方岁入岁出总预算，经代编完竣，谨附各该县预算书，请核定等情，请公决案。

（决议）通过。

十一、主席交议，据教育厅签呈，拟筹设本省艺术馆，附筹备委员会组织规程，请核示等情，请公决案。

（决议）规程修正通过，经费照会计处签拟办理。

十二、主席交议，据会计处签呈，迩来物价高涨，拟从新调整各县参议会及临时参议会经费，兹拟议意见，请核示等情，请公决案。

（决议）通过。

十三、主席交议，据会计处签呈，关于化县县政府呈缴该县三十四年度地方岁入岁出第一次追加预算一案，经核编后，计岁入岁出拟准各追加一千八百六十六万五千七百四十九元，请核定等情，请公决案。

（决议）通过。

十四、主席交议，据会计处签呈，关于廉江县政府呈缴该县三十四年度地方岁入岁出第二次追加预算一案，经核编后，计岁入岁出拟准各追加一十九万九千元，请核定等情，请公决案。

（决议）通过。

十五、主席交议，据会计处签呈，关于翁源县政府呈缴该县三十四年度地方岁入岁出第二次追加预算一案，经核编后，计岁入岁出拟准各追加一百五十九万九千六百六十七元，请核定等情，请公决案。

（决议）通过。

十六、主席交议，据会计处签呈，关于平远县政府呈缴该县三十四年度地方岁入岁出第一次追加预算一案，经核编后，计岁入岁出拟准各追加一十二万二千三百九十六元，请核定等情，请公决案。

（决议）通过。

十七、主席交议，据会计处签呈，关于蕉岭县政府呈缴该县三十四年度地方岁入岁出第一次追加预算一案，经核编后，计岁入岁出拟准各追加二百七十七万四千七百五十二元，请核定等情，请公决案。

（决议）通过。

十八、主席交议，据会计处签呈，关于连县县政府呈缴该县三十三年度地方岁入岁出第一次追加预算一案，经核编后，计岁入岁出拟准各追加三百七十七万零八百五十元，请核定等情，请公决案。

（决议）通过。

十九、主席交议，据会计处签呈，关于和平县政府呈缴该县三十四年度地方岁入岁出第二次追加预算一案，经核编后，计岁入岁出拟准各追加一百八十万六千一百零二元，请核定等情，请公决案。

（决议）通过。

广东省政府第十届委员会
第四十四次会议纪录

时　间　四月二日

地　点　本府会议厅

出席者　罗卓英　李扬敬　杜梅和　姚宝猷　罗为雄　肖次尹
　　　　罗香林　黄文山　黄范一

公出者　蔡劲军

告假者　鲍国宝　陈绍贤　詹朝阳

列席者　毛松年　丘新民　江完白　罗　球　周斯铭　颜泽滋
　　　　谢哲声

主　席　罗卓英

纪　录　苏旭升

主席恭读　国父遗嘱

报告事项

一、秘书处报告，奉交下会计处签呈，关于南、番、中、顺四县联防办事处暨所属各分处，本年一月份经费二百万元、二月份一百二十万元、三月份六十万元，前经本府核定在本年度分配县市国税款拨支，并分行在案，现该办事处经核定于本年三月十五日结束，三月份下半月经费三十万元，拟毋庸拨助，惟变更原定法案，请核定分行后报会议等情，奉准如拟办理。

二、秘书处报告，奉交下会计处签呈，关于第六区专员兼保安司令周景臻以该署三十四年度武职人员生活补助费短发二万一千二百五十元，请补发应支一案，拟准在同年度省预算生活补助费科目拨支，请核定分行后报会议等情，奉准如拟办理。

三、秘书处报告，奉交下会计处签呈，关于新派连南县县长林志君呈请拨发各项经费一案，兹拟：（一）补助该县建筑费三百万元，款在本年度分配县市国税款由省统筹部分拨支。（二）该县长及属员赴任旅

117

费，准在本年度中央分配县市田赋款项下暂拨五十万元，款在应拨该县本年三月份分配县市国税款项下扣还归垫。请核定分行后报会议等情，奉准如拟办理。

四、秘书处报告，奉交下行政院子世孔四电，广东区公务员出差旅费，特任每日二千二百元，简任一千七百元，荐任一千二百元，委任一千元，雇员八百元，雇工随从六百元，饬知照等因。经送会计处签复，拟定本年二月份起实行，请转陈核定分行后报会议等由，奉准如拟办理。

五、秘书处报告，奉交下广东全省保安司令部代电，编送本部干训班三十四年五月份留队学生经费预算书，计共支出经费二万五千二百七十六元四角，军粮七百二十五市斤，拟在本部三十四年度保安经费及公粮节余项下支报，请核复一案。经送会计处签复，拟准照办，请转陈核定分行后报会议等由，奉准如拟办理。

六、秘书处报告，奉交下会计处签呈，为汇编完成三十二年度本省岁出单位决算书，除分别呈送行政院主计处外，请列报会议等情，奉准如拟办理。

七、秘书处报告，奉交下会计处签呈，查本府前颁行改善县级公务员待遇问题解决要点，规定各县岁入总额，在二千万元以上未满三千万元者，列为贫瘠县份，年补助一千二百六十九万二千八百四十四元；在二千万元以下者列为特贫县份，年补助一千三百七十万五千八百七十二元。现查九区各县岁出总额，在二千万元至三千万元者，有定安、澄迈、儋县等三县，应列为贫瘠县份，照规定年补助一千二百六十九万二千八百四十四元；岁出总额在二千万元以下者，有临高、万宁、乐会、崖县、陵水、昌江、感恩等七县，应列为特贫县份，年补助一千三百七十万五千八百七十二元。共需补助款一亿三千四百零一万九千六百三十六元，款在本年度中央分配县市田赋补助款项下拨支，请核示等情，奉准如拟办理。

八、民政厅报告一周办理重要工作。

九、财政厅报告一周办理重要工作。

十、教育厅报告一周办理重要工作。

十一、建设厅报告一周办理重要工作。

118

十二、秘书处报告一周办理重要工作。

讨论事项

一、主席交议，据建设厅呈缴，关于合作事业管理处呈缴修订该处组织规程及编制表一案，谨转请核示等情，请公决案。

（决议）保留。

二、主席交议，据建设厅签呈，关于公路处呈缴拟具广东省公路修复及行车办法施行细则草案，请察核一案，谨列具意见请核示等情，请公决案。

（决议）修正通过。

三、主席交议，据建设厅签呈，关于公路处呈缴拟具广东省私办公路征收路租办法，请察核一案，谨列具意见请核示等情，请公决案。

（决议）修正通过。

四、主席交议，据会计处签呈，关于德庆县政府呈缴该县三十四年度地方岁入岁出第一次追加预算一案，经核编后，计岁入岁出拟准各追加一百九十一万八千七百五十二元，请核定等情，请公决案。

（决议）通过。

五、主席交议，据会计处签呈，关于南澳县政府呈缴该县三十四年度地方岁入岁出第二次追加预算一案，经核编后计岁入岁出拟准备追加二百二十六万零二百八十元，请核定等情，请公决案。

（决议）通过。

六、主席交议，据会计处签呈，关于揭阳县政府呈缴该县三十四年度地方岁入岁出第二次追加预算一案，经核编后，计岁入岁出拟准各追加一百四十八万九千一百三十九元，请核定等情，请公决案。

（决议）通过。

七、主席交议，据会计处签呈，关于三水县政府呈缴该县三十三年度地方岁入岁出第三次追加预算一案，经核编后，计岁入岁出拟准各追加一百零一万六千零三十五元，请核定等情，请公决案。

（决议）通过。

八、主席交议，据会计处签呈，关于高要县政府呈缴该县三十四年度地方岁入岁出第二次追加预算一案，经核编后，计岁入岁出拟准各追加六十九万四千五百二十元，请核定等情，请公决案。

（决议）通过。

九、主席交议，据会计处签呈，关于花县县政府呈缴该县三十三年度地方岁入岁出第二次追加预算一案，经核编后，计岁入追加四十七万七千一百一十三元，追减六十万九千六百九十二元，岁出追加一十七万七千零四十六元，追减三十万九千六百二十五元，请核定等情，请公决案。

（决议）通过。

十、主席交议，据民政厅呈，为适应复员建警需要，拟设置警察训练分所，谨附组织规程编制表计划进度表及经临费预算表，请核示等情，请公决案。

（决议）呈请行政院核示。

十一、主席交议，准广东省粮食调节会议函，拟送广州市粮食市场管理暂行办法草案，请查照等由，请公决案。

（决议）修正通过。

十二、主席交议，据民政厅签呈，拟派李景宗代理本厅视察，检同该员简历请察核等情，请公决案。

（决议）通过。

十三、主席交议，据建设厅呈，拟派毛文骏代理本厅视察，附呈该员荐委表，请察核等情，请公决案。

（决议）通过。

十四、主席交议，据社会处代电，拟派梁高东代理本处第一科科长，附呈该员任用审查表，请察核等情，请公决案。

（决议）通过。

十五、主席交议，据建设厅呈，拟派杨世轩代理合作事业管理处课长，附呈该员任用审查表，请察核等情，请公决案。

（决议）通过。

十六、主席交议，据建设厅呈，拟以阳心如代理本省战时长途电话管理所所长，附呈该员荐委表，请察核等情，请公决案。

（决议）通过。

十七、主席交议，据社会处签呈，拟派姚希明代理本处视导，附呈该员任用审查表，请察核等情，请公决案。

（决议）通过。

十八、主席交议，据卫生处呈，拟以卢汉一代理省立第一医院医师，附呈该员荐委表，请察核等情，请公决案。

（决议）通过。

十九、主席交议，据地政局呈，拟派张建新代理本局技正，附呈该员任用审查表，请察核等情，请公决案。

（决议）通过。

广东省政府第十届委员会
第四十五次会议纪录

时　间　四月五日

地　点　本府会议厅

出席者　罗卓英　李扬敬　杜梅和　姚宝猷　肖次尹　罗香林
　　　　黄文山　黄范一

公出者　蔡劲军

告假者　鲍国宝　罗为雄　陈绍贤　詹朝阳

列席者　毛松年　丘新民　陈鸿藻　朱润深　郭汉鸣　黄枯桐
　　　　罗　球　周斯铭

主　席　罗卓英

纪　录　苏旭升

主席恭读　国父遗嘱

报告事项

一、秘书处报告，奉交下民政厅签呈，本省正式参议会，前准内政部电限于本年四月底以前成立，嗣因本省候选人不足，故未定期选举，经电请内政部核复补救办法，兹拟议定本年四月二十五日，为选举本省参议会参议员日期，三月三十一日开始编制选举人名簿，及候选人名簿，并拟本省应出之省参议员名额，共一百名（连南县暂不选举），各县参议员候选人，应于三月三十一日以前到各该县市政府，或本府民政厅登记，请核定分行报会等情，奉准如拟办理。

二、秘书处报告，奉交下社会处呈，编具儿童教养院升学力行中学转送各校难童旅费预算表，计共四十七万五千二百元，款拟在本年度赈济基金教养机构经临费内列支，请核示等情。经送会计处签复拟予照准，请转陈核定分行后报会等由，奉准如拟办理。

三、秘书处报告，奉交下广东全省保安司令部代电，检送拟订本省各区县市局清乡暂行办法，请参照速即转饬各区县实施一案。经送民政厅签复，拟转饬各区县遵照办理，请转陈核定等情，奉准如拟办理。

四、秘书处报告，奉交下广东省粮食调节会议公函，以编送本会议开办费经常费及员役生活补助费预算书，请核复一案。经送会计处签复：（一）员役生活补助费，由本年三月份起至十二月份止，全年十个月共二百三十一万二千元，拟在本年度生活补助费科目拨支。（二）开办费原列六十万元，为修葺购置之用，查该会议系临时性质，且办公地址亦属借用，拟酌减为十万元。（三）经常费年列一百四十四万元，尚属需要，拟并同开办费电请行政院追加，在未奉核准前，似可由财政厅先行设法垫付该会议开办费十万元，及由三月份起每月经费一十万元应支，请转陈核定等由，奉准如拟办理。

五、秘书处报告，奉交下会计处签呈，以奉行政院核拨本省各县、乡、镇、保校补助设备费九十万元一案，兹拟分行教育厅拟议分配报核，请核示等情，奉准如拟办理。

六、广东田赋粮食管理处报告一周办理重要工作。

七、社会处报告一周办理重要工作。

八、会计处报告一周办理重要工作。

九、统计处报告一周办理重要工作。

十、人事处报告一周办理重要工作。

十一、卫生处报告一周办理重要工作。

十二、农林处报告一周办理重要工作。

十三、地政局报告一周办理重要工作。

十四、设计考核委员会报告一周办理重要工作。

讨论事项

一、主席交议，据会计处案呈，关于建设厅农林处先后呈，以恢复北区林业促进指导区，及增加小麦什粮生产，请在本年度粮食增产科目拨发经费两案，兹拟议意见请核示等情，请公决案。

（决议）通过。

二、主席交议，据本府法规整理委员会签呈，本府前颁本省战时各种单行法规，经送由各主办机关分别核议，加具整理意见，提付本会决定，计应行废止法规共八十九种，谨编具目录请核示等情，请公决案。

（决议）通过。

广东省政府第十届委员会
第四十六次会议纪录

时　　间　四月九日
地　　点　本府会议厅
出席者　罗卓英　李扬敬　杜梅和　姚宝猷　罗香林　黄文山
　　　　黄范一
公出者　蔡劲军
告假者　鲍国宝　罗为雄　陈绍贤　詹朝阳
列席者　李东星　毛松年　丘新民　罗　球　周斯铭　颜泽滋
主　　席　罗卓英
纪　　录　苏旭升
主席恭读　国父遗嘱

报告事项

一、秘书处报告，奉交下教育厅呈，关于省立勷勤师范学校呈，以韶关疏散，东迁和平，购置校具等物，计共七十万七千二百五十元，该款请准在本校三十四年度公费生副食费节余项下，全数拨支一案。核属实情，除将原列数代更正外，谨转请核示等情。经送会计处签复拟予照办，请转陈核定，并报会后分行等由，奉准如拟办理。

二、秘书处报告，奉交下社会处代电，拟将本处所属救济院、社会服务站、实验托儿所等经常费，由本年度起，改列在省预算普通岁出经

123

常门本处主管款内，分目列支，请核示等情。经送会计处签复，拟准在本年度省预算普通岁出临时门，第六款一项一目社会事业费科目，移出一百九十五万八千元，并在普通岁出经常门七款一项六目下，加列第七目救济院一百五十二万元，及第八目实验托儿所二十四万四千元，暨第九目社会服务总站一十九万四千元，并由本处汇案编办移用月报表，请转陈核定报会后办理等由，奉准如拟办理。

三、民政厅报告一周办理重要工作。

四、财政厅报告一周办理重要工作。

五、教育厅报告一周办理重要工作。

六、建设厅报告一周办理重要工作。

七、秘书处报告一周办理重要工作。

讨论事项

一、主席交议，据民政厅签呈，为促进地方自治，准备实施宪政起见，兹拟具本省收复区县份实施新县制，及促进地方自治方案，并送会各有关机关参酌意见修正完竣，谨附请核示等情，请公决案。

（决议）修正通过。

二、主席交议，据建设厅签呈关于公路处呈，以琼崖公路环境特殊，兹斟酌实际情形，订定本省公路处琼崖区公路汽车按月征收养路费办法，请察核一案，经由本厅审核，并送会秘书处参酌意见修正完竣，谨附请核示等情，请公决案。

（决议）通过。

三、主席交议，准广东全省保安司令部代电，编送本部干训班三十四年十至十二月份班队底经费预算书，计共一百九十三万零八百五十六元，款在同年度本部保安经费节余项下报支，请核复等由，请公决案。

（决议）通过。

四、主席交议，据社会处签呈，为救济失业失学青年起见，兹拟具本省及各县（市局）失业失学青年救济委员会组织规程，暨各县（市局）失业失学青年救济办法等三种，并送会各有关机关参酌意见，修正完竣，谨附请核示等情，请公决案。

（决议）通过。

五、主席交议，据设计考核委员会签呈，以印制本府三十五年度工作计划五百本，以资分别呈送及检发各机关，计需印刷费一百七十四万一千元，请迅拨款办理等情，请公决案。

（决议）通过。

广东省政府第十届委员会
第四十七次会议纪录

时　　间　四月十二日

地　　点　本府会议厅

出席者　罗卓英　杜梅和　姚宝猷　肖次尹　罗香林　黄文山
　　　　　黄范一　詹朝阳

公出者　蔡劲军

告假者　李扬敬　鲍国宝　罗为雄　陈绍贤

列席者　毛松年　丘新民　陈鸿藻　朱润深　黄枯桐　罗　球
　　　　　钟盛麟　周斯铭

主　　席　罗卓英

纪　　录　苏旭升

主席恭读　国父遗嘱

报告事项

一、秘书处报告，奉交下会计处签呈，为拟具编制三十四年度本省岁出单位决算应行注意事项，及决算表式，请核定分行后报会议等情，奉准如拟办理。

二、秘书处报告，奉交下行政院寅铣定四代电，以生活补助费，遵照国防最高委员会决议，绝对不得流用余款，应由主管人员负责缴库，饬遵照等因。经送会计处签复，拟分行各机关照办，请转陈核定分行后报会议等由，奉准如拟办理。

三、秘书处报告，奉交下会计处签呈，关于广东实业公司呈缴该公司三十四年度业务计划及概算书，请核示一案，经由本处分别审核，兹拟议意见四项，请核定将原件连同意见呈转行政院，并补报会议等情，奉准如拟办理。

四、秘书处报告，奉交下会计处签呈，关于秘书处垫付本府负担广东民众维护东北领土巡行大会经费二十五万元，请拨还归垫一案，拟准在本年度省预算特别预备金科目拨还，请核定报会后分行等情，奉准如拟办理。

五、广东田赋粮食管理处报告一周办理重要工作。

六、社会处报告一周办理重要工作。

七、会计处报告一周办理重要工作。

八、统计处报告一周办理重要工作。

九、人事处报告一周办理重要工作。

十、卫生处报告一周办理重要工作。

十一、农林处报告一周办理重要工作。

十二、地政局报告一周办理重要工作。

十三、设计考核委员会报告一周办理重要工作。

十四、奥〔粤〕侨事业辅导委员会报告一周办理重要工作。

讨论事项

一、主席交议，据教育厅呈，依据教育部颁发国民学校及中心国民学校规则，拟订本省国民学校及中心国民学校学生学业成绩计算方法，暨体育成绩考查办法，请核示等情，请公决案。①

二、委员肖次尹、黄范一、黄文山及财政厅长杜梅和、会计长毛松年会复，奉交审查广东省银行三十三年度全体决算一案，经会同审查谨列具意见，请公决案。

（决议）照审查意见通过。

三、主席交议，据民政厅长李扬敬签呈，关于湛江市政府遴报该市临时参议会参议员候选人名册，请核圈一案，兹拟以刘敬熙为议长，吴克诚为副议长，附具参议员名单，请核定等情，请公决案。

（决议）通过。

四、主席交议，据会计处签呈，奉行政院核准，追加本省三十五年度第一预备金及特别预备金共四千万元一案，兹拟议分配办法，请核示

---

① 原文缺"决议"内容。

等情，请公决案。

（决议）通过。

五、主席交议，据会计处签呈，关于本年度生活补助费各项问题应如何办理，请核示等情，请公决案。

（决议）保留。

六、主席交议，据建设厅代电，拟派吴健民代理本厅第一科科长，检同该员任用审查表，请察核等情，请公决案。

（决议）通过。

七、主席交议，据农林处签呈，拟调建设厅第三科科长叶汉予，代理本处第二科科长，请察核等情，请公决案。

（决议）通过。

八、主席交议，据民政厅长李扬敬签呈，海康县长王××，因案撤职查办，遗缺拟派刘剑元代理；恩平县长古贯郊拟予免职，遗缺拟派邓文林代理；阳江县长肖仲明拟予免职，遗缺拟派罗贤代理；钦县县长曾传仁呈请辞职，拟予照准，遗缺拟派孔繁枝代理；信宜县长陈景必拟予免职，遗缺拟派钟超如代理；博罗县长霍瑜缘呈请辞职，拟予照准，遗缺拟派何乃黄代理；电白县长赖汉呈请辞职拟予照准，遗缺拟派谢富礼代理；增城县长邓琦昌拟予免职，遗缺拟派刘起时代理。检同各该员履历请察核等情，请公决案。

（决议）通过。

九、主席交议，据卫生处呈，拟具广东省立各医院留医规则、医师出诊规则、各种收费办法、门诊及赠诊规则，暨护士助产士助理护士妇婴助理员服务规则等五种，请核示等情，请公决案。①

十、主席交议，据建设厅呈，为适应现实起见，经会同各有关机关，修正本府前颁广东省促进农业生产合融技术合作三方联系办法，谨附，请核示等情，请公决案。②

---

① 原文缺"决议"内容。

② 原文缺"决议"内容。

广东省政府第十届委员会
第四十八次会议纪录

时　间　四月十六日

地　点　本府会议厅

出席者　罗卓英　杜梅和　姚宝猷　肖次尹　罗香林　黄文山
　　　　黄范一　詹朝阳

公出者　蔡劲军

告假者　李扬敬　鲍国宝　罗为雄　陈绍贤

列席者　毛松年　丘新民　罗　球　钟盛麟　周斯铭

主　席　罗卓英

纪　录　苏旭升

主席恭读　国父遗嘱

报告事项

一、秘书处报告，奉交下会计处签呈，本省三十四年度十二月份动支第一预备金，战时特别预备金，本府加强保卫费，及本省岁出单位预算各科目移用月报表，暨公务员医药生育丧葬补助费季报表等，经编报，行政院寅觉定四代核复准予备案，请报会后分行等情，奉准如拟办理。

二、秘书处报告，奉交下行政院训令，抄发厉行继续经费预算，以期预算与计划能相配合一案，原提案及审查意见，饬遵照并转饬遵照等因，经送会计处签复，拟报会后分行，请转陈核定等由，奉准如拟办理。

三、秘书处报告，奉交下建设厅签呈，查公路处前拟具广东省私办公路征收路租办法，经由本厅审核加具审拟意见，签请提付第四十四次委员会议，照建设厅审拟修正通过在案，惟查原办法第八条，未尽妥善，兹拟将原文修改为"各私办公路原路权人，如因无力修复，而招投第三者出资承办时，得由原路权人与承办人双方商订路租分配办法，自行处理，报请公路处核转建设厅备案"，请核示等情，奉准如拟办理。

四、民政厅报告一周办理重要工作。

五、财政厅报告一周办理重要工作。

六、教育厅报告一周办理重要工作。

七、建设厅报告一周办理重要工作。

八、秘书处报告一周办理重要工作。

讨论事项

一、主席交议，据财政厅签呈，兹拟具广东省县库收支处理办法，并送会计处参酌意见修正完竣，请察核等情，请公决案。

（决议）修正通过。

二、主席交议，据会计处签呈，关于社会处呈缴三十五年度振济基金岁入岁出预算分配表一案，兹护〔拟具〕意见，请核示等情，请公决案。

（决议）"空袭救济费"改为"县市救济费"，余照通过。

三、主席交议，据财政厅呈，拟派陆秀山代理本厅视察，检同该员任用审查表，请察核等情，请公决案。

（决议）通过。

四、主席交议，据建设厅呈，拟派黄国振代理公路处技士，检同该员荐委表请察核等情，请公决案。

（决议）通过。

五、主席交议，据卫生处代电，拟派马维骊代理广东省立第二医院院长，检同该员聘派表，请察核等情，请公决案。

（决议）通过。

六、主席交议，据建设厅代电，拟派周斯铭代理本厅主任秘书，检同该员任用审查表，请察核等情，请公决案。

（决议）通过。

七、主席交议，据教育厅呈，拟派洪启翔代理本厅第五科科长，检同该员任用审查表，请察核等情，请公决案。

（决议）通过。

八、主席交议，据建设厅呈，拟派梁赓杰代理本厅视察，检同该员荐委表，请察核等情，请公决案。

（决议）通过。

广东省政府第十届委员会
第四十九次会议纪录

时　　间　四月十九日
地　　点　本府会议厅
出 席 者　罗卓英　李扬敬　杜梅和　肖次尹　罗香林　黄文山
　　　　　黄范一　詹朝阳
公 出 者　蔡劲军
告 假 者　姚宝猷
列 席 者　毛松年　丘新民　陈鸿藻　朱润深　黄枯桐　郭汉鸣
　　　　　罗　球　李秋谷　周斯铭
主　　席　罗卓英
纪　　录　苏旭升
主席恭读　国父遗嘱

报告事项

一、秘书处报告，奉交下地政局签呈，本府前颁广东省政府地政局各县市地籍整理办事处代书人员服务规则，规定代书人员征收代书费，每张国币三元，惟近来物价高涨，原定征收额不定〔足〕维持代书人员生活，拟将代书费提高为每张五十元，俾利业务进行，谨将原服务规则修正，请核示等情，奉准如拟办理。

二、秘书处报告，奉交下会计处签呈，关于海丰县政府呈缴该县三十四年度地方岁入岁出追加预算一案，查所列三十四年度十至十二月份公粮补助款八十万七千六百三十一元，核案相符，拟予照列，请核定等情，奉准如拟办理。

三、秘书处报告，奉交下建设厅呈，关于本厅公路处呈，以复员以还，工作特别繁忙，现有员额，实感不敷分配，拟请在改局编制未奉核准前，准予先行恢复原有编制员额一百五十七人，并保留增用技术人员六十名，以资因应一案，转请核示等情，经奉主席批：（一）准自本年二月份起，恢复原有编制一百五十七人。（二）增加技术人员六十名，准仍保留其薪津，由该处三十五年度公路保养基金项下开支。

四、秘书处报告，奉交下统计处签呈，关于广州市政府及所属各局统计室员额编制表，经电准主计处核复，兹拟议意见，请核示等情，经送人事处签复：（一）广州市政府统计室，拟仍照主计处核定员额为准。（二）其余拟照统计处签拟意见办理，请转陈核定等由，奉准如拟办理。

五、广东田赋粮食管理处报告一周办理重要工作。

六、社会处报告一周办理重要工作。

七、会计处报告一周办理重要工作。

八、统计处报告一周办理重要工作。

九、人事处报告一周办理重要工作。

十、卫生处报告一周办理重要工作。

十一、农林处报告一周办理重要工作。

十二、地政局报告一周办理重要工作。

十三、设计考核委员会报告一周办理重要工作。

十四、粤侨事业辅导委员会报告一周办理重要工作。

讨论事项

一、主席交议，据教育厅呈缴编具本省三十五年度公费生膳食补助费分配预算，请核示一案，经准予照办，请追认案。

（决议）追认。

二、主席交议，据会计处签呈，关于秘书处呈拟由总台统筹拨发各区电台电池费一案，拟议意见请核示等情，请公决案。

（决议）通过。

三、主席交议，据会计处签呈，兹拟议增拨台山等四十七县补助款意见，请核示等情，请公决案。

（决议）交李委员扬敬、杜委员梅和、肖委员次尹、黄委员范一、詹委员朝阳审查，由杜委员约集。

四、主席交议，据民政厅签呈，关于琼崖办公处电，以儋县临时参议会议长周颂清，系现任公务员，又参议员许宗汉、许日新、刘照书等三人，于战时甘为逆民，依法不合，拟请均予免职一案，拟议意见请核示等情，请公决案。

（决议）周颂清、许宗汉、许日新、刘照书等四人，应予免职，依法由候补参议员张程周、周宸梓、陈国贤，唐德祥递补，议长派张民三接充。

五、主席交议，据建设厅呈，拟派伍泽元代理本厅秘书，检同该员任用审查表，请察核等情，请公决案。

（决议）通过。

六、主席交议，据建设厅呈，拟派丘耀渠代理本厅技正，检同该员任用审查表，请察核等情，请公决案。

（决议）通过。

七、主席交议，据建设厅呈，拟派黄石燧代理本厅技正，检同该员任用审查表，请察核等情，请公决案。

（决议）通过。

八、主席交议，据卫生处代电，拟以本处秘书冼维逊调充第三科科长，请察核等情，请公决案。

（决议）通过。

九、主席交议，据卫生处签呈，拟派张厚修代理本府〔处〕技正，检同该员荐委表，请察核等情，请公决案。

（决议）通过。

十、主席交议，据卫生处代电，拟派李居泮代理广东省立第三医院院长，检同该员聘派表，请察核等情，请公决案。

（决议）通过。

广东省政府第十届委员会
第五十次会议纪录

时　间　四月二十三日
地　点　本府会议厅

出席者　罗卓英　杜梅和　姚宝猷　肖次尹　罗香林　黄文山
　　　　黄范一　詹朝阳
公出者　蔡劲军
列席者　毛松年　丘新民　郭汉鸣　罗　球　周斯铭
主　席　罗卓英
纪　录　苏旭升
主席恭读　国父遗嘱
报告事项

一、秘书处报告，奉交下会计处签呈，关于本府三十四年度派赴琼崖视察之民政厅视察王绍章等四员，各报支旅费一十万六千九百二十八元，请拨还归垫各案，经核数相符，计共需旅费四十二万七千七百一十二元。该款并经电奉行政院核准，在本年度特别预备金项下拨付在案，拟先分行后补报会议等情，奉准如拟办理。

二、民政厅报告一周办理重要工作。

三、财政厅报告一周办理重要工作。

四、教育厅报告一周办理重要工作。

五、建设厅报告一周办理重要工作。

六、秘书处报告一周办理重要工作。

讨论事项

一、主席交议，据广东田赋粮食管理处、地政局会签，兹参照有关法规，拟订广东省土地税征收规则草案，请核示等情，请公决案。

（决议）保留。

二、主席交议，据建设厅呈，关于本厅公路处呈请将该处直属护路中队扩充为护路第一大队，并将连平护路大队改称为护路第二大队，附具编制请核示一案，转请察核等情，请公决案。

（决议）连平护路大队准予恢复，余缓议。

三、主席交议，据地政局签呈，依据本省收复区土地权利清理办法施行细则第六条规定，拟具广东省收复区各县市局土地纠纷仲裁委员会组织规程草案，请核示等情，请公决案。

（决议）通过。

四、主席交议，据本府法规整理委员会签呈，本府前颁各种单行法规，尚有应废止部分，续经由各单位加具整理意见，提付本会第三十四次会议决定，计应予废止者共二百四十三种，谨编具目录，请核示等情，请公决案。

（决议）通过。

五、主席交议，据会计处签呈，关于教育厅呈缴省立专上学校增加人员人数及月支生活费数额表，暨省立大中学编制经费预算一案，拟议意见请核示等情，请公决案。

（决议）会计处签拟第二项通过，余连同第四十七次会议讨论第五案，交杜委员梅和、姚委员宝猷、罗委员香林审查，由杜委员约集。

六、主席交议，据秘书处呈，本府负担广东各界欢迎孙院长莅粤大会经费三十万元，经由本处垫付，谨编具预算表，请拨还归垫等情，请公决案。

（决议）通过。

七、委员李扬敬、杜梅和、肖次尹、黄范一、詹朝阳会复，奉交审查会计处签拟增拨台山等四十七县补助款意见一案，经约集毛会计长会同审查完竣，附具意见，请公决案。

（决议）照审查意见通过。

八、主席交议，据民政厅长李扬敬签呈，拟赴京出席国民大会，并带同随员一人前往，处理本省代表选举监督事务所临时事件，请拨随员旅费五十万元应支等情，请公决案。

（决议）准预拨五十万元，款在本年度特别预备金项下拨付。

九、主席交议，拟发动党政军民联合抗旱防荒运动，应付当前局势，附具办法，请公决案。

（决议）原则通过。由建设厅、财政厅、农林处、田粮处负责办理。

十、主席交议，据建设厅呈，拟派秦萼生代理本厅视察，检同该员荐委表，请察核等情，请公决案。

（决议）通过。

十一、主席交议，据建设厅呈，拟派张沛棠代理本厅技士，检同该员任用审查表，请察核等情，请公决案。

（决议）通过。

十二、主席交议，据地政局呈，拟派李铮虹代理本局督导员，检同该员任用审查表，请察核等情，请公决案。

（决议）通过。

十三、主席交议，据建设厅代电，拟以合作事业管理处课长陈肇坤调充该处技正，检同该员任用审查表，请察核等情，请公决案。

（决议）通过。

十四、主席交议，据建设厅呈，拟派张焕才代理长途电话管理所课长，检同该员荐委表，请察核等情，请公决案。

（决议）通过。

十五、主席交议，据建设厅呈，拟派陈钰良代理长途电话所课长，检同该员荐委表，请察核等情，请公决案。

（决议）通过。

广东省政府第十届委员会
第五十一次会议纪录

时　　间　四月二十六日

地　　点　本府会议厅

出席者　罗卓英　李扬敬　杜梅和　姚宝猷　肖次尹　蔡劲军
　　　　黄文山　黄范一　詹朝阳

告假者　罗香林

列席者　毛松年　丘新民　陈鸿藻　朱润深　黄枯桐　郭汉鸣
　　　　罗　球　周斯铭

主　　席　罗卓英

纪　　录　苏旭升

主席恭读　国父遗嘱

宣读第五十次会议纪录。

报告事项

一、秘书处报告，关于梅县大立乡第七保国民学校基金委员会常务

135

廖××因请拨寺产为学校基金纠纷事件不服梅县政府处分，向本府提起诉【愿】一案，经审查评议完竣，谨依法拟具决定书，本件经【诉】愿驳回，并经签准如拟办理。

二、秘书处报告，奉交下农林处代电，拟将本府组织规程第【十】六条之下，增加第十七条，原文为"本处因业务需要，得选择适当地点设立农林、蚕桑、畜牧、防疗等试验研究场所，其组织规程另定之"。原规定第十七、十八、十九条，依次递改为十八、十九、二十条，请核示等情，经送人事处签后，拟准照办，请转陈核定等由，奉准如拟办理。

三、广东田赋粮食管理处报告一周办理重要工作。

四、社会处报告一周办理重要工作。

五、会计处报告一周办理重要工作。

六、统计处报告一周办理重要工作。

七、人事处报告一周办理重要工作。

八、卫生处报告一周办理重要工作。

九、农林处报告一周办理重要工作。

十、地政局报告一周办理重要工作。

十一、设计考核委员会报告一周办理重要工作。

十二、粤侨事业辅导委员会报告一周办理重要工作。

讨论事项

一、主席交议，据人事处签呈，兹照各厅意见，将本府前核定各厅在恢复员额内，增加视察督学技正名额一案，修正列具名额表，请核示等情，请公决案。

（决议）通过。

二、主席交议，据会计处签呈，关于中山县三十四年度地方岁入岁出追加预算一案，经核编完竣，拟准追加岁入岁出各一千七百八十一万五千九百六十一元，请核定等情，请公决案。

（决议）通过。

三、主席交议，据会计处签呈，关于丰顺县三十四年度地方岁入岁出第一次追加预算一案，经核编完竣，拟准追加岁入岁出各三百二十五万三千九百四十元，请核定等情，请公决案。

（决议）通过。

四、主席交议，据会计处签呈，关于饶平县三十四年度地方岁入岁出第一次追加预算一案，经核编完竣，拟准追加岁入岁出各三百零四万一千九百九十七元，请核定等情，请公决案。

（决议）通过。

五、主席交议，据教育厅呈，依据教育部令颁中心国民学校及国民学校，分期办理失学民众补习教育办法，拟订本省各县（市局）失学度〔民〕众强迫入学办法，请核示等情，请公决案。

（决议）通过。

六、委员杜梅和、姚宝猷、罗香林会复，奉交审查会计处签拟本长核本府各机关编制人员及生活补助费各项问题一案，经约集毛松年会计长、社会处代表会同审查，附具意见，请公决案。

（决议）照审查意见通过，并加推黄委员范一、詹委员朝阳参加审查。

七、主席交议，据设计考核委员会签呈，本会三十五年度经费，奉行政院电饬并入秘书处科目等因，兹拟意见请核示等情，请公决案。

（决议）通过。

八、主席交议，据会计处签呈，拟自本年五月份起，改订各县（市局）办公费标准，请核示等情，请公决案。

（决议）各县办公费标准加倍，汕头市照一等县加倍，湛江市照一等县加百分之五十，余照案通过。

九、主席交议，据民政厅长李扬敬签呈，东莞县长徐直公拟予免职，遗缺拟派张我东代理，检同该员履历表，请核示等情，请公决案。

（决议）通过。

广东省政府第十届委员会
第五十二次会议纪录

时　　间　四月三十日

地　　点　本府会议厅

出席者　罗卓英　李扬敬　杜梅和　姚宝猷　肖次尹　罗香林
　　　　黄文山　黄范一　詹朝阳

公出者　蔡劲军

列席者　毛松年　丘新民　罗　球　周斯铭

主　　席　罗卓英

纪　　录　苏旭升

主席恭读　国父遗嘱

宣读第五十一次会议纪录。

报告事项

一、秘书处报告，奉交下建设厅签呈，以据公路处呈，广韶线班车原定客票价为每客公里（四十五）元，系根据来往人数相等平均计算，现查上行人，多于下行人，回空损失甚大，拟改订上行每客公里（五十五）元，全程每客票价收一万八千四百元，下行每客公里（三十）元，全程每客票价收一万元，并自四月一日起实行，请核备一案，查尚切合实际，拟予照办，请核示等情，奉准如拟办理。

二、秘书处报告，奉交下会计处签呈，关于连县三十二年度地方岁入岁出第二次追加预算一案，经核编完竣，拟准岁入追加一百五十一万二千二百九十四元，岁出追加一百九十四万二千八百一十六元，追减四十三万零五百二十二元，请核示等情，奉准如拟办理。

三、民政厅报告一周办理重要工作。

四、财政厅报告一周办理重要工作。

五、教育厅报告一周办理重要工作。

六、建设厅报告一周办理重要工作。

七、秘书处报告一周办理重要工作。

讨论事项

一、主席交议，据教育厅呈，依照教育部令颁国民学校及中心国民学校规则第十四条规定，拟具本省各县（市局）国民学校及中心国民学校经费支配标准，暨学校经费开支公开审核办法，请核示等情，请公决案。

（决议）修正通过。

二、主席交议，据民政厅、财政厅、会计处、田粮处签呈，兹会同拟具本省各县市局公教员丁团警生活改善暂行办法，请核示等情，请公决案。

（决议）修正通过。

三、主席交议，据会计处签呈，关于教育厅编缴本年度教育文化费分配总表一案，拟议意见，请核示等情，请公决案。

（决议）通过。

四、主席交议，据教育厅代电，拟派张逢瑞代理本厅督学，检同该员任用审查表，请察核等情，请公决案。

（决议）通过。

五、主席交议，据教育厅代电，拟派邓震亚为省立黄埔中正中学校长，饶涤生为省立大埔中学校长，请察核等情，请公决案。

（决议）通过。

六、主席交议，据财政厅呈，拟派邓尉梅代理本厅视察，检同该员任用审查表，请察核等情，请公决案。

（决议）通过。

七、主席交议，据财政厅呈，拟派罗永钦代理本厅视察，检同该员任用审查表，请察核等情，请公决案。

（决议）通过。

八、主席交议，据农林处呈，拟派张奇英代理本处技正，检同该员任用审查表，请察核等情，请公决案。

（决议）通过。

广东省府第十届委员会
第五十三次会议纪录

时 间 五月三日

地 点 本府会议厅

出席者 罗卓英　李扬敬　杜梅和　姚宝猷　肖次尹　罗香林
　　　　　黄文山　黄范一　詹朝阳

公出者 蔡劲军

列席者 毛松年　丘新民　陈鸿藻　朱润深　黄枯桐　郭汉鸣
　　　　　罗　球　周斯铭

主 席 罗卓英

纪 录 苏旭升

主席恭读 国父遗嘱

宣读第五十二次会议纪录。

报告事项

一、秘书处报告，奉交下会计处签呈，关于罗定县三十四年度地方岁入岁出第二次追加预算一案，查所列追加田赋款一十九万九千元，及三十四年度十至十二月份，公粮补助款八十万七千六百三十一元，计共一百万六千六百三十一元，经核案相符，拟准照列，请核定等情，奉准如拟办理。

二、秘书处报告，奉交下民政厅签呈，查本省前以粮食严重，为救济米荒及节省粮食消耗起见，经由本厅拟具广东禁酒办法，及其施行细则，签请提付第四十二次会议通过，并颁行在案，惟查实施期间急速，各县市间有因邮递迟滞，诚恐尚未奉到该项办法，兹拟将禁酒日期展限至本年五月十日起实行，请核示等情，奉准如拟办理。

三、广东田赋粮食管理处报告一周办理重要工作。

四、社会处报告一周办理重要工作。

五、会计处报告一周办理重要工作。

六、统计处报告一周办理重要工作。

七、人事处报告一周办理重要工作。

八、卫生处报告一周办理重要工作。

九、农林处报告一周办理重要工作。

十、地政局报告一周办理重要工作。

十一、设计考核委员会报告一周办理重要工作。

十二、粤侨事业辅导委员会报告一周办理重要工作。

讨论事项

一、主席交议，据会计处签呈，兹编具本省三十五年度追加岁出单位预算书，请核示等情，请公决案。

（决议）通过。

二、主席交议，据会计处签呈，兹拟议提高各区行政督察专员兼保安司令公署办公费意见，请核示等情，请公决案。

（决议）通过。

三、主席交议，据会计处签呈，关于罗定县三十三年度地方岁入岁出第三次追加预算一案，经核编完竣，拟准追加岁入岁出各三万五千八百六十三元，请核定等情，请公决案。

（决议）通过。

四、主席交议，据会计处签呈，关于三水县三十四年度地方岁入岁出第二次追加预算一案，经核编完竣，拟准追加岁入岁出各一百六十一万一千六百三十一元，请核定等情，请公决案。

（决议）通过。

五、主席交议，据会计处签呈，关于阳江县三十三年度地方岁入岁出第一次追加预算一案，经核编完竣，拟准追加岁入岁出各五百二十七万零四百八十七元，请核示等情，请公决案。

（决议）通过。

六、主席交议，据会计处签呈，关于安化管理局三十三年度地方岁入岁出追加预算一案，经核编完竣，拟准追加岁入岁出各六十八万五千二百八十六元，请核定等情，请公决案。

（决议）通过。

七、主席交议，据会计处签呈，关于安化管理局三十四年度地方岁入岁出追加预算一案，经核编完竣，拟准追加岁入岁出各四万六千元，请核定等情，请公决案。

（决议）通过。

八、主席交议，据财政厅呈，拟派饶素愚代理本厅视察，检同该员任用审查表，请察核等情，请公决案。

（决议）通过。

九、主席交议，据教育厅代电，拟派张辰代理本厅督学，检同该员任用审查表，请察核等情，请公决案。

（决议）通过。

十、主席交议，据建设厅签呈，拟调秘书处技士黄秉书升充本厅技正，请察核等情，请公决案。

（决议）通过。

十一、主席交议，据社会处代电，拟派黄永伟代理本处秘书，检同该员任用审查表，请察核等情，请公决案。

（决议）通过。

十二、主席交议，据农林处呈，拟派张吉亮代理本处技正，检同该员任用审查表，请察核等情，请公决案。

（决议）通过。

十三、主席交议，据农林处呈，拟派洪钟鎏代理本处第一科科长，检同该员任用审查表，请察核等情，请公决案。

（决议）通过。

十四、主席交议，拟派本府委员詹朝阳，代表本府宣慰安南暹罗侨胞，请公决案。

（决议）通过。

广东省政府第十届委员会
第五十四次会议纪录

时　　间　五月七日
地　　点　本府会议厅
出 席 者　罗卓英　李扬敬　杜梅和　罗香林　黄文山　黄范一
　　　　　詹朝阳
公 出 者　蔡劲军
告 假 者　姚宝猷　肖次尹
列 席 者　毛松年　丘新民　朱润深　郭汉鸣　罗　球　李秋谷
　　　　　周斯铭
主　　席　罗卓英
纪　　录　苏旭升
主席恭读　国父遗嘱
宣读第五十三次会议纪录。

报告事项

一、秘书处报告，奉交下会计处签呈，关于安化管理局三十二年度地方岁入岁出末次追加预算一案，查所列追缉匪红款余数一万七千元，核与原案相符，拟准岁入岁出各追加一万七千元，请核定等情，奉准如拟办理。

二、秘书处报告，奉交下会计处签呈，关于安化管理局三十四年度第二次追加预算一案，查所列追加山排奖学金五千元，核尚相符，拟准岁入岁出各追加五千元，请核定等情，奉准如拟办理。

三、秘书处报告，奉交下教育厅呈，关于长沙师范学校编具该校三十四年度复员修缮费预算分配表，款拟请准在同年度师范生副食费节余二十一万四千七百元移用一案。查原缴分配表格式及科目，未尽符合，为迅速办理计，拟姑予照准，请核示等情。经送会计处签复，拟予照办，请转陈核定等由，奉准如拟办理。

四、秘书处报告，奉交下会计处签呈，关于前本府西江南路行署电，以奉拨结束经费一个月，系照未增加经费前之二十万零五百八十五元月额拨发，因物价高涨，不敷甚巨，拟请准将三十四年度经费节余二十一万三千七百五十三元三角二分，移为同年度追加结束经费之用一案，查尚无超越规定数额，拟予照准，请核定等情，奉准如拟办理。

五、民政厅报告一周办理重要工作。

六、财政厅报告一周办理重要工作。

七、教育厅报告一周办理重要工作。

八、建设厅报告一周办理重要工作。

九、秘书处报告一周办理重要工作。

讨论事项

一、主席交议，据卫生处呈，拟将本处救护队改组为防疫巡回队，兹拟具组织规程及编制表，请核示等情，请公决案。

（决议）照会计处签拟意见通过。

二、主席交议，据会计处签呈，关于廉江县三十四年度地方岁入岁出第三次追加预算一案，经核编完竣，拟准岁入岁出各追加九十九万零七十二元，请核定等情，请公决案。

（决议）通过。

三、主席交议，据会计处签呈，关于连山县三十四年度地方岁入岁出第三次【追加】追减预算一案，经核编完竣，拟准岁入追加一百七十二万三千八百二十九元，追减一十五万二千零三十六元，岁出追加一百五十七万一千七百九十三元，请核定等情，请公决案。

（决议）通过。

四、主席交议，据会计处签呈，关于安化管理局三十五年度地方岁入岁出第一次追加预算一案，经核编完竣，拟准岁入岁出各追加八十七万二千七百三十五元，请核定等情，请公决案。

（决议）通过。

五、主席交议，据会计处签呈，关于龙门县三十三年度地方岁入岁出追加追减预算一案，经核编完竣，拟准岁入追加六十七万六千五百七十九元，追减四十二万四千九百九十八元，岁出追加二百四十八万六千零八十七元，追减一百二十三万四千五百零六元，请核定等情，请公

144

决案。

（决议）通过。

六、主席交议，据财政厅呈，拟派刘冠常代理本厅视察，检同该员任用审查表，请察核等情，请公决案。

（决议）通过。

七、主席交议，据社会处代电，拟派曾友松代理本处第三科科长，检同该员任用审查表，请察核等情，请公决策。

（决议）通过。

八、主席交议，据农林处呈，拟派黄闻伯代理本处技正，检同该员任用审查表，请察核等情，请公决案。

（决议）通过。

九、主席交议，据农林处呈，拟派邓应元代理本处技士，检同该员任用审查表，请察核等情，请公决案。

（决议）通过。

十、主席交议，据建设厅代电，拟派方思齐代理公路处秘书，检同该员任用审更〔查〕表，请察核等情，请公决案。

（决议）通过。

广东省政府第十届委员会
第五十五次会议纪录

时　　间　五月十日

地　　点　本府会议厅

出席者　罗卓英　李扬敬　杜梅和　姚宝猷　罗香林　黄文山
　　　　黄范一

公出者　蔡劲军　肖次尹　詹朝阳

列席者　毛松年　丘新民　陈鸿藻　朱润深　黄枯桐　郭汉鸣
　　　　史公载　罗　球　周斯铭　赖希如

主　　席　罗卓英

纪　录　苏旭升

主席恭读　国父遗嘱

宣读五十四次会议纪录。

报告事项

一、秘书处报告，奉交下建设厅签呈，本省奖励农工矿业技术暂行办法第六条给奖规定：（一）普通奖励金国币五百元至五千元。（二）特别奖励金国币五千元至一万元。现因物价高涨，经本省奖励农工矿业技术审查委员会第二次会议修正为：（一）普通奖励金国币五千元至一万元。（二）特别奖励金国币二万元至五万元在案。兹检同该会原纪录签，请核示等情，奉准如拟办理。

二、广东田赋粮食管理处报告一周办理重要工作。

三、社会处报告一周办理重要工作。

四、会计处报告一周办理重要工作。

五、统计处报告一周办理重要工作。

六、人事处报告一周办理重要工作。

七、卫生处报告一周办理重要工作。

八、农林处报告一周办理重要工作。

九、地政局报告一周办理重要工作。

十、设计考核委员会报告一周办理重要工作。

十一、粤侨事业辅导委员会报告一周办理重要工作。

讨论事项

一、主席交议，据会计处签呈，关于省干训团电请将物价会拨入该团人员增加经费部分，列入本年度省预算干训团经常费拨付一案，拟议意见，请核示等情，请公决案。

（决议）通过。

二、主席交议，据会计处签呈，关于南澳县呈，拟成立水上警察队，请准移用县立中学员役薪津各费一案，拟议意见请核示等情，请公决案。

（决议）通过。

三、主席交议，据设计考核委员会签呈，本省复员计划实施办法表，及所需经费人员物资表，经汇编完竣，请核定等情，请公决案。

（决议）通过

四、主席交议，据社会处呈缴编具该处儿童教养院三十五年度补助难童升学书籍费岁出预算分配表，该款拟在本年度赈济基金教养机构经临费科目列支，请核示等情，请公决案。

（决议）通过。

五、主席交议，据会计处签呈，奉行政院核定本省三十五年各机关文武职人员支领特别办公费一案，拟议奉行意见，请核示等情，请公决案。

（决议）通过。

六、主席交议，据财政厅呈，兹编具本厅三十五年度办理护沙费事务经临费预算分配表，请核备等情，请公决案。

（决议）照预算六成发给，由财政厅重新调整报备。

七、主席交议，据本省三十五年度县市总预算编审委员会签呈，关于汕头市及湛江市三十五年度岁入岁出总预算两案，经审编完竣，谨附审定各该市总预算及比率表，请核定等情，请公决案。

（决议）通过。

八、主席交议，据会计处签呈，关于电白县三十二年度地方岁入岁出第一次追加追减预算一案，经核编完竣，拟准岁入岁出各追加三百七十六万五千二百五十九元，请核定等情，请公决案。

（决议）通过。

九、主席交议，据会计处签呈，关于阳山县三十四年度地方岁入岁出第一次追加追减预算一案，经核编完竣，拟准岁入追加五百四十六万四千七百元，岁出追加七百二十六万九千五百七十八元，追减一百八十万四千八百七十八元，请核定等情，请公决案。

（决议）通过。

十、主席交议，据会计处签呈，关于廉江县三十四年度地方岁入岁出第一次追加预算一案，经核编完竣，拟准岁入岁出各追加五百八十八万一千八百八十元，请核定等情，请公决案。

（决议）通过。

十一、主席交议，据会计处签呈，关于翁源县三十四年度地方岁入岁出第三、四、五次追加预算各案，经并同核编完竣，拟准岁入岁出各追加一百二十五万四千一百二十五元，请核定等情，请公决案。

（决议）通过。

十二、主席交议，据会计处签呈，关于龙川县三十四年度地方岁入岁出各追加一千零一十万九千三百零七元，请核定等情，请公决案。

（决议）通过。

十三、主席交议，据教育厅代电，拟派皮禹、马鸿述代理本厅督学，检同该二员任用审查表，请察核等情，请公决案。

（决议）通过。

十四、主席交议，据卫生处呈，拟派李赐常为广东省立第一医院医师，请察核等，请公决案。

（决议）通过。

十五、主席交议，据社会处代电，据派郑咸亨代理本处秘书，检同该员任用审查表，请察核等情，请公决案。

（决议）通过。

十六、主席交议，据财政厅呈，拟派杨明栋代理本厅视察，检同该员任用审查表，请察核等情，请公决案。

十七、主席交议，据农林处呈，拟派饶信梅代理本处秘书，检同该员任用审查表，请察核等情，请公决案。

（决议）通过。

十八、主席交议，据民政厅长李扬敬签呈，英德县长欧兼拟予调省另候任用，遗缺拟调阳山县长麦健生代理，递遗阳山县长缺，拟派钟正君代理；乐昌县长詹尊雯拟予调省另候任用，遗缺拟派殷卓伦代理；开建县长朱灼南辞职，拟予照准，遗缺拟派古绍辙代理；赤溪县长谢群彬辞职，拟予照准，遗缺拟派何银生代理海丰县长黄仲文辞职，拟予照准，遗缺拟调曲江县长黄干英代理，递遗曲江县长缺，拟调梅县县长温克威代理，递遗梅县县长缺，拟派陈淦代理。检同各该员履历，请察核等情，请公决案。

（决议）通过。

广东省政府第十届委员会
第五十六次会议纪录

时　间　五月十四日

地　点　本府会议厅

出席者　罗卓英　李扬敬　杜梅和　姚宝猷　丘　誉　罗香林
　　　　黄文山　黄范一

公出者　肖次尹　蔡劲军　詹朝阳

列席者　毛松年　丘新民　郭汉鸣　罗　球　周斯铭

主　席　罗卓英

纪　录　苏旭升

主席恭读　国父遗嘱

宣读第五十五次会议纪录。

报告事项

一、秘书处报告，奉交下建设厅签呈，关于长途电话管理所电，以维持员工生活起见，拟将前核定话传派送专力费及销号费价目，各酌增一百元课收，并拟定本年五月一日起实施，请核备一案，查属需要，拟准照办，转请核示等情，奉准如拟办理。

二、民政厅报告一周办理重要工作。

三、财政厅报告一周办理重要工作。

四、教育厅报告一周办理重要工作。

五、建设厅报告一周办理重要工作。

六、秘书处报告一周办理重要工作。

讨论事项

一、主席交议，据地政局签呈，遵照地政署指示原则，拟修订本省土地或权利书状费征收标准，并预征五成书状费为印刷书状工本，请核示等情，请公决案。

（决议）通过。

二、主席交议，据民政厅签呈，依照军政部电送清理各监所已未决军事人犯实施要点，拟议组织本省巡回督导团，分往各县督导实施意见，请核示等情，请公决案。

（决议）照民政厅、会计处签拟意见通过。

三、主席交议，据广东田赋粮食管理处签呈，兹拟具广东省各县举办平粜积谷施行细则，请核示等情，请公决案。

（决议）保留。

四、主席交议，据民政厅呈，兹参酌各县市人口数目及地方财力，编拟本省三十五年度补助各县市局户政经费，及普查费分配预算表，请核示等情，请公决案。

（决议）通过。

五、主席交议，据财政厅签呈，关于广州市政府呈请准将该市旅店业照价附收百分之二十以改善员工生活一案，拟议意见，请核示等情，请公决案。

（决议）通过。

六、主席交议，据会计处签呈，关于广宁县三十四年度地方岁入岁出第一次追加预算一案，经核编完竣，拟准岁入岁出各追加四百九十五万八千零二十六元，请核定等情，请公决案。

（决议）通过。

七、主席交议，据会计处签呈，关于普宁县三十四年度地方岁入岁出第二次追加追减预算一案，经核编完竣，拟准岁入岁出各追加四百七十六万七千三百七十六元，请核定等情，请公决案。

（决议）通过。

八、主席交议，据会计处签呈，关于化县三十四年度地方岁入岁出第一次追加追减预算一案，经核编完竣，拟准岁入岁出各追加六百五十三万二千一百九十四元，请核定等情，请公决案。

（决议）通过。

九、主席交议，据财政厅呈，拟派蔡士亮代理本厅视察，检同该员任用审查表，请察核等情，请公决案。

（决议）通过。

十、主席交议，据财政厅呈，拟派朱钦代理本厅视察，检同该员任用审查表，请察核等情，请公决案案。

（决议）通过。

十一、主席交议，据农林处呈，拟派叶超代理本处技正，检同该员任用审查表，请察核等情，请公决案。

（决议）通过。

广东省政府第十届委员会
第五十七次会议纪录

时　间　五月十七日

地　点　本府会议厅

出席者　罗卓英　李扬敬　杜梅和　姚宝猷　丘　誉　罗香林
　　　　　黄文山　黄范一

公出者　肖次尹　蔡劲军　詹朝阳

列席者　毛松年　丘新民　陈鸿藻　黄枯桐　郭汉鸣　史公载
　　　　　罗　球　周斯铭

主　席　罗卓英

纪　录　苏旭升

主席恭读　国父遗嘱

宣读第五十六次会议纪录。

报告事项

一、秘书处报告，奉交下教育厅呈，关于省立韩山师范学校呈，请将三十四年度第二次追加师范生公费节余四十五万五千元，移为同年度工警制服费之用，编具预算分配表，请核准一案。查属需要，预算列数亦无不合，谨转请核示等情。经送会计处签复，拟予照办，请转陈核定等由，奉准如拟办理。

二、秘书处报告，奉交下会计处签呈，本府前奉行政院核定本省收容人二千四百名，膳食费与原列六千五百名之数相差四千一百名，当即以卯筱会省电请行政院增拨，现奉核复仍遵前令办理等因，拟请报会后分行等情，奉准如拟办理。

三、秘书处报告，奉交下会计处签呈，奉行政院令知，废止中央驻在各省及省级公务员待遇调整办法等因，拟请报会后分行等情，奉准如拟办理。

四、广东田赋粮食管理处报告一周办理重要工作。

五、社会处报告一周办理重要工作。

六、会计处报告一周办理重要工作。

七、统计处报告一周办理重要工作。

八、人事处报告一周办理重要工作。

九、卫生处报告一周办理重要工作。

十、农林处报告一周办理重要工作。

十一、地政局报告一周办理重要工作。

十二、设计考核委员会报告一周办理重要工作。

十三、粤侨事业辅导委员会报告一周办理重要工作。

讨论事项

一、主席交议，据地政局签呈，本府前颁广东省战时督垦荒地办法大纲，暨荒地承垦条例及其施行细则，系属战时法规，兹遵令将上列三种督垦章则，合并改订为广东省荒地垦殖规则，请核示等情，请公决案。

（决议）交姚委员宝献、黄委员文山、黄委员范一，会同财政厅、农林处、地政局审查，由姚委员约集。

二、主席交议，据本省建设研究委员会签呈，本会因法案关系，以致员役薪津无着，为顺利推行会务计，自应妥谋解决方法，谨拟具意见，请核示等情，请公决案。

（决议）通过。

三、主席交议，据会计处签呈，奉行政院增拨本省行政及教育复员费各四亿元，饬核实统筹支配一案，兹拟议分配意见，请核夺等情，请公决案。

（决议）修正通过。

四、主席交议，据会计处签呈，关于湛江市政筹备处三十四年度九至十二月份地方岁入岁出总预算一案，经核编完竣，拟准岁入岁出预算，各列二千二百六十五万九千四百八十一元，请核定等情，请公决案。

（决议）通过。

五、主席交议，据会计处签呈，关于安化管理局三十四年度地方岁入岁出第四次追加预算一案，经核编完竣，拟准岁入岁出各追加八十八万零三百八十一元，请核定等情，请公决案。

（决议）通过。

密六、主席交议，据会计处签呈，兹拟议本年度省预备金动支及归垫意见，请核示等情，请公决案。

（决议）通过。

密七、主席交议，据会计处签呈，本省党工会报秘书处本年五至十二月份经费，奉行政院核定由省预备金动支等因，兹拟议奉行意见，请核示等情，请公决案。

（决议）通过。

八、主席交议，据本省三十五年度县市总预算编审委员会签呈，广州市三十五年度岁入岁出总预算一案，经审编完竣，谨附审定该市预算书，请核定等情，请公决案。

（决议）通过。

九、主席交议，据农林处呈，拟派潭锡鸿代理本处第四科长，徐家疃、黄干桥、邓国安、佘尚骞、何享荣、凌化育、王贵儒、黄文恩，陈泽霖等九员，代理本处技正，请察核等情，请公决案。

（决议）通过。

广东省政府第十届委员会
第五十八次会议纪录

时　　间　五月二十一日

地　　点　本府会议厅

出席者　罗卓英　李扬敬　杜梅和　姚宝猷　丘　誉　罗香林

　　　　　黄文山　　黄范一

公出者　肖次尹　　蔡劲军　　詹朝阳

列席者　毛松年　　丘新民　　郭汉鸣　　罗　球　　周斯铭　　赖希如

主　席　罗卓英

纪　录　苏旭升

主席恭读　国父遗嘱

宣读第五十七次会议纪录。

报告事项

　　一、秘书处报告，奉交下会计处签呈，以奉行政院令知，国防最高委员会核定财政专门委员，对于立法院审议三十五年度国家总预算意见之处理意见等因，拟分行财政厅、人事处遵照等情，奉准如拟办理。

　　二、秘书处报告，奉交下会计处签呈，关于革命老同志赵珊林呈，以生活困苦请求救济一案，拟准照本府前核定，救济前驻韶关忠党堂革命老同志，及前总统府卫士队补助费案，一次过补助六千五百元，款在本年度特别预备金项下拨支，请核定等情，奉准如拟办理。

　　三、秘书处报告，奉交下会计处签呈，以奉行政院通知，本省粤北各校三十四年度迁移复课救济费一千万元追加预算一案，以转奉国防最高委员会核准饬知照等因，拟报会后分行等情，奉准如拟办理。

　　四、秘书处报告，奉交下会计处签呈，本府前奉行政院令发由本年二月起调整学生警察士兵公役收容人等待遇标准一案，经已分行，现奉行政院令知该项待遇标准，经报奉国防最高委员会批准备案等因，拟报会后存等情，奉准如拟办理。

　　五、秘书处报告，奉交下会计处签呈，关于第五区专员兼保安司令郑绍玄编缴召开行政会议经费预算请核拨一案，拟准拨发开会费二十万元，款在本年度第一预备金项下开支，至出列席人员膳宿费，饬在原服务机关或县地方款项下，依照规定作旅费支报，毋庸统筹招待，请核定分行后报会议等情，奉准如拟办理。

　　六、秘书处报告，奉交下会计处签呈，关于社会处编具该处前垫付惠济义仓三十四年十至十二月份办公费，共计五万八千一百八十八元请款书，请指款拨还归垫一案，拟准在三十四年度省预算内救济费科目项下，照数拨付，请核定分行后报会议等情，奉准如拟办理。

154

七、民政厅报告一周办理重要工作。

八、财政厅报告一周办理重要工作。

九、教育厅报告一周办理重要工作。

十、建设厅报告一周办理重要工作。

十一、秘书处报告一周办理重要工作。

讨论事项

一、主席交议，据设计考核委员会签呈，为切合现实，拟将本府前颁，修正广东省政府所属各机关暨各县市局工作检讨办法，重行修订，谨附修订该办法，请核示等情，请公决案。

（决议）通过。

二、主席交议，据民政厅签呈，关于连山县呈请将县治迁设永和圩一案，拟议意见，请核示等情，请公决案。

（决议）通过。

三、主席交议，据卫生处呈，兹拟具汕头市政府卫生局组织规程及编制表，请核示等情，请公决案。

（决议）修正通过。

四、主席交议，据社会处呈，编具本处附属机关三十五年度收容人膳食费分配预算表，请核拨等情，请公决案。

（决议）通过。

五、主席交议，准广东全省保安司令部代电，编送本部三十四年度卫生药品购置费预算书，款在本部同年度保安经费节余项下支报，请核复等由，请公决案。

（决议）通过。

六、主席交议，据教育厅呈缴编具本年度等一次追加省立学校公费生膳食补助费预算分配表，请核拨等情，经准予照办，请追认案。

（决议）追认。

七、主席交议，据会计处签呈，关于开平县三十四年度地方岁入岁出第一次追加追减预算一案，经核编完竣，拟准岁入岁出各追加五百一十万九千七百三十八元，请核定等情，请公决案。

（决议）通过。

八、主席交议，据会计处签呈，关于台山县三十三年度地方岁入岁

155

出第二次追加追减预算一案，经核编完竣，拟准岁入岁出各追加四十三万一千五百七十元，请核定等情，请公决案。

（决议）通过。

九、主席交议，据会计处签呈，关于钦县三十四年度地方岁入岁出第一次追加预算一案，经核编完竣，拟准岁入岁出各追加一百九十九万六千二百零八元，请核定等情，请公决案。

（决议）通过。

十、主席交议，据会计处签呈，关于阳江县三十四年度地方岁入岁出第一次追加预算一案，经核编完竣，拟准岁入岁出各追加五百九十二万五千六百四十九元，请核定等情，请公决案。

（决议）通过。

十一、主席交议，据建设厅呈，拟派张耀秋代理本厅视察，检同该员荐委表，请察核等情，请公决案。

（决议）通过。

十二、主席交议，据教育厅签呈，拟派钟国鑫为省立惠州师范学校校长，请察核等情，请公决案。

（决议）通过。

十三、主席交议，拟派余树芳代理教育厅督学，黄达之代理财政厅视察，并调设计考核委员会服务，请公决案。

（决议）通过。

十四、主席交议，据卫生处代电，拟派凌兆熙为省立第一医院主任医师，检同该员聘派表，请察核等情，请公决案。

（决议）通过。

十五、主席交议，据民政厅长李扬敬签呈，南雄县长云振中拟另候任用，应于予职，遗缺拟派萧宜芬代理；宝安县长吴舜农拟另候任用，应予免职，遗缺拟派林侠子代理；始兴县长官家骥拟另有任用，应予免职，遗缺拟调防城县长林为栋代理，递遗防城县长缺，拟派陈济南代理。检同各该员履历，请察核等情，请公决案。

（决议）通过。

广东省政府第十届委员会
第五十九次会议纪录

时　　间　五月二十四日

地　　点　本府会议厅

出席者　　罗卓英　李扬敬　杜梅和　姚宝猷　丘　誉　肖次尹
　　　　　罗香林　黄文山

公出者　　蔡劲军　詹朝阳

告假者　　黄范一

列席者　　毛松年　丘新民　陈鸿藻　黄枯桐　郭汉鸣　周斯铭
　　　　　周达谋

主　　席　罗卓英

纪　　录　苏旭升

主席恭读　国父遗嘱

宣读第五十八次会议纪录。

报告事项

一、秘书处报告，奉交下会计处签呈，关于建设厅呈缴本府前指派该厅视察郑炯湖赴香港调查祯祥轮沉没惨案旅费报销表，据计列支一十六万零七百二十元，请拨款归垫一案，核数相符，该款拟在三十五年度追加特别预备金余额一十四万八千一百六十六元全数开支，其余一万二千五百五十四元，由追加特别预备金拨足，请核定分行后报会议等情，奉准如拟办理。

二、秘书处报告，奉交下会计处签呈，关于秘书处编呈本府负担本省举行各种大会经费预算书，计共列支二十四万六千八百三十四元，请拨还归垫一案。查表列各费，除青年节及美术节两大会经费十二万元，经核定饬拨，其余新运会经费十万元，儿童节经费二万元，节约运动大会经费六千八百三十四元，合共一十二万六千八百三十四元，拟准在追加特别预备金项下拨支，请核定分行后报会议等情，奉准如拟办理。

三、秘书处报告，奉交下会计处签呈，关于秘书处编呈本府负担本省各界纪念革命政府暨庆祝国府还都大会，及纪念胡展堂先生逝世大会经费，请款单计各列三万元，合共六万元，请拨还归垫一案，该款拟准在特别预备金项下开支，请核定等情，奉准如拟办理。

四、秘书处报告，奉交下建设厅签呈，据本厅公路处电，以物价日涨，工程费支出浩大，无法维持，为因应实际需要，拟援案照战时运输管理局三十四年六月颁订三等品运价，每吨公里（二百零六）元，按二成计征养路费，即每吨公里为（四十一点二）元，为利便计算，拟照整数（四十二）元征收，并由本年四月一日起实行，除饬所属各站遵照外，谨转呈核备一案，核属需要，拟予照准，请核示等情，奉准如拟办理。

五、广东田赋粮食管理处报告一周办理重要工作。

六、社会处报告一周办理重要工作。

七、会计处报告一周办理重要工作。

八、统计处报告一周办理重要工作。

九、人事处报告一周办理重要工作。

十、卫生处报告一周办理重要工作。

十一、农林处报告一周办理重要工作。

十二、地政局报告一周办理重要工作。

十三、设计考核委员会报告一周办理重要工作。

讨论事项

一、主席交议，据秘书处签呈，关于福建省连城人民江××因被举报汉奸嫌疑事件，不服曲江县政府查封铺屋之处分，向本府提起诉愿一案，经审查评议完竣，谨拟具决定书请核定等情，请公决案。

（决议）通过。

二、主席交议，据财政厅呈，为确定各县市税捐征收处副主任职权，拟修正本省各县（市局）税捐征收处及分处组织规程第十条条文，请核示等情，请公决案。

（决议）通过。

三、主席交议，据民政厅签呈，兹拟具广东省各县市警察局警探员警服务规则，请核示等情，请公决案。

（决议）通过。

四、主席交议，据社会处签呈，兹依据内政部颁发公共娱乐场所调查表式，并参酌各地实际状况，拟具本省各县（市局）公共娱乐场所管理办法，请核示等情，请公决案。

（决议）通过。

五、主席交议，据人事处签呈，关于卫生处呈，拟修正省立第一、二、三、四医院组织规程暨编制表，及调整省立第二、三、四医院本年度编制一案，拟议意见请核示等情，请公决案。

（决议）修正通过。

六、主席交议，据会计处签呈，拟议援案增拨花县等十二县本年一至三月份补助款意见，请核示等情，请公决案。

（决议）通过。

七、主席交议，据财政厅签呈，兹拟议暂定拨发三十五年度本省各县局各项国税补助款意见，附具清表，请核示等情，请公决案。

（决议）通过。

八、主席交议，据田粮处、财政厅签呈，兹会同拟具本省沙田三十五年度借征军粮办法，及本省各县清收历年欠赋办法两种，并拟定本年七月一日起实施，请核示等情，请公决案。

（决议）通过。

九、主席交议，据会计处签呈，关于新会县三十三年度地方岁入岁出第三次追加追减预算一案，经核编完竣，拟准岁入岁出各追加一十万九千九百二十二元，请核示等情，请公决案。

（决议）通过。

十、主席交议，据会计处签呈，关于遂溪县三十四年度地方岁入岁出追加追减预算一案，经核编完竣，拟准岁入岁出各追加五百六十二万四千零四十三元，请核定等情，请公决案。

（决议）通过。

十一、主席交议，据会计处签呈，关于蕉岭县三十四年度地方岁入岁出末次追加预算一案，经核编完竣，拟准岁入岁出各追加一百二十二万九千零九十五元，请核定等情，请公决案。

（决议）通过。

十二、主席交议，据会计处签呈，关于清远县三十四年度地方岁入岁出第一次追加追减预算一案，经核编完竣，拟准岁入岁出各追加八百七十七万八千九百三十七元，请核定等情，请公决案。

（决议）通过。

十三、主席交议，据卫生处代电，拟派沈毅为省立第一医院主任医师，检同该员聘派表，请察核等情，请公决案。

（决议）通过。

十四、主席交议，据农林处呈，拟派陈以柢代理本处技正，检同该员任用审查表，请察核等情，请公决案。

（决议）通过。

广东省政府第十届委员会
第六十次会议纪录

时　间　五月二十八日

地　点　本府会议厅

出席者　罗卓英　李扬敬　杜梅和　丘　誉　肖次尹　罗香林
　　　　　黄文山

公出者　姚宝猷　蔡劲军　詹朝阳

告假者　黄范一

列席者　毛松年　丘新民　罗　球　李秋谷　周斯铭　赖希如

主　席　罗卓英

纪　录　苏旭升

主席恭读　国父遗嘱

宣读第五十九次会议纪录。

报告事项

一、秘书处报告，奉交下会计处签呈，关于财政厅等机关学校公教人员三十四年度生育、医药、丧葬补助费，共计一十九万一千六百八十四元一案，前经呈奉行政院核准，在本年度省预算第一预备金项下开支在案。现查第一预备金尚有余额，为清结悬案起见，拟遵照原核定案办理，请核示等情，奉准如拟办理。

二、秘书处报告，奉交下会计处签呈，以关于本府前颁改善县级公务员待遇问题解决要点一案，现据各县局间有疑问先后请示到府，兹拟分别解释及补充规定四项，请核定分行后报会议等情，奉准如拟办理。

三、秘书处报告，奉交下会计处签呈，关于民政厅编呈派员赴军政部广州区特派员办公处仓库领运械弹旅运费清款单，计列支九万四千四百元，请照数拨付一案，查属需要，该款拟准照数在本年度省预算特别预备金项下拨支，请核示等情，奉准如拟办理。

四、民政厅报告一周办理重要工作。

五、财政厅报告一周办理重要工作。

六、教育厅报告一周办理重要工作。

七、建设厅报告一周办理重要工作。

八、秘书处报告一周办理重要工作。

讨论事项

一、委员黄文山、李扬敬、杜梅和、姚宝猷、罗香林会复，关于起草本省五年建设计划一案，经会同设计考核委员会订定原则、程序、体制、机构、预算等办法共九种，请公决案。

（决议）（一）五年建设计划等办法原则通过，限本年十一月底完成。（二）临时费二百万元，在本年度特别预备金项下开支。（三）计划起草委员会组织规程修正通过。

二、主席交议，据会计处签呈，关于中国童子军广东省支会筹备处函，请依照行政院令，将各县分会机构及经费仍予专设一案，兹拟议意见请核示等情，请公决案。

（决议）省支会照会计处签拟意见办理，县市分会由各县市派员兼任。

三、主席交议，据会计处签呈，关于秘书处编呈刊发无线电总台直属各县分台铃记请款单，计列支二十一万八千一百六十元，请拨款办理一案，该款拟准在第一预备金项下拨支，请核示等情，请公决案。

（决议）通过。

四、主席交议，据会计处签呈，关于南山管理局三十四年度地方岁入岁出第三次追加预算一案，经核编完竣，拟准岁入岁出各追加一百七十八万七千五百二十七元，请核定等情，请公决案。

（决议）通过。

六①、主席交议，据会计处签呈，关于汕头市三十四年度地方岁入岁出总预算一案，经核编完竣，拟准岁入岁出各列二千四百零九万六千九百六十一元，请核定等情，请公决案。

（决议）通过。

七、主席交议，据教育厅签呈，拟准黄学庠为汕尾水产职业学校校长，检同该员简历表，请察核等情，请公决案。

（决议）通过。

八、主席交议，据教育厅代电，拟派黄锡铨代理本厅督学，检同该员任用审查表，请察核等情，请公决案。

（决议）通过。

九、主席交议，据建设厅呈，拟派李敦化代理本厅工业试验所技正兼所长，检同该员荐委表，请察核等情，请公决案。

（决议）通过。

十、主席交议，据建设厅呈，拟派邹柏茂代理本厅技正，检同该员任用审查表，请察核等情，请公决案。

（决议）通过。

十一、主席交议，据建设厅代电，拟派鲁若愚代理公路处技正兼工务课课长，检同该员任用审查表，请察核等情，请公决案。

（决议）通过。

十二、主席交议，据民政厅长李扬敬签呈，茂名县长陈子和另候任用，拟予免职，遗缺拟调兴宁县长缪任仁代理，递遗兴宁县长缺拟调龙川县长邓鸿芹代理，递遗龙川县长缺拟派罗湘元代理；翁源县长曾匪石另有任用，拟予免职，遗缺拟派罗球代理；澄海县长蓝萼洲另有任用，拟予免职，遗缺拟派陈天民代理；南山管理局局长易敬简辞职，拟予照准，遗缺拟派郭基扬代理；南澳县长陈汉英另候任用，拟予免职，遗缺拟派章潜龙代理；乐会县长黄××擅离职守，应予免职，遗缺拟派陈有

---

① 原文缺第五项。

162

良代理；高明县长朱集禧另候任用，拟予免职，遗缺拟派丘健章代理；仁化县长胡于定另候任用，拟予免职，遗缺拟派林锡熊代理。检同各该员履历，请察核等情，请公决案。

（决议）通过。

十三、主席交议，本府秘书处主任秘书罗球已另有任用，应予免职，遗缺拟派蓝萼洲代理，请公决案。

（决议）通过。

广东省政府第十届委员会
第六十一次会议纪录

时　　间　五月三十一日

地　　点　本府会议厅

出席者　罗卓英　李扬敬　杜梅和　丘　誉　肖次尹　罗香林
　　　　黄文山

公出者　姚宝猷　蔡劲军　詹朝阳

告假者　黄范一

列席者　毛松年　丘新民　陈鸿藻　黄枯桐　郭汉鸣　郑干菜
　　　　黄英华　罗　球　李秋谷　周斯铭　周达谋

主　　席　罗卓英

纪　　录　苏旭升

主席恭读　国父遗嘱

宣读第六十次会议纪录。

报告事项

一、秘书处报告，关于梁谢氏、梁××等因征收土地事件不服法国广州湾市政府所为处分，向本府提起诉愿一案，经审查评议完竣，谨依法拟具决定书，本件诉愿不受理，并经签准如拟办理。

二、秘书处报告，奉交下财政厅呈，以奉饬在三十四年度加强保卫费余额，拨发第四区专员兼保安司令公署，召集区属各县长举行治安会议经费七万八千九百元一案，查该科目已无余额，拟改在有关策应盟军登陆使用经费科目余额拨支，请核示等情。经送会计处签复拟准照办，请转陈核定等由，奉准如拟办理。

三、广东田赋粮食管理处报告一周办理重要工作。

四、社会处报告一周办理重要工作。

五、会计处报告一周办理重要工作。

六、统计处报告一周办理重要工作。

七、人事处报告一周办理重要工作。

八、卫生处报告一周办理重要工作。

九、农林处报告一周办理重要工作。

十、地政局报告一周办理重要工作。

十一、设计考核委员会报告一周办理重要工作。

讨论事项

一、主席交议，据建设厅呈，关于合作事业管理处呈缴拟具本省合作督导区及合作中心示范区设置办法一案，谨转请核示等情，请公决案。

（决议）通过。

二、主席交议，据教育厅呈，兹依照教育部令颁，各省市小学教员总登记及检定实施要点规定，拟具本省小学教员总登记及检定实施细则，暨各县（市局）小学教员登记审查委员会组织规程，请核示等情，请公决案。

（决议）修正通过。

三、主席交议，据会计处签呈，关于第五区专员兼保安司令郑绍玄电，以该署经费支绌，前报赴任旅费，请如数拨发归垫一案，拟议意见请核示等情，请公决案。

（决议）通过。

四、主席交议，据会计处签呈，关于新会县三十四年度地方岁入岁出第二次追加预算一案，经核编完竣，拟准岁入岁出各追加六百零六万三千一百九十一元，请核定等情，请公决案。

（决议）通过。

五、主席交议，据人事处签呈，关于本府各厅处三十五年度预定举办各种考试，前经拟具考试计划及经费概算调查表，函准考选委员会电复，并约集各厅处会商决定，兹拟议意见，请核示等情，请公决案。

（决议）通过。

六、主席交议，准广东全省保安司令部函送该部召开治安给养座谈会议决有关治安问题之原提案：（一）警察食粮如何筹措案；（二）加强警卫案；（三）确定办理保甲及民枪登记暨联防清乡主管机关案等三宗。请查照实施等由，请公决案。

（决议）分别修正通过。

七、主席交议，据广东田赋粮食管理处签呈，以本省各县征册整编费，在未奉粮食部清拨前，拟请垫借八千五百万元应支，俟奉拨到后归垫，请核示等情，请公决案。

（决议）照会计处签拟意见通过。

八、主席交议，据会计处签呈，关于各机关先后报请拨发有关复员费各案，应如何报支，请核示等情，请公决案。

（决议）先发第九区干训班一千万元，民政厅警训所及三个警察大队服装费一千五百万元，地政局迁移费六十万元，及本府驻京通讯处修建费一百五十五万五千二百元，其余俟向中央请款后再行核发。

九、主席交议，据人事处签呈，关于设立本府主席琼崖办公处一案，经电奉行政院令复，兹拟议调整办法，请核示等情，请公决案。

（决议）照人事处签拟意见第一项办理。

十、主席交议，据教育厅代电，拟派冯少杜代理本厅第四科科长，检同该员任用审查表，请察核等情，请公决案。

（决议）通过。

十一、主席交议，据建设厅呈，拟派叶应祥代理公路处督察，检同该员任用审查表，请察核等情，请公决案。

（决议）通过。

十二、主席交议，据建设厅代电，拟派欧阳玉代理公路处技士，检同该员任用审查表，请察核等情，请公决案。

（决议）通过。

十三、主席交议，据建设厅代电，拟派方棣棠代理本厅技正，检同该员任用审查表，请察核等情，请公决案。

（决议）通过。

广东省政府第十届委员会
第六十二次会议纪录

时　　间　六月十八日

地　　点　本府会议厅

出席者　　罗卓英　李扬敬　杜梅和　姚宝猷　谢文龙　丘　誉
　　　　　肖次尹　罗香林　黄文山　黄范一

公出者　　蔡劲军　詹朝阳

列席者　　毛松年　丘新民　黄枯桐　郭汉鸣　赖希如　黄国和

主　　席　罗卓英

纪　　录　苏旭升

主席恭读　国父遗嘱

宣读第六十一次会议纪录。

报告事项

一、秘书处报告，奉交下民政厅，为顾全事实起见，拟自本年一月份起将本厅禁政巡察员八人一律改为科员，并入本厅委任职员额内，并将禁政巡察员名义取销，是否可行，请核示等情，奉准如拟办理。

二、秘书处报告，奉交下教育厅代电，以据省立梅州中学呈缴该校退休故教员梁伯聪请恤事实表等件，请核转抚恤一案，核与学校教职员抚恤条例规定相符，兹依该条例施行细则第二十七条，教职员待遇比例增给标准，拟准自本年度起，发给年抚金二万四千七百零四元，丧葬费不予发给，谨将原缴书表等件转请核示等情。经送会计处签复，本案抚恤金，拟准在本年度岁出临时门民工抚恤费项下开支，请转陈核定等情，奉准如拟办理。

三、秘书处报告，奉交下教育厅代电，以据省立梅州中学呈缴该校退休故教员黄仁荪请恤事实表等件，请核转抚恤一案，核与学校教职员抚恤条例规定相符，兹依该条例施行细则第二十七条，教职员待遇比例增给标准，拟自本年度起，发给年抚恤金七千三百八十元，谨将原缴书表等件转请核示等情。经送会计处签复，本案抚恤金，拟准在本年度岁出临时门民工抚恤费项下开支，请转陈核定等由，奉准如拟办理。

四、秘书处报告，奉交下教育厅呈，以据省立梅州中学呈缴该校故教员蔡国良请恤事实表等件，请核转抚恤一案，核与学校教职员抚恤条例规定相符，兹依该条例施行细则第二十七条，教职员待遇比例增给标准，拟准一次过发给恤金三万四千八百八十元，谨将原缴请恤事实表等件，转请核示等情。经送会计处签复，本案抚恤金拟准在本年度特别预备金项下开支，请转陈核定等由，奉准如拟办理。

五、秘书处报告，奉交下教育厅呈，以据省立广州工业职业学校编缴该校三十四年度增购机械仪器设备预算书，计需款六十七万八千八百八十元，该款拟请准在该校同年度追加学生公费节余六十七万八千八百八十元移用一案，核属需要，请核准等情。经送会计处签复，拟予照准，请转陈核定等情，奉准如拟办理。

六、秘书处报告，奉交下广东田赋粮食管理处签呈，为利便接运闽粮赣粮起见，拟设置接运闽粮总站负责接运，兹拟具本府接运闽粮总站暨各分站组织规程、闽米交接办法、委托运输标准合约、委托商运代销办法、粮食交收账目处理办法，及工作提案等件，除先分行外，谨附请核示等情，奉准如拟办理。

七、秘书处报告，奉交下会计处签呈，关于修理二望岗兴中会先烈坟场经费一案，现准省党部余主任委员函，约需费三十余万元，除已由该部补助五万元外，余请由本府助足等由。查本年度省预算特别预备金余额无多，且须留为临时急要之支出，本案修缮费，可否在该科目酌拨五万元，余由兴中会理事自行筹足，请核定等情，奉准如拟办理。

八、秘书处报告，奉交下社会处呈，编缴派员赴开建县搬运前省赈济会存放药物搬运费预算书，计需费四十五万四千元，该款拟在本年度赈济基金教养机构经临费项下开支，请核准等情。经送会计处签复，拟准照办，请转陈核定等情，奉准如拟办理。

九、民政厅报告一周办理重要工作。

十、财政厅报告一周办理重要工作。

十一、教育厅报告一周办理重要工作。

十二、建设厅报告一周办理重要工作。

十三、秘书处报告一周办理重要工作。

讨论事项

一、主席交议，据教育厅呈，兹根据教育部令颁，国民学校教职员待遇保障进修办法规定，分别拟具本省国民学校优良教职员奖励实施办法、福利事业实施办法、教职员子女肄业公立中等学校免费实施办法及教职员薪给实施办法，请核示等情，请公决案。

（决议）修正通过。

二、主席交议，据建设厅签呈，为发展本省工业起见，拟恢复本厅工业试验所，谨拟具该所组织规程，及编制经费预算分配表，请核示等情，请公决案。

（决议）修正通过。俟经费确定后实行。

三、主席交议，据地政局签呈，本府前颁广东省土地登记施行细则，与中央现行法规所规定事项，及本省实际情形，未尽适合，兹拟将该细则，重予修正，请核示等情，请公决案。

（决议）交财政厅、会计处、地政局审查，由财政厅约集。

四、主席交议，据民政厅签呈，关于番禺县杨村保长高乐天与从化县沙溪乡代表钟日如，互争太平场新墟地界一案，兹拟议意见，请核示等情，请公决案。

（决议）通过。

五、主席交议，据农林处代电，关于徐闻垦殖场延期结束后各费一案，请迅予拨发，以维该场员役生活等情，请公决案。

（决议）通过。款在本年度第一预备金项下支付。

六、主席交议，据无线电总台签呈，兹拟议各机关送拍中央电报收费意见，请核示等情，请公决案。

（决议）由秘书处召集各有关机关审查。

七、主席交议，据设计考核委员会签呈，兹拟具本府所属各机关工作抽查办法，请核示等情，请公决案。

（决议）通过。

八、主席交议，据会计处签呈，关于广州市政府呈缴改编该市善后复员费分配预算一案，核尚可行，请核定等情，请公决案。

（决议）通过。

九、主席交议，据卫生处呈，拟派云光中代理本处秘书，检同该员荐委表，请察核等情，请公决案。

（决议）通过。

十、主席交议，据卫生处呈，拟派林猷钊代理本处第一科科长，检同该员荐委表，请察核等情，请公决案。

（决议）通过。

十一、主席交议，据教育厅代电，拟派杨树荣、黄家强代理本厅督学，检同该二员任用审查表，请察核等情，请公决案。

（决议）通过。

十二、主席交议，据建设厅呈，拟派蔡杰林代理公路处技正，检同该员任用审查表，请察核等情，请公决案。

（决议）通过。

十三、主席交议，据建设厅呈，拟派朱鼎寰代理本厅技士，检同该员任用审查表，请察核等情，请公决案。

（决议）通过。

广东省政府第十届委员会
第六十三次会议纪录

时　　间　六月二十一日

地　　点　本府会议厅

出席者　罗卓英　李扬敬　杜梅和　姚宝猷　谢文龙　丘　誉
　　　　　肖次尹　罗香林　黄文山　黄范一

公出者　蔡劲军　詹朝阳

列席者　毛松年　丘新民　陈鸿藻　朱润深　黄枯桐　郭汉鸣

主　　席　罗卓英

纪　　录　苏旭升

主席恭读　国父遗嘱

宣读第六十二次会议纪录。

报告事项

一、秘书处报告，关于番禺县人民黎×因承租田亩事件不服本府财政厅处分，向本府提起诉愿一案，经由本处审查评议完竣，谨依【法】拟具决定书，本件诉愿驳回，并经签准如拟办理。

二、秘书处报告，关于澄海县民王××及潮安县民谢××因租铺纠纷事件不服汕头市政府限令交还之处分，向本府提起诉愿一案，经由本处审查评议完竣，谨依法拟具决定书，本件诉愿不受理，并经签准如拟办理。

三、秘书处报告，奉交下会计处签呈，关于教育厅呈转省立科学仪器制造厂编缴该厂三十五年度制造计划书及营业预算书，请核示一案，查计划部分，经送设考会核复尚无不合，至预算部分，兹分别核拟意见三项，请核定等情，奉准如拟办理。

四、秘书处报告，奉交下教育厅呈，以据省立老隆师范学校呈，请将该校三十四年度公费生副食费节余一百三十七万六千九百三十元移为同年度修葺校舍之用，编具预算分配表等件，请核准一案，查属实情，谨转请核示等情。经送会计处签复，拟予照准，请转陈核定等由，奉准如拟办理。

五、秘书处报告，奉交下教育厅呈，以据省立肇庆中学呈，将该校三十四年度公费生副食费节余一十五万四千六百元移为同年度体育设备费之用，编具预算分配表等件，请核准一案，核属需要，谨转请核示等情。经送会计处签复，拟予照准，请转陈核定等情，奉准如拟办理。

六、秘书处报告，奉交下教育厅呈，以据省立仲恺农业职业学校呈，请将该校三十四年度学生膳食费节余一百二十八万九千九百六十七元五角移为同年度修缮设备费之用，编具预算分配表，请核准一案，核属需要，谨转请核示等情。经送会计处签复，拟予照准，请转陈核定等由，奉准如拟办理。

七、秘书处报告，奉交下教育厅呈，以据省立雷州师范学校呈，请将该校三十四年度公费生副食费节余七十二万三千二百七十元移为同年度设备及修缮之用，编具预算分配表，请核准一案，查属实情，谨转请核示等情。经送会计处签复，拟予照准，请转陈核定等由，奉准如拟

170

办理。

八、秘书处报告，奉交下广东田赋粮食管理处签呈，本省收复区各县市整编田赋征粮底册经费，前因部款汇拨未及，为期赶办完成起见，经由本处签请钧府提付第六十一次会议通过，在本年度分配县市田赋补助款，垫拨六千九百四十六万七千二百四十三元在案，现该项未拨整册经费已奉拨到，前准垫拨经费，拟请免签发等情，奉准如拟办理。

九、广东田赋粮食管理处报告一周办理重要工作。

十、社会处报告一周办理重要工作。

十一、会计处报告一周办理重要工作。

十二、统计处报告一周办理重要工作。

十三、人事处报告一周办理重要工作。

十四、卫生处报告一周办理重要工作。

十五、农林处报告一周办理重要工作。

十六、地政局报告一周办理重要工作。

十七、设计考核委员会报告一周办理重要工作。

十八、粤侨事业辅导委员会报告一周办理重要工作。

讨论事项

一、主席交议，据人事处签呈，兹依照内政部核复，修订本府县（市局）长考绩委员会组织规程，请核示等情，请公决案。

（决议）修正通过。

二、主席交议，据财政厅签呈，本省革命老同志邝锦昌等十七名，本年度养老金，拟仍照去年成例照加倍额再加十倍，计发共需款二十万三千二百八十元，如何支付，请核定等情，请公决案。

（决议）通过。款在第一预备金项下支付。

三、主席交议，据会计处签呈，关于本省各机关请求追加三十四年度特别办公费各案，经造具清册，呈奉行政院核复，饬核实在预备金内动支等因，兹拟议意见，请核示等情，请公决案。

（决议）仍呈行政院发给。

四、主席交议，据人事处签呈，关于粤侨事业辅导委员会呈，拟将走马坪、龙坪、马坝三垦区，及南华林场重新调整，并先成立侨资垦殖社一案，兹将原拟垦殖社及修订各区（场）组织规程编制表，合并改订为侨资垦殖社组织规程编制表，请核示等情，请公决案。

（决议）通过。

五、主席交议，据会计处签呈，关于鹤山县三十四年度地方岁入岁出第一次追加预算一案，经核编完竣，拟准岁入岁出各追加三百九十八万二千一百五十三元，请核定等情，请公决案。

（决议）通过。

六、主席交议，据会计处签呈，关于阳春县三十四年度地方岁入岁出第一次追加追减预算一案，经核编完竣，拟准岁入岁出各追加四百一十九万三千四百二十五元，请核定等情，请公决案。

（决议）通过。

七、主席交议，据会计处签呈，关于惠来县三十四年度地方岁入岁出第一次追加预算一案，经核编完竣，拟准岁入岁出各追加一百八十六万九千六百四十二元，请核定等情，请公决案。

（决议）通过。

八、主席交议，据会计处签呈，关于连山县政府三十四年度地方岁入岁出第一次追加追减预算一案，经核编完竣，拟准岁入岁出各追加二十九万零四十三元，请核定等情，请公决案。

（决议）通过。

九、主席交议，据会计处签呈，关于仁化县三十四年度地方岁入岁出第一、二次追加预算一案，经合并核编完竣，拟准岁入岁出各追加二百五十八万五千五百二十元，请核定等情，请公决案。

（决议）通过。

十、主席交议，据会计处签呈，关于鹤山县三十四年度地方岁入岁出第二次追加预算一案，经核编完竣，拟准岁入岁出各追加一十七万八千六百八十五元，请核定等情，请公决案。①

十一、主席交议，据会计处签呈，关于海康县三十四年度地方岁入岁出第一次追加预算一案，经核编完竣，拟准岁入岁出各追加七百三十万零四百四十九元，请核定等情，请公决案。

（决议）通过。

---

① 原文缺"决议"内容。

172

十二、主席交议，据建设厅呈，拟派雷健生代理公路处督察，检同该员荐委表，请察核等情，请公决案。

（决议）通过。

十三、主席交议，据建设厅呈，拟派何迅迁代理本厅技士，检同该员荐委表，请察核等情，请公决案。

（决议）通过。

十四、主席交议，据建设厅呈，拟派雷同年代理本厅第二水利测量队技正兼队长，检同该员荐委表，请察核等情，请公决案。

（决议）通过。

广东省政府第十届委员会
第六十四次会议纪录

时　　间　六月二十五日

地　　点　本府会议厅

出席者　杜梅和　姚宝猷　谢文龙　丘　誉　肖次尹　罗香林　　　　　黄文山　詹朝阳

公出者　蔡劲军

告假者　罗卓英　李扬敬　黄范一

列席者　毛松年　丘新民　黄枯桐　郭汉鸣　钟盛麟

主　　席　罗卓英（丘誉代）

纪　　录　苏旭升

主席恭读　国父遗嘱

宣读第六十三次会议纪录。

报告事项

一、秘书处报告，奉交下教育厅呈，以据省立广州工业职业学校呈，请将该校三十四年度学生公费节余款六十九万四千二百七十五元移为同年度设备费之用，编具预算分配表，请核准一案，查属实情，谨转请核示等情。经送会计处签复，拟予照准，请转陈核定等由，奉准如拟办理。

二、秘书处报告，奉交下建设厅代电，以据公路处呈缴该处三十四年度公路保养基金追加追减预算书，请核转一案，谨转请核示等情。经送会计处签复，本案追减各项支出费用，共四千七百八十万元，拨入预备费处理，核案相符，拟准予存转，请转陈核定等由，奉准如拟办理。

三、秘书处报告，奉交下会计处签呈，关于社会部函请抚恤故中华海员工会特派员办公处设计委员梁国英一案，经财政厅核，与人民守土伤亡抚恤实施办法第四十八条一款规定相符，并遵照行政院通令加五倍发给，拟一次过发给抚金四百八十元，年抚金三百元，合共七百八十元，除已由财政厅填发恤令外，该款拟准在本年度岁出临时门民工抚恤费项下开支，请核定等情，奉准如拟办理。

四、秘书处报告，本府负担本省各界欢迎宋院长莅粤大会经费四十万元，前经由本府垫付，并编具预算呈府提付第二十九次会议通过，照数在本年度特别预备金项下拨付在案，现准该会函称，以原定经费不敷支应，请由本府再拨助一十五万五千元，俾利结束等语。该款经由本处权先垫付，及编具预算呈府发交会计处签复，本案拟照数在本年度特别预备金项下拨付，并奉准如拟办理。

五、秘书处报告，奉交下教育厅呈，以据省立兴宁高级工业职业学校呈，请将该校三十四年度学生公费节余款六十五万六千零二十五元移为同年度建筑学生宿舍之用，编具预算分配表等件，请核准一案，查属实情，谨转请核示等情。经送会计处签复，拟予照准，请转陈核定等由，奉准如拟办理。

六、秘书处报告，奉交下教育厅呈以据省立肇庆师范学校呈，请将该校三十四年度师范生公费副食费，及师范生公费待遇，暨提高师范教员待遇等节余款，共四十四万九千六百七十元，移为同年度修建校舍之用，编具预算分配表，请核准一案，查属实情，谨转请核示等情。经送会计处签复，拟予照准，请转陈核定等由，奉准如拟办理。

七、民政厅报告一周办理重要工作。

八、财政厅报告一周办理重要工作。

九、教育厅报告一周办理重要工作。

十、建设厅报告一周办理重要工作。

十一、秘书处报告一周办理重要工作。

讨论事项

一、主席交议，据教育厅签呈，省立工业专科学校原肇庆校址地方狭窄，管教困难，拟迁移高要县属鼎湖山师范学校旧址，兹拟具该校迁移修建计划，请核定施行，以利工业教育等情，请公决案。

（决议）修正通过。

二、主席交议，据地政局签呈，拟选择顺德、澄海两县为地政实验县，兹订定该两县地政实验工作计划方案，及其纲要暨分年进度表，请核示等情，请公决案。

（决议）通过。俟经费确定实行。

三、主席交议，据农林处、地政局会签，兹参照森林法及土地法，拟修正本省前颁广东省荒地承领造林暂行规程，并将原标题改为"广东省荒地承领造林规则"，请核示等情，请公决案。

（决议）并同第五十七次会议讨论第一案审查。

四、主席交议，据会计处签呈，关于本省妇女工作委员会电报，遵查各县妇委会及妇女会分别办公实情，附各县（市）妇委会编制及经费预算表，请察核一案，兹拟议意见，请核示等情，请公决案。

（决议）照会计处签拟修正通过。

五、主席交议，据地政局签呈，为切合事实，拟重予修正本府前颁广东省各县（市）土地复丈暂行规则，请核示等情，请公决案。

（决议）修正通过。

六、主席交议，据教育厅编呈本年度第二次追加省立学校公费生膳食补助费预算分配表，计全年七个月，共列二亿八千一百九十六万元，请核转等情，核无不合，除饬财政厅照数分别拨付外，请追认案。

（决议）追认。

七、主席交议，据会计处签呈，关于秘书处呈缴本府负担本省各界追悼戴故局长雨农将军大会经费预算，计列支三十万元，请指款拨还归垫一案，拟准在本年度特别预备金项下拨交，请核定等情，请公决案。

（决议）通过。

八、主席交议，据省田粮处签呈，本省本年度田赋复征，所需造串费及验收工具费，前经分别编列预算呈请粮食部核拨，并电催在案，惟迄未奉复，为迅赴事功，谨列具分县垫发细数表，请分别垫借三成，俟部款拨到后归垫等情，请公决案。

（决议）照会计处签拟通过。

九、委员兼田粮处处长肖次尹提，兹拟订，本省各县三十五年度田赋征实征借带征省县级公粮及代收积谷各项征率，是否可行，请公决案。

（决议）通过。

十、委员兼田粮处处长肖次尹提，兹拟议修建各县仓廒办法，是否有当，请公决案。

（决议）原则通过，由田粮处详拟实施办法呈核。

十一、主席交议，据省田粮处签呈，为清收历年旧欠田赋实物，遵案拟定分年划拨成数，请核定等情，请公决案。

（决议）通过。

十二、主席交议，据省田粮处签呈，关于本处经办之土地税业务，依照财粮会议决定，是否由七月一日起移交财政厅接办，抑俟奉到该项移交接管办法后，再行办理之处，请核示等情，请公决案。

（决议）俟奉到移交接管办法后再行办理。

十三、主席交议，据田粮处、地政局会签，关于本处、局前拟订广东省土地税征收规则草案一案，经遵谕约集各有关机关及专家慎重研究，分别修订完竣，谨附请核示等情，请公决案。

（决议）照签拟意见修正通过，并由田粮处会同地政局，迅拟重估地价办法，以平均负担，增加税收为原则。

十四、主席交议，据会计处签呈，关于紫金县三十四年度地方岁入岁出第一次追加预算一案，经核编完竣，拟准岁入岁出各追加一百八十四万零五十八元，请核定等情，请公决案。

（决议）通过。

十五、主席交议，据会计处签呈，关于台山县三十四年度地方岁入岁出第一、二次追加预算一案，经并同核编完竣，拟准岁入岁出各追加四百二十五万六千四百六十七元，请核定等情，请公决案。

（决议）通过。

十六、主席交议，据会计处签呈，关于龙门县三十四年度地方岁入

176

岁出第二次追加预算一案，经核编完竣，拟准岁入岁出各追加七百零九万二千六百五十一元，请核定等情，请公决案。

（决议）通过。

十七、主席交议，据会计处签呈，关于惠来县三十五年度地方岁入岁出第一次追加预算一案，经核编完竣，拟准岁入岁出各追加二千六百九十二万四千八百四十四元，请核定等情，请公决案。

（决议）通过。

十八、主席交议，据会计处签呈，关于赤溪县三十四年度地方岁入岁出追加预算一案，经核编完竣，拟准岁入岁出各追加三百零九万七千六百零九元，请核定等情，请公决案。

（决议）通过。

十九、主席交议，据会计处签呈，关于海丰县三十三年度地方岁入岁出追加预算一案，经核编完竣，拟准岁入岁出各追加五百三十四万六千二百九十七元，请核定等情，请公决案。

（决议）通过。

二十、主席交议，据会计处签呈，关于和平县三十三年度地方岁入岁出第三次追加预算一案，经核编完竣，拟准岁入岁出各追加一万三千二百八十元，请核定等情，请公决案。

（决议）通过。

二十一、主席交议，本省公路处处长颜泽滋，拟调建设厅技正，遗缺拟派建设厅厅长谢文龙兼任，请公决案。

（决议）通过。

广东省政府第十届委员会
第六十五次会议纪录

时　间　六月二十八日

地　点　本府会议厅

出席者　杜梅和　姚宝猷　谢文龙　丘　誉　肖次尹　罗香林

                    黄文山   黄范一   詹朝阳
公出者　蔡劲军
告假者　罗卓英　李扬敬
列席者　毛松年　丘新民　黄秉勋　陈鸿藻　朱润深　黄枯桐
　　　　　郭汉鸣　钟盛麟　赖希如
主　　席　罗卓英（丘誉代）
纪　　录　苏旭升
主席恭读　国父遗嘱
宣读第六十四次会议纪录。

报告事项

一、秘书处报告，奉交下会计处签呈，关于民政厅编呈本年度扩大举行"六三"禁烟纪念大会，不敷经费二十五万元预算，请指拨专款一案，查本案前据该厅编呈是项临时费分配预算内，已列"六三"开会经费八万元，现据请拨二十五万元，拟准在本年度特别预备金项下拨支一十七万元，补足二十五万元之数，由该厅统筹办理，请核定等情，奉准如拟办理。

二、秘书处报告，奉交下教育厅呈，以据省立广州工业职业学校呈，请将该校三十四年度第二次核准追加学生公费节余款一百十八万六千八百元，移为同年度设备临时费之用，请核准一案，查属实情，谨转请核示等情。经送会处签复，拟予照准，请转陈核定等由，奉准如拟办理。

三、秘书处报告，奉交下会计处签呈，关于广东全省保安司令部编送该部保八团三十四年度成立辎重兵一分队经费预算书，计五至十一月份，支出经费八十四万一千六百二十元四角，及五、六、七三个月军粮五千一百七十五市斤，拟分别在同年度保安经费军粮节余项下支报，请核复一案，拟准照办，请核定等情，奉准如拟办理。

四、广东田赋粮食管理处报告一周办理重要工作。

五、社会处报告一周办理重要工作。

六、会计处报告一周办理重要工作。

七、统计处报告一周办理重要工作。

八、人事处报告一周办理重要工作。

178

九、卫生处报告一周办理重要工作。

十、农林处报告一周办理重要工作。

十一、地政局报告一周办理重要工作。

十二、设计考核委员会报告一周办理重要工作。

讨论事项

一、主席交议，据财政厅代电，以财政收支系统改订，本省应筹设省库，兹拟具省库组织规程、省库收支处理办法、省库派员收款办法及省库保管品处理办法等四种，请核示等情，请公决案。

（决议）修正通过。

二、主席交议，据人事处签呈，关于农林处呈拟该处畜疫防疗所组织规程一案，经分别修正，谨附请核示等情，请公决案。

（决议）修正通过。

三、主席交议，据民政厅签呈，兹遵谕拟具本府三十五年度厅长委员分组巡视计划，及旅费预算，是否可行，请核示等情，请公决案。

（决议）先交罗委员香林、肖委员次尹，及会计处、设考会、民政厅详拟办法，再行提会讨论，由罗委员约集。

四、主席交议，据会计处签呈，兹依照原核定本年度补助各县款数额，拟议续拨各县七月份补助款意见，附具数额表，请核示等情，请公决案。

（决议）通过。

五、主席交议，据会计处先后签呈，兹拟议调整本年度预备金意见，请核示等情，请公决案。

（决议）通过。

六、主席交议，据田粮处签呈，兹拟具本省各县三十五年度田赋征实征借考成标准表，请核定等情，请公决案。

（决议）（一）考成标准通过。（二）半数折征及三份一折征县份通过。（三）折征县份之征借折价，依照历年成案，仍准免收。

七、主席交议，据田粮处签呈，兹拟具本省各县三十五年度田赋征实折价标准清表，请核定等情，请公决案。

（决议）征实折价标准如左：（一）第一、二、三、五区一万四千元。（二）第四区一万三千元。（三）第六区一万二千元。（四）第七区一万一千元。（五）第八区一万元。（六）第九区另案核定。

八、主席交议，据田粮处签呈，兹拟议改组本省各级田粮机构意见，附具编制表、经费表，请核示等情，请公决案。

（决议）照会计处签拟通过。

九、主席交议，据会计处签呈，关于收复区各省市及中央驻省机关员工复员补助费支给办法，经奉行政院令颁到府，谨列具编报办法，请核示等情，请公决案。

（决议）通过。

十、主席交议，据会计处签呈，以财政收支系统，改订后本省赋税课征之会计处理，究应以省或县为记账主体，请核示等情，请公决案。

（决议）记账应以省为主体。

十一、主席交议，据财政厅签呈，拟议具广州市营业税征收处组织规程，及经费编制表，收支预计表，请核示等情，请公决案。

（决议）修正通过。

十二、主席交议，据会计处签呈，关于花县三十四年度地方岁入岁出第一次追加预算一案，经核编完竣，拟准岁入岁出各列五百二十六万五千四百九十元，请核定等情，请公决案。

（决议）通过。

十三、主席交议，据会计处签呈，关于南海县三十四年度地方岁入岁出第一次追加预算一案，经核编完竣，拟准岁入岁出各列七千六百三十万零七千九百元，请核定等情，请公决案。

（决议）通过。

十四、主席交议，据会计处签呈，关于潮安县三十四年度地方岁入岁出第三次追加预算一案，经核编完竣，拟准岁入岁出各列三百零三万五千七百五十三元，请核定等情，请公决案。

（决议）通过。

十五、主席交议，据会计处签呈，关于连县三十四年度地方岁入岁出第一次追加预算一案，经核编完竣，拟准岁入岁出各列六百五十四万八千六百五十六元，请核定等情，请公决案。

（决议）通过。

十六、主席交议，据会计处签呈，关于连平县三十四年度地方岁入岁出第三次追加预算一案，经核编完竣，拟准岁入岁出各列二百六十一万五千零六十四元，请核定等情，请公决案。

（决议）通过。

广东省政府第十届委员会
第六十六次会议纪录

时　　间　七月二日

地　　点　本府会议厅

出席者　罗卓英　杜梅和　姚宝猷　谢文龙　丘　誉　肖次尹
　　　　　　罗香林　黄文山　詹朝阳

公出者　蔡劲军

告假者　李扬敬　黄范一

列席者　毛松年　丘新民　黄秉勋　郭汉鸣　钟盛麟

主　　席　罗卓英

纪　　录　苏旭升

主席恭读　国父遗嘱

宣读第六十五次会议纪录。

报告事项

一、秘书处报告，奉交下会计处签呈，本省三十三年度岁出单位决算，业经汇编完竣，并分别呈送行政院及主计处，请列报会议等情，奉准如拟办理。

二、秘书处报告，关于佛冈县人民黄××因县参议员选举纠纷事件不服本府民政厅所为之处分，向本府提起诉愿一案，经由本处审查评议完竣，谨依法拟具决定书，本件诉愿不受理，并经签准如拟办理。

三、秘书处报告，关于本府负担广东各界欢迎青年军复员大会经费一十五万元，经由本处先行垫付及编具预算，呈府请指款拨还归垫，并由府发交会计处签复，拟照数在本年度特别预备金项下拨支，请核定等情，奉准如拟办理。

四、民政厅报告一周办理重要工作。

五、财政厅报告一周办理重要工作。

六、教育厅报告一周办理重要工作。

七、建设厅报告一周办理重要工作。

八、秘书处报告一周办理重要工作。

讨论事项

一、主席交议，据社会处呈，为推进各县社会服务事业，兹拟具本省各县（市局）社会服务分站组织规程，请公决案。

（决议）通过。

二、主席交议，据委员罗香林、肖次尹，及民政厅、会计处、设考会签呈，奉交审查民政厅拟订本府三十五年度厅长委员分组视导计划，及旅费预算一案，遵经会同审查完竣，谨列具意见及视导计划等件，请核定等情，请公决案。

（决议）（一）视导计划等修正通过。（二）视导时间以五十天为限。（三）旅费以七千万元为度，除复员费分配二千四百万元外，余由财政厅筹垫。

三、主席交议，据会计处签呈，关于本省国大代表选举事务所编送该所三十五年度召集各代表赴京开会预算，请核拨一案，兹拟议意见，请核定等情，请公决案。

（决议）通过。

四、主席交议，据建设厅编呈行政复员建设农林交通通讯事业费预算分配表，请核示等情，请公决案。

（决议）照案通过，前垫电台器材费四百万元，准作正开支，呈请行政院追加。

五、主席交议，据会计处签呈，关于广州市政府呈转该市临时参议会开办费预算，计列四百三十三万九千五百五十元一案，应否准照列支，请核示等情，请公决案。

（决议）准照列支。

六、主席交议，据会计处签呈，关于教育厅呈请设置连南县民众教育馆及社教工作队一案，兹拟议意见，请核示等情，请公决案。

（决议）通过。

七、主席交议，据财政厅呈，拟派刘伟崧代理本厅视察，检同该员任用审查表，请核示等情，请公决案。

（决议）通过。

八、主席交议，据财政厅代电，拟派姚建中代理本厅视察，检同该员任用审查表，请核示等情，请公决案。

（决议）通过。

九、主席交议，据地政局呈，拟派李铮虹代理本局第二科科长，检同该员任用审查表，请核示等情，请公决案。

（决议）通过。

十、主席交议，据建设厅呈，拟调本厅秘书朱祖英代理本厅视察，派设计考核委员会工作，请核示等情，请公决案。

（决议）通过。

十一、主席交议，据建设厅代电，拟派李振邦代理本厅技士，检同该员荐委表，请核示等情，请公决案。

（决议）通过。

十二、主席交议，据建设厅代电，拟派罗拔元代理本厅视察，检同该员任用审查表，请核示等情，请公决案。

（决议）通过。

广东省政府第十届委员会
第六十七次会议纪录

时　　间　　七月五日

地　　点　　本府会议厅

出席者　　罗卓英　杜梅和　姚宝猷　谢文龙　丘　誉　肖次尹
　　　　　罗香林　黄文山　詹朝阳

公出者　　蔡劲军

告假者　　李扬敬　黄范一

列席者　毛松年　丘新民　黄秉勋　陈鸿藻　朱润深　黄枯桐
　　　　郭汉鸣　钟盛麟
主　席　罗卓英
纪　录　苏旭升
主席恭读　国父遗嘱
宣读第六十六次会议纪录。

报告事项

一、秘书处报告，奉交下会计处签呈，关于广东全省保安司令部编送该部三十四年度补助各保安团队邮费预算，共列一百二十万七千八百五十元，款在该部同年度保安经费节余项下开支一案，拟准照办，请核定等情，奉准如拟办理。

二、秘书处报告，奉交下会计处签呈，关于翁源县政府呈缴该县三十三年度地方岁入岁出第三次追加追减预算一案，经核编完竣，拟准岁入岁出各追加四万七千零三十六元，请核定等情，奉准如拟办理。

三、秘书处报告，奉交下会计处签呈，关于奉行政院令知，改善县级公务员待遇一案，拟报会后分行各有关机关，请核定等情，奉准如拟办理。

四、秘书处报告，奉交下教育厅代电，以据省立文理学院呈缴该院职员黄秀万因公病逝请恤事实表等件，请从优给恤一案，核与学校教职员抚恤条例规定相符，拟准给予抚恤金共一万零九百四十四元等情。经送会计处签复，拟予照准，款在本年度特别预备金项下开支，请转陈核定等由，奉准如拟办理。

五、秘书处报告，奉交下教育厅呈，以代编缴，省立志锐中学奉拨儿教院在校就读学生十六人三十五年度膳食补助费预算分配表，全年九个月共列支一百六十万元，该款拟请准在前奉核定三十五年度公费生膳食补助费分配预算内一款四项一目准备费项下开支等情。经送会计处签复，拟予照准，请转陈核定等由，奉准如拟办理。

六、广东田赋粮食管理处报告一周办理重要工作。

七、社会处报告一周办理重要工作。

八、会计处报告一周办理重要工作。

九、统计处报告一周办理重要工作。

184

十、人事处报告一周办理重要工作。

十一、卫生处报告一周办理重要工作。

十二、农林处报告一周办理重要工作。

十三、地政局报告一周办理重要工作。

十四、设计考核委员会报告一周办理重要工作。

十五、粤侨事业辅导委员会报告一周办理重要工作。

讨论事项

一、主席交议，据财政厅签呈，前顺德县长赵植芝等四百六十六任未结交案，经依照修正本省各县（市局）交代积案清理办法，分别清理，并经审查会详密审查均准予销案，谨附请核示等情，请公决案。

（决议）通过。

二、主席交议，据教育厅签呈，本府前颁广东省各县市民众教育馆设施纲要，民众教育馆人员编制表，及员役薪饷支给标准暨经费分配标准表等四种法规，现多不适用，拟合并修订为广东省各县（市局）民众教育馆设施标准，请核示等情，请公决案。

（决议）修正通过。

三、委员杜梅和、姚宝猷、罗香林、黄范一、詹朝阳会复，奉交审查各机关编制及生活补助费各案，经约集各有关机关会同审查完竣，谨列具意见，请公决案。

（决议）修正通过。

四、主席交议，据财政厅签呈，以财政收支系统改订后本厅业务增加，为因应事实起见，拟自本年七月份起增设两科，并拟恢复会计室三十年以前编制，谨拟具增科员额编制表，请核示等情，请公决案。

（决议）照人事处签拟通过。

五、主席交议，据财政厅呈，以财政收支系统改订后，省库支绌，拟即整理沙田藉资补益，兹拟具本省沙田管理办法，是否可行，请核示等情，请公决案。

（决议）推杜委员梅和、谢委员文龙、肖委员次尹，及田粮处、地政局、会计处审查，由肖委员约集。

六、主席交议，据秘书长丘誉签呈，奉交审查本府无线电总台拟议，各机关送拍中央电报收费意见一案，经约集各有关机关会同审查完竣，谨列具意见，请核定等情，请公决案。

（决议）通过。

七、主席交议，据会计处签呈，关于乐昌县三十四年度地方岁入岁出第一次追加追减预算一案，经核编完竣，拟准岁入岁出各追加二百六十六万三千三百四十九元，请核定等情，请公决案。

（决议）通过。

八、主席交议，据会计处签呈，关于赤溪县三十五年度地方岁入岁出第一次追加预算一案，经核编完竣，拟准岁入岁出各追加九万三千七百五十元，请核定等情，请公决案。

（决议）通过。

九、主席交议，据会计处签呈，关于平远县三十四年度地方岁入岁出第二次追加预算一案，经核编完竣，拟准岁入岁出各追加五百二十二万二千五百二十九元，请核定等情，请公决案。

（决议）通过。

十、主席交议，据会计处签呈，关于兴宁县三十四年度地方岁入岁出第二次追加追减预算一案，经核编完竣，拟准岁入岁出各追加一千三百三十七万三千五百三十四元，请核定等情，请公决案。

（决议）通过。

十一、主席交议，据会计处签呈，关于德庆县三十四年度地方岁入岁出第二次追加预算一案，经核编完竣，拟准岁入岁出各追加七十二万零一百零一元，请核定等情，请公决案。

（决议）通过。

十二、主席交议，据会计处签呈，关于四会县三十五年度地方岁入岁出第一次追加预算一案，经核编完竣，拟准岁入岁出各追加二千二百二十六万九千八百元，请核定等情，请公决案。

（决议）通过。

十三、主席交议，据卫生处代电，拟派陈青华代理省立第一医院医师，检同该员荐委表，请核示等情，请公决案。

（决议）通过。

十四、主席交议，据农林处代电，拟派黄震亚代理本处技士，检同该员任用审查表，请核示等情，请公决案。

（决议）通过。

十五、主席交议，据农林处代电，拟派谢立仁代理本处荐任科员，检同该员资历证件，请核示等情，请公决案。

（决议）通过。

十六、主席交议，据财政厅呈，拟派林朱栋代理本厅视察，检同该员任用审查表，请核示等情，请公决案。

（决议）通过。

十七、主席交议，据建设厅呈，本厅主任秘书周斯铭，拟调本厅技正，请核示等情，请公决案。

（决议）通过。

十八、主席交议，据教育厅签呈，省立肇庆师范学校校长梁赞燊年逾退休年限，拟准予退休，并发给年退休金一百四十万七千一百二十元。又该校长努力教育事业垂三十年，矢志不渝，并拟明令嘉奖，以昭激励，请核示等情，请公决案。

（决议）通过。

十九、主席交议，据教育厅长姚宝猷签呈，省立肇庆师范学校校长梁赞燊拟准予退休，遗缺拟派孔宪瑗接充；省立广州女子师范学校校长李雪英拟调本厅督学，遗缺拟调督学沈芷芳接充；省立仲恺高级农业职业学校校长陈颂硕拟调本厅督学，遗缺拟派郑作励接充；省立老隆师范学校校长何德辉拟予另候任用，遗缺拟调省立惠州中学校长张道隆接充，递遗省立惠州中学校长缺拟调督学姚璵秀接充；省立岭东商业职业学校校长林熙昌拟予另候任用，遗缺拟调督学饶士磐接充，请核示等情，请公决案。

（决议）通过。

二十、主席交议，据中正中学校长邓震亚、教育厅督学张辰、建设厅技士谭兆泉报告，遵谕会同前赴黄埔查勘中正中学校址，并拟具修建校舍工程预算表两种，请核夺等情，请公决案。

（决议）准拨发修建费五千万元，除由教育复员费内支付三千万元外，余由财政厅筹垫。

二十一、主席交议，关于财政部电，请依法改组本省省银行一案，兹拟：（一）原任董事叶青、胡铭藻、赖武改聘为本府顾问。（二）派黄文山、邓演存、陆幼刚为董事，并指定黄文山为常务董事，请公决案。

（决议）通过。

二十二、主席交议，广东实业公司董监会应即成立，兹拟：（一）派谢文龙、罗翼群、区芳浦、冯次淇、李大超、蔡劲军、詹朝阳、蓝逊、费鸿年（商方代表）等九人为董事，并指定谢文龙为董事长。（二）派林翼中、黄范一、黄枯桐等三人为监察人，请公决案。

（决议）通过。

二十三、主席交议，据教育厅编呈，奉行政院增拨本省教育复员费四亿元分配预算，请核转等情，请公决案。

（决议）通过。

广东省政府第十届委员会
第六十八次会议纪录

时　　间　　七月九日

地　　点　　本府会议厅

出席者　　罗卓英　　杜梅和　　姚宝猷　　谢文龙　　丘　誉　　肖次尹
　　　　　罗香林　　黄文山　　黄范一　　詹朝阳　　周景臻

公出者　　蔡劲军

告假者　　李扬敬

列席者　　黄世途　　韦镇福　　毛松年　　丘新民　　黄秉勋　　黄枯桐
　　　　　蓝萼洲　　张舟璧

主　　席　　罗卓英

纪　　录　　苏旭升

主席恭读　　国父遗嘱

宣读第六十七次会议纪录。

报告事项

一、秘书处报告，奉交下会计处签呈，关于广州市政府呈，以工料费增价，拟将前奉核定该市之复员费分配预算，关于复员建设费所列第二期，应修理各马路路面工程，改为择其最要及尤烂部分尽量修理，并将中山十三行及光复等三路，暂行剔出缓修一案，似可照办，惟事关变更原预算，拟请核定报会等情，奉准如拟办理。

二、秘书处报告，奉交下会计处签呈，关于广东全省保安司令部编送该部暨各团队三十四年度领运军粮旅运费预算，计列九十一万四千八百三十九元五十二分，款在该部同年度保安经费节余项下支报一案，拟准照办，请核示等情，奉准如拟办理。

三、秘书处报告，奉交下会计处签呈，关于番禺县三十年度地方岁入岁出总预算，当时因该县全境沦陷，情形特殊，暂准免办，现据补编呈府，请核定以完法案手续一案，拟准照办，并经核编完竣，计岁入岁出各列三十一万三千二百六十一元，请核定等情，奉准如拟办理。

四、秘书处报告，奉交下会计处签呈，关于建设厅呈转长途电话管理所修架广韶线坑连段话线工程计划，及预算一案，兹拟：（一）请将交通部前拨本省恢复交通通讯款余额一百四十九万九千四百五十元财力范围内，改为修架广韶线坑连段话线，核尚可行，拟准照办。（二）原缴计划预算书内，工程监理费超过规定，应饬照总额百分之十计一十三万一千九百一十元，核实开支，余四万八千四百零七元作为"其他"编列，请核定等情，奉准如拟办理。

五、秘书处报告，奉交下会计处签呈，关于航空委员会电，以各省防空监视队（哨），经呈准军事委员会辰马代电，准予保留至本年底，请查照一案，拟分行后报会议等情，奉准如拟办理。

六、民政厅报告一周办理重要工作。

七、财政厅报告一周办理重要工作。

八、教育厅报告一周办理重要工作。

九、建设厅报告一周办理重要工作。

十、秘书处报告一周办理重要工作。

讨论事项

一、主席交议，据财政厅签呈，关于农民银行广州分行函，列本省自民国四年至十三年间，先后向台湾银行借款，应还本息结欠数，嘱查复数目是否相符，并早日偿还以便清理一案，兹拟议意见，请核示等情，请公决案。

（决议）据案呈请行政院准予注销。

二、主席交议，据民政厅签呈，兹拟具本省各县（市局）自卫队改编警察队实施办法，及乡（镇）自卫班改编乡村警察实施办法两种，请核示等情，请公决案。①

三、主席交议，据会计处签呈，关于广州市报业公会呈，以经费困难，请按月补助该会经费二十万元一案，谨列具意见，请核示等情，请公决案。

（决议）按月补助十万元，照会计处签拟支付。

四、主席交议，据会计处签呈，拟核给第一区专员兼保安司令公署一次过临时费三十万元，款在本年度第一预备金项下拨支，请核示等情。准予照办，除已饬财政厅照数拨付外，请追认案。

（决议）追认。

五、主席交议，据农林处签呈，关于各县农业推广所之恢复或设置一案，兹拟议意见请核示等情，请公决案。

（决议）由农林处查核各县实况，视其财力或需要程度，分别令饬整理恢复或设置。

六、主席交议，准广东全省保安司令部代电，以遵令整编本省保安团队，计第一期编余官佐约一百五十余人，请在省预算生活补助费项下，拨借四千万元，俾资遣散等由，请公决案。

（决议）通过。

七、委员肖次尹、李扬敬、詹朝阳会复，奉交审查：（一）财政厅编呈本省三十四年度征收护沙费收入预算。（二）省保安司令部先后编送护沙总队三十四年度十一、十二月份，及三十五年度一至三月份经费预算两案。经合并审查完竣，谨列具意见，请公决案。

（决议）通过。

八、主席交议，据会计处签呈，本府政务视导团视导旅费经奉核定，以七千万元为度，兹拟议签付各团数目，请核定等情，请公决案。

（决议）修正通过。

---

① 原文缺"决议"内容。

九、主席交议，据财政厅签呈，本府前颁本省各县（市局）公教团警生活改善办法，关于提拔积谷举办平粜价格未有规定，兹拟照当时当地市价五折发放，俾实惠贫民及公教团警，请核定等情，请公决案。

（决议）通过。

十、主席交议，据财政厅签呈，财政收支系统改订后，各县市税捐征收处业务扩充，原定编制自不适合，兹斟酌过去税收及今后业务情形，重行拟订本省各县（市局）税捐征收处及分处组织规程，暨等级编制经费表，请核示等情，请公决案。

（决议）修正通过。

十一、主席交议，据会计处签呈，兹拟议拨支本府驻京代表办公处请拨还该处垫付招待费，及还都后不敷开办费意见，请核示等情，请公决案。

（决议）通过。

十二、主席交议，据会计处签呈，关于民政厅呈请拨发胜利纪念馆布置设备费五百万元一案，拟准在本年度下半年第一预备金项下拨支，并由财政厅先行筹垫，请核示等情，请公决案。

（决议）通过。

十三、主席交议，据建设厅签呈，本府前颁本省公路修复及行车办法，暨施行细则，间有未能适应现实，兹为期法令与事实兼顾起见，拟重行修订，请核示等情，请公决案。

（决议）修正通过。

十四、主席交议，据会计处签呈，关于翁源县三十五年度地方岁入岁出第一次追加预算一案，经核编完竣，拟准岁入岁出各追加二千零九十九万七千七百二十二元，请核定等情，请公决案。

（决议）通过。

十五、主席交议，据会计处签呈，关于东莞县三十五年度地方岁入岁出第一次追加预算一案，经核编完竣，拟准岁入岁出各追加六千六百八十九万九千元，请核定等情，请公决案。

（决议）通过。

十六、主席交议，据会计处签呈，关于惠阳县三十四年度地方岁入岁出第一次追加预算一案，经核编完竣，拟准岁入岁出各追加二百三十七万二千七百零八元，请核定等情，请公决案。

（决议）通过。

十七、主席交议，据会计处签呈，关于大埔县三十四年度地方岁入岁出第一次追加预算一案，经核编完竣，拟准岁入岁出各追加八百四十一万七千零八十七元，请核定等情，请公决案。

（决议）通过。

广东省政府第十届委员会
第六十九次会议纪录

时　间	七月十二日
地　点	本府会议厅

出席者	罗卓英	杜梅和	姚宝猷	谢文龙	丘　誉	肖次尹
	罗香林	黄文山	黄范一	詹朝阳	周景臻	

公出者	蔡劲军
告假者	李扬敬

列席者	毛松年	丘新民	黄秉勋	陈鸿藻	朱润深	黄枯桐
	郭汉鸣	蓝萼洲	钟盛麟	黄俊人		

主　席	罗卓英
纪　录	苏旭升

主席恭读　国父遗嘱

宣读第六十八次会议纪录。

报告事项

一、秘书处报告，奉交下会计处签呈，查印制本府三十五年度工作计划五百本，印刷费前经第四十六次会议通过，在本年度特别预备金项下先拨一百万元办理，俟印刷完竣后再行核实拨付，并分行在案，现据秘书处签呈，以该项计划印刷费，共需一百五十五万零七百元，除已拨一百万元外，应续拨五十五万零七百元，该款拟照案在本年度特别预备金项下，照数拨发，请核定等情，奉准如拟办理。

二、秘书处报告，奉交下会计处签呈，关于第六区专员兼保安司令周景臻电，以奉命派员参加赣湘粤三省边区绥靖会议，计需旅费一十五万元，请垫发一案，核属需要，该款拟在国税拨县款由省统筹部分拨支，由兴宁县政府具领转解该署，请核定等情，奉准如拟办理。

三、广东田赋粮食管理处报告一周办理重要工作。

四、社会处报告一周办理重要工作。

五、会计处报告一周办理重要工作。

六、统计处报告一周办理重要工作。

七、人事处报告一周办理重要工作。

八、卫生处报告一周办理重要工作。

九、农林处报告一周办理重要工作。

十、地政局报告一周办理重要工作。

十一、设计考核委员会报告一周办理重要工作。

讨论事项

一、主席交议，据社会处、地政局会呈，兹遵照行政院令颁二五减租办法及参照有关法规，拟具：（一）本省推行二五减租要领；（二）本省各县（市局）二五减租实施办法准则；（三）本省各县（市局）二五减租委员会组织规程；（四）本省各县（市局）乡（镇）二五减租委员会组织规程；（五）本省各县（市局）二五减租纠纷案件处理程序等五种。请核示等情，请公决案。

（决议）修正通过。

二、主席交议，据委员肖次尹、杜梅和、谢文龙，及田粮处、地政局、会计处签呈，奉交审查财政厅拟订本省沙田管理办法一案，遵经会同审查完竣，谨列具意见，并拟将原办法标题改为"广东省公有沙田放租放领办法"，请核定等情，请公决案。

（决议）修正通过。

三、主席交议，据会计处签呈，关于财政厅呈，以印制典当业许可执照二千份，约需款三十五万元，拟移用上任移交收存私货充奖金剩余经费，及收契照等款，共三十万八千一百五十四元，余由该厅经费项下拨足一案，兹拟议意见请核示等情，请公决案。

（决议）通过。

四、主席交议，据会计处签呈，关于建设厅转缴公路处三十五年度派员出发各县推动收复私办公路旅费预算书，计列三百四十四万元，该款拟在三十五年公路保养基金预备费项下开支一案，拟予照准，请核定等情，请公决案。

（决议）通过。

五、主席交议，据会计处签呈，关于曲江县三十三年度地方岁入岁出追加预算一案，经核编完竣，拟准岁入岁出各追加九百六十八万一千零四十四元，请核定等情，请公决案。

（决议）通过。

六、主席交议，据会计处签呈，关于高要县三十五年度地方岁入岁出第一次追加预算一案，经核编完竣，拟准岁入岁出各追加一亿三千四百五十五万九千九百元，请核定等情，请公决案。

（决议）通过。

七、主席交议，据会计处签呈，关于增城县三十四年度地方岁入岁出追加预算一案，经核编完竣，拟准岁入岁出各追加五百零一万一千三百零一元，请核定等情，请公决案。

（决议）通过。

广东省政府第十届委员会
第七十次会议纪录

时　间　七月十六日

地　点　本府会议厅

出席者　罗卓英　杜梅和　姚宝猷　谢文龙　丘　誉　肖次尹
　　　　黄文山　黄范一　周景臻

公出者　罗香林　蔡劲军　詹朝阳

告假者　李扬敬

列席者　毛松年　丘新民　黄秉勋　朱润深　郭汉鸣　蓝萼洲
　　　　钟盛麟

主　席　罗卓英

纪　录　苏旭升

主席恭读　国父遗嘱

宣读第六十九次会议纪录。

报告事项

一、秘书处报告，关于揭阳县私立龙砂小学校校董主任江××因与吴××等争执枫江横水渡收益事件不服揭阳县政府之处分，向本府提起诉愿一案，经由本处审查评议完竣，谨依法拟具决定书，本件诉愿驳回，并经签准如拟办理。

二、秘书处报告，奉交下会计处签呈，本府前以本省复员以后，各地疫疠滋蔓，急需巨款防治，经于本年五月十八日，以会普字第四五一三号电，请行政院即拨一亿元，俾资办理在案，现奉行政院六月二十日节京嘉丁代电核复，准予拨二千万元济用等因，拟先分行，即着财政厅签拨，并由卫生处编具该项防疫经费分配预算，呈府核办，至前垫借卫生处防疫经费二百万元，应由财政厅在此款项下扣回，请核示等情，奉准如拟办理。

三、秘书处报告，奉交下会计处签呈，关于省辖各县市营业机关之营业预（决）算如何编制一案，经呈请会计处核复，可比照修订营业预算及营业决算编审办法规定办理，其编送程序营业预算，应比照县市预算编审办法第十二条之规定，由会计处汇编提经省政府委员会议后，分别呈送等因，自应遵办，并拟报会后分行各县市遵照等情，奉准如拟办理。

四、秘书处报告，奉交下田粮处签呈，以田赋改征实物后不得再以田亩为对象摊筹派募，迭经三令五申有案，惟查中山等县，近仍有通过地方法团后，按亩抽收沙田自卫队经费，并组会筹给情事，于法不合，应予制止，今后关于沙田自卫队问题，似应由县发动沙区佃农，分别组队保卫为原则，如须经常设置，其经费预算，应饬由各县政府，斟酌地方财力与需要紧缩编制，送经当地民意机关审决，可在征起沙田赋实及公粮留县项下，作正开支，毋庸组会筹给，以免增加人民负担，而昭郑重，请核示等情，奉准如拟办理。

五、民政厅报告一周办理重要工作。

六、财政厅报告一周办理重要工作。

七、教育厅报告一周办理重要工作。

八、建设厅报告一周办理重要工作。

九、秘书处报告一周办理重要工作。

讨论事项

一、主席交议，据人事处签呈，关于卫生处拟订湛汀市政府卫生局组织规程，及编制表一案，经参照汕头市政府卫生局组织规程，酌予修订，请核示等情，请公决案。

（决议）保留。

二、主席交议，据田赋粮食管理处签呈，为拟具本省私有沙田升科登记实施办法，请核示等情，请公决案。

（决议）推定杜委员梅和、谢委员文龙、黄委员范一，及财政厅、田粮处、地政局审查，由杜委员约集。

三、主席交议，据秘书处签呈，关于新丰县关爷会友张××等因会产拨充保校教育基金事件不服新丰县政府处分，向本府提起诉愿一案，经审查评议完竣，谨依法拟具决定书，请核示等情，请公决案。

（决议）通过。

四、主席交议，据会计处签呈，兹拟具本省各县（市局）三十六年度地方岁入岁出总预算编制办法，请核示等情，请公决案。

（决议）通过。

五、主席交议，据田赋粮食管理处签呈，兹拟具各县历年度地方积谷清理办法，请核示等情，请公决案。

（决议）修正通过。

六、主席交议，据秘书处编呈垫付本府三十五年度招待澳督戴思乐等外宾来礼拜会临时费预算，计列支三百零四万九千五百一十五元，请拨还归垫等情，请公决案。

（决议）照会计处签拟通过。

七、主席交议，据会计处签呈，兹拟具实施改订财政收支系统后，本省各县（市局）三十五年度预算调整原则，请核示等情，请公决案。

（决议）通过。

八、主席交议，据会计处签呈，兹拟拨付各区专员出巡旅费意见，

196

请核示等情，请公决案。

（决议）通过。

九、主席交议，据会计处签呈，拟排印本省三十三年度岁出单位决算三百本，分别呈送，计需印刷费五十四万四千元，请照数在最近奉准追加第一预备金，三千万元项下拨付等情，请公决案。

（决议）通过。

十、主席交议，据会计处签呈，关于省赈会从军雇员温任请核发由三十四年十一月份起，至三十五年六月底止，一切给与一案，兹拟议意见请核示等情，请公决案。

（决议）通过。

十一、主席交议，据会计处签呈，关于两广监察使署电请拨款六十万元修缮惠阳县监狱一案，可否准在国税拨县款由省统筹部分项下拨支，请核示等情，请公决案。

（决议）通过。

十二、主席交议，据会计处签呈，关于广东全省保安司令部编送该部召训各县民众自卫队中队长以上一期经费预算，请核复一案，兹拟议意见，请核示等情，请公决案。

（决议）通过。

十三、主席交议，据会计处签呈，拟援照七月份续拨各县补助款案，继续补助各县八、九两月份补助款，请核示等情，请公决案。

（决议）通过。

十四、主席交议，据教育厅签呈，为奉准自八月份起，增加所属学校机关职员一百五十人一案，请改自本年一月份起增加等情，请公决案。

（决议）准改自六月份起增加。

十五、主席交议，据中国童子军广东支会筹备处呈，为奉准自八月份起，发给员役生活补助费一案，拟请改自三十四年十月起支等情，请公决案。

（决议）准改自本年度六月份起发给。

197

广东省政府第十届委员会
第七十一次会议纪录

时　间　七月二十六日
地　点　本府会议厅
出席者　罗卓英　杜梅和　姚宝猷　谢文龙　丘　誉　蔡劲军
　　　　黄范一
公出者　肖次尹　罗香林　黄文山　詹朝阳　周景臻
告假者　李扬敬
列席者　毛松年　丘新民　黄秉勋　陈鸿藻　朱润深　黄枯桐
　　　　郭汉鸣　钟盛麟
主　席　罗卓英
纪　录　苏旭升
主席恭读　国父遗嘱
宣读第七十次会议纪录。

报告事项

一、秘书处报告，奉交下会计处签呈，关于省保安司令部编送该部军乐队三十五年度一、二、三月份编制经费预算，及官佐生活补助费清表，请核复一案，兹拟：（一）该队经费，就核定全年总额一百六十万零五千元，划出三个月，共四十万零一千二百五十元，拨还保部支报。（二）一至三月份支出官佐生活补助费二百二十万八千一百六十元，准在省预算生活补助费科目项下照数拨支。（三）一至三月份支出官佐膳食费二百一十四万五千元，准在抗战准备金由省统筹部分余额项下拨支，请核定等情，奉准如拟办理。

二、秘书处报告，奉交下会计处签呈，关于省保安司令部编送该部三十四年度额外人员经费预算书，计全年度共列支经费一千五百一十三万五千六百九十元，公粮二万四千一百八十一市斤四两，拟援案分别在本部同年度保安经费，及公粮节余项下支报，请核复一案，拟准照办，

198

请核定等情，奉准如拟办理。

三、秘书处报告，奉交下会计处签呈，关于省保安司令部编送该部特二大队三十四年度接收兴宁县新兵经费预算，计由六月至八月份三个月，共列支经费二十六万元六千五百四十七元零三分，军粮四千八百二十五市斤，拟援案分别在本部同年度经费，及军粮节余项下支报，请核复一案，拟准照办，请核定等情，奉准如拟办理。

四、秘书处报告，关于封川县城仁信号店东苏××因买卖封川县政府签发该县第二区署临时拨粮命令纠纷事件不服封川县政府处分，向本府提起诉愿一案，经由本处审查评议完竣，依法拟具决定书，本件诉愿不受理，并经签准如拟办理。

五、田赋粮食管理处报告一周办理重要工作。

六、社会处报告一周办理重要工作。

七、会计处报告一周办理重要工作。

八、统计处报告一周办理重要工作。

九、人事处报告一周办理重要工作。

十、卫生处报告一周办理重要工作。

十一、农林处报告一周办理重要工作。

十二、地政局报告一周办理重要工作。

十三、设计考核委员会报告一周办理重要工作。

讨论事项

一、主席交议，据本府法规整理委员会签呈，本府前颁各种法规，尚有应予废止之民政等类，共一百七十三种，案由各主管机关加具整理意见，并提付本会第五十六次会议决定，谨列具目录，请核定等情，请公决案。

（决议）通过。

二、主席交议，据田赋粮食管理处签呈，兹拟具本省收复区各县市整编赋册业户，逾期申报或短报匿报处罚办法，请核示等情，请公决案。

（决议）修正通过。

三、主席交议，据地政局签呈，为迅捷完成重估地价工作，以裕库收起见，兹拟具重估连县等六十四县局城镇宅地地价计划，估价专员讲习计划大纲，及重估地价简化计算办法三种，请核示等情，请公决案。

（决议）通过。经费向广东省银行商借。

四、主席交议，据会计处签呈，关于省保安司令部电，以物价高涨，办公费不敷甚巨，请迅电催行政院将该部追加办公费核复，在未奉复前，拟自本年七月份起，暂按原额增二分之一，款在同年度额领经费开支一案，似可照办，请核定等情，请公决案。

（决议）通过。

五、主席交议，据会计处签呈，关于四会县三十四年度地方岁入岁出第二次追加预算一案，经核编完竣，拟准岁入岁出各追加一百六十七万四千八百四十八元，请核定等情，请公决案。

（决议）通过。

六、主席交议，据会计处签呈，关于梅县三十四年度地方岁入岁出第二次追加追减预算一案，经核编完竣，拟准岁入岁出各追加九百六十七万四千八百一十九元，请核定等情，请公决案。

（决议）通过。

七、主席交议，据会计处签呈，关于罗定县三十五年度地方岁入岁出第一次追加预算一案，经核编完竣，拟准岁入岁出各追加九百二十九万九千三百六十二元，请核定等情，请公决案。

（决议）通过。

八、主席交议，据会计处签呈，关于开建县三十三年度地方岁入岁出追加预算一案，经核编完竣，拟准岁入岁出各追加二百六十五万零四百六十元，请核定等情，请公决案。

（决议）通过。

九、主席交议，据会计处签呈，关于博罗县三十四年度地方岁入岁出第一次追加预算一案，经核编完竣，拟准岁入岁出各追加四百四十一万零八百四十元，请核定等情，请公决案。

（决议）通过。

十、主席交议，据教育厅长姚宝猷签呈，省立文理学院院长罗香林呈请辞职，拟予照准，遗缺拟以何爵三充任；省立法商学院院长黄文山呈请辞职，拟予照准，遗缺拟以张良修充任，请核示等情，请公决案。

（决议）通过。

广东省政府第十届委员会
第七十二次会议纪录

时　　间　十月一日

地　　点　本府会议厅

出席者　罗卓英　李扬敬　杜梅和　姚宝猷　谢文龙　丘　誉
　　　　　肖次尹　罗香林　黄文山　周景臻

列席者　毛松年　丘新民　郭汉鸣　巫　琦　赖希如　蓝萼洲

主　　席　罗卓英

纪　　录　苏旭升

主席恭读　国父遗嘱

宣读第七十一次会议纪录。

报告事项

一、秘书处报告，关于广州市民高××因承租惠济义仓番禺县属沙工埗水白坦田亩事件不服本府财政厅易佃处分，向本府提起诉愿一案，经由本处审查评议完竣，依法拟具决定书，本件诉愿不受理，并经签准如拟办理。

二、秘书处报告，关于番禺县凌思俭堂代表凌××因广州铺屋争执事件不服本府财政厅收回公有之处分，向本府提起诉愿一案，经由本处审查评议完竣，依法拟具决定书，本件诉愿不受理，并经签准如拟办理。

三、秘书处报告，关于南山管理局人民赖××因遭匪劫事件不服南山管理局批判无罪处分，向本府提起诉愿一案，经由本处审查评议完竣，依法拟具决定书，本件诉愿不受理，并经签准如拟办理。

四、秘书处报告，关于连县人民刘××因注销土地所有权登记事件不服连县县政府处分，向本府提起诉愿一案，经由本处审查评议完竣，依法拟具决定书，本件诉愿驳回，并经签准如拟办理。

五、秘书处报告，奉交下会计处签呈，以关于前本省赈济会及社会处先后呈缴三十四年度赈济基金预算书，请核示两案，经分别呈转行政院核办，并分行在案，现奉行政院，本年七月十一日节京嘉丁字第五二三一号处指令，核复准予备案，拟分行后报会议请核示等情，奉准如拟办理。

六、秘书处报告，奉行政院先后训令，以奉国民政府令知，本省三十四年度第十四次及第十八次追加预算，经立法院通过，附抄发原预算饬遵照等因。经送会计处签复，拟分行后补报会议，请转陈核定等情，奉准如拟办理。

七、秘书处报告，奉交下会计处签呈，关于番禺县政府于本年二月间呈缴该县三十一年度地方岁入岁出第一次追加预算，当以逾限过久，电复予以注销，现据电称因当时该县大部分沦陷，情形特殊，且前经于三十三年八月间编呈钧府，复知未有收到，为完成法案手续，仍请予以核定等，似可准予照办。又本案经核编完竣，拟准岁入岁出各追加一十二万二千四百七十八元，请核定分行后报会议等情，奉准如拟办理。

八、秘书处报告，奉交下会计处签呈，关于本府音乐队呈，以该队乐器因使用日久，多已破坏，须加修理及添置，计需款一十二万七千五百元，谨编具预算及估价单，请指款拨支一案，核属需要，该款拟准在最近奉准追拨第一预备金三千万元项下拨支，请核定分行后报会议等情，奉准如拟办理。

九、秘书处报告，奉交下会计处签呈，以本处上半年度预备金及新兴事业费等科目超支数，原经提会核定，请行政院追拨，兹为兼顾事实计，拟请行政院照原核定第一预备金、特别预备金及新兴事业费三科目，全年度数拨发，作为上半年度支出，是否可行，请核示等情，奉准如拟办理。

十、秘书处报告，奉交下会计处签呈，关于建设厅呈转该厅技正林舜仪派赴香港办理接收军政部香港区特派员办公处移交本府各项船舰报支旅费表，据计列支国币一十万五千一百元，该款经由本厅垫付，请拨还归垫一案。查列数核与国外出差旅费规则支给标准相符，拟照数在本年度奉准追加第一预备金三千万元项下开支，请核定分行后补报会议等情，奉准如拟办理。

十一、秘书处报告，奉交下财政厅签呈，以据广州市政府呈拟该市

202

筵席税及娱乐税补充制裁办法一案，核属切要，应否准如备案，请核示等情。经由本处核加意见，拟将原规则酌予修正，并签准如拟办理。

十二、民政厅报告一周办理重要工作。

十三、财政厅报告一周办理重要工作。

十四、教育厅报告一周办理重要工作。

十五、建设厅报告一周办理重要工作。

十六、秘书处报告一周办理重要工作。

讨论事项

一、委员杜梅和、肖次尹、罗香林、黄文山、黄范一、詹朝阳会复，奉交审查会计处签，拟三十五年度下半年省预算暂时调整意见一案，经会同审查完竣，谨列具意见，请公决案。

二、主席交议，据会计处预〔签〕呈，为根据中央最近借拨本省各费，拟议补入本省三十五年度下半年调整预算案意见，请核示等情，请公决案。

以上两案合并讨论。

（决议）照审查意见及会计处签拟通过。

三、主席交议，据财政厅、田粮处、会计处会签，以奉行政院令发财、粮两部会呈，关于实施财政收支系统会议各案补充意见及实施办法，饬遵照一案，事关今后本省财政及预算，经会同详细研究，谨签具处理意见，请核示等情，请公决案。

（决议）照案通过。

四、主席交议，据民政厅签呈，拟遵令将本省县市参议员选举事务所，及公职候选人应考资格审查委员会，原有专任人员及经费，拨入本厅，请核示等情，请公决案。

（决议）通过。

五、主席交议，据设计考核委员会签呈，兹拟具本省各县市局长三十五年度工作考绩实施办法，请核示等情，请公决案。

（决议）修正通过。

修正之点如左：（一）原办法附表（1）百分比总标准栏，建设改为百分之十五，粮政改为百分之十（乡镇造产农林并入建设门内）。又百分比分标准栏，建设行文改为"由建设厅民政厅农林处分别定之"，粮政行文改为"由田粮处定之"。（二）原办法附表（1）备考栏，其他行各项分数比率修正为"地政占三份，统计占一份，社会人事训练兵役占二份"。

六、主席交议，据建设厅签呈，拟修正本省电话管理规则，验收电话线路工程办法，及电话架设规则，请核示等情，请公决案。

（决议）通过。

七、主席交议，据民政厅、财政厅、会计处、田粮处签呈，关于第九区专署及区属各县长呈，请核定琼崖十六县义勇自卫队给养办法，以利清匪一案，兹会签意见，请核示等情，请公决案。

（决议）通过。

八、主席交议，据田粮处签呈，为划一折征标准，充裕国库收入起见，兹拟具各年度核定各县折价标准表，请核示等情，请公决案。

（决议）通过。

九、主席交议，据财政厅、会计处、地政局会签，奉交审查地政局修订本府前颁广东省土地登记施行细则一案，经会同审查完竣，谨列具意见，请核示等情，请公决案。

（决议）第二十九条照地政局意见修正，余照审查意见办理。

十、主席交议，据财政厅签呈，为财政收支系统改订后，各县市应用票照均由本厅印制编发，业务繁琐，原有员役不敷因应，拟请恢复编印生三十名，列入本厅编制内，谨拟具编印生编制及薪饷预算，请核示等情，请公决案。

（决议）在该厅总员额内自行调整办理。

十一、主席交议，据会计处签呈，兹拟议由本年九月份起，增加各县市政府管理局及其所属机关学校办公费办法，请核示等情，请公决案。

（决议）通过。

十二、主席交议，据会计处签呈，兹拟议调整省级各机关公役人数意见，请核示等情，请公决案。

（决议）先行裁减一百六十五名，仍由人事处、会计处会拟办法。

十三、主席交议，据省立法商学院呈，请增拨修建石榴冈校舍暨购置设备、搬运等费四千万元预算分配表，请核示等情，请公决案。

（决议）通过，款在下半年度预备金项下开支。

十四、主席交议，据会计处签呈，关于财政厅电，以遵谕拨付广东水利工赈会五、六、七月份津贴费，共三百万元，嘱由本处指定款源并补办法一案，兹拟议意见，请核示等情，请公决案。

（决议）通过。

十五、主席交议，据会计处签呈，关于广东省党部函请增加各县党报社职工员额一案，兹拟议意见请核示等情，请公决案。

（决议）俟各县库收稍裕时再行酌增。

十六、主席交议，据财政厅呈缴该厅委托省银行代理省库合约，请核备等情，请公决案。

（决议）合约第十二项甲方存款，应于各分支行处收到库款之日起，计算利息，余照通过。

十七、主席交议，据会计处签呈，关于南海县政府呈请补发该县员役生活补助费一案，兹拟议增拨该县及乐东、保亭、白沙三县，本年三至七月份生活补助费意见，请核示等情，请公决案。

（决议）通过。

十八、主席交议，据会计处签呈，兹拟议增拨连南、乐东、保亭、白沙四县本年八至十二月份生活补助费意见，及附具数额表，请核示等情，请公决案。

（决议）通过。

十九、主席交议，奉广州行辕代电，以据省立黄埔中正中学呈请拨足该校迁移修建费一亿元一案，饬办理等因，请公决案。

（决议）通过。款在下半年度预备金项下开支付。

二十、主席交议，据会计处签呈，关于建设厅呈缴饮料厂三十四年度营业概算书一案，兹拟议意见，请核示等情，经准予照办，请追认案。

（决议）追认。

二十一、主席交议，据第六区行政督察专员兼保安司令公署呈缴该署周前任交代人员经费支付预算书，请核示等情，经准予照办，请追认案。

（决议）追认。

二十二、主席交议，据会计处签呈，关于秘书处丘秘书长报支赴任旅费六十一万五千九百元，及蓝主任秘书报支调任旅费六十七万三千元两案，该款拟准分别在追加第一预备金三千万元项下拨支，请追认案。

（决议）追认。

二十三、主席交议，据会计处签呈，关于秘书处呈请拨款一百四十六万八千元，印制本府密电本两种各一千本一案，该款拟准在追加第一预备金三千万元内开支，请核示等情，经准予照办，请追认案。

（决议）追认。

二十四、主席交议，据会计处签呈，关于广东省党政军联席会议秘书处函请本府负担暹罗华侨赈米查验团派员赴香港调查暹米舞弊案件旅费二十九万四千元一案，该款拟在国税拨县款由省统筹部分开支，请核示等情，请公决案。

（决议）追认。

二十五、主席交议，准广东地方行政干部训练团函送该团本年度训练设备事业费预算分配表，请核复等由，经准予照办，请追认案。

（决议）追认。

二十六、主席交议，据秘书处编呈垫付本府三十五年度欢迎及慰劳本省复员知识青年临时费预算，计列支一百三十六万四千八百四十元，请拨还归垫等情，经准在本年度追加第一预备金三千万元项下开支，请追认案。

（决议）追认。

二十七、主席交议，据秘书处签呈，本府前在本市中山等报刊登非常时期粮食管理条例，广告费经奉拨支有案，现查尚有刊登英文新报广告费四十四万四千四百八十元，请拨支等情，经准在本年度追加第一预备金三千万元项下开支，请追认案。

（决议）追认。

二十八、主席交议，据会计处签呈，关于广州市三十四年度地方岁入岁出总预算一案，经约集各有关机关会同审核完竣，拟准岁入岁出各列六亿三千五百九十六万零七百一十九元，请核定等情，经准予照办，请追认案。

（决议）追认。

二十九、主席交议，据会计处签呈，关于南山管理局三十五年度地方岁入岁出第一次追加预算一案，经核编完竣，拟准岁入岁出各追加一千六百六十万三千五百四十九万元，请核定等情，经准予照办，请追认案。

（决议）追认。

三十、主席交议，据会计处签呈，关于东莞县三十四年度地方岁入岁出第三次追加预算一案，经核编完竣，拟准岁入岁出各追加六百八十九万六千四百七十六元，请核定等情，经准照办，请追认案。

（决议）追认。

三十一、主席交议，据会计处签呈，关于新丰县三十四年度地方岁入岁出第一次追加预算一案，经核编完竣，拟准岁入岁出各追加一百七十六万一千五百二十元，请核定等情，经准予照办，请追认案。

（决议）追认。

三十二、主席交议，据会计处签呈，关于封川县三十四年度地方岁入岁出追加预算一案，经核编完竣，拟准岁入岁出各追加二百九十三万六千一百八十二元，请核定等情，经准予照办，请追认案。

（决议）追认。

三十三、主席交议，据卫生处呈，拟派李国才为省立第一医院主任医师，检同该员荐委表，请察核等情，请公决案。

（决议）通过。

三十四、主席交议，据建设厅呈，拟派陈治国代理本厅视察，检同该员任用审查表，请察核等情，请公决案。

（决议）通过。

三十五、主席交议，广东省银行副行长古元祥因病呈请辞职，拟予照准，遗缺派向绍琼接充，请公决案。

（决议）通过。

广东省政府第十届委员会
第七十三次会议纪录

时　间　十月四日

地　点　本府会议厅

出席者　罗卓英　李扬敬　杜梅和　姚宝猷　谢文龙　丘　誉

　　　　肖次尹　罗香林　周景臻

列席者　李东星　毛松年　丘新民　陈鸿藻　朱润深　黄枯桐

　　　　郭汉鸣　赖希如

主　席　罗卓英

纪　录　苏旭升

主席恭读　国父遗嘱

宣读第七十二次会议纪录。

报告事项

一、秘书处报告，关于合浦县民严××等因铺地所有权争执事件不服合浦县政府所为处分，向本府提起诉愿一案，经由本处审查评议完竣，依法拟具决定书，本件诉愿不受理，并经签准如拟办理。

二、秘书处报告，关于梅县石坑乡第四保国民学校校长曾×等因校产争执事件不服梅县县政府所为处分，向本府提起诉愿一案，经由本处审查评议完竣，依法拟具决定书，本件诉愿不受理，并经签准如拟办理。

三、秘书处报告，关于南海县民邓××因买卖田亩纠纷事件不服南海县政府所为处分，向本府提起诉愿一案，经由本处审查评议完竣，依法拟具决定书，本件诉愿不受理，并经签准如拟办理。

四、秘书处报告，关于河源县观音阁镇第五保园〔国〕民学校校长郑××因承垦官荒事件不服河源县政府所为处分，向本府提起诉愿一案，经由本处审查评议完竣，依法拟具决定书，本件诉愿不受理，并经签准如拟办理。

五、秘书处报告，关于梅县梅屏内乡第一、二保联立国民学校校长范××因校产争执事件不服梅县县政府所为处分，向本府提起诉愿一案，经由本处审查评议完竣，依法拟具决定书，本件诉愿不受理，并经签准如拟办理。

六、秘书处报告，奉交下会计处签呈，关于欠拨第七战区挺二纵队（三十三）、（三十四）两年度经费，共一十二万零八百三十一元，前因国库收支结束，未及签拨，经请求行政院准转入本年度支用，现奉核复以挺二纵队原系战时组织，现年度早经过去，该款无拨发必要，且为数不多，如有必要，仰即在该省三十五年度保警支出项下，统筹匀支等因。惟查本年度保警支出科目，已支配用途，无款可资拨付，拟改在下半年度第一预备金补拨，请核示等情，奉准如拟办理。

七、秘书处报告，奉交下会计处签呈，关于社会处呈编该处三十四年度振济基金岁入岁出追加追减预算一案，核数相符，拟准照办，并予存转，仍请核定后列报会议，饬补编追加岁入岁出预算分配表各五份，呈府核办等情，奉准如拟办理。

八、秘书处报告，奉交下会计处签呈，关于农林处前以利用接收裕民农场，改为本省农业试验场，并拟具组织规程计划及经费预算，呈府核示一案，当经本府第四十三次委员会议通过，专案呈请行政院核拨专款办理，现奉核复以本年七月一日起财政收支系统改制，省经费独立，省营事业由该省酌量财力办理，未便拨发等因，拟报会后分行农林处知照等情，奉准如拟办理。

九、秘书处报告，奉交下会计处签呈，关于第九区专署呈报该署前任张达于二十七年奉琼崖守备军令，提取暂借交海口市商会购粮备荒之振款八万一千七百六十六元一角五分，拨充自卫队经费一案，因移用振款未备法案，请示如何办理前来，查移用振款原有未合，惟历时已久，且系应变处置，拟姑准予作正支报，请核示等情，奉准如拟办理。

十、秘书处报告，奉交下会计处签呈，关于保安司令部电送该部特二大队三十四年二至五月份，接收五华新兵经费公粮预算，计共经费六万七千四百二十二元三角四分，军粮八千零九十二市斤，请核复一案，拟援拨准在同年度保安经费军粮节余项下报支，请核示等情，奉准如拟办理。

十一、秘书处报告，奉交下会计处签呈，关于本府政务视导团旅费，前经委员会议核定七千万元，除由行政复员费四亿元分配余额，二千四百万元，全数拨付外，余四千六百万元及奉准增拨第一视导团三百万元，合共四千九百万元，经由财政厅筹垫，现尚未指定开支科目，为归还借数起见，拟准在本年下半年度特别预备金科目拨还，请核定等情，奉准如拟办理。

十二、秘书处报告，奉交下会计处签呈，关于农林处编缴该处东区林业促进指导区三十五年生活补助费预算分配表一案，核数尚合，拟请饬财政厅照数拨支，仍扣还已拨过之数，至核定由本年八月份起，应增拨该区生活补助费数额，因未列入预算，并请饬财政厅照核定案增拨。又本案事关变更原法案，拟请核定列报会议后分行等情，奉准如拟办理。

十三、田粮处报告一周办理重要工作。

十四、社会处报告一周办理重要工作。

十五、会计处报告一周办理重要工作。

十六、统计处报告一周办理重要工作。

十七、人事处报告一周办理重要工作。

十八、卫生处报告一周办理重要工作。

十九、农林处报告一周办理重要工作。

二十、地政局报告一周办理重要工作。

二十一、设计考核委员会报告一周办理重要工作。

二十二、粤侨事业辅导委员会报告一月办理重要工作。

二十三、建设研究会报告一月办理重要工作。

讨论事项

一、主席交议，据民政厅签呈，为加强警区各级警察机关联系，巩固地方治安，暨使县指导员经常下乡督导县政工作起见，特拟具本省备县各级警察机关、联防巡逻守望会哨、暨县政指导员配合督导县政工作办法，请核示等情，请公决案。

（决议）修正通过。

修正之点如左：（一）原办法第二条文末"工作各项"，改为"工作等项"；又第三条文内"所规定各项"，改为"规定事项"。（二）原办法第四、第九、第十一各条文内，凡有"保安团队"等字样，均改为"保安部队"；又第五条文内"机关团队"，改为"机关部队"；第九条文内"驻防团警"，改为"驻防队警"。（三）原办法第五条末段"及于全县联防……代表主席"，改为同条第二项，并将"及于"二字删去。（四）原办法第八条（子）项第三款文首"各县毗连之警区"之"之"字，及文末括弧符号删去；又（丑）项第二款文内"在一个以上三个以下者"，改为"在一个或二个者"。（五）原办法第十三条文内"必要时得"，改为"并严厉"三字。（六）原办法第二十五条文末加入"但得由县津贴伙食并酌给杂费"等字。

二、主席交议，据民政厅签呈，兹参酌内政部提示办理禁烟联保连坐要旨拟具本省肃清烟毒纵横联保连坐办法，请核示等情，请公决案。

（决议）修正通过。

修正之点如左：（一）原办法第三条及第七条文内"至三十一日止"均改为"至同月三十一日止"。（二）原办法第五条第一款改为"书面检举：应明书本人真实姓名住址通讯方法，及被检举人之姓名住址，违反烟毒种类事实"。（三）原办法第十一条第一项末段"并查明……连带处罚"一段，修正为"除案犯依法治罪外，所有该管乡镇保甲长及联结各户，虽无庇纵或不法情事，仍应依左列规定，连带处罚"；又同条项第（一）、（二）款文末加"再犯者加倍罚金"七字，第三款修正为"乡镇保甲长及联结各户，被连带处罚情形，应送登当地报纸，并由县市局汇案，每月公告一次"。（四）原办法第十三条末句"得免其处罚"改为"得减免其处罚"。（五）原办法第十六条第一项"按月汇列"之"汇"字，及第二项"代表大会"之"大"字，"须先呈奉"之"奉"字均删。（六）原办法第十九条第一项末"督促抽查"之"督促"二字删，同条第二项"另行之"之"行"字改为"定"字。

三、主席交议，据民政厅签呈，为健全各县基层组织起见，兹拟具广东省各县（市局）健全基层组织应注意事项，请核示等情，请公决案。

（决议）交民政、财政两厅及会计处审查，由民政厅约集。

四、主席交议，据财政厅、地政局会呈，兹遵照财政部公布之公有土地管理办法，并根据本府法规整理委员会意见，分别修正本省公有不动产章程及其施行细则，暨公有不动产投变放领办法，请核示等情，请公决案。

（决议）交民政、财政、教育三厅及地政局、社会处审查，由财政厅约集。

五、主席交议，据会计处签呈，关于建设厅呈请恢复该厅工业试验所，并编具编制经费预算分配表一案，兹拟议意见，请核示等情，请公决案。

（决议）临时费二千四百万元，在本年度下半年度预备金项下支付，余照会计处签拟通过。

六、主席交议，据会计处签呈，关于第九区专署电，以参照县市电话机构调整办法，恢复设置该区电话总机室，请核定追列预算，按月拨发一案，兹拟议意见，请核示等情，请公决案。

（决议）通过。

七、主席交议，据工程师学会广州分会呈，以定期举行年会，请援向例补助本会开会经费一百万元等情，请公决案。

（决议）通过，款在下半年预备金项下支付。

八、主席交议，据财政厅呈，以准铨叙部函知调整三十五年度公务员警恤金一案，兹依旧法核定及应归本省负担之公务员警恤金，照新增数补助预算，请核示等情，请公决案。

（决议）照会计处签拟通过。

九、主席交议，据会计处签呈，关于省立法商学院转呈该院黄前任本年八月份办理交代经费预算，请核拨一案，兹拟议意见，请核示等情，请公决案。

（决议）通过。

十、主席交议，据会计处签呈，关于广州市政府呈拟增加该市警察局本年一至六月份机密费共六百万元一案，兹拟议意见，请核示等情，请公决案。

（决议）准予照支。

十一、主席交议，据会计处签呈，关于民政厅呈请先付垫本年度县长考试经费一百万元一案，兹拟议意见，请核示等情，请公决案。

（决议）通过。

十二、主席交议，据田粮处呈缴三十五年度查禁粮食出口经费概算，并转呈该处督导员蔡长本呈，请增加前山夜间查缉经费二案，兹分别拟议意见，请核示等情，请公决案。

（决议）照会计处九月十四日签拟办理。

十三、主席交议，据会计处签呈，关于开平县三十五年度地方岁入岁出第一次追加预算一案，经核编完竣，拟准岁入岁出各追加七千零三十七万零三百六十六元，请核定等情，请公决案。

（决议）通过。

十四、主席交议，据会计处签呈，关于恩平县三十四年度地方岁入岁出第三次追加预算一案，经核编完竣，拟准岁入岁出各追加二百二十七万九千三百二十七元，请核定等情，请公决案。

（决议）通过。

十五、主席交议，据会计处签呈，关于新兴县三十四年度地方岁入岁出第一次追加预算一案，经核编完竣，拟准岁入岁出各追加六百二十七万二千九百二十八元，请核定等情，请公决案。

（决议）通过。

十六、主席交议，据会计处签呈，关于揭阳县三十五年度地方岁入岁出第一次追加预算一案，经核编完竣，拟准岁入岁出各追加五千一百八十一万八千五百元，请核定等情，请公决案。

（决议）通过。

十七、主席交议，据会计处签呈，关于钦县三十三年度地方岁入岁出第一次追加预算一案，经核编完竣，拟准岁入岁出各追加四百四十三万三千四百零七元，请核定等情，经准予照办，请追认案。

（决议）追认。

十八、主席交议，据会计处签呈，关于新兴县三十五年度地方岁入岁出第一次追加预算一案，经核编完竣，拟准岁入岁出各追加二千二百一十七万八千七百元，请核定等情，经准予照办，请追认案。

（决议）追认。

十九、主席交议，据会计处签呈，关于南澳县三十五年度地方岁入岁出第一次追加预算一案，经核编完竣，拟准岁入岁出各追加八百零三万零二百元，请核定等情，经准予照办，请追认案。

（决议）追认。

二十、主席交议，据会计处签呈，关于三水县三十五年度地方岁入岁出第一次追加预算一案，经核编完竣，拟准岁入岁出各追加四千七百二十一万四千六百元，请核定等情，经准予照办，请追认案。

（决议）追认。

二十一、主席交议，据会计处签呈，关于翁源县三十四年度地方岁入岁出追加预算一案，经核编完竣，拟准岁入岁出各追加二万六千八百三十七元，请核定等情，经准予照办，请追认案。

（决议）追认。

二十二、主席交议，据会计处签呈，关于化县三十五年度地方岁入岁出第一次追加预算一案，经核编完竣，拟准岁入岁出各追加七千六百零四万三千四百元，请核定等情，经准予照办，请追认案。

（决议）追认。

二十三、主席交议，据会计处签呈，关于丰顺县三十五年度地方岁入岁出第一次追加预算一案，经核编完竣，拟准岁入岁出各追加三千四百二十七万八千一百元，请核定等情，经准予照办，请追认案。

（决议）追认。

二十四、主席交议，据会计处签呈，关于顺德县三十五年度地方岁入岁出第一次追加预算一案，经核编完竣，拟准岁入岁出各追加一千一百七十六万八千七百八十六元，请核定等情，经准予照办，请追认案。

（决议）追认。

二十五、主席交议，据琼崖办公处电，以派员赴榆亚领运充实地方武力之枪弹一批，计垫支旅费二百三十二万五千九百九十五元，请拨还归垫一案，经准在上半年度中央拨县田赋补助款项下如数拨支，请追认案。

（决议）追认。

二十六、主席交议，据会计处签呈，以奉行政院电知，改订省参议会正副议长及驻会委员本年六、七月份交通费标准，饬列入省总预算报备等因，兹拟议奉行意见，请核示等情，经准予照办，请追认案。

（决议）追认。

二十七、主席交议，据会计处签呈，以奉行政院电知，自八月份起，改订省参议会正副议长及驻会委员交通费支给标准，饬核复列入省总预算增拨等因，兹拟议奉行意见，请核示等情，经准予照办，请追认案。

（决议）追认。

二十八、主席交议，据会计处签呈，关于广州市新闻记者公会呈，请按月增加补助该会经费八万元一案，核属需要，拟准自八月份起增拨，计本年五个月共四十万元，该款并拟在下半年度第一预备金项下拨支，请核示等情，经准予照办，请追认案。

（决议）追认。

二十九、主席交议，据会计处签呈，关于本省三十五年度行政会议编送临时费预算表，计列五千九百四十万三千元，请核拨一案，核尚符合，该款拟准在下半年度第一预备金项下开支，请核示等情，经准予照办，请追认案。

（决议）追认。

三十、主席交议，据会计处签呈，关于教育厅呈转省立文理学院三十五年度调整系科增加员额经费及生活补助费预算分配表一案，请核示等情，经准予由本年八月份起增列，请追认案。

（决议）追认。

三十一、主席交议，据民政厅呈编，奉令派员二人代表本府参加行营治安督察组，请由府一次过拨支该两代表旅费七十万元一案，经准在下半年度省预算第一预备金项下开支，请追认案。

（决议）追认。

三十二、主席交议，据建设厅呈，拟派谢群彬代理本厅主任秘书，检同该员任用审查表，请察核等情，请公决案。

（决议）通过。

三十三、主席交议，据建设厅呈，拟派张天野代理本厅技正，检同该员荐委表，请核示等情，请公决案。

（决议）通过。

三十四、主席交议，据建设厅呈，拟派敖道魁代理本厅技正，检同该员任用审查表，请核示等情，请公决案。

（决议）通过。

三十五、主席交议，据地政局呈，拟派张建新代理本局秘书，检同该员任用审查表，请核示等情，请公决案。

（决议）通过。

三十六、主席交议，据地政局呈，拟派黄汝翰代理本局估计专员，检同该员任用审查表，请核示等情，请公决案。

（决议）通过。

三十七、主席交议，据地政局呈，拟派敖昌骆代理本局荐任科员，检同该员任用审查表，请核示等情，请公决案。

（决议）通过。

三十八、主席交议，据财政厅呈，拟派范志雄代理本厅视察，检同该员任用审查表，请核示等情，请公决案。

（决议）通过。

三十九、主席交议，据卫生处呈，拟派孙继中代理省立第一医院主任医师，检同该员荐委表，请核示等情，请公决案。

（决议）通过。

四十、主席交议，据秘书处呈，派范慎斋代理本处秘书，检同该员任用审查表，请核示等情，请公决案。

（决议）通过。

广东省政府第十届委员会
第七十四次会议纪录

时　间　十月八日

地　点　本府会议厅

出席者　罗卓英　李扬敬　杜梅和　姚宝猷　谢文龙　丘　誉
　　　　肖次尹　罗香林　黄文山　周景臻

公出者　蔡劲军　詹朝阳

告假者　黄范一

列席者　毛松年　丘新民　黄秉勋　赖希如

主　席　罗卓英

纪　录　苏旭升

主席恭读　国父遗嘱

宣读第七十三次会议纪录。

报告事项

一、秘书处报告，奉交下会计处签呈，关于从化县三十四年度地方岁入岁出第三次追加预算一案，经核编完竣，拟准岁入岁出各追加二十万元，请核定等情，奉准如拟办理。

二、秘书处报告，奉交下会计处签呈，关于第二区专署请示最近规定出差旅费支给标准一案，查国内出差每日膳宿杂费分区支给数额，经奉行政院本年七月二十五日节京嘉丙字第六七八二号训令，令知调整拟将该项出差旅费支给标准，遵照分行，并由九月下半月起实施，请核定分行后报会议等情，奉准如拟办理。

三、秘书处报告，奉交下会计处签呈，关于建设厅呈转该厅公路处颜前任留办交代人员经费，及生活补助费预算，请由府核发一案，核无不合，计交代经费一十二万零三百二十七元，拟准在上半年度第一预备金项下拨支，生活补助费五十三万八千五百元，拟在核定该处本年度生活补助费总额内匀支，请核定分行后报会议等情，奉准如拟办理。

四、秘书处报告，奉交下会计处签呈，关于建设厅呈，据长途电话所请将奉拨恢复交通通讯款一百四十九万九千四百五十元移为接收防空及东北江军线旅运费一案，核尚可行，拟准照办，并饬迅即重新核实编造该项旅运费预算呈核，及由建设厅汇编整个交通通讯款五百万元计划，及概算书，呈府核转，仍请分行后报会议等情，奉准如拟办理。

五、秘书处报告，奉交下会计处签呈，关于社会处编呈派员赴开建县搬运前省振济会存放药品超支搬运费预算，计共列支一十三万八千一百六十元，该款拟请准在该处振济基金教养机构经临费内列支一案，核尚可行，拟准照办，请核定分行后报会议等情，奉准如拟办理。

六、秘书处报告，据会计处签呈，关于教育厅呈转省立文理学院故组〔教〕员陈庆莹请恤事实表，计列支年恤金一万六千六百三十二元，请核发一案，核无不合，该款拟在本年下半年度第一预备金项下开支，请核定分行后报会议等情，奉准如拟办理。

七、秘书处报告，奉交下会计处签呈，关于民政厅编呈派员赴第三补给区司令部龙潭仓库领运各县警用步弹旅运费预算，计列支一十四万五千七百元，请拨款归垫一案，拟准在本年下半年度第一预备金项下拨支，请核定分行后报会议等情，奉准如拟办理。

八、秘书处报告，奉交下会计处签呈，关于秘书处编呈本府负担广东各界举行七七抗战殉难军民大会经费一十万元预算，请指款拨还归垫一案，拟准在本年度奉准追加第一预备金三千万元项下拨支，请核定分行后报会议等情，奉准如拟办理。

九、秘书处报告，奉交下会计处签呈，以改订财政收支系统后，为处理改制后岁计会计应办事项，及充实县级会计人员干部，特甄选会计人员设班讲习，并印发各项岁计会计应注意事项，需款浩大，本处经费不敷因应，拟请将前奉拨编印三十五年度县总预算书，及省单位岁出预算书印刷费，余款九十九万一千二百四十元，拨充本处事业费，请核示分行后报会议等情，奉准如拟办理。

十、秘书处报告，奉交下会计处签呈，关于卫生处呈转省立第三医院迁移佛山旅运费预算，计共列支一十三万九千三百八十元，请准予拨还归垫一案，拟准援案拨支一十万元，该款在本年度追加第一预备金三千万元项下开支，请核定分行后报会议等情，奉准如拟办理。

十一、秘书处报告，奉交下会计处签呈，以三十三年度未能清拨各机关费用，前经财政厅列具三十三年度应拨各费清表，呈由本府转呈行政院准予转账，加入三十五年度开支在案，现奉行政院核复准予照办，拟先分行后报会议等情，奉准如拟办理。

十二、秘书处报告，奉交下会计处签呈，关于教育厅呈，据省立两阳中学电，以飓风为灾，请准在本年度省单位预算临时部分四款六项五目，省立学校及社教机关临时费项下，拨付该校修建费二十万元一案，查属需要，拟予照准，请核定分行后报会议等情，奉准如拟办理。

十三、民政厅报告一周办理重要工作。

十四、财政厅报告一周办理重要工作。

十五、教育厅报告一周办理重要工作。

十六、建设厅报告一周办理重要工作。

十七、秘书处报告一周办理重要工作。

讨论事项

一、主席交议，据财政厅呈，兹依照本府法规整理委员会意见，修正本省特种事业基金管理委员会组织规程，及特种事业基金管理办法，请核示等情，请公决案。

（决议）修正通过。修正之点如左：甲、组织规程：原规程第二条文内"临时参议会"，改为"参议会"。乙、管理办法：（一）原办法第七条第二项及第十条文内之"委员会议"四字删去。（二）原办法第八条、第九条内凡有"广东省政府"等字样，均改为"省政府"。

二、主席交议，据建设厅呈，兹拟具广东省营工厂产品推销办法，请核示等情，请公决案。

（决议）修正通过。

修正之点如左：（一）原办法第八条文内"七折至九折或十足"等八字删去。（二）原办法第九条修正为"总代理商或代理商领销产品，其售价比公价不得多过百分之三十，但距离较远县市得酌加运费，所有售价，应由总代理商或代理商随时呈厂，转呈本厅核备"。

三、主席交议，据建设厅代电，以据公路处呈，拟设立该处琼崖办事处，并附具编制经费预算一案，转请核示等情，请公决案。

（决议）保留。

四、主席交议，据田粮处签呈，兹依照粮食部颁发各省（市）田赋征实及征借粮食收解运拨及结报办法第六条规定，拟具本省田赋征实及征借粮食划拨办法，并送会计处、财政厅、秘书处参酌意见，分别修正，请核示等情，请公决案。

（决议）交杜委员、李委员、肖委员及田粮处、会计处审查，由杜委员约集。

五、主席交议，据财政厅、会计处会签，兹遵照第七十二次会议决议预算调整原则，编具本省三十五年度岁入岁出总预算及总说明，请核示等情，请公决案。

（决议）修正通过。

六、主席交议，据会计处签呈，兹拟具三十六年度本省岁入岁出总预算编审办法，请核示等情，请公决案。

（决议）通过。

七、主席交议，据会计处签呈，以奉行政院令，颁公务员因公伤病核给医药费办法，饬遵照一案，兹拟议奉行意见，请核示等情，请公决案。

（决议）除公务员退休法施行细则第五条第二项暂缓补助外，饬照通过。

八、主席交议，据会计处签呈，关于省临时参议会函请拨发该会结束费及员役遣散费一案，兹拟议意见，请核示等情，请公决案。

（决议）电请行政院核示。

九、主席交议，据会计处签呈，关于广东省党部电请转饬各县市局酌予补助县党部选举费一案，兹拟议意见，请核示等情，请公决案。

（决议）通过。

十、主席交议，据会计处签呈，关于财政厅电，以遵谕垫付国大代表联谊会广东分会经费一百万元，请补办法案并指款归垫一案，兹拟议意见，请核示等情，请公决案。

（决议）通过。

十一、主席交议，据人事处签呈，关于民政厅呈拟本省参议会及秘书处组织人员表一案，兹酌予修正，请核示等情，请公决案。

（决议）照人事处九月二十八日签拟通过。

十二、主席交议，据会计处签呈，关于华侨教育会港九分会呈，以该会向广东省立仪器制造厂订购仪器十六套，计共需款一千二百八十八万元，请补助半数一案，应否准如所请之处，请核示等情，请公决案。

（决议）准予补助国币六百四十四万元，款在下半年度预备金项下支付。

十三、主席交议，据会计处签呈，关于汕头市政府呈编该市奉拨复员费八千万元分配预算一案，核尚需要，拟准予存转，请核定等情，请公决案。

（决议）通过。

十四、主席交议，据会计处签呈，关于秘书处呈编本府负担广东各界庆祝九三胜利纪念大会等经费，共二十万元预算，请拨还归垫一案，拟准照数在下半年度第一预备金项下拨支，请核示等情，请公决案。

220

（决议）通过。

十五、主席交议，据建设厅代电，以据公路处呈，请继续设立该处广九公路修复工程处，并编具临时编制经费预算一案，核属需要，拟准予照办，请核示等情，请公决案。

（决议）通过。

十六、主席交议，据建设厅代电，以据公路处编呈该处广九公路修复工程处各渡口经费预算一案，核属需要，拟准予照办，请核示等情，请公决案。

（决议）通过。

十七、主席交议，准省保安司令部编送该部三十五年度保二三八团特二大队及干训班补充炒米袋包袱皮购制费超支预算，计共二十万五千四百七十九元，该款拟在同年度保安经费节余项下支报，请核复等由，请公决案。

（决议）通过。

十八、主席交议，准省保安司令部编送该部三十四年度疏散运输消耗油料购置费预算，计共支一百二十五万四千八百元，该款拟在本部同年度保安经费节余项下支报，请核复等由，请公决案。

（决议）通过。

十九、主席交议，准省保安司令部编送该部第八团三十四年度整训教育器材设备费预算，计共八十三万零九百五十元，请核复等由，请公决案。

（决议）通过。

二十、主席交议，据会计处签呈，关于社会处呈编派员赴龙川县接收前省振济会存放运输车，并购配汽车零件轮胎及搬运药物旅运费预算，计共三百七十九万八千一百八十元一案，该款拟准在振济基金教养机构经临费项下开支，请核示等情，请公决案。

（决议）通过。

二十一、主席交议，据会计处签呈，关于财政厅呈，编统印各项票照契据书册，请拨款办理一案，兹拟议意见，请核示等情，请公决案。

（决议）通过。

二十二、主席交议，据会计处签呈，关于廉江县三十五年度地方岁入岁出第一次追加预算一案，经核编完竣，拟准岁入岁出各追加四千零一十六万六千一百元，请核定等情，请公决案。

（决议）通过。

二十三、主席交议，据会计处签呈，关于大埔县三十四年度地方岁入岁出第二次追加预算一案，经核编完竣，拟准岁入岁出各追加一百零四万二千六百四十二元，请核定等情，请公决案。

（决议）通过。

二十四、主席交议，据会计处签呈，关于普宁县三十五年度地方岁入岁出第一次追加预算一案，经核编完竣，拟准岁入岁出各追加三千七百八十七万四千二百元，请核定等情，请公决案。

（决议）通过。

二十五、主席交议，据会计处签呈，关于饶平县三十五年度地方岁入岁出第一次追加预算一案，经核编完竣，拟准岁入岁出各追加一亿六千四百二十六万六千一百元，请核定等情，请公决案。

（决议）通过。

二十六、主席交议，据会计处签呈，关于南海县三十五年度地方岁入岁出第一次追加预算一案，经核编完竣，拟准岁入岁出各追加三亿三千二百二十三万一千二百元，请核定等情，请公决案。

（决议）通过。

二十七、主席交议，据会计处签呈，关于紫金县三十五年度地方岁入岁出第一次追加预算一案，经核编完竣，拟准岁入岁出各追加三千五百二十八万九千九百元，请核定等情，请公决案。

（决议）通过。

二十八、主席交议，据会计处签呈，关于琼东县三十四年度地方岁入岁出总预算一案，经核编完竣，拟准岁入岁出各列一百九十六万零一百八十二元，请核定等情，经准予照办，请追认案。

（决议）追认。

二十九、主席交议，据会计处签呈，关于阳山县三十三年度地方岁入岁出追加预算一案，经核编完竣，拟准岁入岁出各追加二百八十五万三千六百八十六元，请核定等情，经准予照办，请追认案。

（决议）追认。

三十、主席交议，据会计处签呈，关于河源县三十四年度地方岁入岁出预算一案，经核编完竣，拟准岁入岁出各追加一千零二十六万八千五百八十元，请核定等情，经准予照办，请追认案。

（决议）追认。

三十一、主席交议，据会计处签呈，关于电白县三十四年度地方岁入岁出第一次追加预算一案，经核编完竣，拟准岁入岁出各追加四百九十九万九千零五十八元，请核定等情，经准予照办，请追认案。

（决议）追认。

三十二、主席交议，据教育厅签呈，本厅第四科科长冯少杜拟调派代理本厅督学，又秘书黄继植、督学杨树荣拟予互调职务，请核示等情，请公决案。

（决议）通过。

三十三、主席交议，据建设厅代电，拟派彭少聪代理本厅技正，检同该员任用审查表，请核示等情，请公决案。

（决议）通过。

三十四、主席交议，据建设厅呈，拟派关资亚代理公路处秘书，检同该员任用审查表，请核示等情，请公决案。

（决议）通过。

三十五、主席交议，据建设厅呈，拟派周斗垣代理公路处课长，检同该员任用审查表，请核示等情，请公决案。

（决议）通过。

三十六、主席交议，据教育厅呈，拟派丁衍庸为省立艺术专科学校校长，检同该员简历表，请核示等情，请公决案。

（决议）通过。

广东省政府第十届委员会
第七十五次会议纪录

时　间　十月十九日

地　点　本府会议厅

出席者　罗卓英　　谢文龙　　丘　誉　　肖次尹　　罗香林　　黄文山
　　　　詹朝阳　　周景臻

公出者　杜梅和　　蔡劲军

告假者　李扬敬　　姚宝猷　　黄范一

列席者　毛松年　　丘新民　　黄秉勋　　陈鸿藻　　朱润深　　黄枯桐
　　　　郭汉鸣　　钟盛麟　　李秋谷　　赖希如

主　席　罗卓英

纪　录　苏旭升

主席恭读　国父遗嘱

宣读第七十四次会议纪录。

报告事项

一、秘书处报告，奉交下会计处签呈，关于南海县政府呈请将三十四年度未及提领之九至十一月份公粮代金，共二十四万五千五百二十元，准予转账加入本年度岁出，以应支用一案，经呈奉行政院核复，以所请为数不多，无需转账，饬在本年度预算内统筹等因，该款兹拟在本年度国税拨县款田赋补助款项下拨支，请核定等情，奉准如拟办理。

二、秘书处报告，奉交下会计处签呈，关于秘书处编呈垫付本府负担广东各界欢送慰劳复员士兵大会经费一十万元预算，请指款拨还归垫一案，该款拟准在本年下半年度第一预备金项下拨支，请核定等情，奉准如拟办理。

三、秘书处报告，奉交下会计处签呈，关于第八区专署办事员陈世村三十三年生育补助费一千四百元，原经本府核定拨发，嗣因国库拒付，经列具转账表，呈请行政院准予转入三十五年度清付，现奉核复，

224

以为数甚少，饬在本省本年度核定预算内匀支，毋须转账，以简手续等因；兹拟在本年下半年度第一预备金项下拨付，请核定等情，奉准如拟办理。

四、秘书处报告，奉交下会计处签呈，以奉行政院令，各机关汽车司机等技术工人，一律准予比照警察待遇支薪俸，加倍数基本数仍支六成，自本年八月份起实行，所需增支经费，即在各机关原预算内匀支等因，拟遵照分行本府各机关，并饬所属增支数目即在机关核定生活费总额内，自行因应匀支，不得另行请款，请核定等情，奉准如拟办理。

五、秘书处报告，奉交下会计处签呈，关于建设厅长途电话管理所呈，以自本年一至七月份，经照员一百二十一人、役一百六十八人之数实支，请予照准，自八月份起，仍照原核定员九十五人、役一百九十四人之数办理一案，查该所本年一至七月份，领支生活补助费人数姑予照准，八月份起，应饬切实遵照本府第六十七次委员会议，核定员役人数核实列支，并即编列生活补助费分配预算表，呈核请核示等情，奉准如拟办理。

六、秘书处报告，奉交下会计处签呈，关于广州市政府呈报，该市工务局复员建设费，第一期修理马路工程进度实支数目，及拟变更计划报告表一案，经建设厅核明尚属符合，惟事关变更原预算，拟请核定报会后分行等情，奉准如拟办理。

七、田粮处报告一周办理重要工作。

八、社会处报告一周办理重要工作。

九、会计处报告一周办理重要工作。

十、统计处报告一周办理重要工作。

十一、人事处报告一周办理重要工作。

十二、卫生处报告一周办理重要工作。

十三、农林处报告一周办理重要工作。

十四、地政局报告一周办理重要工作。

十五、设计考核委员会报告一周办理重要工作。

十六、建设研究会报告一月办理重要工作。

讨论事项

一、主席交议，据设计考核委员会签呈，兹斟酌本府各单位意见，拟订本省三十六年度中心工作计划项目，及工作计划编造办法，请核示等情，请公决案。

（决议）修正通过。

二、主席交议，据田粮处签呈，兹根据战时田赋征收实物条例，并斟酌本省实际情形，拟具本省三十五年度，田赋征收实物及征借粮食实施办法，请核示等情，请公决案。

（决议）通过。

三、主席交议，据人事处签呈，关于湛江市政府请示该市政府督学等人员可否提高等级一案，兹拟议调整该市及汕头市政府编制，请核示等情，请公决案。

（决议）通过。

四、主席交议，据会计处签呈，关于农林处编缴该处本年度经常费预算分配表一案，兹拟议意见，请核示等情，请公决案。

（决议）仍照一百三十三人编制办理。

五、主席交议，据会计处签呈，关于建设厅前拟具发展本省农田水利计划及经费预算，呈请追加一案，经由府呈奉行政院，并准农林部分别核复，所请追加水利事业费，应列入下半年度本省总预算内，兹拟议意见，请核示等情，请公决案。

（决议）（一）、（三）两项准拨一千五百万元，款在下半年度预备金项下支付。

六、主席交议，据会计处签呈，关于省保安司令部电请拨发该部护沙总队三十四年十一、十二月份差拨经费，及冬季服装费二千万元，本年度四月份经费一千五百万元，暨编具沙区指挥所本年度五、六月份经费预算，请核复一案，兹拟议意见，请核示等情，请公决案。

（决议）由财政厅照拨。

七、主席交议，据地政局签呈，兹依照中央修正收复区土地权利清理办法，修订本省收复区土地权利清理办法施行细则，请核示等情，请公决案。

（决议）通过。

八、主席交议，据地政局签呈，关于南海县政府协助省立第三医院征用土地建筑医院一案，经饬据补具计划书、征收土地图说及建筑地盘图，呈复到府，查核尚合，请核示等情，请公决案。

（决议）准予依法征用。

九、主席交议，据会计处签呈，关于教育厅呈转省立民众教育馆本年度迁移修建设备费预算，计需款四百六十一万元，请拨款办理一案，兹拟议意见，请核示等情，请公决案。

（决议）准予增拨，款在下半年度预备金项下支付。

十、主席交议，据会计处签呈，关于教育厅呈请拨助中国童子军广州理事会训练班经费二十万元，国立中山大学附设中心国民教员函授学校，印刷费二十万元，及逸仙初级中学补助费六万元，共计四十六万元一案，拟准在本年度各公私立学校补助费拨付，请核示等情，请公决案。

（决议）通过。

十一、主席交议，据民政厅签呈，关于广州市酿酒工业同业公会呈，以粮荒已过，粮价低跌，请弛禁米酒以维业务一案，应如何办理，请核示等情，请公决案。

（决议）缓议。

十二、主席交议，据建设厅签呈，以据公路处呈，以征收养路费入不敷支，拟将养路费征收率调整一案，兹拟议意见，请核示等情，请公决案。

（决议）通过。

十三、主席交议，据会计处签呈，关于第九区专署电请拨发该区暑期教育人员集训营经费一案，兹拟议拨发意见，请核示等情，请公决案。

（决议）照第一项意见办理。

十四、主席交议，据财政厅、会计处会呈，本省各县（市局）三十六年度地方总预算编审委员会经开始办公，约需办公费九十万元，请在本年下半年度第一预备金项下拨支，并由财政厅先行筹垫五十万应支，请核示等情，请公决案。

（决议）通过。

十五、主席交议，据会计处签呈，关于建设厅呈缴该厅三十五年度追加接收敌伪省营工厂农场费用预算书，请准在本年上半年度该项租金收入项下，拨付抵解一案，兹拟议意见，请核示等情，请公决案。

（决议）通过。

十六、主席交议，据秘书处签呈，关于广东各界欢迎克利浦斯夫人筹备会函请本府负担欢迎大会经费一百万元一案，请核示等情，请公决案。

（决议）通过，款在下半年度预备金项下支付。

十七、主席交议，据会计处签呈，关于惠阳县三十五年度地方岁入岁出第一次追加预算一案，经核编完竣，拟准岁入岁出各追加九千八百四十万三千九百元，请核定等情，请公决案。

（决议）通过。

十八、主席交议，据会计处签呈，关于海丰县三十五年度地方岁入岁出第一次追加预算一案，经核编完竣，拟准岁入岁出各追加七千四百三十九万二千四百元，请核定等情，请公决案。

（决议）通过。

十九、主席交议，据会计处签呈，关于信宜县三十四年度地方岁入岁出第二次追加预算一案，经核编完竣，拟准岁入岁出各追加六百八十九万五千三百九十四元，请核定等情，经准予照办，请追认案。

（决议）追认。

二十、主席交议，据会计处签呈，关于龙川县三十五年度地方岁入岁出第一次追加预算一案，经核编完竣，拟准岁入岁出各追加五千一百八十万二千五百元，请核定等情，经准予照办，请追认案。

（决议）追认。

二十一、主席交议，据会计处签呈，关于仁化县三十五年度地方岁入岁出第一次追加预算一案，经核编完竣，拟准岁入岁出各追加二千零一十八万五千二百元，请核定等情，经准予照办，请追认案。

（决议）追认。

二十二、主席交议，据会计处签呈，关于恩平县三十五年度地方岁入岁出第一次追加预算一案，经核编完竣，拟准岁入岁出各追加一千九百九十五万零六百六十六元，请核定等情，经准予照办，请追认案。

（决议）追认。

二十三、主席交议，据会计处签呈，关于从化县三十四年度地方岁入岁出第二次追加预算一案，经核编完竣，拟准岁入岁出各追加四百零八万九千二百八十九元，请核定等情，经准予照办，请追认案。

（决议）追认。

二十四、主席交议，据会计处签呈，关于廉江县三十四年度地方岁入岁出第四次追加预算一案，经核编完竣，拟准岁入岁出各追加一十八万元，请核定等情，经准予照办，请追认案。

（决议）追认。

二十五、主席交议，据会计处签呈，关于新会县三十五年度地方岁入岁出第一次追加预算一案，经核编完竣，拟准岁入岁出各追加一亿四千九百一十三万零八百六十六元，请核定等情，经准予照办，请追认案。

（决议）追认。

二十六、主席交议，据会计处签呈，关于防城县三十四年度地方岁入岁出第一次追加预算一案，经核编完竣，拟准岁入岁出各追加六百六十二万七千二百三十二元，请核定等情，经准予照办，请追认案。

（决议）追认。

二十七、主席交议，据会计处签呈，关于紫金县三十四年度地方岁入岁出第二次追加预算一案，经核编完竣，拟准岁入岁出各追加一百六十九万五千一百八十九元，请核定等情，经准予照办，请追认案。

（决议）追认。

二十八、主席交议，据会计处签呈，关于建设厅呈转省营士敏土厂三十四年十一月起至本年三月止筹备复工费预算一案，兹分别核议意见，请核示等情，经准予照办，请追认案。

（决议）追认。

二十九、主席交议，据会计处签呈，关于省立图书馆呈，以馆舍颓危，亟须重修，请拨款三百五十万元修建一案，经准在本年下半年度第一预备金项下支付，请追认案。

（决议）追认。

三十、主席交议，据会计处签呈，以奉行政院电知，由本年四月份起，改订行政区专员及县市长特别办公费标准一案，兹拟议奉行意见，请核示等情，经准予照办，请追认案。

（决议）追认。

三十一、主席交议，据财政厅呈，以生活补助费科目支绌，奉饬拨付各县无线电分台本年七、八月份生活补助费，无法因应，请核示等情，经准照七月份规定标准分别核算，计七、八两月份共九千一百二十四万五千六百元，该款并先行在国税划归原收入县市部分签拨，候分配后扣除，请追认案。

（决议）追认。

三十二、主席交议，据琼崖办公处电，以招待英美舰队空军官佐来琼拜访，及联总中外技术专家暨各考察团来琼考察，计共支出招待费二百零四万一千零六十元，请拨还归垫等情，经准在本年度中央分配县市田赋补助款项下拨支，请追认案。

（决议）追认。

三十三、主席交议，据会计处签呈，关于本省三十五年度行政会议秘书处呈，为迩来物价高涨膳食昂贵，并因应实际需要增设工作人员，原列预算不敷因应，请增拨临时费一千四百万元一案，拟准在本年下半年度第一预备金项下支付，请核示等情，经准予照办，请追认案。

（决议）追认。

三十四、主席交议，据民政厅代电，拟派梁冕百代理本厅视察，检同该员任用审查表，请核示等情，请公决案。

（决议）通过。

三十五、主席交议，据财政厅呈，拟派梁杜若代理本厅科长，检同该员任用审查表，请核示等情，请公决案。

（决议）通过。

三十六、主席交议，据建设厅呈，拟派伍玄晖代理本厅科长，检同该员荐委表，请核示等情，请公决案。

（决议）通过。

广东省政府第十届委员会
第七十六次会议纪录

时　间　十月二十九日

地　点　本府会议厅

出席者　罗卓英　李扬敬　姚宝猷　谢文龙　丘　誉　罗香林
　　　　黄文山　黄范一　詹朝阳　周景臻

公出者　杜梅和　蔡劲军

告假者　肖次尹

列席者　韦镇福　张　明　丘新民　黄秉勋　黄枯桐　郭汉鸣
　　　　陈昌五　赖希如　严　庄　温振鹏

主　席　罗卓英

纪　录　苏旭升

主席恭读　国父遗嘱

宣读第七十五次会议纪录。

报告事项

一、秘书处报告，奉交下会计处签呈，关于秘书处编呈垫付本府负担广东各界庆祝孔子诞辰暨教师节纪念大会经费一十万元预算，请指款拨还归垫一案，该款拟准在本年下半年度第一预备金项下开支，请核定分行后报会议等情，奉准如拟办理。

二、秘书处报告，奉交下会计处签呈，关于秘书处编呈垫付本府负担广东各界庆祝"八一四"空军节及纪念"八一五"盟军胜利两大会经费各一十万元，共计二十万元预算，请指款拨还归垫一案，该款拟准在本年下半年度第一预备金项下开支，请核定分行后报会议等情，奉准如拟办理。

三、秘书处报告，奉交下建设厅签呈，关于商办公路路权申请登记期限，规定至十月十四日届满，惟查各路权人或因地处边远政令传达迟滞，或以原有股东组织散漫，一时负责无人，为兼顾事实，并求各公路

231

能普遍修复计，拟将路权登记期限延展两个月，即由十月十五日至十二月十四日止，是否有当，请核示等情，奉准如拟办理。

四、秘书处报告，奉交下会计处签呈，以奉行政院令知，出差台湾省每日膳宿什费支给标准，计特任二百六十元，简任二百二十元，荐任一百六十元，委任一百二十元，雇员九十元，催工六十元，均暂以台湾通用币订计，饬知照等因，拟报会后分行，请核示等情，奉准如拟办理。

五、秘书处报告，奉交下会计处签呈，关于第二区专署前编呈协助二区清剿委员会本年七月至九月份经费预算共列二十万元，请照数拨发一案，该款经奉准在分配县市国税款由省统筹部分拨支，并分行在案。现复据该署编呈追加协助清剿委员会延期一月结束经费一十万元预算，请核拨前来，拟援案准在分配县市国税款由省统筹部分拨支，请核示等情，奉准如拟办理。

六、民政厅报告一周办理重要工作。

七、财政厅报告一周办理重要工作。

八、教育厅报告一周办理重要工作。

九、建设厅报告一周办理重要工作。

十、秘书处报告一周办理重要工作。

讨论事项

一、主席交议，据民政厅、财政厅、会计处会呈，奉交审查民政厅签拟本省各县（市局）健全基层组织应注意事项一案，经会同审查完竣，谨列具意见，请核示等情，请公决案。

二、主席交议，据会计处签呈，关于民政厅呈，拟修订本省各县（局）乡镇公所暨保办公处编制，及经费标准表一案，兹拟议意见，请核示等情，请公决案。

以上两案合并讨论。

（决议）照会计处签拟意见办理。

三、主席交议，据农林处签呈，兹参酌本省实情，拟具本年度冬耕运动实施办法、冬耕贷款分配表，及督导示范费预算，请核示等情，请公决案。

（决议）通过。督导费七百六十七万二千元照拨，款在下半年度预备金项下支付。

四、主席交议，据民政厅签呈，关于连平、和平、河源三县互争忠信图六乡插花住户及其县界纠纷一案，兹拟议意见，请核示等情，请公决案。

（决议）通过。

五、主席交议，据人事处签呈，关于卫生处呈，据汕头市政府拟具该市市立医院组织规程及编制表一案，兹拟酌予分别修正，请核示等情，请公决案。

（决议）通过。

六、主席交议，据建设厅呈，兹拟具本厅放存各地物资产业保管办法，请核示等情，请公决案。

（决议）通过。

七、主席交议，据会计处签呈，关于民政厅编呈本省公职候选人预估汇转检核，临时雇用人员所需生活补助费预算，计全年度共需一百九十三万五千元一案，该款拟准在本年度生活补助费科目开支，请核示等情，请公决案。

（决议）通过。

八、主席交议，据会计处签呈，关于卫生处呈转该处黄前任三十三年度抢运储存开建药物返韶临时费预算，计需款二十一万元，该款请准在同年度暂收价领药款内拨还归垫一案，拟姑予照准，请核示等情，请公决案。

（决议）照准。

九、主席交议，据会计处签呈，关于秘书处编呈垫付本府主席巡视海南岛旅费预算，计列支二百三十九万一千零五十元，请拨还归垫一案，该款拟在本年下半年度预备金项下拨支，请核示等情，请公决案。

（决议）通过。

十、主席交议，据本省三十六年度县市预算编审委员会签呈，以田粮征收经费分担办法，现尚未奉中央规定，为利便编审起见，经由本会第二次会议决定暂行编列意见，是否可行，请核示等情，请公决案。

（决议）通过。

十一、主席交议，据农林处呈，以据该处东陂酒壶岭牧场呈，以该场僻西陲交通阻梗，拟南迁清远，并拟具迁建费预算及出租耕牛办法一案，核属需要，请核示等情，请公决案。

（决议）迁建费不敷数三百一十六万元照拨，款在下半年度预备金项下支付。

十二、主席交议，据会计处签呈，关于教育厅呈，据省立文理法商两学院请拨发该两校石榴岗校舍装置水电所需机器经费，共四千万元一案，为数颇巨，应如何办理之处，请核示等情，请公决案。

（决议）照拨。款在下半年度预备金项下支付。

十三、主席交议，据会计处签呈，关于农林处前以各县发生牛瘟呈请拨款五百万元防疗一案，经由府饬财政厅筹垫，惟未指定开支科目，该款兹拟由本年下半年第一预备金项下拨还归垫，请核示等情，请公决案。

（决议）通过。

十四、主席交议，据会计处签呈，关于民政厅长李扬敬呈，以赴京出席国民大会，并带随员一人前往处理本省代表选举监督事务，请拨发旅什费二百万元一案，该款拟准在本年下半年度预备金项下拨支，请核示等情，请公决案。

（决议）通过。

十五、主席交议，据会计处签呈，关于秘书处编呈垫付本府招待连南县徭民观光团膳费及回程旅费，预算计共六十九万元，请拨还归垫一案，该款拟准在本年度分配县市国税款由省统筹部分拨支，请核示等情，请公决案。

（决议）通过。

十六、主席交议，据省训练团签呈，以复员军官转业训练业经开始，关于各班组学员结业后转业办法，拟请由本府各有关机关迅予拟订，请核示等情，请公决案。

（决议）由人事处迅速召集各有关单位会商办法呈核。

十七、主席交议，据省训练团签呈，关于广东全省保安司令部电请收训该部编余官佐一案，兹拟定收训办法，请核示等情，请公决案。

（决议）通过。

十八、主席交议，据教育厅编呈本省三十五年度调整后公费生膳食费分配预算，请核转等情，请公决案。

（决议）通过。

十九、主席交议，据民政厅签呈，为遵限肃清烟毒，拟派员分赴各发现烟苗地区监铲烟苗，计共需旅费八百万元，请核拨办理等情，请公决案。

（决议）照拨，款在下半年度预备金项下支付。

二十、主席交议，据田粮处签呈，兹遵照中央颁发粮食市场管理处组织通则规定，并参酌实际需要，拟具本省各县（市局）粮食市场管理处组织通则，请核示等情，请公决案。

（决议）通则通过。将来视各地需要情形，由省田粮处呈请核定设立。

二十一、主席交议，据人事处签呈，关于省训练团呈拟该团组织规程及编制表一案，兹拟具意见并将编制表酌予修正，请核示等情，请公决案。

（决议）修正通过。

二十二、主席交议，准广东全省保安司令部拟送该部整理各县沙区自卫队方案，请核复等由，请公决案。

（决议）交民政、财政两厅，田粮、会计两处及省保部审查，由省保部约集。

二十三、主席交议，据会计处签呈，关于省参议会先后编送该会第一届第一次大会经费一亿一千五百九十五万七千元预算，及追加经费二千三百八十万元预算两案，该两款拟并在本年下半年度第一预备金项下拨支，请核示等情，请公决案。

（决议）通过。

二十四、主席交议，据会计处签呈，关于教育厅编呈公开考选赴日见习渔业技术人员及考选委员会经费预算，请核拨办理一案，兹拟议意见，请核示等情，请公决案。

（决议）通过。

二十五、主席交议，据建设厅呈转该厅技正何肇中会同经济部特派员办公处派员前赴粤北视察各煤矿报支旅费表，据计列支二十五万八千二百元一案，该款经准在本年度奉准追加预备金三千万元项下拨支，请追认案。

（决议）追认。

二十六、主席交议，准省临时参议会编送本年度省参议会第一届第一次大会经费预算，计共六千一百九十万元，请先拨三千万元应用等由。该款经准在下半年度特别预备金项下拨支，请追认案。

（决议）追认。

二十七、主席交议，据田粮处呈，以垫付林议长翼中、伍委员智梅赴京，向中央请拨米粮济荒交通费共一百万元，请拨还归垫等情，该款经准在本年度奉准追加预备金项下拨支，请追认案。

（决议）追认。

二十八、主席交议，据教育厅编呈三十五年度本省选送海军军官学校学生经费预算，计列一千一百一十万八千元，请核拨等情。经饬据会计处签拟意见前来，并准予照办，请追认案。

（决议）追认。

二十九、主席交议，据教育厅编呈省立兴宁高级工业职业学校本年度增加电机、土木两班，一至七月份员役生活补助费预算，计列五百六十六万三千元，请核拨一案，该款经准在本年度生活补助费项下拨支，请追认案。

（决议）追认。

三十、主席交议，据会计处签呈，本省三十五年度各项工作竞赛奖励及宣传费一案，经第四十三次会议核定一百五十万元，惟未指定开支科目，该款兹拟议在本年度特别预备金项下拨支，请核示等情，经准予照办，请追认案。

（决议）追认。

三十一、主席交议，据民政厅呈，以奉行政院核准公开焚毁接收敌伪烟土烟膏，并定行政会议闭幕日举行焚烟大会，计需费六十万元请拨款办理等情，该款经准在本年下半年度第一预备金项下拨支，请追认案。

（决议）追认。

三十二、主席交议，据建设厅呈，拟派曾广清代理本厅科长，检同该员荐委表，请核示等情，请公决案。

（决议）通过。

三十三、主席交议，据建设厅代电，拟调本厅秘书伍泽元代理公路处副处长，请核示等情，请公决案。

（决议）通过。

三十四、主席交议，据地政局呈，拟派黄石华代理本局科长，检同该员任用审查表，请核示等情，请公决案。

（决议）通过。

三十五、主席交议，据社会处代电，拟派郑嘉猷代理本处督导员，检同该员任用审查表，请核示等情，请公决案。

（决议）通过。

三十六、主席交议，据农林处呈，拟派范朕廷代理本处秘书，检同该员任用审查表，请核示等情，请公决案。

（决议）通过。

广东省政府第十届委员会
第七十七次会议纪录

时　　间　十一月一日

地　　点　本府会议厅

出席者　罗卓英　李扬敬　谢文龙　丘　誉　罗香林　黄文山
　　　　詹朝阳　周景臻

公出者　杜梅和　蔡劲军

告假者　姚宝猷　肖次尹　黄范一

列席者　丘新民　黄枯桐　郭汉鸣　陈昌五　李秋谷　赖希如
　　　　林猷钊　何启昌

主　　席　罗卓英

纪　　录　苏旭升

主席恭读　国父遗嘱

宣读第七十六次会议纪录。

报告事项

一、秘书处报告，奉交下民政厅签呈，以各县自卫队改编警察队一案，前经由本厅订定，广东省各县（市局）自卫队改编警察队实施办法，签请提付第六十八次委员会议通过，并通饬施行，查原办法第三条规定"各县（市局）警察队有一大队以上者，直隶各县市政府管理局"，惟现奉行政院令，饬应隶属县警察局，及改编为保安警察队等因，拟遵照分行后报会议等情，奉准如拟办理。

二、秘书处报告，奉交下会计处签呈，关于第八区专署前呈请拨发该署办事员钟逢英、情报员钟喜逵两员三十四年度生育补助费各三千六百元，合共七千二百元一案，经呈奉行政院申真定四第一一八九七号代电核复，准在本年度第一预备金项下补发，拟先分行后报会议等情，奉准如拟办理。

三、秘书处报告，奉交下会计处签呈，关于民政厅编呈第一次化验烟土费二万九千元预算，请核拨一案，该款拟准在本年度下半年度第一预备金项下拨支，请核定分行后报会议等情，奉准如拟办理。

四、秘书处报告，关于英德县青塘乡民刘××因建筑校舍纠纷事件不服英德县政府所为处分，向本府提起诉愿一案，经由本处审查评议完竣，依法拟具决定书，本件诉愿不受理，并经签准如拟办理。

五、秘书处报告，奉交下会计处签呈，关于财政厅电请将南路堆肥菌种培养室三十四年度三至六月份经费，共一万四千七百一十八元，转呈准予转账加入本年度拨付一案，查此案为数无多，为简化手续，拟准在本年下半年度第一预备金项下支付，请核示等情，奉准如拟办理。

六、田粮处报告一周办理重要工作。

七、社会处报告一周办理重要工作。

八、会计处报告一周办理重要工作。

九、统计处报告一周办理重要工作。

十、人事处报告一周办理重要工作。

十一、卫生处报告一周办理重要工作。

十二、农林处报告一周办理重要工作。

十三、地政局报告一周办理重要工作。

十四、设计考核委员会报告一周办理重要工作。

讨论事项

一、主席交议，据人事处签呈，关于地政局呈，为切合实际，拟修正该局组织规程及编制表一案，兹拟具意见，并分别酌予修正，请核示等情，请公决案。

（决议）修正通过。

二、主席交议，据人事处签呈，本府所属各机关职员考勤规则，未尽完善，兹拟重予修正，请核示等情，请公决案。

（决议）修正通过。

三、主席交议，据财政厅签呈，兹拟具本省各县市局公有款产管理委员会办事细则，请核示等情，请公决案。

（决议）修正通过。

四、主席交议，据地政局签呈，依照中央颁布修正土地法及土地施行法，重行修正本省土地登记施行细则第一、十七、十八、二十二各条文，请核示等情，请公决案。

（决议）通过。

五、主席交议，据田粮处签呈，兹拟具本省各县（市局）应得田赋征实及带征公粮划拨通则，请核示等【情】，请公决案。

（决议）并第七十四次讨论第四案审查。

六、主席交议，据会计处签呈，关于农林处呈转该处畜牧防疗所三十五年度经临费，及生活补助费预算一案，兹拟议意见请核示等情，请公决案。

（决议）通过。

七、主席交议，据五年建设计划起草委员会签呈，以本省五年建设计划草案及计划撮要表初稿，经已拟定，惟须召集专家开会研究，计尚需开会及交通印刷等费，共四百八十万元，请追拨等情，请公决案。

（决议）通过。

八、主席交议，据会计处签呈，关于本省三十四年及三十五年度特别办公费不敷数，经再电行政院追拨，现奉核复饬在追加经临费统筹匀配等因，兹拟议奉行意见，请核示等情，请公决案。

（决议）通过。

九、主席交议，据会计处签呈，关于建设厅呈，拟连、和、新、河四县负担公路处护路大队饷糈办法一案，兹拟议意见，请核示等情，请公决案。

（决议）暂由公路处全部负担。

十、主席交议，据会计处签呈，关于建设厅转缴公路处三十五年度公路保养基金岁入岁出预算一案，兹拟议意见，请核示等情，请公决案。

（决议）增列连、和、新、河四县护路大队经费，余照通过。①

十一、主席交议，据会计处签呈，关于民政厅呈，请追加省警察第一、二大队及教导大队，暨警察训练所长警服装膳食，及卫生医药等费一案，兹拟议意见，请核示等情，请公决案。

（决议）冬季服装费加发一千五百万元，膳食及医药费照会计处签拟意见办理。

十二、主席交议，据会计处签呈，以准财政厅函知，关于改订省参议会人员交通费，七月份应增拨七十六万七千元一案，现奉财政部电复由省库负担等由，该款应否在下半年度预备金开支，抑电请财政部拨足之处，请核示等情，请公决案。

（决议）由省库负担。

十三、主席交议，据会计处签呈，关于省保安司令部编送该部干训班三十四年度六至十月份输送兵经费，及公粮预算一案，所需经费公粮，拟准分别在该班第二期六至九月份经费公粮节余项下报支，请核示等情，请公决案。

（决议）通过。

十四、主席交议，据会计处签呈，关于省保安司令部编送该部干训班第一期追加经费及第二期经费预算，请核复等由，拟准照办请核示等情，请公决案。

（决议）通过。

十五、主席交议，据会计处签呈，关于教育厅呈转省立海事专科学校迁运修建设备费预算，计列五千七百零七万七千三百五十元一案，应如何核拨之处，请核示等情，请公决案。

---

① 第九、十项"决议"部分应互调。

（决议）照拨，款在下半年度预备金项下支付。

十六、主席交议，据会计处签呈，关于财政厅呈，以印制地价税缴款书及地价增值税征收册，计需款六千一百二十四万二千六百元，在中央未核定分担经费前，请先垫拨办理一案，可否照数垫支，请核示等情，请公决案。

（决议）先行印制地价税缴款书，印制费准核实暂垫。

十七、主席交议，据会计处签呈，关于民政厅编呈派员赴第三补给区司令部仓库领运敌伪服装旅运费预算，计共四十九万二千三百元一案，该款拟准在下半年度第一预备金项下拨支，请核示等情，请公决案。

（决议）通过。

十八、主席交议，据会计处签呈，关于第八区专员林荫根呈，为提高国民体育，拟定期在合浦举行八区运动大会，请拨助大会经费五十万元至一百万元一案，应否准在增拨田赋及公粮补助款余额项下，拨助五十万元之处，请核示等情，请公决案。

（决议）准拨助五十万元。

十九、主席交议，据会计处签呈，关于公路处增加技术人员六十名，薪津经奉行政院核复，饬在该处公路保养基金项下支给，惟嗣后该处内外员司待遇，应列省预算支报等因，兹拟议意见请核示等情，请公决案。

（决议）三十六年度照列入省预算薪费，仍由公路处保养基金或监理费项下开支。

二十、主席交议，据会计处签呈，以奉广州行辕代电，饬负担闽粤赣边区清剿委员会，本年八至十二月份经费，共五百万元并迅拨发一案，该款经准在本年度分配县市国税款由省统筹部分拨支，请追认案。

（决议）追认。

二十一、主席交议，据会计处签呈，关于省立黄埔中正中学呈请增拨搬迁费一千万元一案，该款拟准在本年下半年度特别预备金项下拨支，请核示等情，经准予照办，请追认案。

（决议）追认。

二十二、主席交议，据本省三十五年度行政会议秘书处呈，请垫付该会议筹备办公购置费，及预付各区专员出席会议旅费，共一千万元，并请着财政厅设法筹垫，该款将来在本年度行政会议经费额内归垫一案，经准予照办，请追认案。

（决议）追认。

二十三、主席交议，据教育厅呈转省立民众教育馆奉令迁设汉民公园，搬运设备费概算计列支一百六十一万元，请核拨一案，经准在本年下半年度第一预备金项下拨支，请追认案。

（决议）追认。

二十四、主席交议，据会计处签呈，关于高明县三十四年度地方岁入岁出第一次追加预算一案，经核编完竣，拟准岁入岁出各追加六百六十万六千四百九十四元，请核定等情，经准予照办，请追认案。

（决议）追认。

二十五、主席交议，据会计处签呈，关于德庆县三十五年度地方岁入岁出第一次追加预算一案，经核编完竣，拟准岁入岁出各追加一千三百九十四万七千三百元，请核定等情，经准予照办，请追认案。

（决议）追认。

二十六、主席交议，据建设厅呈，拟派叶舒瑶代理公路处课长，检同该员任用审查表，请核示等情，请公决案。

（决议）通过。

二十七、主席交议，据建设厅呈，拟派郭翰昌代理公路处督察，检同该员任用审查表，请核示等情，请公决案。

（决议）通过。

二十八、主席交议，据建设厅呈，拟派钟灵代理公路处技士，检同该员任用审查表，请核示等情，请公决案。

（决议）通过。

二十九、主席交议，据建设厅呈，拟派李星辉代理合作事业管理处课长，检同该员任用审查表，请核示等情，请公决案。

（决议）通过。

三十、主席交议，据农林处呈，拟派刘缦云代理本处技正，检同该员任用审查表，请核示等情，请公决案。

（决议）通过。

广东省政府第十届委员会
第七十八次会议纪录

时　间　十一月五日

地　点　本府会议厅

出席者　罗卓英　李扬敬　姚宝猷　谢文龙　丘　誉　罗香林
　　　　　黄文山　黄范一　詹朝阳　周景臻

公出者　杜梅和　蔡劲军　肖次尹

列席者　韦镇福　李东星　丘新民　黄秉勋　陈昌五　赖希如
　　　　　温振鹏

主　席　罗卓英

纪　录　苏旭升

主席恭读　国父遗嘱

报告事项

一、秘书处报告，关于佛冈县人民朱××、范××因县参议员选举事件不服本府民政厅所为改选之处分，向本府提起诉愿一案，经由本处审查评议完竣，依法拟具决定书，本件诉愿不受理，并经签准如拟办理。

二、秘书处报告，奉交下会计处签呈，以准主计处函知，本省三十四年度岁出经费第十五次追加预算，经立法院通过，附抄送追加预算书，请查照等由，拟报会后分行，请核示等情，奉准如拟办理。

三、秘书处报告，奉交下教育厅代电，以据省立艺术专科学校呈，请拨发该校搬迁费二十万元一案，该款拟请准在本年度省预算临时部分，四款六项五目，省立学校及社教机关临时费项下拨付等情，经送会计处签复，拟予照准，请转陈核定等由，奉准如拟办理。

四、民政厅报告一周办理重要工作。

五、财政厅报告一周办理重要工作。

六、教育厅报告一周办理重要工作。

七、建设厅报告一周办理重要工作。

八、秘书处报告一周办理重要工作。

讨论事项

一、主席交议，据民政厅签呈，关于本省三十五年度行政会议秘书处函，送该会议决议"健全各县基层组织加强宪政实施基础"一案，核尚可行，请核示等情，请公决案。

（决议）通过。

二、主席交议，据民政厅签呈，关于本省三十五年度行政会议秘书处函，送该会议决议"简化县级各种组织以划一事权"一案，核尚可行，请核示等情，请公决案。

（决议）通过。

三、主席交议，据民政厅签呈，关于本省三十五年度行政会议秘书处函送该会议决议"收复区县份各乡镇长（副）之任用，拟由县政府遴员派充，以利政令推行"一案，核尚可行，请核示等情，请公决案。

（决议）通过。

四、主席交议，据本省五年建设计划委员会签呈，以本省五年建设计划纲要，经订编完竣，请核示等情，请公决案。

（决议）原则通过。

五、主席交议，据设计考核委员会签呈，兹编订本省三十六年度各县市局中心工作计划要目表及工作计划编造办法，请核示等情，请公决案。

（决议）修正通过。

六、主席交议，据民政厅、财政厅、田粮处、会计处、省保部会呈，奉交审查省保部拟送该部整理各县沙区自卫队方案一案，经会同审查完竣，谨列具意见及整编实施办法，请核示等情，请公决案。

（决议）通过。

七、主席交议，据会计处签呈，关于本省一至八区专署，保留增设之电务员等三员膳食费预算一案，兹拟议意见，请核示等情，请公决案。

（决议）膳食费发至本年十二月底止，免予追减。

八、主席交议，据会计处签呈，关于广州市政府编呈该市警察局装备费预算一案，应否准予照列或存转之处，请核示等情，请公决案。

（决议）饬令改编预算呈核。

九、主席交议，据财政厅签呈，以本省前向本市地方及商业银行透借政费二亿五千五百万元，计需利息七百六十五万元，该项利息，请准在本年下半年度第一预备金开支等情，请公决案。

（决议）通过。

十、主席交议，据会计处签呈，关于社会处呈请援照闽桂两省成例，拨助本省商会联合会代表大会经费之半数，计六百四十万元一案，该款拟准在本年下半年度第一预备金项下开支，请核定等情，请公决案。

（决议）通过。

十一、主席交议，据会计处签呈，关于社会处呈请拨助省商会联合会出席全国商联合会代表旅费，每人一百万元，计十一人，共一千一百万元一案，应如何拨助之处，请核示等情，请公决案。

（决议）拨助五百五十万元，款在下半年度预备金项下支付。

十二、主席交议，据会计处签呈，关于梅菉管理局三十四年度地方岁入岁出追加预算一案，经核编完竣，拟准岁入岁出各追加一百五十一万五千二百一十七元，请核定等情，请公决案。

（决议）通过。

十三、主席交议，据会计处签呈，关于大埔县三十五年度地方岁入岁出第一次追加预算一案，经核编完竣，拟准岁入岁出各追加五千三百五十一万六千八百元，请核定等情，请公决案。

（决议）通过。

十四、主席交议，据会计处签呈，关于开建县三十五年度地方岁入岁出第一次追加预算一案，经核编完竣，拟准岁入岁出各追加二千四百八十六万八千三百元，请核定等情，请公决案。

（决议）通过。

十五、主席交议，据会计处签呈，关于顺德县三十四年度地方岁入岁出追加预算一案，经核编完竣，拟准岁入岁出各追加一千零二十一万八千一百六十九元，请核定等情，请公决案。

（决议）通过。

十六、主席交议，据会计处签呈，关于连县三十四年度地方岁入岁出第二次追加预算一案，经核编完竣，拟准岁入岁出各追加五百八十一万二千八百零五元，请核定等情，经准予照办，请追认案。

（决议）追认。

十七、主席交议，据会计处签呈，关于连山县三十四年度地方岁入岁出第四次追加预算一案，经核编完竣，拟准岁入岁出各追加五十一万五千三百二十一元，请核定等情，经准予照办，请追认案。

（决议）追认。

十八、主席交议，据会计处签呈，关于阳山县三十五年度地方岁入岁出第一次追加预算一案，经核编完竣，拟准岁入岁出各追加二千九百九十九万七千零五十八元，请核定等情，经准予照办，请追认案。

（决议）追认。

十九、主席交议，据会计处签呈，关于和平县三十四年度地方岁入岁出第三次追加预算一案，经核编完竣，拟准岁入岁出各追加一百六十一万八千□百八十六元，请核定等情，经准予照办，请追认案。

（决议）追认。

二十、主席交议，据会计处签呈，关于台山县三十五年度地方岁入岁出第一次追加预算一案，经核编完竣，拟准岁入岁出各追加一亿二千五百八十一万零三百六十六元，请核定等情，经准予照办，请追认案。

（决议）追认。

二十一、主席交议，据财政厅、建设厅、会计处、人事处会呈，关于建设厅呈，拟增设水利设计测量队五队及查勘队一队一案，经先后饬据会计处签具意见前来，并准予照办，请追认案。

（决议）追认。

二十二、主席交议，据会计处签呈，关于广东省党部函，请拨助本年三至六月份学运经费共二百万元一案，该款拟准在奉准追加预备金三千万元项下拨支，请核示等情，经准予照办，请追认案。

（决议）追认。

二十三、主席交议，据会计处签呈，关于秘书处编呈本年度电讯器材费预算，计上半年国库应负担七百三十万二千元，除先后拨付外，余六十四万九千五百元，拟准在奉准追加预备金三千万元项下拨支，请核示等情，经准予照办，请追认案。

（决议）追认。

二十四、主席交议，据省训练团编呈该团第二十二期结业学员赴任旅费四百四十八万七千八百二十元预算，请垫拨一案，该款经准在本年度分配县市田赋补助款内拨支，请追认案。

（决议）追认。

二十五、主席交议，据田赋粮食管理处代电，拟派甘尚仁代理本处主任秘书，请核示等情，请公决案。

（决议）通过。

二十六、主席交议，据教育厅签呈，拟派许民辉为省立体育专科学校校长，附呈该员资历表，请核示等情，请公决案。

（决议）通过。

二十七、主席交议，据卫生处代电，拟派张居仁代理省立第一医院医师，检同该员荐委表，请核示等情，请公决案。

（决议）通过。

二十八、主席交议，据建设厅呈，拟派梁谦武代理本厅视察，检同该员任用审查表，请核示等情，请公决案。

（决议）通过。

二十九、主席交议，据建设厅呈，拟派罗翯祥代理公路处荐任技士，检同该员任用审查表，请核示等情，请公决案。

（决议）通过。

三十、主席交议，据农林处呈，拟派黄耀苍代理本处畜疫防疗所所长，检同该员任用审查表，请核示等情，请公决案。

（决议）通过。

三十一、主席交议，据财政厅呈，拟派曾鹏志代理本厅视察，检同该员任用审查表，请核示等情，请公决案。

（决议）通过。

三十二、主席交议，据民政厅长李扬敬签呈，中山县长张惠长呈请辞职，拟予照准，遗缺拟派孙乾代理，请核示等情，请公决案。

（决议）通过。

三十三、主席交议，广东实业公司总经理蓝逊呈请辞职，拟予照准，遗缺拟派罗楚材接充，请公决案。

（决议）通过。

广东省政府第十届委员会
第七十九次会议纪录

时　　间　十一月九日
地　　点　本府会议厅
出席者　　罗卓英　姚宝猷　谢文龙　丘　誉　罗香林　周景臻
公出者　　李扬敬　杜梅和　肖次尹　黄文山　黄范一　蔡劲军
　　　　　詹朝阳
列席者　　李东星　丘新民　黄秉勋　黄枯桐　郭汉鸣　简又文
　　　　　钟盛麟　陈昌五　林猷钊　赖希如　温振鹏　何启昌
　　　　　贾封川
主　　席　罗卓英
纪　　录　苏旭升
主席恭读　国父遗嘱
宣读第七十八次会议纪录。

报告事项

一、秘书处报告，奉交下田粮处签呈，以准粮食部京余田一电知，民国三十年上期以前各年田赋旧欠，经奉国民政府令一律豁免，请查照等由，拟布告并分行各区专署及各县遵照，请核示等情，奉准如拟办理。

二、秘书处报告，关于始兴县四约乡民聂××因没收拍卖纸张事件不服始兴县政府所为之处分，向本府提起诉愿一案，经由本处审查评议完竣，依法拟具决定书，本件诉愿不受理，并经签准如拟办理。

三、秘书处报告，关于遂溪县麻章乡民陈××因征用土地事件不服遂溪县政府所为之处分，向本府提起诉愿一案，经由本处审查评议完竣，依法拟具决定书，本件诉愿不受理，并经签准如拟办理。

四、秘书处报告，奉交下会计处签呈，以奉行政院通知，本省三十五年上半年度追加经费预算，经奉国防最高委员会核定饬知照等因，拟报会后分行等情，奉准如拟办理。

五、秘书处报告，奉交下农林处签呈，为消弥韩江水旱灾患，拟营造沿河水源林，约年需经费三十亿元，可否编造计划预算呈请核拨，抑如何办理之处，请核示等情。经送会计处签复，本案需款浩大，非本府所能顾及，查原签称，农林部于三十三年，在赣县成立赣韩江水源林区管理处，实施造林保护等工作，本案可否由农林处呈请农林部办理，请转陈核夺等由，奉准如拟办理。

六、田粮处报告一周办理重要工作。

七、社会处报告一周办理重要工作。

八、会计处报告一周办理重要工作。

九、统计处报告一周办理重要工作。

十、人事处报告一周办理重要工作。

十一、卫生处报告一周办理重要工作。

十二、农林处报告一周办理重要工作。

十三、地政局报告一周办理重要工作。

十四、设计考核委员会报告一周办理重要工作。

讨论事项

一、主席交议，据广东文献馆筹备委员会签呈，兹拟具广东文献馆组织规程及编制表，请核示等情，请公决案。

（决议）（一）交民政厅、教育厅、文献馆，参照部颁省县市文献委员会组织规程，修正呈核。（二）文献馆经费由财政厅先行垫付一千万元，在下半年度预备金项下支付。

二、委员姚宝猷、黄文山、黄范一会复，奉交审查地政局修订广东省荒地督垦规则，及广东省荒地承领造林规则两案，经会同财政厅、农林处、地政局合并审查完竣，谨列具意见，请公决案。

（决议）审查意见第一项照土地法规定办理，余照通过。

三、主席交议，据本府顾问麦蕴瑜签呈，为发展有线电广播事业，推行政令，促进电播教育及倡导正当娱乐起见，兹拟具本省各县市有线电广播事业辅导规程，请核示等情，请公决案。

（决议）修正通过。

四、主席交议，据民政厅长李扬敬签呈，为符合政制，拟裁撤南山管理局，改设县治，定名为潮南县，县治设在两英改县界域，并拟照第五区专署所拟办理，是否可行，请核示等情，请公决案。

（决议）通过。县名定为南山县。

五、主席交议，据教育厅长姚宝猷签呈，为发扬省立中学教员专业精神，增进管教效率起见，兹拟具本省省立中等学校教员派用办法，请核示等情，请公决案。

（决议）通过。

六、主席交议，据秘书处签呈，兹参照省政府合署办公暂行规程及实际情形，拟具本府合署办公施行细则，请核示等情，请公决案。

（决议）交各厅处局会同审查，由秘书处约集。

七、主席交议，据田粮处签呈，为调整各县原评定过高地价，以利供纳起见，兹拟具本省三十五年度，田赋征实调整各县原定课征税率暂行办法，请核示等情，请公决案。

（决议）通过。

八、主席交议，据秘书处签呈，以奉行政院令饬设立本省新闻处一案，关于新闻处组织规程及编制表，在未奉颁前，兹拟具本省新闻处设立计划编制表及开办费经常费预算，请核示等情，请公决案。

（决议）修正通过，开办费及本年十一、十二两月份经常费，由财政厅筹拨。

九、主席交议，据民政厅签呈，关于军管区司令部函，转汕头市政府呈，请设置军事科，请核办一案，兹拟议意见，请核示等情，请公决案。

（决议）通过。

十、主席交议，据财政厅、建设厅会呈，关于本省国民大会代表函，请拨给治装及补助费一案，兹拟议意见，请核示等情，请公决案。

（决议）交财政厅、会计处商拟办法呈核。

十一、主席交议，据会计处签呈，关于教育厅转呈，省立仲恺高级农业职业学校复员计划及预算，并请拨付第一期修建费，三千一百九十四万五千八百四十元一案，应如何核办之处，请核示等情，请公决案。

250

（决议）由财政厅筹拨三千万元。

十二、主席交议，据会计处签呈，关于教育厅转呈，省立广州高级工业职业学校迁返三元里原址，迁移修建设备费预算，计三千九百六十万六千六百元，请核发一案，应如何核办之处，请核示等情，请公决案。

（决议）由财政厅筹拨三千万元。

十三、主席交议，据会计处签呈，关于湛江市三十五年度地方岁入岁出第一次追加预算一案，经核编完竣，拟准岁入岁出各追加四千三百四十八万四千九百元，请核定等情，请公决案。

（决议）通过。

十四、主席交议，据会计处签呈，关于封川县三十五年度地方岁入岁出第一次追加预算一案，经核编完竣，拟准岁入岁出各追加三千五百七十三万五千一百元，请核定等情，请公决案。

（决议）通过。

十五、主席交议，据建设厅呈，拟派邝正文代理公路处技正，检同该员任用审查表，请核示等情，请公决案。

（决议）通过。

十六、主席交议，据地政局呈，拟派吕泽湘代理本局技正，检同该员任用审查表，请核示等情，请公决案。

（决议）通过。

十七、主席交议，据民政厅长李扬敬签呈，封川县长麦×因案拟予撤职，遗缺拟调乳源【县】长潘绪忠代理，递遗乳源县长缺，拟派李嗣芬代理；南澳县长章××因案拟予免职，遗缺拟派林师珍代理；三水县长王启后拟调省另候任用，遗缺拟派邬奋鹏代理；花县县长沈锐拟调省另候任用，遗缺拟调连南县长林志君代理，递遗连南县长缺，拟派陈精仪代理；佛冈县长梁宗一拟调省另候任用，遗缺拟派谢静山代理；增城县长刘起时拟调省另有任用，遗缺拟派莫濯焜代理；英德县长麦健生拟调省另候任用，遗缺拟派邓克一代理；云浮县长梁沧帆拟调省另候任用，遗缺拟派吴熙文代理；四会县长朱琼书拟调省另有任用，遗缺拟派林弘毅代理；新丰县长李添拟调省另有任用，遗缺拟派王绍通代理；揭阳县长黄仲瑜拟调省另有任用，遗缺拟派黎贯代理；丰顺县长林甘侯拟调省另候任用，遗缺拟调五华县长丘式如代理，递遗五华县长缺，拟派魏育怀代理；平远县长张冠英拟调省另候任用，遗缺拟派张任寰代理；化县县长吴梓芳拟调省另候任用，遗缺拟调惠阳县长任颖辉代理；递遗惠阳县长缺，拟派梁国材代理；吴川县长苏鹗元拟调省另有任用，遗缺拟派李敏代理；海康县长刘剑元拟调省另有任用，遗缺拟派陈宏葵代理。谨检具各该员简历，请核示等情，请公决案。

（决议）通过。

广东省政府第十届委员会
谈话会纪录①

时　　间　十二月三日
地　　点　本府会议厅
出席者　丘　誉　罗香林　周景臻
列席者　丘新民　黄秉勋　陈鸿藻　朱润深　郭汉鸣　刘禹轮
　　　　钟盛麟　陈昌五　李秋谷　谢群彬　何　融　温振鹏
主　　席　罗卓英（丘誉代）
纪　　录　苏旭升

报告案

一、茂名县人民丁××因租赁湛江市公地事件不服湛江市政府所为之处分，向本府提起诉愿一案，经由秘书处审查评议完竣，依法拟具决定书，本件诉愿不受理案。

二、会计处签呈，关于第二区专署编呈协助第二区清剿督导委员会延期一月（十月十六日至十一月十五日）结束，经费十万元预算一案，该款拟准在本年度，分配县市国税款由省统筹部分报支案。

三、会计处签呈，以奉行政院训令，本省三十四年度第十五次追加

---

① 第十届委员会第七十九次与八十次会议纪录之间插入了四次谈话会纪录，在时间上是连续的，故予编入。

252

预算，经立法院通过饬知照等因，拟报会后分行案。

四、建设厅签呈，以据长途电话所呈，经自本年十一月十一日起，权将话费每次增至三百元，专力销号费增至四百元，请核备等情，拟准照办案。

五、会计处签呈，关于实业公司前总经理陆宗骐电缴该公司暨各厂场社战时损失数额表，请察核一案，兹拟：（一）损失资产拟俟陆前任报准审计处后，录案报府再行办理。（二）该公司接收陆前任移交现有资产，应依照规定，计价入账，其因战时损失资产，应俟陆前任报准审计处后，再将资产减损数，整理列入，按年摊提案。

六、会计处签呈，关于卫生处呈请将二十八年托本府驻港通讯处主任曾晓峰在港购贮药物五十万元结存余款港币六千三百七十八元移为该处补充药械费用一案，核尚可行，拟准照办案。

讨论案

一、财政厅重编本省三十五年上半年度分配县市局各项国税款清表，请核示案。

（商定）照会计处签拟办理。

二、广州市政府呈，以柴炭高涨水电费增加，拟请提增屠场使用费征率案。

（商定）照财政厅签拟办理。

三、财政厅电，以维持本府政费，前以承兑汇票贴现方式，向四行两局借用八亿五千万元，贴现息计二千五百五十万元，请补办法案。

（商定）照会计处签拟办理。

四、会计处签拟，解决妇女会所属保育院产育院，三十四年十一、十二月份及本年一至四月份经费，暨结束遣散费意见案。

（商定）通过。

五、无线电总台签，请在国税拨县款，扣拨各县市并指款拨给贫瘠县份电台补充材料费案。

（商定）照会计处签拟意见办理。

六、建设厅签，拟仁化、乐昌两灌溉区水利贷款本息偿还意见案。

（商定）通过。

七、准经济、粮食两部函，以粮食征收在即，对于各级度量衡检定机构，应从速普遍设立，请查照督促进行案。

八、建设厅转呈，度检所拟具计划规复，及筹设各县市局度检分所，为安置训练团度政班结业学员案。

以上第七、八两案合并讨论。

（商定）照民政厅签拟办理。

九、省保部编送该部三十四年度防空人员资遣费预算，款在同年度十至十二月份防空经费节余项下拨支，请核复案。

（商定）通过。

十、揭阳县政府呈请增设该县社会科案。

（商定）该县公教团警待遇达到省级标准半数时，准予设置。

十一、省参议会编送修正该会第一次大会参议员来回旅费支给表，请追加预算补拨案。

（商定）婉复。

十二、第一区专署呈，转该署黄前任交代经费预算书，及员役薪津报核清册，请援照成案核拨案。

（商定）照会计处签拟办理。

十三、秘书处编呈垫付本府各单位工作报告印刷费等预算，计共一千四百二十三万零九百六十元，请拨款归垫案。

（商定）由财政厅会计处会商筹拨。

十四、会计处签呈，关于佛冈县三十五年度地方岁入岁出第一次追加预算一案，经核编完竣，拟准岁入岁出各追加一千九百四十四万九千三百元，请核示案。

（商定）通过。

十五、会计处签呈，关于潮阳县三十五年度地方岁入岁出第一次追加预算一案，经核编完竣，拟准岁入岁出各追加七千三百九十万零六千六百元，请核示案。

（商定）通过。

十六、会计处签呈，关于潮安县三十五年度地方岁入岁出第一次追加预算一案，经核编完竣，拟准岁入岁出各追加八千七百九十五万八千三百元，请核示案。

（商定）通过。

十七、会计处签呈，关于信宜县三十五年度地方岁入岁出第一次追加预算一案，经核编完竣，拟准岁入岁出各追加二千三百四十四万六千六百元，请核示案。

（商定）通过。

十八、会计处签呈，关于五华县三十五年度地方岁入岁出第一次追加顶算一案，经核编完竣，拟准岁入岁出各追加二千二百四十三万一千二百元，请核示案。

（商定）通过。

十九、会计处签呈，关于开建县三十四年度地方岁入岁出追加预算一案，经核编完竣，拟准岁入岁出各追加三百一十七万七千五百七十七元，请核示案。

（商定）通过。

二十、会计处签呈，关于连平县三十五年度地方岁入岁出第一次追加预算一案，经核编完竣，拟准岁入岁出各追加一千三百零三万八千八百元，请核示案。

（商定）通过。

广东省政府第十届委员会
谈话会纪录

时　间　十二月十日

地　点　本府会议厅

出席者　丘　誉　谢文龙　罗香林　周景臻

列席者　李东星　毛松年　丘新民　陈鸿藻　黄秉勋　郭汉鸣
　　　　朱润深　刘禹轮　钟盛麟　陈昌五　李秋谷　谢群彬
　　　　何　融

主　席　罗卓英（丘誉代）

纪　录　苏旭升

报告案

一、秘书处签呈,关于潮安县人民邱林氏、刘××等因租赁汕头市铺屋纠纷事件不服汕头市政府所为勒迁之处分,向本府提起诉愿一案,经审查评议完竣,依法拟具决定书,本件诉愿不受理,并经奉准如拟办理案。

二、秘书处签呈,关于南海县人民关××因九江商民黄钊华抗捐,纠众捣毁公署事件不服南海县政府所为封铺之处分,向本府提起诉愿一案,经审查评议完竣,依法拟具决定书,本件诉愿不受理,并经奉准如拟办理案。

三、建设厅签呈,以据长途电话管理所呈,为适应需要,经权将各分所站原定课收用户挂号月费一千五百元,拟自本年十月份起增加一倍(即三千元)征收,请核备一案,查迩来物价高涨,交通部电报话费近亦增至十倍课收,所请尚属可行,拟准照办等情,奉准如拟办理案。

四、财政厅签拟,各县土地税欠税如属于三十二年度者,拟饬照旧土地法第八章第三百一十七条之规定,按欠税额征收罚锾百分之五,属于三十三年度者,拟照战时征收土地税条例第二十六条之规定,就欠税额自逾期之日起,按月征收百分之三,滞纳罚锾,请核示等情,奉准如拟办理案。

五、会计处签呈,关于财政厅电,以珠江水利局于民国二十七年间,奉饬由本厅担保,向广东省银行借款一十万元,为办理广东各江缺口患基岁修工程,该款订明在二十七年库收地税项下清还,现准省银行函,催将该项借款本息悉数清还,以清款目,请示在何项费款项下开支一案,兹拟议意见请核示等情,奉准如拟办理案。

六、秘书处签呈,关于卸饶平县浮山警察所所长王×因被控贪污勒索事件不服饶平县政府呈报通缉之处分,向本府提起诉愿一案,经审查评议完竣,依法拟具决定书,本件诉愿不受理,并经奉准如拟办理案。

七、秘书处签呈,关于普宁县和安乡人民詹××等及陈××等因兴办水利纠纷事件不服普宁县政府处分,分别向本府提起诉愿两案,经审查评议完竣,依法拟具决定书,"詹××等与陈××等诉愿均驳回",并经奉准如拟办理。

八、会计处签呈,奉交下主计处公函,以本省三十四年度第十九次追加预算，经立法院通过，附抄送原预算书，请查照等由，拟报会后分行，请核示等情，奉准如拟办理案。

讨论案

一、人事处拟具本省第九区行政督察专员兼区保安司令公署组织规程，及编制表案。

二、会计处签拟，第九区专署呈缴该署三十五年度预算及追加预算分配表，请清拨八月份起各月份经临各费一案意见案。

以上二案合并讨论。

（商定）修正通过。

三、本府秘书处政务无线电总台呈，拟遵令修正该总台组织规程案。

（商定）通过。

四、人事处签拟，修正本省社会处救济院组织规程及编制案。

（商定）修正通过。

五、社会处拟具本省各县（市局）救济院编制表案。

（商定）通过。

六、民致厅拟具广东省各县市各级户政机构设置办法案。

（商定）修正通过。

七、民政厅拟订广东省各县（市局）乡镇（区）保长选举暂行办法案。

（商定）通过。

八、杜委员、李委员、肖委员、黄处长、毛会计长会同审查，田粮处拟具本省田赋征实及征借粮食划拨办法，及本省各县（市局）应得田赋征实及带征公粮划拨通则，两案意见案。

（商定）照审查意见通过。

九、民政厅签拟综合人事、会计、卫生各处核加意见，修订汕头市政府呈，拟具该市警察局组织规程，及编制表案。

（商定）通过。

十、人事处签拟，修订建设厅公路处交通管理站组织规程，及编制表案。

（商定）修正通过。

十一、人事处签拟，修订建设厅西村士敏土厂组织规程，及编制表案。

（商定）修正通过。

十二、建设厅签拟，修订本省各县市局电话机构调整办法，及编制经费预算案。

（商定）修正通过。

十三、农林处呈拟，修正本省保护耕牛实施细则第六、七、八各条条文案。

（商定）通过。

十四、地政局电，据龙川等县地籍整理处呈报，所评地价过低，分配收入登记规费数额难以达到一案，经权衡就原定本省土地权利书状费征收标准，提高五倍征收，用资补救案。

（商定）通过。

十五、社会处签，请增设各县社会科并编具编制表案。

（商定）通过，由各县斟酌财力设置。

十六、秘书处签拟，修正本省各县（局）修辟灌溉塘井规则案。

（商定）通过。

十七、民政厅签拟，五华县政府呈，请迁治安流墟拟予照准案。

（商定）通过。

十八、会计处编拟，本省三十六年度地方岁入岁出总预算案。

（商定）修正通过。

十九、财政厅签拟，核定广州市政府拟增加征收营业牌照税业类表案。

（商定）通过。

二十、农林处签拟，恢复或设置从化、花县、宝安、增城、广宁等县农业推广所案。

（商定）通过，由各县斟酌财力办理。

二十一、秘书处签，请拨款五百五十万元，为修理本府损坏车辆案。

（商定）由财政厅筹拨。

二十二、民政厅签拟，省保部函，送本省三十五年度行政会议决议

"请在各区专员公署内，增设修械所，俾利修理各县地方团队枪械"一案意见案。

（商定）各区专署各设一所，其经费标准由民政厅定之。

二十三、财政厅、民政厅、教育厅、地政局会签，关于惠济义仓租谷拨助教育经费意见案。

（商定）由田粮、社会两处再签。

二十四、会计处签拟，战时人民守土伤亡抚恤金，照三十二年奉令，增加五倍数再加五倍发给案。

（商定）通过。

二十五、建设厅签，请设置各县县政府合作指导室案。

（商定）通过。

二十六、社会处签拟，本省胜利馆建筑费筹募办法案。

（商定）由财政厅筹拨。

二十七、教育厅拟订本省各县（市局）国民体育委员会编制表案。

（商定）编制表通过，由各县斟酌财力办理。

二十八、社会处编呈追加派员赴龙川县搬运前省振济会存放运输车药物等返处预算，计九十四万元，款在本处粮〔振〕济基金教养机构经临费内列支，请核示案。

（商定）通过。

二十九、新闻处呈报，租赁本市仓边路五十号二楼为办公处所，请拨发租金三个月，共计一百二十万元案。

（商定）由财政厅筹拨。

三十、地政局呈，请派李鉴济代理该局技正案。

（商定）通过。

三十一、社会处电，请派李缵铮代理该处视导案。

（商定）通过。

三十二、田赋粮食管理处电，请派李佐炘代理该处秘书案。

（商定）通过。

三十三、田赋粮食管理处电，请派袁子飞代理该处科长案。

（商定）通过。

三十四、田赋粮食管理处电，请派马逸群代理该处督导员案。

（商定）通过。

三十五、田赋粮食管理处电，请派周占渠代理该处督导员案。

（商定）通过。

三十六、田赋粮食管理处呈，请派潘略代理该处督导员案。

（商定）通过。

广东省政府第十届委员会
谈话会纪录

时　　间　十二月二十日

地　　点　本府会议厅

出席者　丘誉　杜梅和　谢文龙　肖次尹

列席者　李东星　毛松年　丘新民　陈鸿藻　朱润深　郭汉鸣
　　　　肖蔚民　巫　琦　刘禹轮　钟盛麟　李秋谷　何　融

主　　席　罗卓英（丘誉代）

纪　　录　苏旭升

报告案

一、会计处签呈，关于财政厅电，以东陂酒壶岭三十四年度三至六月份经费，共二万零一百零二元，因战事影响尚未拨出，请转呈中央，准予转账加入三十五年度支用一案，因三十五年度行将终了，且为数不多，该款拟准在本年上半年度第一预备金项下拨支，并报行政院核备，请核示等情，经奉准如拟办理案。

二、建设厅签呈，以本厅公路处运输总段业务未能发展，且有亏本之虞，拟饬限本年底将该总段裁撤，所存车辆，由公路处体察各路运输情形，租与民营公司行驶，以符协助民运之旨，至运输管理业务，则由公路处在原编制员额内，增强管理课人事，负责办理，请核示等情，奉准如拟办理案。

讨论案

一、田赋粮食管理处签拟，修订广东省各级谷仓保管委员会组织规程案。

（商定）修正通过。

二、人事处签拟，修订农林处兽疫防治所组织规程，及编制表案。

（商定）修正通过。

三、农林处签呈，关于省参议会函，送该会第一次大会决议，"请省政府限令各县一律设立农林场"一案，拟准照办案。

（商定）由各县斟酌财力办理。

四、建设厅签拟，本省三十五年度行政会议，湛江市长郭寿华等提议"建设湛江市为我国西南商埠"一案意见案。

（商定）缓议。

五、建设厅呈，缴该厅公路处编具连忠护路队奉命剿匪及移防支出旅费，暨由连、河、新和四县负担部分预算，计共一百三十三万二千八百元，拟在三十五年度养路基金预备费项下拨支，转请核示案。

（商定）通过。

六、会计处签拟，地政局请一次过拨支省训练团地改组学员讲义费，及讲书酬金二百万元一案意见案。

（商定）由财政厅筹垫。

七、建设厅签拟，该厅公路处电请在东南两区公路干线，增设工务所十所及技正六员一案意见案。

（商定）通过。

八、会计处签拟，关于新闻处编呈该处三十六年度经常费岁出预算分配表一案意见案。

（商定）（一）经常费按三十四人照各处局平均标准计列。（二）临时费每月一百万元。（三）事业费预算呈请中央核拨。（四）员额由人事处会商各厅处会局，依照现有员额比例移拨，并将生活补助费划列。（五）一、二两项在三十六年度预算预备金项下划列科目。

九、田赋粮食管理处，拟订本省各县市粮食市场管理办法案。

（商定）请肖、杜两委员会同会计处、社会处审查，由肖委员约集。

十、会计处签拟，本省各机关随同还治员工，而已离职者之复员补助费发给意见案。

（商定）（一）照商审计处。（二）列请中央增拨。

十一、建设厅签拟，汕头市政府呈缴该市都市计划委员会组织规程，及全市计划全图，暨堤岸码头货仓图则、章程、说明、预算等件意见案。

（商定）通过。

十二、会计处签拟，关于建设厅呈转该厅公路处广九公路修复工程处各渡口，延期至三十五年（即十一、十二两月）底结束，经费预算意见案。

（商定）通过。

十三、教育厅签，请设置各县（市）立图书馆及体育场，并分别拟具编制表案。

（商定）修正通过。

十四、会计处签拟，遵照核定调整原则，即改编本省三十五年下半年度地方岁入岁出总预算案。

（商定）通过。

十五、社会处签拟，修订本省征收征借粮食加工盈余分配办法，第五条第四、五项，征购粮食监察委员会办公费及员工福利费，共百分之二十，列作为省县救济费案。

（商定）照田粮处签拟意见办理。

十六、会计处签拟，关于训练团电请保留裁减公役十二名，及在该团公役名额内，雇用技术工人十三名，两案意见案。

（商定）公役仍照裁，余照会计处签拟办理。

十七、会计处签拟，省参议会函送该会第一次大会决议"拟请重订各县市参议会预算标准，提高正付议长待遇"一案意见案。

（商定）呈请行政院核示。

十八、田赋粮食管理处签拟，该处送无线电总台拍发电报，请准自本年十二月份起，比照各厅处拍发电报记账办法办理一案。

（商定）通过。

十九、秘书处签拟，五华县岐岭乡保安会会员钟××等因不服五华县政府将所有保安会店宇三间拨作私立皇华中学等基金之处分，向本府提起诉愿一案决定书案。

（商定）通过。

二十、建设厅呈缴该厅度量衡检定所编具三十五年度经常费岁入岁出追加预算案。

（商定）通过。

二十一、人事处签拟，修订广东省立图书馆组织规程，及三十三年度编制表案。

（商定）通过。

二十二、会计处签拟，关于建设厅呈缴该厅公路处编制广九工程处本年十一、十二月份经费预算，及追加本年八至十二月份经费，暨渡口经费预算，两案意见案。

（商定）通过。

二十三、人事处签拟，关于地政局拟具本省各等县县政府地政科编制表意见案。

（商定）通过。

二十四、会计处签拟，关于省银行呈缴改编该行三十五年度营业概算书意见案。

（商定）呈请行政院核办。

二十五、会计处签拟，三十六年度各县市社会事业费应如何核编，谨拟具意见三项，请核定案。

（商定）照第二项办法办理。

二十六、财政厅、会计处会签，以遵照中央近颁，各省政府统筹调剂省县市（局）财政盈虚办法，第二、三条规定，并斟酌各县市地方财力，就田赋及营业税部分，拟议提解统筹及补助县份意见，附具数额表，请核示案。

（商定）推杜、肖两委员及民政厅、会计处审查，由杜委员约集。

二十七、会计处签拟，关于社会处呈缴该处育幼院三十六年度总办公厅〔费〕及第三、四分院经常费预算，暨第一、二、三、四分院及示范部教养费预算，请准在省预算内列支一案意见案。

（商定）（一）、（二）、（三）项，共一亿一千七百二十四万九千元，在预备金内划列。

广东省政府第十届委员会
谈话会纪录①

时　间　十二月二十七日

地　点　本府会议厅

主　席　罗卓英（丘誉代）

纪　录　苏旭升

宣读上次谈话会纪录。

讨论案

一、民政厅签呈，兹拟订本省各县市户籍登记实施程序，请核定施行案。（实施程序附后②）

二、杜委员梅和、谢委员文龙、黄委员范一会复，审查田粮处拟具，本省私有沙田升科登记实施办法一案意见案。（审查意见附后③）

三、财政厅签呈，兹拟订本省沙田补价换照办法，请核示案。（办法附后④）

四、会计处签拟，关于田赋粮食管理处编呈该处广州市粮食市场管理处开办费，及事业费，暨三十五年十一、十二月份经常费、生活补助费预算意见案。（会计处签呈附后⑤）

五、会计处签拟，关于广东全省保安司令部电，以连、连、阳、清、英、佛等六县清剿委员会本年九月份后支出经费仍请饬由各县负担一案意见案。（省保部代电各县欠拨数目表及会计处签呈附后⑥）

---

①　该次谈话会纪录档案残缺不全，照原文辑录。

②　附件略。

③　附件略。

④　附件略。

⑤　附件略。

⑥　附件略。

264

广东省政府第十届委员会
第八十次会议纪录

时　　间　民国三十六年一月七日

地　　点　本府会议厅

出席者　罗卓英　李扬敬　杜梅和　谢文龙　丘　誉　肖次尹
　　　　罗香林

列席者　丘新民　毛松年　黄秉勋　郭汉鸣　肖蔚民　简又文
　　　　赖希如　李秋谷

主　　席　罗卓英

纪　　录　苏旭升

主席恭读　国父遗嘱

宣读第七十九次会议纪录。

报告事项

一、秘书处报告，奉交下主计处三十五年十一月二十七日勤岁字第一八九号公函，以本省三十四年度第十九次追加预算，经立法院通过，附抄送原预算书，请查照等由。经送会计处签复，拟分行后报会议请转陈核定等词，奉准如拟办理。

二、秘书处报告，奉交下第六区专员公署三十五年十一月十六日保参建电，以派员赴大埔参加闽粤赣边区清剿委员会联席会议，约需旅费一十万元，本署经费限于定额，无法因应，请如数增拨等情。经送会计处签复，核属需要，拟准照拨款，在三十五年下半年度第一预备金项下开支，请转陈核定分行后报会议等词，奉准如拟办理。

三、秘书处报告，奉交下建设厅签呈，以据长途电话管理所呈，为适应需要，经权自三十五年十月份起，将各分所站原定课收用户挂号月费一千五百元，增至三千元征收，请核备一案。查迩来物价高涨，交通部电报话费近亦增至十倍课收，所请尚属可行，拟准照办，请核示等情，并奉准如拟办理。

四、秘书处报告，奉交下教育厅呈，以据省立雷州师范学校呈，缴该校故退休职员宋振莆遗族请恤事实表，请核发恤金一案，核与教职员抚恤条例相符，计共应发年恤金九千八百八十二元，谨转呈核恤等情。经送会计处签复，该款拟在三十五年下半年度省预算抚恤科目开支，请转陈核定先行后报会议等词，奉准如拟办理。

五、秘书处报告，奉交下第四区专员公署三十五年十月十二日代电，以遵电派员将前存各弹械押解来者〔省〕，计共支出旅运费一十万零二百元，请拨还归垫等情。经送会计处签复，此项旅运费既准专案报销，该款拟准在追加三十五年上半年度经常费三亿七千万元内，分配特别预备金项下拨支，请转陈核定先行后报会议等词，奉准如拟办理。

六、秘书处报告，奉交下行政院三十五年十一月九日节京嘉丁字第一八七九一号训令，以本省三十四年度第十五次追加预算，经立法院通过，抄发原预算书饬知照等因，经送会计处签复，拟先行后报会议请转陈核定等词，奉准如拟办理。

七、秘书处报告，奉交下建设厅签呈，以据长途电话管理所呈，经权自三十五年十一月十一日起，将话费每次一百元增至三百元征收，专力或销号等费，一律照原收二百元增加二百元征收，以维业务一案，查属可行，拟准照办，请核示等情，并奉准如拟办理。

八、民政厅报告一周办理重要工作。

九、财政厅报告一周办理重要工作。

十、教育厅报告一周办理重要工作。

十一、建设厅报告一周办理重要工作。

十二、秘书处报告一周办理重要工作。

讨论事项

一、主席交议，据地政局签呈，兹拟具本省沙田整理大纲，请核示等情，请公决案。

（决议）由丘委员约集各委员及地政局、田粮处、农林处审查。

二、主席交议，据财政厅签拟，修订本省各县市局三十四年度乡（镇）保自治经费筹集及动支办法，并将原标题"三十四年度"五字删去，请核示等情，请公决案。

（决议）交民政厅、财政厅、会计处、田粮处会同审查，由财政厅

266

约集。

三、主席交议，据人事处签呈，关于社会处拟具该处妇女省〔习〕艺院组织规程，及编制表一案，经分别酌予修订，请核示等情，请公决案。

（决议）通过。

四、主席交议，据秘书处编呈制发本府合署办公各机关三十六年度员工及来宾证章预算，计需款一百一十三万二千四百元，请拨款办理等情，请公决案。

（决议）通过，款在三十六年度第一预备金项下支付。

五、主席交议，据农林处呈，拟修订本省督种杂粮管理办法，请核示等情，请公决案。

（决议）修正通过。

六、主席交议，据教育厅呈，拟省立体育场组织章程及编制表，请核示等情，请公决案。

（决议）修正通过。

七、主席交议，据秘书处编呈本府三十五年度先后招待港九文化界观光团及英商访华团临时费预算，计共垫支招待费二百二十七万八千元，请指款拨还归垫等情，请公决案。

（决议）通过。追列三十五年下半年度预算。

八、主席交议，据统计处签呈，为承领粤桂闽区敌伪产业处理局小型汽车一辆，请拨价款一百二十万元办理等请，请公决案。

（决议）通过。追列三十五年下半年度预算。

九、主席交议，据省训练团呈，拟派员视导各县（市局）训练所及联络站，计需视导旅费三百三十四万四千元，请拨款办理等情，请公决案。

（决议）候三十六年度预算核定后再议。

十、主席交议，据人事处签呈，以奉考试院指调本省人事人员霍崇荣等十一员，赴京受训，谨编具调训人员旅费预算书，请核拨等情，请公决案。

（决议）照会计处签拟通过。

十一、主席交议，据第一区专署呈转该署黄前任交代经费预算书，及员役薪津报核清册，请援照成案核拨等情。经饬据会计处签具意见前来，并准予照办，请追认案。

（决议）追认。

十二、主席交议，据会计处签呈，关于广州市三十五年度地方岁入岁出第一次追加预算一案，经核编完竣，拟准岁入岁出各追加四百七十四万七千元，请核定等情，经准予照办，请追认案。

（决议）追认。

十三、主席交议，据民政厅签呈，兹拟订本省各县市行政区域整理委员会组织规程，请核定公布施行等情，经准予照办，请追认案。

（决议）追认。

十四、主席交议，本省三十五年度行政会议规程，前经该行政会议拟送到府，并请核定公布施行，当经准照办理，请追认案。

（决议）追认。

十五、主席交议，据会计处签拟，解决省妇女会所属保育院、产育院三十四年十一、十二月份经费，及三十五年一至四月份经费，暨结束遣散费意见，请核示等情，经准予照办，请追认案。

（决议）追认。

十六、主席交议，据会计处签呈，关于战时人民守土伤亡抚恤金，奉行政院令，由各省斟酌提高，款由省预算统筹等因，本省拟自三十五年度起，照三十二年奉令增加五倍数再加五倍发给，请核示等情，经准予照办，请追认案。

（决议）追认。

十七、主席交议，据会计处签呈，关于乐仁两灌溉区贷款本息，共计七百七十三万五千三百元，拟列入本省三十五年下半年度预算内，呈请追加，谨编具岁入岁出追加预算，请核定等情，经准予照办，请追认案。

（决议）追认。

十八、主席交议，据财政厅电，以维持本府政费，前以承兑汇票贴现方式，向四行两局借用八亿五千万元，贴现息计二千五百五十万元，请补办法案等情，经准俟垫拨国大代表旅费归还三十五年下半年度预备金后，即在该科目拨支，请追认案。

（决议）追认。

十九、主席交议，经民政厅签呈，以据该厅奉派代表参加行营治安督导组织员胡应钊等二员，报支旅费表据一案，除前奉拨发旅费外，计超支三十四万九千五百元，请追拨等情，该款经饬据会计处签拟意见前来，并准予照办，请追认案。

（决议）追认。

二十、主席交议，据卫生处呈，请将二十八年托本府驻港通讯处主任曾晓峰，在港购贮药物五十万元结存余款，港币六千三百七十八元，移为补充药械费用等情，经准予照办，请追认案。

（决议）追认。

二十一、主席交议，据社会处签呈，本处第二科科长李缵铮拟调本处视导，请核示等情，请公决案。

（决议）通过。

二十二、主席交议，据社会处呈，本处第二科科长李缵铮已调本处视导，遗缺拟派区天存代理，请核示等情，请公决案。

（决议）通过。

二十三、主席交议，据民政厅签呈，本厅秘书邬奋鹏经奉调三水县县长，遗缺拟调本厅视察侯勋代理，请核示等情，请公决案。

（决议）通过。

广东省政府第十届委员会
第八十一次会议纪录

时　间　一月十日

地　点　本府会议厅

出席者　罗卓英　李扬敬　杜梅和　谢文龙　丘　誉　肖次尹
　　　　黄文山

公出者　姚宝猷　蔡劲军　黄范一　詹朝阳　周景臻

告假者　罗香林

列席者　张　明　毛松年　黄秉勋　陈鸿藻　朱润深　黄枯桐

　　　　郭汉鸣　肖蔚民　赖希如　李秋谷　黎尚桓

主　席　罗卓英

纪　录　苏旭升

主席恭读　国父遗嘱

宣读第八十次会议纪录。

报告事项

一、秘书处报告，奉交下会计处签呈，关于已成立参议会之县市，可否将财务委员会裁撤一案，经由府电奉行政院，三十五年七月十七日，节京伍字第二三九二二号令核复，略以该省各县市局支出经临各费，既均已依法送请审计机关核销，其已成立参议会之县市，自可将财务委员会裁撤等因，拟列报会议后分行有关机关请核示等情，并奉准如拟办理。

二、秘书处报告，奉交下财政厅签呈，以据新兴县税捐征收处电，以三十二年及三十三年度，地价税欠税应如何处罚一案，兹拟：（一）属于三十二年度者，应照旧土地法第八章第三百一十七条之规定办理。（二）属于三十三年度者，拟照三十三年中央颁布之战时征收土地税条例第二十六条之规定办理，请核示等情，并奉准如拟办理。

三、秘书处报告，奉交下人事处签呈，以本府县市局长考绩委员会委员，除前奉派本府各厅处局长外，兹拟增派本府委员肖次尹、罗香林、黄文山、黄范一、蔡劲军、詹朝阳、周景臻，及田粮处处长黄秉勋，省训练团教育长张明等九员，为该会委员，请核示等情，并奉准如拟办理。

四、秘书处报告，关于卸饶平县浮山警察所所长王×因被控贪污勒索事件不服饶平县政府呈报通缉之处分，向本府提起诉愿一案，经审查评议完竣，依法拟具决定书，本件诉愿不受理，并经签准如拟办理。

五、秘书处报告，关于潮安县人民邱林氏、刘××等因租赁汕头市铺屋纠纷事件不服汕头市政府所为勒迁之处分，向本府提起诉愿一案，经审查评议完竣，依法拟具决定书，本件诉愿不受理，并经签准如拟办理。

六、田赋粮食管理处报告一周办理重要工作。

七、社会处报告一周办理重要工作。

八、会计处报告一周办理重要工作。

九、统计处报告一周办理重要工作。

十、人事处报告一周办理重要工作。

十一、卫生处报告一周办理重要工作。

十二、农林处报告一周办理重要工作。

十三、地政局报告一周办理重要工作。

十四、设计考核委员会报告一周办理重要工作。

讨论事项

一、主席交议，据设计考核委员会签呈，为节省经费提高行政效率，兹拟订调整本府所属机构原则，请核示等情，请公决案。

（决议）由丘委员约集肖委员次尹、黄委员文山、罗委员香林研究。

二、主席交议，据会计处签呈，兹就本府核定田赋特多县份应解省统筹田赋之未分配数，及折价征收赋实，拟议售变，补助三十六年度各贫瘠及全无收入之县份意见，请核示等情，请公决案。

（决议）通过。

三、主席交议，据人事处签呈，关于卫生处呈拟本省各县卫生院组织规程、各县卫生分院组织规程、各县乡（镇）卫生所组织规程及编制表一案，经分别酌予修正，请核示等情，请公决案。

（决议）通过。

四、主席交议，据农林处呈，拟修订本省人民合作垦殖杂粮暂行办法，及县各级合作社推行垦荒种殖什粮暂行办法，并将标题分别改为"广东省人民合作垦殖办法"，及"广东省各县（市局）各级合作社推行垦殖办法"，请核示等情，请公决案。

（决议）通过。

五、主席交议，据财政厅签呈，兹暂行拟定广州市税捐稽征处编制表，请核示等情，请公决案。

（决议）通过。

六、主席交议，据会计处签呈，以三十五年十二月份起，调整公教人员生活补助费标准，据报载案经蒋主席核准，并经国防最高委员会议通过，现年度已终了，为安定公务员生活，拟先依照实行，请核示等情，请公决案。

（决议）通过。

七、主席交议，据教育厅签呈，兹拟具本省各县市教育特种基金保管委员会组织规程，请核示等情，请公决案。

（决议）通过。

八、主席交议，据田赋粮食管理处签呈，兹拟具本省各县（市）乡（镇）组织义仓社仓储粮竞赛办法，请核定施行等情，请公决案。

（决议）通过。

九、主席交议，据财政厅、会计处签，拟筹拨本省各机关经临费及生活补助费，暨动支第一预备金意见，请核示等情，请公决案。

（决议）通过。

十、主席交议，据建设厅呈缴该厅公路处编具三十五年度公路保养基金第二次追加预算，请察核存转示遵等情，请公决案。

（决议）通过。

十一、主席交议，准广东全省保安司令部电，以本省连、连、阳、清、英、佛六县清剿委员会三十五年九月份后支出经费，仍请饬由各该县负担等由，请公决案。

（决议）请由保安司令部作正开支。

十二、主席交议，本府为筹备合署办公，拟将广州市正南路以西一带土地房屋征收应用，该处产价据市政府核计，共需四亿零四万一千余元，应如何筹拨，兹请公决案。

（决议）通过。款列三十六年度预算。

十三、主席交议，据社会处呈缴该处育幼院编具三十五年度力行中学退回升学部难童，暨女青年军退伍生，转送升学前留院膳食费预算分配表，请准在同年度振济基金教育机构经临费项下开支等情，请公决案。

（决议）通过。

十四、主席交议，据建设厅呈缴该厅公路处编具三十五年度督修民办公路追加旅费支付预算，款在同年度公路保养基金岁出预算预备费项下开支，请核示等情，请公决案。

272

（决议）通过。

十五、主席交议，据建设厅电，请准予补办乐昌、仁化两灌溉区贷款本息九十一万零五百元追加预算，并请饬财厅将乐昌贷款本息筹垫，迅拨本厅转还等情，请公决案。

（决议）通过。

十六、主席交议，据秘书处签，请添置开折座木椅一百张、杉木座榄三百张，为本府集会之用，计需款三百九十万元，请指款定制等情，请公决案。

（决议）通过。款在三十六年度第一预备金项下支付。

十七、主席交议，据会计处编呈本省三十六年度地方岁入岁出总预算，及地方事业岁出总预算，请核定等情，请公决案。

（决议）由丘委员约集各委员及各单位审查。

十八、主席交议，据社会处编呈该处育幼院所属各院部三十六年度收容人膳食费岁出预算分配表，请列入三十六年度省预算内开支等情，请公决案。

（决议）并第十七案审查。

十九、主席交议，准省参议会公函，以出版民情半月刊所需经费，经本会第七次驻会委员会议决，拟请省府照拨，兹编送该刊三十六年度经费预算，请核拨等由，请公决案。

（决议）并第十七案审查。

二十、主席交议，据社会处呈，拟将本处附属育幼院、救济院、服务站、托儿所、习艺院等经教费列入三十六年度省预算内开支，谨编具岁出经常费预算，请核示等情，请公决案。

（决议）并第十七案审查。

二十一、主席交议，据粤侨事业辅导委员会编呈该会侨资垦殖社三十六年度经常及临时费概算，请列入三十六年度省预算内开支等情，请公决案。

（决议）并第十七案审查。

二十二、主席交议，据会计处签拟调整本省三十五年下半年度预备金科目及已饬拨各项经费意见，请核示等情，请公决案。

（决议）甲项照办，乙项（一）候办追加预算时核列，（二）酌发，

（三）照发，（四）照各厅处标准核发丙项，候追加预算时核列。

二十三、主席交议，据会计处签呈，关于省立法商学院拟具补给解聘前任教授陈苏然等薪津加成办法，请拨款办理一案，兹拟议意见，请核示等情，请公决案。

（决议）通过。

二十四、主席交议，据秘书处呈，以据本府有线电话队请拨发三十五年度迁移队址经费五拾万元一案，谨代编具预算书，请核拨等情，请公决案。

（决议）通过，款在三十五年下半年度特别预备金项下支付。

二十五、主席交议，据财政厅呈缴，广州营业税处编具该处三十五年度九至十二月份经临费分配预算，筹备工作人员姓名及支付预算分配表，暨追加第一、二次事业费分配预算，请核示等情，请公决案。

（决议）筹备、事业两费照发，经常费照会计处签拟办理，均省市各半负担，省负担部分，准在三十五年下半年度营业税征收经费项下支付。

二十六、主席交议，据卫生处呈，请拨款清还建筑第一、二临时医院借款本息一案，经准予：（一）未清付建筑费款五十万元，饬财政厅遵案清付。（二）结欠借款利息共二十万六千一百六十元，在追加三十五年上半年度经常费三亿七千万元内分配特别预备金科目开支，请追认案。

（决议）追认。

二十七、主席交议，据会计处签呈，兹遵照核定调整原则，改编本省三十五年下半年度地方岁入岁出总预算，请核定，分别呈送行政院主计处，及分行有关机关等情。经准予照办，请追认案。

（决议）追认。

二十八、主席交议，据民政厅签呈，以国民大会本省代表选举事务所，编印国民大会出席代表手册，计需印刷费五十万元，请核拨等情。经饬财政厅筹垫，将来在三十五年下半年度第一预备金项下开支，请追认案。

（决议）追认。

二十九、主席交议，据卫生处编呈该处朱处长赴京出席卫生行政会议旅费等项预算，计需支一百一十六万元，请核拨等情。经饬财政厅筹拨，将来在三十五年下半年度第一预备金项下开支，请追认案。

（决议）追认。

三十、主席交议，据新闻处编呈该处三十六年度经常费岁出预算分配表，请核示等情，经分别核定分行，请追认案。

（决议）追认。

三十一、主席交议，据民政厅签呈，兹拟具本省各县（市局）乡（镇）区保长选举办法，请核定施行等情，经准予照办，请追认案。

（决议）追认。

三十二、主席交议，据民政厅代电，拟派谢源宗代理本厅视察，请察核等情，请公决案。

（决议）通过。

三十三、主席交议，据建设厅呈，拟派何允代理本厅视察，请核示等情，请公决案。

（决议）通过。

三十四、主席交议，据教育厅代电，拟派连宝城代理本厅科长，请核示等情，请公决案。

（决议）通过。

三十五、主席交议，据田赋粮食管理处代电，拟派崔文卿代理本处第二科科长，请核示等情，请公决案。

（决议）通过。

三十六、主席交议，据农林处呈，拟派黄友祥代理本处秘书，请核示等情，请公决案。

（决议）通过。

三十七、主席交议，据建设厅呈，拟派唐瑜代理本厅科长，请核示等情，请公决案。

（决议）通过。

三十八、主席交议，据建设厅呈，拟派汤尹堪代理本厅视察，请核示等情，请公决案。

（决议）通过。

广东省政府第十届委员会
第八十二次会议纪录

时　间　一月十四日

地　点　本府会议厅

出席者　罗卓英　李扬敬　杜梅和　谢文龙　丘　誉　肖次尹
　　　　黄文山　周景臻

公出者　姚宝猷　黄范一　詹朝阳　蔡劲军

告假者　罗香林

列席者　丘新民　毛松年　陈鸿藻　黄秉勋　朱润深　黄桔桐
　　　　郭汉鸣　肖蔚民　赖希如　李秋谷

主　席　罗卓英

纪　录　苏旭升

主席恭读　国父遗嘱

宣读第八十一次会议纪录。

报告事项

一、秘书处报告，关于普宁县和安乡人民詹××等因兴办水利纠纷事件不服普宁县政府处分，先后向本府提起诉愿两案，经合并审查评议完竣，依法拟具决定书，詹××等与陈××等诉愿均驳回，并经签准如拟办理。

二、秘书处报告，关于茂名县人民丁××因租赁湛江市公地事件不服湛江市政府所为之处分，向本府提起诉愿一案，经审查评议完竣，依法拟具决定书，本件诉愿不受理，并经签准如拟办理。

三、秘书处报告，奉交下民政厅签呈，略以自卫枪枝管理条例，业经规定三十五年九月一日起施行，在内政部未将正式执照发到以前，本省自应早日完成查验登记发给临时登记证工作，以便汇请内政部发照，兹拟具本省各县（市局）查验自卫枪枝临时给证暂行办法，请核定施行等情，并奉准如拟办理。

四、秘书处报告，奉交下行政院三十五年十二月十六日节京嘉乙字第二三七八八号训令，略以准考试院，解释公务员因公伤病核给医药费办法，第一条甲项疑义，饬知照等因。经送会计处签复，拟分行后报告会议，请转陈核定等由，奉准如拟办理。

五、秘书处报告，奉交下会计处签呈，关于实业公司前总经理陆宗骐呈缴该公司暨各厂场社战时损失数额表一案，兹拟：（一）损失资产，拟俟陆前任报准审计处后，录案报府再行办理。（二）该公司接收陆前任移交现有资产，应依照规定计价入账，其因战时损失资产，应俟陆前任报准审计处后，再将资产减损数整理列入，按年摊提。请核示等情，并奉准如拟办理。

六、民政厅报告一周办理重要工作。

七、财政厅报告一周办理重要工作。

八、教育厅报告一周办理重要工作。

九、建设厅报告一周办理重要工作。

十、秘书处报告一周办理重要工作。

讨论事项

一、主席交议，据田赋粮食管理处签呈，兹拟订广东省查验各级仓廒积谷施行细则，请核示等情，请公决案。

（决议）通过。

二、主席交议，据人事处签呈，兹拟具本府各厅处局移拨新闻处员额分配表，请核示等情，请公决案。

（决议）通过。

三、主席交议，据建设厅签呈，以据公路处拟具提用桥梁专款限制办法一案，兹拟酌予修订，请核示等情，请公决案。

（决议）照建设厅及会计处签拟意见修正通过。

四、主席交议，据人事处签呈，关于建设厅呈缴公路处拟具该处工务所组织规程，及编制表一案，经分别酌予修订，请核夺等情，请公决案。

（决议）通过。

五、主席交议，据人事处签呈，关于田赋粮食管理处拟具该处储运处组织规程及编制表一案，经分别酌予修订，请核示等情，请公决案。

（决议）通过。

六、主席交议，据会计处签呈，关于建设厅呈缴该厅西村士敏土厂三十五年度营业计划预算书一案，兹拟议意见，请核示等情，请公决案。

（决议）通过。

七、主席交议，据民政厅签呈，兹拟具本省各县市各级户政机构设置办法，请核定施行等情，经准予照办，请追认案。

（决议）追认。

八、主席交议，关于杜委员、李委员、肖委员及田粮处、会计处会同审查田粮处拟具本省田赋征实及征借粮食划拨办法，及本省各县（市局）应得田赋征实及带征公粮划拨通则两案意见，经准予照办，请追认案。

（决议）追认。

九、主席交议，据田赋粮食管理处签，拟修订本省各级谷仓保管委员会组织规程，请核定施行等情，经准予照办，请追认案。

（决议）追认。

十、主席交议，据农林处签．请饬令从化、花县、宝安、增城、广宁等县，迅速恢复或设置农业推广所一案，经准予由各县斟酌财力办理，请追认案。

（决议）追认。

十一、主席交议，据会计处签拟省训练团呈，请保留裁减公役十二名，及在该团公役名额内雇用技术工人十三名两案意见，经核定公役仍照裁减，余照所拟办理，请追认案。

（决议）追认。

十二、主席交议，据地政局签，请一次过拨支省训练团地政组学员讲义费，及讲师酬金，共二百万元一案，经饬由财政厅筹拨，请追认案。

（决议）追认。

十三、主席交议，据农林处呈，拟派许纬东代理本处科长，请核示等情，请公决案。

（决议）通过。

278

十四、主席交议，据农林处呈，拟派刘振铿代理本处畜疫防疗所技正兼组长，请核示等情，请公决案。

（决议）通过。

十五、主席交议，据建设厅呈，拟派余信代理本厅第四水利测量队技正兼队长，请核示等情，请公决案。

（决议）通过。

十六、主席交议，据建设厅呈，拟派张琳代理本厅技正，请核示等情，请公决案。

（决议）通过。

十七、主席交议，据建设厅呈，拟派白深樨代理本厅技正，请核示等情，请公决案。

（决议）通过。

十八、主席交议，据秘书处呈，拟派吴克英代理本处秘书，请核示等情，请公决案。

（决议）通过。

十九、主席交议，据建设厅呈，拟派蓝育辉代理本厅视察，请核示等情，请公决案。

（决议）通过。

广东省政府第十届委员会
第八十三次会议纪录

时　　间　一月十七日

地　　点　本府会议厅

出席者　罗卓英　李扬敬　杜梅和　姚宝猷　谢文龙　肖次尹
　　　　黄文山　蔡劲军　周景臻

公出者　丘　誉　黄范一　詹朝阳

告假者　罗香林

列席者　张　明　丘新民　毛松年　陈鸿藻　黄秉勋　朱润深

黄桔桐　郭汉鸣　肖蔚民　赖希如

主　席　罗卓英

纪　录　苏旭升

主席恭读　国父遗嘱

宣读第八十二次会议纪录。

报告事项

一、秘书处报告，关于广州市合胜堂代表孙××因田产争执事件不服广州市政府之处分，向本府提起诉愿一案，经审查评议完竣，依法拟具决定书，本件诉愿驳回，并经签准如拟办理。

二、秘书处报告，奉交下设计考核委员会签呈，以本省三十六年度中心工作计划，前经本会汇编藏事，并经本府委员谈话会商定修正通过付梓，现建设厅省银行先后呈，请将各该主管计划部分略为修改，应否照办之处，谨签请核示等情，并奉准如拟办理。

三、秘书处报告，奉交下会计处签呈，关于建设厅呈转长途电话所呈报于三十五年七月权先增设湛江分所缘由及收支情形一案，查该所未经呈准即自行成立，核有未合，惟经已结束，且支出业务等费，系在该所三十五年度营业预算内统筹支应，拟姑予照准，请核示等情，并奉准如拟办理。

四、田赋粮食管理处报告一周办理重要工作。

五、会计处报告一周办理重要工作。

六、统计处报告一周办理重要工作。

七、人事处报告一周办理重要工作。

八、卫生处报告一周办理重要工作。

九、农林处报告一周办理重要工作。

十、地政局报告一周办理重要工作。

十一、新闻处报告一周办理重要工作。

十二、设计考核委员会报告一周办理重要工作。

讨论事项

一、主席交议，据会计处签呈，关于连南县政府编呈该县警察员警冬季服装费预算一案，兹拟酌发三百万元，款在三十五年度国税拨县款由省统筹部分拨支，请核示等情，请公决案。

（决议）通过。款在三十六年度第一预备金项下拨付。

二、主席交议，据会计处签呈，关于农林处编呈本省省会三十六年度各界联合造林运动预算分配表，计需费六十三万五千元，请核拨办理一案，该款拟准在三十六年度第一预备金项下拨支，请核示等情，请公决案。

（决议）通过。

三、主席交议，据会计处签呈，关于卫生处呈请拨发一德路改善沥青路面本处负担工程费款九十七万七千七百六十元一案，兹拟议意见，请核示等情，请公决案。

（决议）通过。

四、主席交议，据会计处签呈，以县级公教人员待遇微薄，其生活补助费未达到省级标准半数时，可否准予将价领公粮标准酌予提高，请核示等情，请公决案。

（决议）通过。但每月公粮支出数额，应以不超过全年收入十二分之一为限。

五、主席交议，据会计处签呈，关于驻京代表办公处呈，以复员还都因船运中途阻滞，计共不敷还都费八十万七千七百一十元，请核拨归垫一案，兹拟议意见，请核夺等情，请公决案。

（决议）通过。

六、主席交议，据会计处签呈，关于财政厅编呈派员查勘惠济义仓田产费用预算一案，兹拟议意见，请核示等情，请公决案。

（决议）通过。

七、主席交议，据会计处签呈，关于省参议会函送该会第一次大会决议组织救济物资清查团清查各县散发救济物资一案，请查照办理等由，兹拟议意见，请核示等情，请公决案。

（决议）由社会处洽商省参议会及善救分署后，编列预算报核。

八、主席交议，据会计处签呈，关于南山管理局三十五年度地方岁入岁出第二次追加预算一案，经核编完竣，拟准岁入岁出各追加二千四百六十一万八千六百元，请核定等情，请公决案。

（决议）通过。

九、主席交议，据本省三十六年度县市预算编审委员会签呈，以本省各县市局三十六年度地方岁入岁出总预算，业经全部审编完竣，谨附审编说明书，及审定总额与原编总额比较表等件，请核示等情，请公决案。

（决议）通过。

十、主席交议，据会计处签呈，关于教育厅呈请拨款一百五十万元，补回行辕政治部迁址装备费一案，该款拟准在三十六年度第一预备金项下拨支，请核示等情，请公决案。

（决议）通过。

十一、主席交议，据民政厅签呈，本厅奉令增办全省兵役及军属行政业务，工作繁重，原有人员不敷配用，拟请增设第六科负责办理，谨拟具增科员额编制表、经常费预算表、职掌表，请核示等情，请公决案。

（决议）（一）员额编制表照人事处签拟办理。（二）职掌通过。（三）经常费并入该厅预算内编列。

十二、主席交议，据秘书处签呈，关于五华县岐岭乡保安会会员钟××等因不服五华县政府将所有保安会店宇三间拨作私立皇华中学等基金之处分，提起诉愿一案，经审查评议完竣，依法拟具决定书，请核夺等情，经准予照办，请追认案。

（决议）追认。

十三、主席交议，据会计处签呈，兹拟议，本省各机关随同还治员工，而已离职者之复员补助费，发给意见，请核示等情，经准：（一）照商审计处。（二）列请中央增拨，请追认案。

（决议）追认。

十四、主席交议，据秘书处呈，拟修正本府政务无线电总台组织规程，请察核等情，经准予核定分行，请追认案。

（决议）追认。

十五、主席交议，据新闻处呈报，租赁广州市仓边路五十号二楼为办公处址，请拨租金三个月计一百二十万元一案，经饬由财政厅筹拨请追认案。

（决议）追认。

十六、主席交议，据会计处签呈，关于建设厅呈缴该厅公路处编具广九路修复工程处各渡口三十五年十一、十二月份经费预算一案，核属符合，拟准照办，请核示等情，请追认案。

（决议）追认。

十七、主席交议，据财政厅签呈，关于广州市呈缴该市拟增收营业牌照税业类表一案，经分别核定，请核夺报部后办理等情，经准予照办，请追认案。

（决议）追认。

十八、主席交议，据财政厅签呈，拟修正本省各县市屠场使用费征收规则第三条条文，请核示等情，经准予照办，请追认案。

（决议）追认。

十九、主席交议，据人事处签呈，兹拟修订本省社会处救济院组织规程及编制表，请核定施行等情，经准予照办，请追认案。

（决议）追认。

二十、主席交议，据人事处签呈，关于建设厅拟具该厅西村士敏土厂组织规程及编制表一案，经分别酌予修订，请核定施行等情，经准予照办，请追认案。

（决议）追认。

二十一、主席交议，据民政厅签呈，关于五华县政府呈，以该县县治僻处北部，政令推行不便，拟请迁治安流墟，附呈图说一案，核属可行，请核夺等情，经准予照办，请追认案。

（决议）追认。

二十二、主席交议，据建设厅呈，拟派李详代理本厅视察，请核示等情，请公决案。

（决议）通过。

二十三、主席交议，据建设厅呈，拟派熊汝统代理本厅技士，请核示等情，请公决案。

（决议）通过。

二十四、主席交议，据建设厅签呈，拟派马汝霖代理本厅第一水利查勘队技正兼队长，请核示等情，请公决案。

（决议）通过。

二十五、主席交议，据卫生处代电，拟派黄若伦代理省立第二医院主任医师，请核示等情，请公决案。

（决议）通过。

广东省政府第十届委员会
第八十四次会议纪录

时　　间	一月二十一日
地　　点	本府会议厅

出席者　罗卓英　杜梅和　姚宝猷　丘　誉　肖次尹　黄文山
　　　　　蔡劲军　詹朝阳　周景臻

公出者　黄范一

请假者　李扬敬　谢文龙　罗香林

列席者　丘新民　毛松年　陈鸿藻　黄秉勋　朱润深　黄枯桐
　　　　　郭汉鸣　肖蔚民　赖希如　钟盛麟　谢群彬　黄俊人

主　　席　罗卓英

纪　　录　苏旭升

主席恭读　国父遗嘱

宣读第八十三次会议纪录。

报告事项

一、秘书处报告，奉交下会计处签呈，关于教育厅转缴科学仪器制造厂，请将三十四年度未制仪器费七十三万一千元移作该厂搬迁费预算一案，经转呈行政院，三十五年十二月二十一日节京嘉丁字第二四五二四号代电核复，准予照办等因，拟分行后补报会议等情，并奉准如拟办理。

二、秘书处报告，奉交下会计处签呈，关于公务员丧葬补助费，前经由府酌定划一办法，自三十五年七月一日起，各机关公务员殓葬费准予补助一部分，其补助数额，以不超过该故员身故时应领生活补助费（基本数及加成数合计），两个月总额为限。款在第一预备金项下开支，并电奉行政院核复，准予照办等因，拟分行后报会议等情，并奉准如拟

284

办理。

三、秘书处报告，关于恩平县人民侯××等因不服本府财政厅三十五年十月十六日所为确认前广东省公路处发给义和堂等承认恩平横陂墟地官产执照批示之处分，向本府提起诉愿一案，经审查评议完竣，依法拟具决定书，本件诉愿驳回，并经签准如拟办理。

四、秘书处报告，奉交下设计考核委员会签呈，以本省三十六年度工作计划，关于统计处事业部分，因该处漏送，故未有编入，现准该处补编来会，查核所列计划项目尚属切要，拟准补列，请核示等情，并奉准如拟办理。

五、秘书处报告，奉交下建设厅签呈，以本厅公路处所属运输总段业务未见发展，且有亏蚀可能，拟饬：（一）该总段于三十五年度结束，并设置保管站，其管理人员，由公路处编制员额内选派。（二）所有账目，由公路处与该总段依法清理。（三）车辆设备，以租给公路行车公司维持地方交通为原则，请核示等情，并奉准如拟办理。

六、秘书处报告，奉交下地政局签呈，近来物价高涨，为维持代书人员生活，而利业务进行起见，拟将填写土地登记申请书代书费额，改订为每张五百元，请核示等情，并奉准如拟办理。

七、民政厅报告一周办理重要工作。

八、财政厅报告一周办理重要工作。

九、教育厅报告一周办理重要工作。

十、建设厅报告一周办理重要工作。

讨论事项

一、主席交议，据田粮处签呈，兹拟具本省历年欠赋清理催收拨解实施办法，请核定施行等情，请公决案。

（决议）修正通过。

二、主席交议，据人事处签呈，关于建设厅呈，拟修正本省各县市度量衡检定分所组织及办事通则第四、五条条文，暨编制表一案，兹拟分别酌予修正，请核示等情，请公决案。

（决议）通过。

三、主席交议，据会计处签呈，关于番禺县三十五年度地方岁入岁出第一次追加预算一案，经核编完竣，拟准岁入岁出各追加七亿五千八百四十三万一千七百元，请核定等情，请公决案。

（决议）通过。

四、主席交议，据社会处呈缴该处育幼院三十六年度总办公厅〔费〕及第三、四分院经常费，暨第一、二、三、四分院及示范部教养费预算一案，经饬据会计处签具意见前来，第（一）、（二）、（三）项共一亿一千七百二十四万九千元，并准在本年度预备金内划拨，请追认案。

（决议）追认。

五、主席交议，据田赋粮食管理处编呈广州市粮食市场管理处开办费及事业费，暨三十五年十一、十二月份经常费生活补助费预算一案，经饬据会计处签具意见前来，并准予追加预算办理，请追认案。

（决议）追认。三十六年度一月份经费，在三十六年预备金项下支付，二月份起交由广州市政府办理。

六、主席交议，据会计处签呈，关于河源县三十五年度地方岁入岁出第一次追加预算一案，经核编完竣，拟准岁入岁出各追加七千四百四十一万七千四百元，请核定等情，经准予照办，请追认案。

（决议）追认。

七、主席交议，据会计处签呈，关于清远县三十五年度地方岁入岁出第一次追加预算一案，经核编完竣，拟准岁入岁出各追加七千零三十九万一千三百元，请核定等情，经准予照办，请追认案。

（决议）追认。

八、主席交议，据会计处签呈，关于陆丰县三十五年度地方岁入岁出第一次追加预算一案，经核编完竣，拟准岁入岁出各追加八千九百三十三万二千元，请核定等情，经准予照办，请追认案。

（决议）追认。

九、主席交议，据会计处签呈，关于吴川县三十四年度地方岁入岁出追加预算一案，经核编完竣，拟准岁入岁出各追加一百九十九万四千六百四十四元，请核定等情，经准予照办，请追认案。

（决议）追认。

十、主席交议，据会计处签呈，关于南雄县三十五年度地方岁入岁出第一次追加预算一案，经核编完竣，拟准岁入岁出各追加四千二百九十五万零七百元，请核定等情，经准予照办，请追认案。

（决议）追认。

十一、主席交议，据会计处签呈，关于宝安县三十五年度地方岁入岁出第一次追加预算一案，经核编完竣，拟准岁入岁出各追加九千三百三十九万三千一百元，请核定等情，经准予照办，请追认案。

（决议）追认。

十二、主席交议，据会计处签呈，关于从化县三十五年度地方岁入岁出第一次追加预算一案，经核编完竣，拟准岁入岁出各追加四千九百万五千六百元，请核定等情，经准予照办，请追认案。

（决议）追认。

十三、主席交议，据会计处签呈，关于开建县三十四年度地方岁入岁出追加预算一案，经核编完竣，拟准岁入岁出各追加三百一十七万七千五百七十七元，请核定等情，经准予照办，请追认案。

（决议）追认。

十四、主席交议，据建设厅呈，拟派凌礼棠代理本厅技正，请核示等情，请公决案。

（决议）通过。

十五、主席交议，据卫生处呈，拟派白龙淮代理省立第一医院主任医师，请核示等情，请公决案。

（决议）通过。

十六、主席交议，据建设厅签呈，拟派黎梓材代理本厅视察，请核示等情，请公决案。

（决议）通过。

十七、主席交议，据建设厅呈，拟派张增康代理本厅第五水利测量队技正兼队长，请核示等情，请公决案。

（决议）通过。

十八、主席交议，据教育厅呈，拟派姚建民代理本厅第一科科长，请核示等情，请公决案。

（决议）通过。

十九、主席交议，据卫生处呈，拟派黄藻裳代理本处科长，请核示等情，请公决案。

（决议）通过。

二十、主席交议，据田赋粮食管理处呈，拟派潘略代理本处督导员，请核示等情，请公决案。

（决议）通过。

二十一、主席交议，据地政局呈，拟派李鉴济代理本局技正，请核示等情，请公决案。

（决议）通过。

广东省政府第十届委员会
第八十五次会议纪录

时　　间	一月二十八日
地　　点	本府会议厅
出席者	罗卓英　杜梅和　姚宝猷　丘　誉　肖次尹　黄文山
	詹朝阳　周景臻
公出者	蔡劲军　黄范一
告假者	李扬敬　谢文龙　罗香林
列席者	张　明　丘新民　毛松年　黄秉勋　陈鸿藻　朱润深
	黄枯桐　郭汉鸣　肖蔚民　赖希如　钟盛麟　谢群彬
主　　席	罗卓英
纪　　录	苏旭升

主席恭读 国父遗嘱

宣读第八十四次会议纪录。

报告事项

一、秘书处报告，奉交下蒋主席及行政院电二件，以该省征粮工作现正值紧要关头，三十六年各田粮储运机关经费，应照案分担，一至三月份应需经常费及生活补助费，准暂先由中央完全垫拨，将来在中央应分担部分预算内结算，至省预算内，仍希将省县应分担之田粮储运机关经临费，依照三十六年省市预算编制要点之规定编列等因。经送会计

288

处，拟具三十六年度田粮经费拨支意见签复，请转陈核定分行后报会议等由，并奉准如拟办理。

二、秘书处报告，奉交下人事处签呈，关于建设厅分配该厅三十五年第二次奉准恢复员额六十名一案，计增置该厅荐任技正十一人，荐任技士四人，委任技士四人，技佐五人，科员六人，办事员十三人，雇员五人，共四十八人，另增置工业试验所委任总务组长一人，荐任化验研究调查三组组长各一人，委任技士一人，组员三人，雇员二人，委任会计员及人事管理员各一人，共十二人，合计六十人，核属可行，拟准照【办】，请核示分行后报会议等情，并奉准如拟办理。

三、民政厅报告一周办理重要工作。

四、财政厅报告一周办理重要工作。

五、教育厅报告一周办理重要工作。

六、建设厅报告一周办理重要工作。

讨论事项

一、主席交议，据地政局签呈，兹拟议沙田地籍整理应行决定事项意见，请核示等情，请公决案。

（决议）并第八十次会议讨论第一案审查。

二、主席交议，据教育厅呈，兹拟具省立科学馆组织章程及编制表，请核示等情，请公决案。

（决议）修正通过。

三、主席交议，据财政厅会计处签呈，兹依照委员谈话会商定原则，及历次审查会议结果，重新改编本省三十六年度地方岁入岁出总预算，请核示等情，请公决案。

（决议）修正通过。

四、主席交议，据田赋粮食管理处签呈，兹拟具本省第九区征赋折价变通办法，请核示等情，请公决案。

（决议）通过。

五、主席交议，据会计处签呈，拟编印本省三十六年度总预算，及本省三十六年度各县市局总预算，计共需款一千四百八十万五千元，款并拟在三十六年度预备金项下拨支，请核示等情，请公决案。

（决议）通过。

六、主席交议，据会计处签呈，关于兴宁县三十五年度地方岁入岁出第一次追加预算一案，经核编完竣，拟准岁入岁出各追加一亿二千七百五十二万九千八百元，请核定等情，请公决案。

（决议）通过。

七、主席交议，据会计处签呈，关于四会县三十五年度地方岁入岁出第二次追加预算一案，经核编完竣，拟准岁入岁出各追加一亿三千五百九十一万四千九百元，请核定等情，请公决案。

（决议）通过。

八、主席交议，据会计处签呈，关于梅菉管理局三十五年度地方岁入岁出第一次追加预算一案，经核编完竣，拟准岁入岁出各追加二千七百三十五万三千二百元，请核定等情，请公决案。

（决议）通过。

九、主席交议，关于杜委员梅和、谢委员文龙、黄委员范一会复，审查田粮处拟具本省私有沙田升科登记实施办法一案意见，经照审查意见办理，请追认案。

（决议）追认。

十、主席交议，据会计处签呈，关于徐闻县三十五年度地方岁入岁出第一次追加预算一案，经核编完竣，拟准岁入岁出各追加九千七百一十七万八千一百元，请核定等情，经准予照办，请追认案。

（决议）追认。

十一、主席交议，据会计处签呈，关于平远县三十四年度地方岁入岁出第三次追加预算一案，经核编完竣，拟准岁入岁出各追加一百七十万零九百五十五元，请核定等情，经准予照办，请追认案。

（决议）追认。

十二、主席交议，据会计处签呈，关于鹤山县三十五年度地方岁入岁出第一次追加预算一案，经核编完竣，拟准岁入岁出各追加一千二百五十二万一千七百元，请核定等情，经准予照办，请追认案。

（决议）追认。

十三、主席交议，据会计处签呈，关于郁南县三十五年度地方岁入岁出第一次追加预算一案，经核编完竣，拟准岁入岁出各追加一亿一千四百七十九万六千一百元，请核定等情，经准予照办，请追认案。

（决议）追认。

十四、主席交议，据会计处签呈，关于陵水县三十五年度地方岁入岁出第一次追加预算一案，经核编完竣，拟准岁入岁出各追加八千五百一十四万一千三百元，请核定等情，经准予照办，请追认案。

（决议）追认。

广东省政府第十届委员会
第八十六次会议纪录

时　间	一月三十一日
地　点	本府会议厅
出席者	罗卓英　杜梅和　姚宝猷　丘　誉　肖次尹　黄文山
	詹朝阳　周景臻
公出者	蔡劲军
告假者	李扬敬　谢文龙　罗香林　黄范一
列席者	毛松年　黄秉勋　陈鸿藻　朱润深　黄枯桐　郭汉鸣
	肖蔚民　赖希如　钟盛麟　谢群彬　贾封川　蓝天石
主　席	罗卓英
纪　录	苏旭升

主席恭读 国父遗嘱

宣读第八十五次会议纪录。

报告事项

一、秘书处报告，奉交下田粮处签呈，以各县（市局）各级田粮机构经临各费，经通饬由三十六年度起，列入县（市局）预算开支。为因应各县财力起见，兹拟议变通办法如下：（一）田粮科编制员额及经费，最高标准照原编制数额，最低标准照原编制七成设置。（二）各乡镇办事处收纳仓等，在旺征期内仍照原编制办理，在淡征期内（定二月至七月），以尽量紧缩为原则。（三）业务较简县份之集中仓员额，得紧缩至四员三丁。（四）上列三原则由二月份起实行，并由各县（市局）视财力与业务自行拟定报核等情，并奉准如拟办理。

二、秘书处报告，奉交下国防部代电，以本省收训军官总队，拨送学员一千九百九十三人，计算应拨开办费九千九百六十五万元，及自三十五年下半年起，每月训练经费六千九百七十五万五千元，已饬联勤总部照上项核定数分月继续拨发，至六个月训练期满后，所有学员薪粮，概由收训派用机关啣接发给，本部不再核发等由。经送会计处签复，拟报会后分行省训练团及财厅办理，请转陈核定等词，并奉准如拟办理。

三、秘书处报告，奉交下地政局签呈，以物价高涨，本府前规定租佃契约登记每件征收工本费十元，各县无法因应，拟将该项工本费改订为每件征收一百元，请核示等情，并奉准如拟办理。

四、田赋粮食管理处报告一周办理重要工作。

五、社会处报告一周办理重要工作。

六、会计处报告一周办理重要工作。

七、统计处报告一周办理重要工作。

八、人事处报告一周办理重要工作。

九、卫生处报告一周办理重要工作。

十、农林处报告一周办理重要工作。

十一、地政局报告一周办理重要工作。

十二、设计考核委员会报告一周办理重要工作。

讨论事项

一、主席交议，据秘书处签呈，关于灵山县人民黄××因不服灵山县政府违法处分家产事件提起诉愿一案，经审查评议完竣，依法拟具决定书，本件原处分撤销，请核夺等情，请公决案。

（决议）通过。

二、主席交议，据会计处签呈，关于广州市政府呈，拟自本年一月份起，调整该府及所属机关办公费数额一案，核属需要，拟予照准，请核示等情，请公决案。

（决议）通过。

三、主席交议，据田赋粮食管理处签呈，关于中央收购省粮二十万市石拟由省县照征实所占成数比例分担，兹拟具分担办法，请核示等情，请公决案。

（决议）通过。

四、主席交议，据民政厅签呈，关于内政部闽粤区禁烟特派员公署函请拨发禁烟各费一案，兹拟议意见，请核示等情，请公决案。

（决议）通过，款在民政厅禁烟经费内支付。

五、主席交议，据会计处签呈，以公教人员生活补助费支给标准，经已调整，兹拟增拨省参议会人员三十五年十二月份交通费一百二十万四千九百元，款先在田赋公粮实物售出溢价拨支，请核示等情，请公决案。

（决议）通过。

六、主席交议，据会计处签呈，关于本府无线电总台签呈，各县无线电分台三十六年度员工薪饷及生活补助费，仍请列入省预算内支给一案，兹拟议意见，请核示等情，请公决案。

（决议）通过。

七、丘委员誉函复，奉交审查地政局拟具本省沙田整理大纲一案，经约集各委员及地政局、田粮处、农林处会同审查，分别修订完竣，并将原标题改为广东省沙田地籍整理大纲，是否可行，请公决案。

（决议）修正通过。

八、肖委员，杜委员会复，奉交审查田粮处拟具本省各县市粮食市场管理办法一案，经约集会计处、田粮处、社会处，会同审查完竣，谨列具意见，请公决案。

（决议）照审查意见通过。

九、主席交议，据建设厅签呈，以据公路处电为督修东南两干线，拟增设工务所十所，及增派技正六员，前往协助各县督导，并附缴预算一案，核属需要，拟予照准等情，经准予照办，请追认案。

（决议）追认。

十、主席交议，据建设厅呈，拟派关炳韶代理本厅技正，请核示等情，请公决案。

（决议）通过。

十一、主席交议，据建设厅呈，拟派彭月樵代理本厅秘书，请核示等情，请公决案。

（决议）通过。

十二、主席交议，据建设厅呈，拟派杨元熙代理公路处课长，请核示等情，请公决案。

（决议）通过。

十三、主席交议，据卫生处呈，拟派崔仲光代理广东省立第二医院医师，请核示等情，请公决案。

（决议）通过。

十四、主席交议，据田赋粮食管理处呈，拟派吴杰东代理本处督导员，请核示等情，请公决案。

（决议）通过。

十五、主席交议，据田赋粮食管理处呈，拟派何国霖代理储运处组长，请核示等情，请公决案。

（决议）通过。

十六、主席交议，据建设厅签呈，拟派许达光代理本厅技正，请核示等情，请公决案。

（决议）通过。

广东省政府第十届委员会
第八十七次会议纪录

时　间　二月四日

地　点　本府会议厅

出席者　罗卓英　杜梅和　姚宝猷　谢文龙　丘　誉　肖次尹
　　　　罗香林　黄文山　詹朝阳　周景臻

公出者　蔡劲军

告假者　李扬敬　黄范一

列席者　毛松年　黄秉勋　陈鸿藻　朱润深　郭汉鸣　江完白
　　　　刘禹轮　赖希如　钟盛麟

主　席　罗卓英

纪　录　苏旭升

主席恭读 国父遗嘱

宣读第八十六次会议纪录。

报告事项

一、民政厅报告一周办理重要工作。

二、财政厅报告一周办理重要工作。

三、教育厅报告一周办理重要工作。

四、建设厅报告一周办理重要工作。

五、秘书处报告一周办理重要工作。

讨论事项

一、主席交议，据会计处签呈，拟自三十六年一月份起，调整各县（市局）及其所属机关学校办公费标准，谨列具意见，请核示等情，请公决案。

（决议）通过。

二、主席交议，据统计处签呈，本省各县（市局）所属各机关统计人员设置办法，前经由本处拟具呈奉主计处核复修正，拟通饬施计，请核示等情，请公决案。

（决议）保留。

三、主席交议，据人事处签拟，修订农林处拟具该处稻作改进所、蚕桑改良场、天蚕试验室、畜牧场、森林管理场、堆肥菌种培养室、林业促进指导区及兽疫防治所分所等组织规程，及编制表，请核示等情，请公决案。

（决议）保留。

四、主席交议，据人事处签拟，修订农林处拟具该处农业试验场组织规程，及编制表，请核示等情，请公决案。

（决议）保留。

五、主席交议，据会计处签呈，关于闽粤赣边区清剿委员会延期至本年二月底止，本府应负担一、二月份经费共二百万元，该款拟在三十六年度第一预备金项下拨支，请核示等情，请公决案。

（决议）通过。

六、主席交议，据田粮处、社会处会签，关于财政厅等签拟惠济义仓租谷拨助教育经费意见一案，兹遵将调查所得情形及拟规复惠济义仓意见请核示等情，请公决案。

（决议）（一）惠济义仓应予规复，由财政厅及田粮、社会两处会同办理。（二）教忠中学补助费暂维原案，三十五年及本年照一百倍发给，每年计一百五十万元，执信女子中学已改省立，补助费应予停发。

七、主席交议，据民政厅签呈，关于招锡海妻黄氏一胎四男，三十五年度教养费，核准增拨至十八万元，现据该招锡海呈，请继续补助三十六年教养费，并请增至全年度六十万元，似可照准，请核示等情，请公决案。

（决议）通过。款在三十六年度第一预备金项下支付。

八、主席交议，据本省肄业中央政治大学学生五十五名，请求补助一案，经准每名一次过补助十万元，合共五百五十万元，该款并在三十六年度第一预备金项下拨支，请追认案。

（决议）追认。

九、主席交议，据新闻处签呈，以该处员额三十四人，除秘书处划拨十七人外，余请专设等情，请公决案。

（决议）照会计处签拟通过。

十、主席交议，据会计处签呈，关于统计处电，以该处职员李慕荆、邓镜如先后于三十五年九、十月因公积劳病故，请核发各该故员殓葬补助费一案，兹拟议意见，请核示等情，请公决案。

（决议）通过。

十一、主席交议，据民政厅厅长李扬敬签呈，白沙县长林士新拟调省另候任用，遗缺拟派王焕代理；定安县长谭××因案拟予撤职查办，遗缺拟派吴雄代理，请核示等情，请公决案。

（决议）通过。

广东省政府第十届委员会
第八十八次会议纪录

时　间　二月七日

地　点　本府会议厅

出席者　罗卓英　李扬敬　杜梅和　姚宝猷　谢文龙　丘　誉
　　　　　肖次尹　罗香林　黄文山　詹朝阳　周景臻

公出者　蔡劲军

请假者　黄范一

列席者　毛松年　黄秉勋　江完白　陈鸿藻　朱润深　黄枯桐
　　　　　郭汉鸣　肖蔚民　赖希如　梁谦武

主　席　罗卓英

纪　录　苏旭升

主席恭读　国父遗嘱

宣读第八十七次会议纪录。

报告事项

一、秘书处报告，奉交下会计处签呈，以奉行政院，本年一月十日从青乙字第七一〇号训令，附抄发三十五年度国库收支结束办法，饬遵照等因，拟请列报会议后分行等情，并奉准如拟办理。

二、秘书处报告，奉交下会计处签呈，以奉主计处，本年一月十六日敏岁字第七九号训令，略以各机关审核预算时，关于员额部分，应由主计人员与人事主管人员商洽拟办，送请所在机关长官决定后编列预算，饬遵照等因，拟请列报会议后分行等情，并奉准如拟办理。

三、秘书处报告，奉交下会计处签呈，以准国防部本年一月十五日藏酒字第二三号代电，以订定各省训练团办理复员军官转业训练经临费拨发办法，请查照等由，拟请列报会议后分行等情，并奉准如拟办理。

四、秘书处报告，关于罗定县生江乡人民黎××等因坊地争执事件不服罗定县政府所为之处分，向本府提起诉愿一案，经审查评议完竣，依法拟具决定书，本件诉愿驳回，并经签准如拟办理。

五、田赋粮食管理处报告一周办理重要工作。

六、社会处报告一周办理重要工作。

七、会计处报告一周办理重要工作。

八、统计处报告一周办理重要工作。

九、人事处报告一周办理重要工作。

十、卫生处报告一周办理重要工作。

十一、农林处报告一周办理重要工作。

十二、新闻处报告一周办理重要工作。

十三、地政局报告一周办理重要工作。

十四、设计考核委员会报告一周办理重要工作。

十五、粤侨事业辅导委员会报告一月份办理重要工作。

十六、建设研究委员会报告一月份办理重要工作。

讨论事项

一、主席交议，据本省五年建设计划起草委员会签呈，兹拟定五年经济建设计划实施委员会组织规程，及准备方案六种，请核定施行等情，请公决案。

（决议）交各委员及毛会计长、黄处长枯桐、黄处长秉勋、肖处长、郭局长，暨设考会赖委员审查，由黄委员文山约集。

二、主席交议，据人事处签呈，关于无线电总台拟具该总台直属分台暨各区台各县（市局）分台组织规程，及编制表一案，经由秘书处修订，请核定等情，请公决案。

（决议）照会计处签拟通过。

三、主席交议，据会计处签呈，据本省各界对王水祥惨案后援会呈，请拨助该会经费二百万元一案，拟具意见请核示等情，请公决案。

（决议）通过。

四、主席交议，据会计处签呈，关于龙川县三十五年度地方岁入岁出第二次追加预算一案，经核编完竣，拟准岁入岁出各追加九千七百六十三万零二百元，请核定等情，请公决案。

（决议）通过。

五、主席交议，据会计处签呈，关于顺德县三十五年度地方岁入岁出第二次追加预算一案，经核编完竣，拟准岁入岁出各追加三亿零二百三十七万五千八百元，请核定等情，请公决案。

（决议）通过。

六、主席交议，据建设厅呈，拟派赵耀寰代理公路处技士，请核示等情，请公决案。

（决议）通过。

七、主席交议，据建设厅呈，拟派曾涤文代理本厅视察，请核示等情，请公决案。

（决议）通过。

八、主席交议，据建设厅呈，拟派张景福代理公路处惠州工务所所长，请核示等情，请公决案。

（决议）通过。

九、主席交议，据建设厅呈，拟派黄国振代理公路处技士，请核示等情，请公决案。

（决议）通过。

十、主席交议，据民政厅长李扬敬签呈，始兴县长林为栋呈请辞职，拟予照准，遗缺拟派饶纪绵代理，请核示等情，请公决案。

（决议）通过。

广东省政府第十届委员会
第八十九次会议纪录

时　　间　二月十一日

地　　点　本府会议厅

出席者　罗卓英　李扬敬　杜梅和　姚宝猷　谢文龙　丘　誉
　　　　肖次尹　黄文山　詹朝阳　周景臻

公出者　蔡劲军

告假者　黄范一

列席者　毛松年　黄秉勋　黄枯桐　江完白　郭汉鸣　肖蔚民

　　　　　赖希如

主　席　罗卓英

纪　录　苏旭升

主席恭读　国父遗嘱

宣读第八十八次会议纪录。

报告事项

　　一、秘书处报告，奉交下会计处签呈，以奉行政院本年一月十八日从责丁字第一七四八号代电，该省电请各机关裁减公役得领支三个月遣散费，在各该机关经费及生活费科目支报一案，准予备案，饬知照等因，拟请列报会议后分行等情，并奉准如拟办理。

　　二、秘书处报告，奉交下会计处签呈，以奉行政院子陷从责丁代电，该省三十五年十二月份调整公务员生活费，本年度增加数，均照去年十二月拨补数，先行拨借三个月，俟该省三十六年度总预算审定后扣回等因，拟请分行后报会议等情，并奉准如拟办理。

　　三、秘书处报告，奉交下地政局代电，拟将龙川等县之土地登记规费，就原定本省土地权利书状费征收标准，提高五倍征收，请核示等情，并奉准如拟办理。

　　四、秘书处报告，关于阳山县人民徐××等因水利纠纷事件不服阳山县政府重为划分之处分，向本府提起诉愿一案，经审查评议完竣，依法拟具决定书，本件诉愿驳回，并经签准如拟办理。

　　五、略。

　　六、秘书处报告，奉交下会计处签呈，以本府前先后核定省立各学校三十四年度节余公费生公费及副食费，移为同年度修缮及设备费之用各案，经分别准审计处核复，以该项副食费等节余依法停止使用，移作修缮设备费于法无据，未便备查等由；当经将实际情形，呈请行政院三十五年十二月九日节京嘉字第二二八一一号代电，核复准予照办等因，拟分行后报会议等情，并奉准如拟办理。

　　七、秘书处报告，奉交下会计处签呈，关于秘书处呈，以依照核定三十五年下半年度数额，从新编具本府委员会及本处三十五年下半年度经临费预算分配表，请察核存转一案，核尚符合，拟予存转请核示等情，并奉准如拟办理。

八、民政厅报告一周办理重要工作。

九、财政厅报告一周办理重要工作。

十、教育厅报告一周办理重要工作。

十一、建设厅报告一周办理重要工作。

讨论事项

一、主席交议，据财政厅、会计处会签，兹编具本省三十五年下半年度第一次追加地方岁入岁出预算清表，请核定办理等情，请公决案。

（决议）修正通过。

二、主席交议，据农林处签呈，拟将前颁本省各县乡保垦荒协会组织通则，及县乡保垦荒协会章程准则两种废止，并拟修正本省人民合作垦殖办法第五、六、九、十各条条文，请核示等情，请公决案。

（决议）通过。

三、主席交议，据会计处签呈，关于民政厅呈，以派省警一个中队，前往赤溪县弹压，及协助解决该县族系械斗，计需开拨行军费二百三十二万八千元，请核拨一案，该款经由财政厅筹垫，兹拟在本年度第一预备金项下开支等情，请公决案。

（决议）通过。

四、主席交议，据新闻处签呈，拟购买小型汽车一辆，请拨款一千五百万元办理等情，请公决案。

（决议）照会计处签拟通过。

五、主席交议，据会计处签呈，关于广州党政军联席会议秘书处函请由本府一次过补助本市各级党团宣传费五百万元一案，该款拟在本年度第一预备金项下开支，请核示等情，请公决案。

（决议）通过。

六、主席交议，据人事处签，拟扩大第九区行政督察专员兼保安司令公署编制，并拟具该署组织规程及编制表，请核定转呈行政院核备等情，经准予照办，请追认案。

（决议）追认。

七、主席交议，据人事处签拟，修订教育厅拟具省立图书馆组织规程，及三十五年度编制表，请核定施行等情，经准予照办，请追认案。

（决议）追认。

八、主席交议，据会计处签呈，关于廉江县三十五年度地方岁出岁入第二次追加预算一案，经核编完竣，拟准岁入岁出各追加一亿四千零三十六万四千三百元，请核定等情，请公决案。

（决议）通过。

九、主席交议，据会计处签呈，关于茂名县三十五年度地方岁入岁出第一次追加预算一案，经核编完竣，拟准岁入岁出各追加三亿一千八百三十三万八千元，请核定等情，请公决案。

（决议）通过。

十、主席交议，据会计处签呈，关于防城县三十五年度地方岁入岁出第一次追加预算一案，经核编完竣，拟准岁入岁出各追加三千二百七十六万八千四百元，请核定等情，请公决案。

（决议）通过。

十一、主席交议，据会计处签呈，关于五华县三十五年度地方岁入岁出第二次追加预算一案，经核编完竣，拟准岁入岁出各追加一亿零二百三十九万二千六百元，请核定等情，请公决案。

（决议）通过。

十二、主席交议，据财政厅、秘书处、田粮处、会计处会签，兹遵谕拟具省级公教员工长警价领粮食办法，请核示等情，请公决案。

（决议）修正通过。

广东省政府第十届委员会
第九十次会议纪录

时　间　二月十四日

地　点　本府会议厅

出席者　罗卓英　李扬敬　杜梅和　姚宝猷　谢文龙　丘　誉
　　　　肖次尹　罗香林　黄文山　黄范一　詹朝阳　周景臻

公出者　蔡劲军

列席者　毛松年　黄秉勋　陈鸿藻　朱润深　黄枯桐　郭汉鸣

江完白　肖蔚民　赖希如　梁谦武

主　席 罗卓英

纪　录 苏旭升

主席恭读 国父遗嘱

宣读第八十九次会议纪录。

报告事项

一、秘书处报告，奉交下会计处签呈，关于教育厅编呈三十五年度推行国语训练派赴各校国语教师补助旅费预算分配表，计共四十万元，款拟在三十五年度教育文化费类分配总表，临时部分，一款六项五目，省立学校及社教机关临时费项下开支一案，查属需要，拟予照准，请核定分行后报会议等情，并奉准如拟办理。

二、秘书处报告，奉交下会计处签呈，关于统计处呈，以该处雇员邓镜如于三十五年十月在职病故，请予给恤一案，核与雇员给恤办法第一条丙款之规定相符，计共应发给抚恤费一十五万零三百八十元，款在三十五年下半年度抚恤费科目拨支，请核定分行后报会议等情，并奉准如拟办理。

三、秘书处报告，奉交下会计处签呈，关于财政厅电，以奉财政部拨到黄花岗烈士墓修缮费五千万元，请核示办理一案，查该款经已拨到，拟请着财政厅迅即全数拨由广东省党部领转广州市革命纪念堂茔管理委员会办理，并补编预算送府存转，请核定分行后报会议等情，并奉准如拟办理。

四、秘书处报告，奉交下会计处签呈，关于教育厅呈请在三十五年度教育文化费类分配总表临时部分一款六项五目省立学校及社教机关临时费项下划拨二十万元，为省立体育专科学校修缮设备费一案，查属需要，拟予照准，请核定分行后报会议等情，并奉准如拟办理。

五、田赋粮食管理处报告一周办理重要工作。

六、社会处报告一周办理重要工作。

七、会计处报告一周办理重要工作。

八、统计处报告一周办理重要工作。

九、人事处报告一周办理重要工作。

十、卫生处报告一周办理重要工作。

十一、农林处报告一周办理重要工作。

十二、地政局报告一周办理重要工作。

十三、新闻处报告一周办理重要工作。

十四、设计考核委员会报告一周办理重要工作。

讨论事项

一、主席交议，据会计处签呈，关于财政厅拟具本省三十五年度省库收支结束办法一案，兹拟议意见，请核示等情，请公决案。

（决议）修正通过。

二、主席交议，据会计处签呈，关于财政厅呈缴广州市营业税征收处办理结束经常费，及办理结束人员应领生活补助费预算一案，兹拟议意见，请核示等情，请公决案。

（决议）省市各半负担，余照会计处签拟办理。

三、黄委员文山函复，奉交审查本省五年建设计划起草委员会拟定，本省五年经济建设计划实施委员会组织规程，及准备方案六种一案，遵经分别约集会同审查完竣，谨列具意见，请公决案。

（决议）修正通过。

四、主席交议，据财政厅签呈，为适应实际需要，拟修正本省各县征收码头租办法第三条条文，请核示等情，请公决案。

（决议）通过。

五、主席交议，据教育厅签呈，兹拟具本省各县（市）图书馆举办图书巡回阅览办法，请核定施行等情，请公决案。

（决议）修正通过。

六、主席交议，据会计处签呈，为改善各县（市局）公教员工长警生活，拟议将县级价领粮食办法变通规定，请核示等情，请公决案。

（决议）通过。

七、主席交议，据会计处签呈，关于省保部拟调整各区专员兼保安司令公署武职人员一案，兹拟议意见，请核示等情，请公决案。

（决议）通过。自二月份起实行。

八、主席交议，据会计处签呈，以各地粮价高涨，为适应事实，拟将受训学警学员、公费生、收容人、囚犯各类膳食费，由本年二月份起，权予增加以维生活，请核示等情，请公决案。

（决议）照原标准增加百分之五十，余照会计处签拟办理。

九、主席交议，据会计处签呈，关于社会处呈缴该处育幼院编呈所属各院部购置台椅睡床，及建筑礼堂课室预算一案，兹拟议意见，请核示等情，请公决案。

（决议）通过。

十、主席交议，据会计处签呈，关于配拨省保安队部本年一至七月份实物之扣价标准一案，兹拟议意见，请核示等情，请公决案。

（决议）通过。

十一、主席交议，据人事处签呈，拟修订农林处兽疫防治所组织规程，及编制表，请核定送请农林部核备等情，经分别修正，准予照办，并饬仍依本府核定该所三十五年度员额办理，请追认案。

（决议）追认。

十二、主席交议，据会计处签呈，关于建设厅呈请核发该厅故员石国熙殓葬费一十六万五千七百元，及梁次雄殓葬费一十八万八千元一案，该两款拟在三十五年下半年度第一预备金项下开支，请核示等情，经准予照办，请追认案。

（决议）追认。

十三、主席交议，据建设厅代电，拟派周斯铭代理本厅技正，请核示等情，请公决案。

（决议）通过。

十四、主席交议，据建设厅呈，拟派刘钜初代理本厅技正，请核示等情，请公决案。

（决议）通过。

十五、主席交议，据建设厅代电，拟派刘少明代理合作事业管理处秘书，请核示等情，请公决案。

（决议）通过。

十六、主席交议，据田赋粮食管理处代电，拟派詹功崇代理本处稽核，请核示等情，请公决案。

（决议）通过。

广东省政府第十届委员会
第九十一次会议纪录

时　　间　二月十八日

地　　点　本府会议厅

出席者　罗卓英　李扬敬　杜梅和　姚宝猷　谢文龙　丘　誉

　　　　肖次尹　罗香林　黄文山　黄范一　詹朝阳　周景臻

公出者　蔡劲军

列席者　李东星　毛松年　黄秉勋　陈鸿藻　朱润深　黄枯桐

　　　　郭汉鸣　江完白　肖蔚民　赖希如

主　　席　罗卓英

纪　　录　苏旭升

主席恭读　国父遗嘱

宣读第九十次会议纪录。

报告事项

一、秘书处报告，奉交下会计处签呈，以奉行政院本年一月九日从责丁字第五〇二号训令，抄发三十六年度省及院辖市预算编审办法，饬遵照等因，拟请分行后列报会议等情，并奉准如拟办理。

二、秘书处报告，奉交下会计处签呈，以奉行政院本年一月二十日从责丁字第一九二三号训令，据财政部呈，为国防最高委员会核定，追加粤省三十四年度救侨谷收入，及追加同年度救侨粮食费，各七十一万七千八百一十四元，请转账加入三十五年度岁入岁出一案，核尚可行，准予照办，饬知照等因，拟请列报会议后分行等情，并奉准如拟办理。

三、民政厅报告一周办理重要工作。

四、财政厅报告一周办理重要工作。

五、教育厅报告一周办理重要工作。

六、建设厅报告一周办理重要工作。

讨论事项

一、主席交议，据会计处签呈，关于广州市新闻记者公会呈请援照省级公教员工价领粮食办法之例，准予价领粮食一案，应如何核售及计价之处，请核示等情，请公决案。

（决议）一次过准价领稻谷五百市石，每石市价三万五千元。

二、主席交议，据会计处签呈，关于本府呈请中央补助贫瘠县市建设事业经费一案，经奉行政院核复，并由各主管机关重拟计划预算，应否呈请核拨之处，请核示等情，请公决案。

（决议）就水利、渔业、蚕桑、缫丝四项呈请核拨。

三、主席交议，据秘书处呈，请拨款九百零五万八千二百一十二元，以修理本府汽车等情，请公决案。

（决议）通过，款在本年度第一预备金项下支付。

四、主席交议，据新闻处长肖蔚民签，请拨发因公赴香港旅费一百五十万元等情，经准在省预算第一预备金项下开支，请追认案。

（决议）追认。

五、主席交议，据田赋粮食管理处呈，拟派丘晋畴代理本处督导员，请核示等情，请公决案。

（决议）通过。

六、主席交议，据田赋粮食管理处呈，拟派黄初平代理本处督导员，请核示等情，请公决案。

（决议）通过。

七、主席交议，据田赋粮食管理处呈，拟派黄石川代理本处督导员，请核示等情，请公决案。

（决议）通过。

八、主席交议，据田赋粮食管理处呈，拟派许砺锋代理本处督导员，请核示等情，请公决案。

（决议）通过。

九、主席交议，据建设厅呈，拟派袁雄略代理公路处技正，请核示等情，请公决案。

（决议）通过。

十、主席交议，据建设厅呈，拟派吴鲁欢代理公路处技正，请核示等情，请公决案。

（决议）通过。

十一、主席交议，据民政厅呈，拟派李揆平代理本厅视察，请核示等情，请公决案。

（决议）通过。

广东省政府第十届委员会
第九十二次会议纪录

时　　间　二月二十一日

地　　点　本府会议厅

出席者　罗卓英　李扬敬　杜梅和　姚宝猷　谢文龙　丘　誉
　　　　　肖次尹　罗香林　黄文山　黄范一　詹朝阳　周景臻

公出者　蔡劲军

列席者　毛松年　黄枯桐　肖蔚民　赖希如

主　　席　罗卓英

纪　　录　苏旭升

主席恭读　国父遗嘱

宣读第九十一次会议纪录。

报告事项

一、秘书处报告，奉交下会计处签呈，以奉广州行辕代电，抄发中区绥靖督导委员会三十五年度十二月份起至三十六年度二月底止月份经常费预算，计共列三百五十六万元，除由本行辕每月补助一百万元外，其余二百五十六万元，由中区各县摊派负担，饬迅转令各县，依照所负担数额，按月汇交该会等因，拟请分行后列报会议等情，并奉准如拟办理。

二、田赋粮食管理处报告一周办理重要工作。

三、社会处报告一周办理重要工作。

四、会计处报告一周办理重要工作。

五、统计处报告一周办理重要工作。

六、人事处报告一周办理重要工作。

七、卫生处报告一周办理重要工作。

八、农林处报告一周办理重要工作。

九、地政局报告一周办理重要工作。

十、新闻处报告一周办理重要工作。

十一、设计考核委员会报告一周办理重要工作。

讨论事项

一、主席交议，据财政厅呈缴该厅拟订征课会计处理办法，暨财政部订颁国地共分各税征收缴纳办法，应采取何项办法，请核定施行等情，请公决案。

（决议）照会计处签拟办理。

二、主席交议，据农林处签呈，以据徐闻县政府呈，请将徐闻垦殖场，拨与该县为农业推广所农场一案，兹拟议意见，请核示等情，请公决案。

（决议）准划借一部由该县经营。

三、主席交议，据会计处签呈，关于新闻处编呈省预算该处主管补助各报社记者公会等经费分配清册一案，兹拟议意见，请核示等情，请公决案。

（决议）通过。

四、主席交议，据会计处签呈，关于民政厅李厅长请拨出巡中区各县市旅费八百八十九万元一案，该款拟在本年度省政务视导团经费项下开支，请核示等情，请公决案。

（决议）通过。

五、主席交议，据会计处签呈，关于本省国大代表选举事务所编送该所员役遣散费预算一案，兹拟议意见，请核示等情，请公决案。

（决议）通过。

六、主席交议，据会计处签呈，关于秘书处编呈垫付本府负担本年农民节纪念大会经费二十万元预算，请指款拨还归垫一案，该款拟在本年度第一预备金项下开支，请核示等情，请公决案。

（决议）通过。

七、主席交议，据会计处签呈，关于高要县三十五年度地方岁入岁出第二次追加预算一案，经核编完竣，拟准岁入岁出各追加四亿一千六百七十六万八千七百元，请核示等情，请公决案。

（决议）通过。

八、主席交议，据会计处签呈，关于饶平县三十五年度地方岁入岁出第二次追加预算一案，经核编完竣，拟准岁入岁出各追加三亿三千二百九十三万零九百元，请核定等情，请公决案。

（决议）通过。

九、主席交议，据会计处签呈，关于梅县三十五年度地方岁入岁出第一次追加预算一案，经核编完竣，拟准岁入岁出各追加一千零六十四万五千七百元，请核定等情，请公决案。

（决议）通过。

十、主席交议，据会计处签呈，关于乐会县三十五年度地方岁入岁出第一次追加预算一案，经核编完竣，拟准岁入岁出各追加五千二百九十八万七千六百元，请核定等情，请公决案。

（决议）通过。

广东省政府第十届委员会
第九十三次会议纪录

时　间　二月二十八日

地　点　本府会议厅

出席者　丘　誉　姚宝猷　谢文龙　肖次尹　罗香林　黄文山
　　　　黄范一　詹朝阳　周景臻

公出者　罗卓英　李扬敬　蔡劲军

告假者　杜梅和

列席者　毛松年　黄秉勋　黄桔桐　陈鸿藻　江完白　肖蔚民
　　　　赖希如　钟盛麟　陈昌五　黄俊人　张建新

主　席　罗卓英（丘誉代）

纪　　录　苏旭升

主席恭读　国父遗嘱

宣读第九十二次会议纪录。

报告事项

一、秘书处报告，奉交下会计处签呈，以准省参议会函送审查本省三十五年下半年度地方岁入岁出总预算意见，请查照办理见复等由，谨将原件附呈察核，请报告会议等情，并奉准如拟办理。

二、秘书处报告，奉交下会计处签呈，关于财政厅电，以于民国二十七年间，奉饬由该厅担保珠江水利局向省银行借款一十万元，为办理广东各江缺口患基岁修工程，该款订明在二十七年库收地税项下清还，现案省银行函，催将该项借款本息悉数清还，请示在何项费款项下开支一案，该款经电奉行政院核复，准在三十五年上半年度追加经费内，分配特别预备金项下拨还，利息部分并饬省银行免收等情，并奉准如拟办理。

三、秘书处报告，奉交下会计处签呈，关于本府负担广东各界举行新生活运动十三周年纪念大会经费一十五万元，拟在本年度第一预备金项下拨支，请核示等情，并奉准如拟办理。

四、秘书处报告，奉交下会计处签呈，关于应补发天蚕试验场三十四年十二月份少发公粮代金八千一百元，该款拟准在追加三十五年度省预算，特别预备金项下开支，请核示等情，并奉准如拟办理。

五、田赋粮食管理处报告一周办理重要工作。

六、社会处报告一周办理重要工作。

七、会计处报告一周办理重要工作。

八、统计处报告一周办理重要工作。

九、人事处报告一周办理重要工作。

十、卫生处报告一周办理重要工作。

十一、农林处报告一周办理重要工作。

十二、地政局报告一周办理重要工作。

十三、新闻处报告一周办理重要工作。

十四、设计考核委员会报告一周办理重要工作。

讨论事项

一、主席交议，据会计处签呈，兹拟议自三十六年一月份起，提高各县县政府秘书科长、主任及县属各单位主管特别办公费标准，请核示等情，请公决案。

（决议）通过。

二、主席交议，据会计处签呈，关于省妇女工作委员会呈缴各县妇女工作委员会三十六年度经费支付预算书，请核通令备各县政府遵照一案，兹拟议意见，请核示等情，请公决案。

（决议）通过。

三、主席交议，据会计处签呈，关于广州市革命纪念堂莹管理委员会函请由三十五年十二月份起按月拨付该会经费五十万元一案，兹拟议意见，请核示等情，请公决案。

（决议）自三十六年一月份起，每月照拨五十【万】元，款在特别预备金项下支付。

四、主席交议，据建设研究委员会签呈，拟向各地搜集建设研究资料，并购置有关书籍，请拨款五百万元办理等情，请公决案。

（决议）通过。款在第一预备金项下拨支。

五、主席交议，据会计处签呈，关于建设厅转缴公路处三十五年度公路保养基金第三次追加预算一案，经建设厅核尚符合，拟请核定后转呈核备等情，请公决案。

（决议）通过。

六、主席交议，据教育厅签呈，兹拟具本省推行国语教育实施计划，请核示等情，请公决案。

（决议）计划通过。所需经费，在三十六年度推行国语教育经费项下开支。

七、主席交议，据会计处签呈，以奉行政院令知，三十六年度各省县市通俗宣传费，由各省县市政府参酌财力与需要编列等因，兹拟议意见，请核示等情，请公决案。

（决议）通过。

八、主席交议，据民政厅签呈，关于裁撤梅菉局改设县治一案，前奉核定划茂名县属之三民、梅博、覃博三乡合并梅菉局现有区域，成立梅茂县，经饬据七区专署会勘绘具图说，兹拟议意见，请核示等情，请公决案。

（决议）通过。

九、主席交议，据会计处签呈，关于秘书处编呈先后垫付本府庆祝三十六年元旦，暨宪法成立等临时费预算，计共一千六百三十九万三千五百元，请拨还归垫一案，该款拟在本年度第一预备金项下拨支，请核示等情，请公决案。

（决议）通过。

十、主席交议，据会计处签呈，关于琼崖办公处呈缴琼崖教育协会议决案一案，兹就【有】关经费部分分别拟议意见，请核示等情，请公决案。

（决议）通过。

十一、主席交议，据会计处签呈，关于本省各机关随同复员还治而已离职之员工（即列入丙种册者）复员补助费，经电请行政院核准增拨两亿元，并饬由府酌办等因，兹拟议意见，请核示等情，请公决案。

（决议）通过。

十二、主席交议，据会计处签呈，本省三十六年度机关管理工作竞赛，所需奖励及宣传费共二百万元，拟在本年度特别预备金项下拨支，请核示等情，请公决案。

（决议）通过。

十三、主席交议，据会计处签呈，关于无线电总台呈以业务增繁，请增设职员十二人、技工十五名一案，兹拟议意见，请核示等情，请公决案。

（决议）准增设职员十二人，技工九名。

十四、主席交议，据会计处签呈，关于秘书处呈请指款拨发本府三十五年度公报印刷费，共一千五百二十八万四千八百元一案，兹拟议意见，请核示等情，请公决案。

（决议）通过。

十五、主席交议，据会计处签呈，关于本省各界妇女纪念"三八"国际妇女节大会筹备会呈，请补助"三八"妇女节大会经费六十万元一案，该款拟在本年度特别预备金项下拨支，请核示等情，请公决案。

（决议）通过。

十六、主席交议，据会计处签呈，关于乳源县三十五年度地方岁入岁出第一次追加追减预算一案，经核编完竣，拟准岁入岁出各列七千零二十一万九千二百元，请核定等情，请公决案。

（决议）通过。

十七、主席交议，据会计处签呈，关于鹤山县三十五年度地方岁入岁出第二次追加预算一案，经核编完竣，拟准岁入岁出各追加二亿一千六百五十七万六千三百元，请核定等情，请公决案。

（决议）通过。

十八、主席交议，据会计处签呈，关于蕉岭县三十五年度地方岁入岁出第一次追加预算一案，经核编完竣，拟准岁入岁出各追加一亿七千七百八十九万零一百元，请核定等情，请公决案。

（决议）通过。

十九、主席交议，据会计处签呈，拟在本年度省预算政务视导团经费项下，拨付本府主席出巡东江旅费五千万元等情，经准予照办，请追认案。

（决议）追认。

二十、主席交议，据建设厅代电，拟派谢英明代理工业试验所技正兼副所长，请核示等情，请公决案。

（决议）通过。

二十一、主席交议，据建设厅呈，拟派吴一峰代理合作事业管理处课长，请核示等情，请公决案。

（决议）通过。

广东省政府第十届委员会
第九十四次会议纪录

　时　间　三月四日
　地　点　本府会议厅

314

出席者 丘　誉　杜梅和　姚宝猷　谢文龙　肖次尹　罗香林
　　　　黄文山　黄范一　詹朝阳　周景臻
公出者 罗卓英　李扬敬　蔡劲军
列席者 毛松年　黄秉勋　陈鸿藻　黄枯桐　江完白　罗楚材
　　　　谢哲声　赖希如　钟盛麟　张建新
主　席 罗卓英（丘誉代）
纪　录 苏旭升
主席恭读 国父遗嘱
宣读第九十三次会议纪录。

报告事项

一、秘书处报告，奉交下会计处签呈，关于地政局三十五年度重估连县等六十四县市城镇地价经费，前奉核定，由该局先向省银行息借一千四百万元，订期三个月归还，计共本息一千七百七十万六千元，并经编拟计划及预算，呈请行政院核拨办理，现奉核复准予拨发一千七百七十万六千元等因，拟分行后报会议等情，并奉准如拟办理。

二、民政厅报告一周办理重要工作。

三、财政厅报告一周办理重要工作。

四、教育厅报告一周办理重要工作。

五、建设厅报告一周办理重要工作。

讨论事项

一、主席交议，据实业公司合作事业管理处会呈，兹遵谕拟具本府员工日用品配给处筹设办法，请核定施行等情，请公决案。

（决议）推谢委员、肖委员及财政厅、田粮处、会计处、人事处、省银行、实业公司合管处审查，由谢委员约集。

二、主席交议，据人事处签呈，关于地政局拟具本省各县（市）地籍整理办事处组织规程，及编制表一案，兹分别酌予修正，请核示等情，请公决案。

（决议）修正通过。

三、主席交议，据建设厅签呈，兹拟定省市公营技术工人待遇统一办法，请核示等情，请公决案。

（决议）通过。

四、主席交议，据会计处签呈，兹拟议三十五年度列为贫瘠及特贫县份，准予因应地方财力及事业需要，酌量恢复一部分机构员额意见，请核示等情，请公决案。

（决议）通过。

五、主席交议，据会计处签呈，关于人民守土伤亡抚恤金，本年度拟照三十五年度加五倍数再增加十倍发给，款在本年度特别预备金项下拨支，请核示等情，请公决案。

（决议）通过。

六、主席交议，据社会处呈，拟援照本府三十五年上下半年度经常费增加三倍案，增加该处育幼院及所属第三、四分院暨妇女习艺院办公费，计共增加五百六十三万五千五百三十六元，款在该处三十五年度振款项下列支等情，请公决案。

（决议）通过。

七、主席交议，据会计处签呈，关于建设厅呈缴合作事业管理处三十六年度搬迁费预算，计共列三百零八万七千元一案，该款拟在本年度特别预备金项下拨支等情，请公决案。

（决议）通过。

八、主席交议，据会计处签呈，关于本府参事江完白报支随主席赴京出席国民代表大会旅费，计共列一百零一万八千五百元一案，该款拟在本年度第一预备金项下拨支等情，请公决案。

（决议）通过。

九、主席交议，据田赋粮食管理处签呈，三月份省级各机关学校之公教员工、长警、公费生、收容人等，仍否依照二月份价领粮食办法价发粮食，请核示等情，请公决案。

（决议）三月份仍照二月份办法办理。

十、主席交议，据会计处签呈，兹依照中央最近规定司法犯主副食费支给标准，拟议由本年三月份起，核发本省军政囚犯主副食费意见，请核示等情，请公决案。

（决议）通过。

十一、主席交议，据建设厅呈，拟派许怀民代理本厅秘书，请核示等情，请公决案。

（决议）通过。

十二、主席交议，据农林处呈，拟派伊钦恒代理本处技正，请核示等情，请公决案。

（决议）通过。

十三、主席交议，据建设厅呈，拟派容天量代理公路处督察，请核示等情，请公决案。

（决议）通过。

广东省政府第十届委员会
第九十五次会议纪录

时　　间　三月十四日

地　　点　本府会议厅

出席者　　丘　誉　杜梅和　姚宝猷　谢文龙　肖次尹　罗香林
　　　　　黄文山　蔡劲军　詹朝阳　周景臻

公出者　　罗卓英　李扬敬

告假者　　黄范一

列席者　　毛松年　黄秉勋　陈鸿藻　江完白　钟盛麟　何　融
　　　　　张建新　林猷钊　邝　充　黄彼得

主　　席　罗卓英（丘誉代）

纪　　录　苏旭升

主席恭读　国父遗嘱

宣读第九十四次会议纪录。

报告事项

一、秘书处报告，关于蕉岭县城新南街英记粮食商店代表陈××，为不服蕉岭县政府增加房捐处分事件，向本府提起诉愿一案，经审查评议完竣，依法拟具决定书，本件诉愿驳回，并经签准如拟办理。

二、秘书处报告，关于阳江县捷轮乡第五保国民学校校董会主席马××及校董马××因更改校名事件不服阳江县政府所为之处分，向本府提起诉愿一案，经审查评议完竣，依法拟具决定书，本件诉愿驳回，并经签准如拟办理。

三、秘书处报告，关于茂名县均良乡人民周××、伍××等因水利纠纷事件不服茂名县政府所为之处分，向本府提起诉愿一案，经审查评议完竣，依法拟具决定书，本件诉愿驳回，并经签准如拟办理。

四、秘书处报告，奉交下会计处签呈，本省三十五年下半年度第一次追加地方岁入岁出总预算清表，前经第八十九次会议通过，惟查清表内岁入部分，列建设厅水利工程受益费收入，及岁出部分列建设厅增设测量队及查勘队经费，各一千八百四十三万五千元，业经由建设厅签请缓办，拟照删除，兹将该清表整理，编成本省三十五年下半年度，第一次追加地方岁入岁出总预算书，请核定分别呈送等情，并奉准如拟办理。

五、秘书处报告，奉行政院本年二月十八日从一字第五五二一号训令，略以中央对收复区各省市政府及办法实施期限续延长一年，饬遵照等因，经签请报会后分行，并奉准如拟办理。

六、田赋粮食管理处报告一周办理重要工作。

七、社会处报告一周办理重要工作。

八、会计处报告一周办理重要工作。

九、统计处报告一周办理重要工作。

十、人事处报告一周办理重要工作。

十一、卫生处报告一周办理重要工作。

十二、农林处报告一周办理重要工作。

十三、地政局报告一周办理重要工作。

十四、新闻处报告一周办理重要工作。

十五、设计考核委员会报告一周办理重要工作。

讨论事项

一、主席交议，据会计处签呈，本省三十六年度总预算在未奉核定前，关于各机关经费之筹拨，兹拟具意见，请核示等情，请公决案。

（决议）第七项自二月份起发给，余照通过。

二、主席交议，据会计处签呈，以本年度动支省预算第一预备金，及特别预备金，截至最近止，已达总额十分之七，为因应事实起见，兹拟议该两科目开支原则，请核示等情，请公决案。

（决议）通过。

三、主席交议，据民政厅签呈，奉交省参议会决议，拟请由各县参议会选举贤良方正人士，以发扬正气而资激励，请查照办理一案，兹拟具各地方推选贤良方正人士办法，请核定施行等情，请公决案。

（决议）推罗、姚、肖、詹四委员及江处长审查，由罗委员约集。

四、谢委员、肖委员会复，奉交审查实业公司合管处，拟具本府员工日用品配给处筹设办法一案，经约集财政厅等有关机关，派员会同审查完竣，谨列具意见，请公决案。

（决议）甲、筹设办法照审查意见修正通过。乙、资金向四联总处洽借，一面由财政厅、实业公司、省银行筹拨十亿元，尽四月一日开办。

五、主席交议，据人事处签呈，关于新闻处拟具该处组织规程及编制表一案，经分别酌予修正，请核示等情，请公决案。

（决议）通过。

六、主席交议，据财政厅签呈，兹依照中央修正房捐条例、屠宰税法、筵席及娱乐税法，分别改订本省各县（市局）房捐征收细则、屠宰税征收细则、筵席及娱乐税征收细则，请核定施行等情，请公决案。

（决议）通过。

七、主席交议，据财政厅签呈，兹依照中央颁布营业牌照税法，及使用牌照税征收细则两种，请核示等情，请公决案。

（决议）通过。

八、主席交议，据教育厅签呈，兹拟订本省中等以上学校联合办理社会教育，划定区域实施办法，请核定施行等情，请公决案。

（决议）通过。

九、主席交议，据建设厅呈，拟修正广东省营工厂产品推销办法第八、九条条文，请核示等情，请公决案。

（决议）通过。

十、主席交议，据新闻处呈，为发展新闻事业储备新闻人才，以配合本省五年建设计划之宣传起见，拟在省立文理学院内附设新闻班一班，关于开班计划及经费预算，经与何院长商决议定，请核示等情，请公决案。

（决议）原则通过，俟三十六年度省预算核定后照拨。

十一、主席交议，据财政厅、田粮处、会计处会呈，关于不在省预算列支经费及生活补助费之机关，应否准价领粮食一案，经遵谕会拟意见四项，请核示等情，请公决案。

（决议）原签（一）、（二）两项，自二月份起照省级公务员办法办理，余照通过。

十二、主席交议，据民政厅签呈，关于连南县政府电，以该县编制简单，当前县政繁重，非现有人员所能胜任，拟请扩编警额为一中队，暨成立警察局，实施警区制，并增设民政、建设科长二员一案，兹拟议意见，请核示等情，请公决案。

（决议）原则通过，应需经费由县统筹酌办。

十三、主席交议，据会计处签呈，本年度省训练团及一至九区专保公署武职人员膳食费，拟援照上年度成案，在本年度生活补助费项下拨支。又核定由二月份起，增加各区专保公署武职人员，拟改在三月份起实行等情，请公决案。

（决议）通过。

十四、主席交议，据会计处签呈，关于湛江市政府前呈报广州湾租借地所负债务与义务无力清偿情形一案，经呈奉行政院核复，兹拟议意见，请核示等情，请公决案。

（决议）通过。

十五、主席交议，据会计处签呈，关于秘书处编呈垫付本府负担广东各界紧急救济越侨委员会经费三十万元预算，请拨还归垫一案，该款拟在本年度特别预备金项下开支，请核示等情，请公决案。

（决议）通过。

十六、主席交议，据社会处编呈该处三十五年度派员赴龙川，接收前省振济会存放运输车及药物，所需购配汽车零件及药物搬运旅费，不敷一百零二万六千七百七十元预算，款拟在该处三十五年度振款项下列支等情，请公决案。

（决议）通过。

十七、主席交议，据会计处签呈，关于建设厅转缴公路处容任留办交代人员经费及生活补助费支付预算书一案，兹拟议意见，请核示等情，请公决案。

（决议）通过。

十八、主席交议，据会计处签呈，关于本省县长考试试务处函请垫借该处考试经费七百万元一案，该款拟在本年度特别预备金项下垫支，请核示等情，请公决案。

（决议）通过。

十九、主席交议，据会计处签呈，本府设考会赖委员希如及新闻处肖处长蔚民奉派赴京公干，旅费各二百万元，经先由财政厅筹垫，拟在本年度特别预备金项下拨还等情，请公决案。

（决议）通过。

二十、主席交议，据会计处签呈，遂溪县县长戴朝恩剿匪殉职，奉谕发给治丧费五十万元，特恤费三百五十万元，合计四百万元，该款已由财政厅筹垫，拟在本年度特别预备金项下拨还，请核示等情，请公决案。

（决议）通过。

二十一、主席交议，遂溪县政府秘书宁可风因剿匪受伤，拟发给医药费五十万元，该款并饬据会计处签拟，在本年度特别预备金项下支付，请公决案。

（决议）通过。

二十二、主席交议，据会计处签呈，关于潮安县三十五年度地方岁入岁出第二次追加预算一案，经核编完竣，拟准岁入岁出各追加二亿九千四百九十五万四千五百元，请核定等情，请公决案。

（决议）通过。

二十三、据会计处签呈，关于海康县三十五年度地方岁入岁出第一次追加预算一案，经核编完竣，拟准岁入岁出各追加八千五百八十三万四千三百元，请核定等情，请公决案。

（决议）通过。

二十四、主席交议，据民政厅签呈，兹拟订本省各县（市）户籍登记实施程序，请核定施行等情，经准予照办，请追认案。

（决议）追认。

二十五、主席交议，据田赋粮食管理处签呈，拟修订本省滨海各县（市局）防止偷运粮食出国办法，请先核定施行等情，经准予照办，请追认案。

（决议）追认。

二十六、主席交议，据会计处签呈，关于民政厅编呈派该厅科员刘洸麟赴中央警官学校警察教育讲习班受训旅费预算一案，核计共五十五万一千二百元，拟在本年度第一预备金项下拨付等情，经准予照办，请追认案。

（决议）追认。

二十七、主席交议，据会计处签呈，兹拟议补助乐东、保亭、白沙、连南四县县长出席三十五年度省行政会议旅费，计共四百万二千元，款在三十五年度分配县市国税款由省统筹部分拨支等情，经准予照办，请追认案。

（决议）追认。

二十八、主席交议，据会计处签呈，关于民政厅编呈派员赴第三补给司令部仓库领运第二次各县警用服装旅费一百零五万六千八百元预算一案，该款拟在三十五年度国税拨县款由省统筹部分拨支等情，经准予照办，请追认案。

（决议）追认。

二十九、主席交议，据卫生处呈，拟派吴锋文代理本处科长，请核示等情，请公决案。

（决议）通过。

广东省政府第十届委员会
第九十六次会议纪录

时　间　三月十八日

地　点　本府会议厅

出席者　罗卓英　杜梅和　姚宝猷　谢文龙　丘　誉　肖次尹

罗香林　黄文山　黄范一　詹朝阳　周景臻

公出者　李扬敬　蔡劲军

列席者　张　明　毛松年　黄秉勋　陈鸿藻　江完白　朱润深

　　　　钟盛麟　张建新　何　融　陈江帆

主　席　罗卓英

纪　录　苏旭升

主席恭读　国父遗嘱

宣读第九十五次会议纪录。

报告事项

一、秘书处报告，奉交下会计处签呈，以奉行政院本年二月十五日从责丁字第五〇四九号代电，略以该省请将省立潮汕商船职业学校，未领三十四年度生活补助费一十万八千七百五十元，暨海康县政府未领三十三年度补助费，共七万五千零六十元，合共一十八万三千八百一十元，拟在三十五年下半年度，省预算特别预备金项下拨支一案，应准转账加入三十五年度支用，饬遵照等因，拟分行后列报会议等情，并奉准如拟办理。

二、秘书处报告，奉交下会计处签呈，关于教育厅呈，拟在三十五年上半年度各公私立学校补助费分配余额五十四万元，分配补助罗定县及茂名县立师范学校，各二十万元，阳春县立简易师范学校一十四万元，请赐准饬拨一案，查属需要，拟予照准，请核示等情，并奉准如拟办理。

三、秘书处报告，奉交下会计处签呈，关于教育厅呈，拟在三十五年度教育文化费类总表临时部分一款六项五目省立学校及社教机关临时费项下，拨支一百二十三万九千元，为省立体育专科学校修建设备费，请核准一案，查属需要，拟予照准，请核示等情，并奉准如拟办理。

四、秘书处报告，奉交下会计处签呈，关于教育厅呈，据省立执信女子中学，请补拨三十五年度公费生不敷膳食费，共二百二十五万六千元，兹拟在奉核准三十五年度调整公费生膳食费，预算分配表内列准备费，一百二十八万元全数拨充，至尚不敷数，并饬均在内统筹支报，请核准饬拨一案，拟予照准，请核示等情，并奉准如拟办理。

五、秘书处报告，奉交下会计处签呈，以第九区行政督察专员兼保安司令公署三十一年度垫支经费及办理军粮人员俸薪暨生活补助费，共八千一百六十一元一案，前奉行政院核准转账清付，现复奉本年二月二十七日从责丁字第六九〇五号训令饬知，在本省上年度省预算相当科目余款中，或本年度省预算内支付等因，该款拟在本年度特别预备金项下拨支，请核示等情，并奉准如拟办理。

六、秘书处报告，奉交下会计处签呈，以奉行政院本年二月二十日从责乙字第五八三六号训令，转奉国民政府令知，各省市第四届参政员薪给及特别办公费，自政府公布名单之月起支，转令遵照等因，拟报会后分行等情，并奉准如拟办理。

七、民政厅报告一周办理重要工作。

八、财政厅报告一周办理重要工作。

九、教育厅报告一周办理重要工作。

十、建设厅报告一周办理重要工作。

讨论事项

一、主席交议，据民政厅签呈，以准内政部函送重新调整行政督察区原则，嘱查照办理一案，兹拟议调整本省行政督察区意见，请核示等情，请公决案。

（决议）推罗、肖、詹、黄、黄、周六委员，会同民政厅审查，由罗委员约集。

二、主席交议，据会计处签呈，以奉行政院电知，县市参议会经费及正副议长交通费，应由该省府察酌情形，拟订实施等因，兹拟议意见，及拟具各县市参议会暨临时参议会经费支给标准，请核示等情，请公决案。

（决议）通过。

三、主席交议，据地政局签呈，兹拟议恢复及设置各县地政机构意见，并拟具本省各等县县政府地政科编制表，请核示等情，请公决案。

（决议）南雄、曲江、连县、乐昌四县设科，始兴、乳源、阳山、连山四县设股员额，照人事处签拟办理。

四、主席交议，据地政局签呈，兹拟具本省限制私有土地面积办法，请核示等情，请公决案。

（决议）交建设研究会核议。

五、主席交议，据教育厅签呈，拟修正本省各县（市局）整理教育款产实施办法第四条及第九条条文意见，请核示等情，请公决案。

（决议）通过。

六、主席交议，据会计处签呈，本年度养路费收入，奉行政院电知，应全部拨充养路工程之用，关于公路处各工务所本年度经临费及生活补助费，应如何解决，请核示等情，请公决案。

（决议）再呈行政院核示。

七、主席交议，据会计处签呈，关于省保安司令部电请按照省级公教员工价领粮食办法准该部职员价领稻谷一案，兹拟议意见，请核示等情，请公决案。

（决议）照省级文职公务员办法办理。

八、主席交议，据会计处签呈，关于社会处呈缴该处妇女习艺院收容人辘架床设置费预算，并拟在振款项下拨助一百二十万元一案，拟准照办，该款拟饬编入三十六年度振济基金预算内相当科目项下开支，请核示等情，请公决案。

（决议）通过。

九、主席交议，据会计处签呈，关于乐东、保亭、白沙三县先后请求补助各该县无线电分台办公费及电池费各案，兹拟议补助意见，请核示等情，请公决案。

（决议）通过。

十、主席交议，据会计处签呈，关于广州市紧急救济委员会电请本府负担该会经费一千三百万元一案，查属需要，该款拟在本年度特别预备金项下拨支，请核示等情，经准予照办，请追认案。

（决议）追认。

十一、主席交议，据会计处签呈，关于民政厅签，以本省清理各县看守所人犯第一、二、三、四巡回督导团旅费，除前各奉拨一百万元外，现据各团报支旅费，计共超支一百二十九万六千八百元，应否准予核销一案，拟准照数拨足，款在三十五年下半年度，各田赋特多县份，提解省统筹变价款内开支等情，经准予照办，请追认案。

（决议）追认。

十二、主席交议，据会计处签呈，关于财政厅呈，以该厅视察饶素愚、唐戒已奉派分赴南海县及新会县监办变售公粮，经垫支各该员旅费共二十五万零八百元，请拨还归垫一案，该款拟在三十五年下半年度追加特别预备金项下拨支等情，经准予照办，请追认案。

（决议）追认。

十三、主席交议，据会计处签呈，以奉谕再拨本府主席出巡旅费五百万元，该款兹拟在本年度，省预算省政府政务视导团经费项下拨支，请核示等情，经准予照办，请追认案。

（决议）追认。

十四、主席交议，据民政厅代电，拟派张惠文代理省警察教导大队大队长，请核示等情，请公决案。

（决议）通过。

十五、主席交议，据地政局呈，拟派王宗昙代理本局估计专员，请核示等情，请公决案。

（决议）通过。

十六、主席交议，据田赋粮食管理处代电，拟派谢潮代理本处稽核，请核示等情，请公决案。

（决议）通过。

十七、主席交议，据田赋粮食管理处呈，拟派蔡公泽代理储运处秘书，请核示等情，请公决案。

（决议）通过。

十八、主席交议，据新闻处呈，拟派陈江帆代理本处秘书，请核示等情，请公决案。

（决议）通过。

十九、主席交议，据卫生处呈，拟派邓锡谷代理本处技正，请核示等情，请公决案。

（决议）通过。

二十、主席交议，据卫生处呈，拟派郭燮和代理省立第二医院院长，请核示等情，请公决案。

（决议）通过。

二十一、主席交议，本主席出巡五、六区各县市，据报揭阳县县长黎×铲烟不力，驭下不严，经查属实，应予撤职，遗缺拟调第五区行政督察专员秘书张美淦代理，请公决案。

（决议）通过。

二十二、主席交议，据民政厅长李扬敬签呈，据报遂溪县县长戴朝恩因公殉职，该县地方重要，经权请先派前第四战区雷州独立挺进支队副司令梁传楷，前往代理，以资镇摄，请察核等情，请追认案。

（决议）追认。

广东省政府第十届委员会
第九十七次会议纪录

时　间　三月二十一日
地　点　本府会议厅
出席者　丘　誉　杜梅和　姚宝猷　谢文龙　肖次尹　罗香林
　　　　黄文山　詹朝阳　周景臻
公出者　罗卓英　李扬敬　蔡劲军
告假者　黄范一
列席者　张　明　黄秉勋　陈鸿藻　江完白　蓝萼洲　钟盛麟
　　　　林猷钊　张建新　何　融　温振鹏　梁谦武　陈江帆
主　席　罗卓英（丘誉代）
纪　录　苏旭升
主席恭读　国父遗嘱
宣读第九十六次会议纪录。

报告事项

一、秘书处报告，奉交下会计处签呈，关于教育厅呈，拟在三十五年下半年度省总预算普通岁出经常门第十二款二项二目各公私立学校补助费内列四百万元，拟分配为南雄县立中学等校补助费，附具分配清表，请赐准饬拨一案，查核尚合，拟请饬财政厅即照表列数分别签拨等情，并奉准如拟办理。

二、秘书处报告，奉交下会计处签呈，关于财政厅呈，以侨风通讯社等五机关之补助费，自三十五年一月份起至三十六年一月份止均经签拨，惟各机关地址不明，无法投递，现年度行将结束，请示如何办理及可否免发之处一案。查侨风通讯社、新建设月刊社、中国文艺协会广东分会三机关地址，经请社会处分别查明，补助费未拨发之数应由财政厅克日清拨；至伤兵之友社、宪政协进会两机关，经社会处查明，复员后已无形解体，拟照社会处意见停拨，又三十六年度部分，俟省总预算奉核定后，一并由本处调整移列请核示等情，并奉准如拟办理。

三、秘书处报告，奉交下会计处签呈，兹拟具本省各级机关编制三十五年度决算应行注意事项，请核定分行各机关办理等情，并奉准如拟办理。

四、田赋粮食管理处报告一周办理重要工作。

五、社会处报告一周办理重要工作。

六、会计处报告一周办理重要工作。

七、统计处报告一周办理重要工作。

八、人事处报告一周办理重要工作。

九、卫生处报告一周办理重要工作。

十、农林处报告一周办理重要工作。

十一、地政局报告一周办理重要工作。

十二、新闻处报告一周办理重要工作。

十三、设计考核委员会报告一周办理重要工作。

讨论事项

一、主席交议，据卫生处签呈，以本省各县（市局）卫生院，医疗及收费规则等十八种卫生法规，经照法规整理委员会及秘书处拟议修正意见，分别酌予修正，请核示等情，请公决案。

（决议）通过。

二、主席交议，据人事处签呈，关于社会处拟呈，该处育幼院组织规程及育幼院办公厅暨所属示范部分院编制表一案，经分别酌予修正，是否可行，请核示等情，请公决案。

（决议）薪级暂照三十五年度办理，余照会计处签拟通过。

三、主席交议，据地政局签呈，以南海、番禺、顺德、中山、新会、潮安等六县城镇宅地地籍经整理完竣，拟请饬该六县县政府，设置地政科办理土地行政事宜，附具编制表，请核示等情，请公决案。

（决议）照民政厅签拟办理。

四、主席交议，据会计处签呈，关于田赋粮食管理处呈请拨发该处故员黄绍洙殓葬费三十七万元一案，该款拟在本年度特别预备金项下开支，请核示等情，经准予照办，请追认案。

（决议）追认。

五、主席交议，据田赋粮食管理处代电，拟派韩锋代理本处技正，请核示等情，请公决案。

（决议）通过。

六、主席交议，据田赋粮食管理处代电，拟派邓颂唐代理储运处稽核，请核示等情，请公决案。

（决议）通过。

广东省政府第十届委员会
第九十八次会议纪录

时　　间　三月二十八日

地　　点　本府会议厅

出席者　丘　誉　肖次尹　罗香林　黄文山　黄范一　詹朝阳
　　　　周景臻

公出者　罗卓英　李扬敬　杜梅和　蔡劲军

告假者　姚宝猷　谢文龙

列席者　江完白　陈鸿藻　郭汉鸣　巫　琦　钟盛麟　陈昌五
　　　　谢群彬　黄俊人　何　融　陈江帆　温振鹏　周达谋

主　　席　罗卓英（丘誉代）

纪　　录　苏旭升

主席恭读　国父遗嘱

宣读第九十七次会议纪录。

报告事项

一、秘书处报告，奉交下会计处签呈，关于省级公教员工、长警、收容人等价领粮食办法，前经本府委员会议核定施行，至其价领办法及价领粮食收据格式，复经田粮处拟定签请分行在案，兹为求省级各机关学校价领粮食手续一致起见，特再拟具省级各机关学校公教员工、长警价领粮食处理手续，请核示等情，并奉准如拟办理。

二、秘书处报告，奉交下会计处签呈，关于财政厅呈，以奉饬在三十五年上半年度，追加经费案分配特别预备金项下，拨还省银行，二十七年本省各江缺口患基岁修工程贷款本金一十万元等因，惟查该科目经已超支，无法签发，请另定科目拨支一案，该款兹拟改在三十五年下半年度特别预备金科目拨支，请核示等情，并奉准如拟办理。

三、秘书处报告，奉交下会计处签呈，以本省三十四年第十三次追加行政复员费一亿五千万元，及教育复员费七千五百万元，合共二亿二千五百万元预算，现准国民政府主计处函知，案经立法院决议通过，转函查照等由，拟报会后分行等情，并奉准如拟办理。

四、秘书处报告，奉交下会计处签呈，以奉广州行辕寅灰总计顺代电，奉国民政府主席蒋转据财政部电饬知，本年度预算比较上年度增加甚巨，若非紧缩拨款限制支用，不惟物价金融恐受影响，即券料供应亦有缓不济急之虞，兹值年度开始，除加强公库管理外，谨拟具办法四项，请鉴核转饬各机关遵办一案，转电饬属遵办等因，拟报会后分行等情，并奉准如拟办理。

五、秘书处报告，奉交下会计处签呈，以本府准内政、财政两部函知，关于国民参政会建议提高县级公务人员待遇一节，经由本两部会拟调整意见，函复行政院秘书处转陈核定，请查照办理，并转饬知照等由，拟报会后分行各有关厅处等情，并奉准如拟办理。

六、秘书处报告，奉交下建设厅签呈，以据公路处电，以征收养路费入不敷支，拟自本年四月一日起，按目前最低运价百分之二十调整养路费，计货车每吨公里收（一百八十）元，大客车每车公里收（二百五十）元，中型客车每车公里收（一百五十）元，营业小客车每车公里收（七十）元，仍划出百分之五十为桥梁专款，余为养路基金，俾资应付一案，查属切要，拟予照准，请核示等情，并奉准如拟办理。

七、秘书处报告，关于增城县同济堂周××因广州大北门三元里马鞍岗、鹅髻岗等处之田共约二十六亩余，被作官产投变事件不服广州市政府财政局等所为之处分，向本府提起诉愿一案，经审查评议完竣，依法拟具决定书，本件诉愿驳回，并经签准如拟办理。

八、秘书处报告，关于新会县务农公司赵××、吴××因沙田登记事件不服广东田赋粮食管理处所为之处分，向本府提起诉愿一案，经审查评议完竣，依法拟具决定书，本件诉愿驳回，并经签准如拟办理。

九、秘书处报告，奉交下会计处签呈，以本府先后准国民政府主计处函知，本省三十四年度追加粤北各校迁移复课救济费一千万元及广州市党政军经常费一千二百万元，合计二千二百万元岁出预算，又同年度追加三十三年度公路保养基金二百九十五万九千六百六十元，岁出预算两案，经奉国民政府先后令知，案经立法院会议决议通过，请查照等由，拟列报会议后分行等情，并奉准如拟办理。

十、秘书处报告，奉交下会计处签呈，以奉行政院本年三月一日从责丁字第七二三五号通知书，本省追加三十五年度员工复员补助费，共计十亿四千九百四十万元岁出预算案，经转奉国防最高委员会核定追加，饬知照等因，拟列报会议后分行等情，并奉准如拟办理。

十一、秘书处报告，奉交下会计处签呈，以本府准国民政府主计处函知，本省三十五年度追加第一预备金四千万元岁出预算，经奉国民政府令知，案经立法院会议议决通过，请查照等由，拟列报会议后分行等情，并奉准如拟办理。

十二、秘书处报告，奉交下会计处签呈，以奉行政院本年三月二日从责丁字第八〇八七号代电，电知续拨本省本年度三月份，田粮储运机关经补各费等因，拟分行后列报会议等情，并奉准如拟办理。

十三、秘书处报告，奉交下建设厅签呈，以据公路处呈，拟依照修正广东省公路修复及行车办法，施行细则第十六条规定，拟订广东省公路监理费征收暂行章程，及广东省公路汽车养路费委托征收暂行章程两种，请核转颁行一案，经将所拟原章程分别酌予修正，请核示等情，并奉准如拟办理。

十四、秘书处报告，奉交下会计处签呈，以奉行政院本年三月十二日从责乙字第八八七六号训令，饬知三十五年度国库收支结束期限，再展至本年四月十五日止等因，拟请分行后报会议等情，并奉准如拟办理。

十五、田赋粮食管理处报告一周办理重要工作。

十六、社会处报告一周办理重要工作。

十七、会计处报告一周办理重要工作。

十八、统计处报告一周办理重要工作。

十九、人事处报告一周办理重要工作。

二十、卫生处报告一周办理重要工作。

二十一、农林处报告一周办理重要工作。

二十二、地政局报告一周办理重要工作。

二十三、新闻处报告一周办理重要工作。

二十四、设计考核委员会报告一周办理重要工作。

讨论事项

一、主席交议，据田赋粮食管理处签呈，兹拟议划分赋籍整理意见，并拟具本省赋籍管理计划大纲，请核示等情，请公决案。

（决议）交田粮处、地政局会商办法再核。

二、主席交议，据财政厅签呈，以奉财政部令知，县市契税附加经奉准改为省附加，饬遵照办理等因，兹拟议契税附加处理意见，请核示等情，请公决案。

（决议）通过。

三、主席交议，据地政局签呈，拟修正本省各县（市局）地籍整理办事处调处委员会组织规程，附具修正意见，请核示等情，请公决案。

（决议）通过。

四、主席交议，据秘书处签呈，拟修正本省各县（市局）卫生事业基金，筹集保管理事会组织规程第四条条文，附具修正意见，请核示等情，请公决案。

（决议）通过。

五、主席交议，据地政局签呈，兹拟具本省抗战阵亡将士遗族授田办法草案，请察核转呈行政院核定施行等情，请公决案。

（决议）请罗、肖、詹三委员及民政厅、财政厅、社会处、地政局

332

审查，由罗委员约集。

六、主席交议，据会计处签呈，关于统计处电，以自本年三月一日起，照新编制调整员额，计裁去职员十一人，请援例发给遣散费一案，兹拟议意见请核示等情，请公决案。

（决议）通过。

七、主席交议，据财政厅签呈，迩来物价高涨，为因应事实起见，拟将省银行各分支行处代理县库补助费，一律照原数额增加四倍，请核示等情，请公决案。

（决议）通过。

八、主席交议，据财政厅签呈，关于汕头市各机关法团呈，拟清理该市商库证盈余分配标准一案，应否照准，请核示等情，请公决案。

（决议）照准。

九、主席交议，据会计处签呈，关于农林处电，以遵令自本年三月一日，照新颁组织规程调整员额，计被裁职员四十八人，公役二名，附具被裁人员名册，请核发遣散费一案，兹拟议意见，请核示等情，请公决案。

（决议）通过。

十、主席交议，据田赋粮食管理处签呈，关于越南南圻华侨救济祖国灾荒捐米，约计有二千五百吨配运本省，由香港至广州夫运费，约需二亿零九百万元，应如何筹拨，请核示等情，请公决案。

（决议）照财政厅签拟意见办理。

十一、主席交议，据会计处签呈，关于教育厅呈，据省立文理学院文书组主任巫士华因公出差遇险以致成疾，请核发医药费一案，兹拟意见，请核示等情，请公决案。

（决议）通过。

十二、主席交议，据会计处签呈，关于财政厅呈，据该厅科员黄雄材三十五年度高等考试及格，请补助赴京受训旅费一案，兹拟议意见，请核示等情，请公决案。

（决议）通过。由财政厅先行拨发。

十三、主席交议，据会计处签呈，关于教育厅呈，据省立勤勤师范学校拟具该校江村校田投承办法一案，兹拟议办法，请核示等情，请公决案。

（决议）通过。

十四、主席交议，本府前奉行政院电令，饬分派本府委员及厅长分区出发督征田赋，当经派本府罗委员、周委员、谢厅长分别前赴第二、三、四行政区督征田赋，并经在三十五年下半年度特别预备金项下，各先拨旅费五百万元，共一千五百万元，请追认案。

（决议）追认。

十五、主席交议，据会计处签呈，关于省临时参议会编送该会秘书处结束员工遣散费名册，请查照办理一案，计员役薪饷共六千七百七十五元，生活补助费八百七十六万八千七百元，拟分别在三十五年下半年度特别预备金项下，及生活补助费科目拨支等情，经准予照办，请追认案。

（决议）追认。

十六、主席交议，据会计处签呈，以秘书处无线电总台三十五年电讯器材费，未拨差数计有二百一十六万元，拟准在三十五年下半年度特别预备金项下拨支，请核示等情，经准予照办，请追认案。

（决议）追认。

十七、主席交议，据会计处签呈，关于田粮处呈缴该处故员黄绍洙遗族请恤事实表，请予抚恤一案，经送由人事处核明，计应一次过发给该故员抚恤费二十二万二千四百元，款拟在本年度抚恤费项下拨支等情，经准予照办，请追认案。

（决议）追认。

十八、主席交议，据会计处签呈，关于教育厅呈报该厅姚厅长及督学陈佩东奉派赴第五、六区视导教育及催征田粮，出差旅费表据计共五百七十一万零二百元，请拨还归垫一案，该款拟在三十五年下半年度特别预备金项下拨支等情，经准予照办，请追认案。

（决议）追认。

十九、主席交议，据秘书处编呈垫付本府招待遇暹罗监账团临时费二十五万元预算，请拨还归垫等情，经准在三十五年下半年度特别预备金项下拨支，请追认案。

（决议）追认。

二十、主席交议，据会计处签呈，关于本府实际负责一部分事务之顾问参议共二十六员三十五年度应支特别办公费，计共六百九十四万五千五百元，拟在三十五年下半年度特别预备金项下拨支，请核示等情，经准予照办，请追认案。

（决议）追认。

二十一、主席交议，据民政厅代电，拟派周炳洽代理本厅视察，请核示等情，请公决案。

（决议）通过。

二十二、主席交议，据建设厅呈，拟派钟肇琼代理本厅技正，请核示等情，请公决案。

（决议）通过。

二十三、主席交议，据建设厅呈，拟派朱颂南代理公路处技正，请核示等情，请公决案。

（决议）通过。

二十四、主席交议，据田赋粮食管理处代电，拟派江龙图代理本处监导员，请核示等情，请公决案。

（决议）通过。

二十五、主席交议，据新闻处呈，拟派邝充代理本处科长，请核示等情，请公决案。

（决议）通过。

广东省政府第十届委员会
第九十九次会议纪录

时　间　四月四日

地　点　本府会议厅

出席者　丘　誉　姚宝猷　肖次尹　罗香林　黄文山　黄范一
　　　　詹朝阳　周景臻

公出者　罗卓英　李扬敬　杜梅和　蔡劲军

告假者　谢文龙

列席者　江完白　陈鸿藻　巫　琦　钟盛麟　陈昌五　谢群彬
　　　　何　融　黄俊人　用达谋　朱曾骐　温振鹏

主　席　罗卓英（丘誉代）

纪　录　苏旭升

主席恭读　国父遗嘱

宣读第九十八次会议纪录。

报告事项

一、秘书处报告，奉交下建设厅签呈，以据公路处呈，以照目前物价及运价成本，改订客货运价，计货运每吨公里收一千零二十元，客运每客公里一百一十五元一案，核尚可行，拟准照办，请核示等情，并奉准如拟办理。

二、秘书处报告，奉交下会计处签呈，以本府准国民政府主计处函知，关于财政收支系统改订后，省市总预算之执行，及省市营业预决算之编审程序一案，拟报会后分行等情，并奉准如拟办理。

三、秘书处报告，奉交下会计处签呈，以本府前据广东潮属紧急救济委员会电，因潮米飞涨，饿殍载道，经由府向中央银行粤分行息借平粜基金一千万元，计利息一百九十七万五千五百五十六元六角七分，该息款经在三十五年度第二预备金项下开支，并编具追加预算，呈奉行政院三十六年二月二十五日从责乙字第六五一九号通知书，案经国民政府核准动支，饬知照等因，拟报会后分行等情，并奉准如拟办理。

四、秘书处报告，奉交下会计处签呈，关于教育厅呈，据省立肇庆中学等八校请准将三十五年度各该校公费生膳食费节余移为设备等费之用一案，查肇庆中学移用公费生膳食费五百六十二万元，仲恺高级农业学校九百四十二万元，长沙师范六百零二万八千一百元，高州女子师范六百六十四万八千元，雷州师范七百八十六万四千元，广州女子师范一千五百八十三万六千元，岭东高级商业职业学校六百二十二万四千元，广州高级工业职业学校一千二百一十万四千元，拟授案姑予照准等情，并奉准如拟办理。

五、秘书处报告，奉交下会计处签呈，以本省三十四年度岁出单位决算书经汇编完竣，拟请列报会议后分别呈送行政院及主计处等情，并奉准如拟办理。

六、田赋粮食管理处报告一周办理重要工作。

七、社会处报告一周办理重要工作。

八、会计处报告一周办理重要工作。

九、统计处报告一周办理重要工作。

十、人事处报告一周办理重要工作。

十一、卫生处报告一周办理重要工作。

十二、地政局报告一周办理重要工作。

十三、新闻处报告一周办理重要工作。

十四、设计考核委员会报告一周办理重要工作。

十五、粤侨事业辅导委员会报告一月办理重要工作。

十六、建设研究委员会报告一月办理重要工作。

讨论事项

一、主席交议,据田赋粮食管理处地政局会签,奉交田粮处拟议划分赋籍整理意见,并拟具本省赋籍整理计划大纲一案,遵经会同商议谨列具意见,请核示等情,请公决案。

(决议)通过。

二、罗委员、肖委员、詹委员会复,奉交审查地政局拟订本省抗战阵亡将士遗族授田办法一案,经约集民政厅、财政厅、社会处、地政局派代表会同审查完竣,谨列具意见,请公决案。

(决议)通过。

三、主席交议,据卫生处呈:(一)拟规复本处卫生试验所及鼠疫防治所,并分别拟具组织规程及编制表。(二)编具调整本处及所属各机关三十六年度生活补助费清表,请核示等情,请公决案。

(决议)组织规程通过,员额照会计处签拟意见办理。

四、主席交议,据民政厅签呈,兹拟具本省各区行政督察专员兼保安司令公署修械所组织章程及编制经费表,请核示等情,请公决案。

(决议)照会计处签拟通过。

五、主席交议,据田赋粮食管理处签呈,关于省级各机关公教员工、长警、公费生、收容人等价领粮食,四月份应否继续办理,请核示等情,请公决案。

（决议）继续办理。

六、主席交议，据会计处签呈，关于卫生处电，以本年夏令将届，为防止疫厉滋生，请拨发防疫经费五千万元以便赶制疫苗分发预防一案，兹拟议意见，请核示等情，请公决案。

（决议）通过。

七、主席交议，据统计处代电，以该处前列具被裁人员名册内，计漏列科员吴宝忠一员，该员遣散费并请援例发给等情，请公决案。

（决议）照会计处签拟通过。

八、主席交议，据社会处编具该处三十五年度振济基金岁入岁出追加追减预算分配表，请核示等情，请公决案。

（决议）呈请行政院核办。

九、主席交议，据会计处签呈，关于建设厅转缴公路处广九公路修复工程处办理结束经费预算一案，兹拟议意见，请核示等情，请公决案。

（决议）准拨留办结束费一个半月，遣散费一个月。

十、主席交议，据会计处签呈，关于人事处请援案发给该处故主任科员梁灼殓葬费四十九万元一案，该款拟在本年度特别预备金项下开支，请核示等情，经准予照办，请追认案。

（决议）追认。

广东省政府第十届委员会
第一百次会议纪录

时　间　四月十一日

地　点　本府会议厅

出席者　罗卓英　姚宝猷　丘　誉　罗香林　黄文山　黄范一　詹朝阳　周景臻

公出者　李扬敬　杜梅和　谢文龙　蔡劲军

告假者　肖次尹

列席者　江完白　黄秉勋　陈鸿藻　朱润深　肖蔚民　蓝萼洲
　　　　钟盛麟　陈昌五　谢群彬　黄俊人　何　融　朱曾骐
　　　　温振鹏
主　席　罗卓英
纪　录　苏旭升
主席恭读　国父遗嘱
宣读第九十九次会议纪录。

报告事项

一、秘书处报告，关于阳山县附城乡官陂上下圳灌溉生产合作社法定代理人梁××等及李××等因不服阳山县政府处分铁沙塘接驳官陂上圳水利纠纷事件，分别向本府提起诉愿两案，经审查评议完竣，依法拟具决定书，本件诉愿均驳回，并由阳山县政府督饬相对人唐佐庭等，将案刻碑竖于接驳圳口，并经签准如拟办理。

二、秘书处报告，奉交下会计处签呈，关于卫生处呈转省立第一医院，以遵照奉颁修正组织规程，由本年度起调整员额，计需裁减职员四人，请准援案分别发给遣散费，所需款项二百八十八万一千二百元，拟在本院三十五年度生活补助费节余项下拨支一案，拟予照准，请核示等情；并准如拟办理。

三、秘书处报告，奉交下会计处签呈，关于教育厅转据省立梅州女师等十二校，请准将三十五年度各该校公费生膳食费剩余，移为设备等费之用一案，查梅州女子师范节余公费生膳食费八百三十六万元，勤勤师范一千九百四十六万二千四百零七元，肇庆师范一千四百万九千元，惠州师范一千四百零一万二千元，钦州师范一千二百五十一万七千五百元，韶州师范八百二十五万六千元，越华中学一百九十三万六千元，仲元中学九百五十五万二千元，惠州中学一百三十六万八千元，梅州高级农业职业学校五百九十七万二千元，喜泉农业职业学校九百七十三万六千元，艺术专科学校七十万元，拟援案姑予照准，请核示等情，并奉准如拟办理。

四、秘书处报告，奉交下人事处签呈，以本府地政局组织规程前经修正，呈请行政院核备，现奉本年二月二十日从贰字第六二〇五号训令，案经呈奉国民政府准予备案，饬知照等因，拟分行后报会议等情，并奉准如拟办理。

五、田赋粮食管理处报告一周办理重要工作。

六、社会处报告一周办理重要工作。

七、会计处报告一周办理重要工作。

八、统计处报告一周办理重要工作。

九、人事处报告一周办理重要工作。

十、卫生处报告一周办理重要工作。

十一、地政局报告一周办理重要工作。

十二、新闻处报告一周办理重要工作。

十三、设计考核委员会报告一周重要工作。

讨论事项

一、主席交议，据田赋粮食管理处签呈，兹拟具本省三十五年度沙田赋实欠额征收改进办法，请核示等情，请公决案。

（决议）通过。

二、主席交议，据财政厅签呈，本省各县（市局）乡镇保自治经费筹集及动支办法一案，遵经整理完竣，请核示等情，请公决案。

（决议）修正通过。

三、主席交议，据民政厅签呈，据花县县政府呈，以该县县治在抗战时间，被敌摧毁已成废墟，且僻处东北，交通不便，拟迁治于县属横潭墟一案，兹拟议意见，请核示等情，请公决案。

（决议）通过。

四、主席交议，据秘书处签呈，关于汕头市商民马××因租屋纠纷事件不服汕头市政府所为勒迁之处分，向本府提起诉愿一案，经审查评议完竣，依法拟具决定书，本件原处分撤销，请核夺等情，请公决案。

（决议）通过。

五、主席交议，据财政厅签呈，关于陈友梅请将先祖陈敬岳烈士祭费照战前原奉核定二百元增至二十万元发给一案，应否照准，请核示等情，请公决案。

（决议）准增至一十万元，款在本年度抚恤费科目开支。

六、主席交议，据民政厅长李扬敬签呈，查台山县县长伍××推行禁政不力，办理征实及教育均属疲玩，拟予撤职，遗缺拟派黄伯轩代

340

理；翁源县县长罗球人地不宜，拟予调省另候任用，遗缺拟派邓世棠代理，请核示等情，请公决案。

（决议）通过。

广东省政府第十届委员会
第一百零一次会议纪录

时　间　四月十五日
地　点　本府会议厅
出席者　罗卓英　李扬敬　杜梅和　姚宝猷　丘　誉　罗香林
　　　　黄文山　黄范一　詹朝阳　周景臻
公出者　谢文龙　蔡劲军
告假者　肖次尹
列席者　黄秉勋　江完白　肖蔚民　蓝萼洲　谢群彬　何　融
　　　　温振鹏
主　席　罗卓英
纪　录　苏旭升
主席恭读　国父遗嘱
宣读第一百次会议纪录。

报告事项

一、秘书处报告，奉交下会计处签呈，以各县三十六年度水利、渔业、蚕桑、缫丝等四项建设事业费，前经本府拟具计划经费预算，呈请行政院补助，现奉电复中央目前财政困难，现正紧缩预算，所请应从缓议等因，拟报会后分行各有关机关等情，并奉准如拟办理。

二、民政厅报告一周办理重要工作。

三、财政厅报告一周办理重要工作。

四、教育厅报告一周办理重要工作。

五、建设厅报告一周办理重要工作。

討論事项

一、主席交议，据财政厅呈，兹拟具本省省库主管机关稽核各机关收支库款办法、省库收入退还支出收回处理办法、省营事业机关收支处理及查核办法等三种，请核定施行等情，请公决案。

（决议）省营事业机关收支处理及查核办法，照会计处签拟意见办理，余照通过。

二、主席交议，据田赋粮食管理处签呈，兹拟议由省统筹整理赋籍经费意见，并拟具筹措经费办法，请核示等情，请公决案。

（决议）通过，应需经费由四联总处洽商透支六十亿元。

三、主席交议，据广州市政府代电，拟自本年一月份起，调整本府暨所属各机关办公费数额，请核示等情，请公决案。

（决议）照准。

四、主席交议，据建设厅呈缴西村士敏土厂三十六年度营业计划预算，请核示等情，请公决案。

（决议）通过。

五、主席交议，据会计处签呈，关于建设厅请将三十五年度水利事业费余款七百三十九万三千六百五十二元，准予转账加入三十六年度岁出一案，兹拟议意见，请核示等情，请公决案。

（决议）通过。

六、主席交议，据财政厅呈，拟派刘华藜代理本厅视察，请核示等情，请公决案。

（决议）通过。

七、主席交议，据建设厅呈，拟派黄惠源代理本厅视察，请核示等情，请公决案。

（决议）通过。

八、主席交议，据田赋粮食管理处代电，拟派陈铁樵代理储运处专员，请核示等情，请公决案。

（决议）通过。

九、主席交议，据田赋粮食管理处代电，拟派张汉声代理储运处技正，请核示等情，请公决案。

（决议）通过。

十、主席交议，据建设厅呈，拟派张载杞代理公路处技士兼南雄工务所所长，请核示等情，请公决案。

（决议）通过。

广东省政府第十届委员会
第一百零二次会议纪录

时　间　四月二十二日
地　点　本府会议厅
出席者　罗卓英　杜梅和　姚宝猷　丘　誉　肖次尹　罗香林
　　　　黄文山　黄范一　詹朝阳　周景臻
公出者　谢文龙　蔡劲军
告假者　李扬敬
列席者　江完白　肖蔚民　巫　琦　蓝尊洲　张恒存　钟盛麟
　　　　谢群彬　何　融　温振鹏　梁谦武
主　席　罗卓英
纪　录　苏旭升
主席恭读　国父遗嘱
宣读第一百零一次会议纪录。

报告事项

一、秘书处报告，奉交下人事处签呈，以奉行政院寅号一钦电开，该府主席琼崖办公处应即撤销，所有垫付该处款项应即归垫，至扩大第九区专署组织案，另候核示等因。查该处经费部分，经由会计处核明，并无成立预算，毋庸办理，至奉饬即撤销该处一节，拟遵照办理，并饬该处克日结束具报，请核示等情，并奉准如拟办理。

二、秘书处报告，关于新会县江门镇人民林×因承耕沙田事件不服本府财政厅所为加租之处分，向本府提起诉愿一案，经审查评议完竣，依法拟具决定书，本件诉愿驳回，并经签准如拟办理。

三、秘书处报告，奉交下设计考核委员会签呈，关于建设厅呈，以该厅原编造本府三十六年度中心工作计划，建设部分内列所需经费数目，与现奉核定预算数目不符，似应分别改编，以切实际，并附缴改编该厅行政、事业、营业三部分中心工作计划，请核示一案，查拟改各节尚属可行，拟予转呈核备等情，并奉准如拟办理。

四、秘书处报告，奉交下会计处签呈，本省三十五年下半年度地方岁入岁出总预算书，前经本府编呈行政院核备，现奉本年四月五日从责丁字第一二三二六号代电核复，查原预算岁出临时门十二款一项一目"特别预备金"科目，应改为"第二预备金"科目，余无不合，准予照办，饬知照等因，拟报会后分行等情，并奉准如拟办理。

五、秘书处报告，奉交下会计处签呈，关于省临时参议会三十五年度结束费一百六十一万零六百五十三元一案，前经本府电请行政院，准予在三十六年度省预算第一预备金项下拨支，现奉本年四月八日从责丁字第一二九六八号代电核复，准予照办等因，拟报会后分行等情，并奉准如拟办理。

六、民政厅报告一周办理重要工作。

七、财政厅报告一周办理重要工作。

八、教育厅报告一周办理重要工作。

九、建设厅报告一周办理重要工作。

讨论事项

一、主席交议，据民政厅签呈，以先后据汕头市商会呈，请准予商人自由采购天津高粱酒，及准财政部电请全部解除酒禁两案，兹拟将本省禁酒办法改订，并拟具本省禁酿米酒办法及其施行细则，请核示等情，请公决案。

（决议）通过。

二、主席交议，据省训练团签呈，以本团此次办理复员军官转业训练人数，比前增多，原有开办训练设备等费不敷甚巨，无法因应，拟请将垫付学员赴任旅费一亿四千五百五十万元，由省库补助，请核示等情，请公决案。

（决议）再请国防部核拨。

三、主席交议，据建设厅电缴该厅长途电话管理所架设佛山至容奇段话线工程计划、预算书，请核示等情，请公决案。

（决议）通过。

四、主席交议，据会计处签呈，关于海丰县三十五年度地方岁入岁出第二次追加预算一案，经核编完竣，拟准岁入岁出各列二亿一千四百六十九万零八百元，请核定等情，请公决案。

（决议）通过。

五、主席交议，据会计处签呈，关于四会县三十五年度地方岁入岁出第三次追加预算一案，经核编完竣，拟准岁入岁出各列七千六百九十一万二千三百元，请核定等情，经准予照办，请追认案。

（决议）追认。

六、主席交议，据会计处签呈，关于惠阳县三十五年度地方岁入岁出第二次追加预算一案，经核编完竣，拟准岁入岁出各列二亿六千七百五十二万二千一百元，请核定等情，经准予照办，请追认案。

（决议）追认。

七、主席交议，据会计处签呈，关于紫金县三十五年度地方岁入岁出第二次追加预算一案，经核编完竣，拟准岁入岁出各列一亿一千八百三十二万八千二百元，请核示等情，经准予照办，请追认案。

（决议）追认。

八、主席交议，据会计处签呈，关于灵山县三十五年度地方岁入岁出第一次追加预算一案，经核编完竣，拟准岁入岁出各列二百五十二万六千二百元，请核定等情，经准予照办，请追认案。

（决议）追认。

九、主席交议，据会计处签呈，关于翁源县三十五年度地方岁入岁出第二次追加预算一案，经核编完竣，拟准岁入岁出各列一亿三千七百八十九万九千九百元，请核示等情，经准予照办，请追认案。

（决议）追认。

十、主席交议，据会计处签呈，关于开建县三十五年度地方岁入岁出第二次追加预算一案，经核编完竣，拟准岁入岁出各列一亿二千二百八十三万一千二百元，请核定等情，经准予照办，请追认案。

（决议）追认。

十一、主席交议，据会计处签呈，关于赤溪县三十五年度地方岁入岁出第二次追加预算一案，经核编完竣，拟准岁入岁出各列四千一百九十八万零八百元，请核定等情，经准予照办，请追认案。

（决议）追认。

十二、主席交议，据会计处签呈，关于番禺县三十四年度地方岁入岁出追加预算一案，经核编完竣，拟准岁入岁出各列二千二百三十五万一千零六十一元，请核定等情，经准予照办，请追认案。

（决议）追认。

十三、主席交议，据建设厅呈，拟派叶镜澄代理本厅技正，请核示等情，请公决案。

（决议）通过。

十四、主席交议，据建设厅呈，拟派邹柏茂代理本厅科长，请核示等情，请公决案。

（决议）通过。

十五、主席交议，据建设厅呈，拟派麦树楠代理本厅科长，请核示等情，请公决案。

（决议）通过。

十六、主席交议，据建设厅呈，拟派吴文苑代理本厅技正，请核示等情，请公决案。

（决议）通过。

广东省政府第十届委员会
第一百零三次会议纪录

时　　间　四月二十五日
地　　点　本府会议厅
出席者　罗卓英　李扬敬　杜梅和　姚宝猷　丘　誉　肖次尹
　　　　罗香林　黄文山　詹朝阳　周景臻
公出者　谢文龙　蔡劲军
告假者　黄范一
列席者　江完白　陈鸿藻　肖蔚民　巫　琦　蓝萼洲　谢群彬

346

何　融　朱曾骐　温振鹏　周达谋

主　席 罗卓英

纪　录 苏旭升

主席恭读　国父遗嘱

宣读第一百零二次会议纪录。

报告事项

一、秘书处报告，奉交下会计处签呈，关于民政厅呈，据省警察队第一大队，请援案核发该队故司药陈继光殓葬费三十万三千四百元一案，核与规定相符，拟准照发，款在本年度特别预备金项下开支，请核定分行后补报会议等情，并奉准如拟办理。

二、秘书处报告，奉交下会计处签呈，关于省保安司令部电，以该部于三十四年度，接收龙和连阳自卫总队第一大队、军区特务大队第三中队，编成保安第八大队第一、二、三、四步兵中队，一个机枪中队。计与保安大队原编制超出一个中队，嗣于同年十二月份起，饬照原编制缩编。关于该大队十一月份超出一个中队经费，计共二十五万零四百四十五元五十分，款在同年度保安经费节余项下开支，编具预算书请核复等由，核属需要，拟准照办，请核示等情，并奉准如拟办理。

三、田赋粮食管理处报告一周办理重要工作。

四、社会处报告一周办理重要工作。

五、会计处报告一周办理重要工作。

六、统计处报告一周办理重要工作。

七、人事处报告一周办理重要工作。

八、卫生处报告一周办理重要工作。

九、地政局报告一周办理重要工作。

十、新闻处报告一周办理重要工作。

十一、设计考核委员会报告一周办理重要工作。

讨论事项

一、主席交议，据地政局呈，兹拟具本省整理沙田地籍计划草案，请核示等情，请公决案。

（决议）送请地政署核办。

二、主席交议，据财政厅签呈，兹拟议广州市银钱业店号处理意

347

见，请核示等情，请公决案。

（决议）通过。

三、主席交议，据会计处签呈，关于省保安司令部函请将该部官佐原领主食米四十七市斤仍照原核定以二万元之标准扣价一案，应否照准，请核示等情，请公决案。

（决议）照准。

四、主席交议，据社会处编呈三十五年度本府核定在本省行政复员费四亿元项下分配该处救济事业费四十万元预算分配表一案，经饬据会计处签拟核属需要，并准予照办，请追认案。

（决议）追认。

五、主席交议，据琼崖办公处电，请拨还该处三十五年六月底前，派员随军策划剿抚工作，共垫支旅费一百二十万元，并请自七月份以后，按月核拨数额等情，该项垫款，经准在本年度分配县市国税款由省统筹部分拨支，七月份起并饬自行设法匀拨，请追认案。

（决议）追认。

六、主席交议，准省保安司令部代电，以三十四年度五月间敌陷河源，实施战时准备，计支付情报旅什等费，共八十五万四千八百七十四元，该款拟在同年度保安经费节余项下开支等由，经饬据会计处签拟，核属需要，并准予照办，请追认案。

（决议）追认。

七、主席交议，据会计处签呈，关于秘书处呈，以该处科员吴为梁参加三十五年度高等考试及格，请援例补助赴京受训旅费二十一万七千五百元一案，该款拟在本年度特别预备金项下拨支等情，经准照办；请追认案。

（决议）追认。

八、主席交议，据会计处签呈，关于省保安司令部电请拨还第九区专署派员押解海康县党部书记长邓汝模旅费，共三十四万五千三百元一案，该款拟在三十五年度，分配县市国税款由省统筹部分拨支等情：经准照办，请追认案。

（决议）追认。

九、主席交议，据会计处签呈，关于中山县三十五年度地方岁入岁出第二次追加预算一案，经核编完竣，计岁入岁出各列一十亿三千六百六十六万二千六百元，请核定等情，经准予照办，请追认案。

（决议）追认。

十、主席交议，据会计处签呈，关于台山县三十五年度地方岁入岁出第二次追加预算一案，经核编完竣，计岁入岁出各列三亿二千六百八十一万六千七百元，请核定等情，经准予照办，请追认案。

（决议）追认。

十一、主席交议，据会计处签呈，关于普宁县三十五年度地方岁入岁出第二次追加预算一案，经核编完竣，计岁入岁出各列二亿七千二百七十四万四千四百元，请核定等情，经准予照办，请追认案。

（决议）追认。

十二、主席交议，据会计处签呈，关于化县三十五年度地方岁入岁出第二次追加预算一案，经核编完竣，计岁入岁出各列三亿三千九百四十二万九千八百元，请核定等情，经准予照办，请追认案。

（决议）追认。

十三、主席交议，据会计处签呈，关于博罗县三十五年度地方岁入岁出第一次追加预算一案，经核编完竣，计岁入岁出各列一亿九千一百二十七万零九百元，请核定等情，经准予照办，请追认案。

（决议）追认。

十四、主席交议，据会计处签呈，关于万宁县三十五年度地方岁入岁出第一次追加预算一案，经核编完竣，计岁入岁出各列七千三百零三万零八百元，请核定等情，经准予照办，请追认案。

（决议）追认。

十五、主席交议，据建设厅呈，拟派区宏代理本厅视察，请核示等情，请公决案。

（决议）通过。

十六、主席交议，据田赋粮食管理处代电，拟派蔡长本代理本处督导员，请核示等情，请公决案。

（决议）通过。

十七、主席交议，据卫生处呈，拟派林怡贤代理省立第四医院院长，请核示等情，请公决案。

（决议）通过。

十八、主席交议，据地政局呈，拟派陈以操代理罗定县地籍整理办事处副处长，请核示等情，请公决案。

（决议）通过。

广东省政府第十届委员会
第一百零四次会议纪录

时　间　五月一日

地　点　本府会议厅

出席者　罗卓英　杜梅和　姚宝猷　丘　誉　肖次尹　罗香林
　　　　黄文山　黄范一　詹朝阳　周景臻

公出者　谢文龙　蔡劲军

告假者　李扬敬

列席者　江完白　陈鸿藻　朱润深　肖蔚民　巫　琦　蓝萼洲
　　　　钟盛麟　谢群彬　何　融　温振鹏　朱曾骐

主　席　罗卓英

纪　录　苏旭升

主席恭读　国父遗嘱

宣读第一百零三次会议纪录。

报告事项

一、秘书处报告，奉交下建设厅签呈，以据农林处呈，以每年度各县（市局）长工作成绩百分比标准，在粮食增产方面，应占总分数各项分标准分数，均经订定，至县（市局）佐治人员之考核，规定由县（市局）长办理，本府前颁广东省地方行政及自治人员办理农林建设事项考成办法，似应明令废止，以免重复一案，转请核示等情，并奉准如拟办理。

二、秘书处报告，奉交下设计考核委员会签呈，关于建设厅呈，以该厅三十六年度一般工作计划，经依照核定事业费调整科目预算分别编

350

竣，请察核一案，拟予照办，请核示等情，并奉准如拟办理。

三、秘书处报告，奉交下会计处签呈，关于教育厅转据省立肇庆师范等八校请准将三十五年度各该校公费生膳食费节余移为设备费之用，附缴预算表一案，查肇庆师范学校，移用公费生膳食费节余六十四万三千元，老隆师范学校五百四十四万元，潮汕高级商船职业学校二百零四万八千元，汕尾水产职业学校四百零三万一千九百九十元，北江农业职业学校五百五十六万八千元，高州农业职业学校九百八十九万六千元，志锐中学五十二万一千元，琼崖中学一百一十六万八千元，拟援案姑予照准，请核示等情，并奉准如拟办理。

四、秘书处报告，奉交下会计处签呈，以本府准国民政府主计处本年四月十七日勤岁字第一〇四三号公函，据四川省会计处呈，请核示省总预算各科目，移用及动支第二预备金之追加追减等手续一案，经分别核饬遵照，请查照等因，拟报会后分行，请核示等情，并奉准如拟办理。

五、秘书处报告，奉交下会计处签呈，以本府准国民政府主计处本年四月十七日勤岁字第一〇四二号公函，据青岛市会计处呈，请解释动支第一预备金各项疑义一案，经分别核饬遵照，请查照等由，拟报会后分行，请核示等情，并奉准如拟办理。

六、田赋粮食管理处报告一周办理重要工作。

七、社会处报告一周办理重要工作。

八、会计处报告一周办理重要工作。

九、统计处报告一周办理重要工作。

十、人事处报告一周办理重要工作。

十一、卫生处报告一周办理重要工作。

十二、地政局报告一周办理重要工作。

十三、新闻处报告一周办理重要工作。

十四、设计考核委员会报告一周办理重要工作。

十五、粤侨事业辅导委员会报告四月份办理重要工作。

十六、建设研究委员会报告四月份办理重要工作。

讨论事项

一、主席交议，据田赋粮食管理处签呈，关于省级各机关公教员工、长警、公费生，收容人等价领粮食，五月份应否继续办理，请核示等情，请公决案。

（决议）继续办理。

二、主席交议，据田赋粮食管理处签呈，修正本省历年欠赋清理催收拨解实施办法第十三条条文，请核示等情，请公决案。

（决议）通过。

三、主席交议，据田赋粮食管理处签呈，兹拟具本省各县举办平粜积谷施行细则，请核示等情，请公决案。

（决议）通过。

四、主席交议，据秘书处签呈，关于梅县畲坑乡第十五保国民学校代表赖××等因官荒纠纷事件不服梅县县政府处分，向本府提起诉愿一案，经审查评议完竣，依法拟具决定书，原处分撤销，请核示等情，请公决案。

（决议）通过。

五、主席交议，据财政厅会计处会签，关于省参议会函，送改编该会第一届第二次大会经费预算，计共四亿七千八百一十二万七千元，请如数拨付一案，兹拟议意见，请核示等情，请公决案。

（决议）通过。

六、主席交议，据会计处签呈，关于远东图片新闻社请补助该社经费一案，遵谕一次过补助开办费一百万元，另自本年度起，每月补助一百万元，全年度计共一千三百万元，该款拟在本年度第一预备金项下开支，请核准等情，请公决案。

（决议）通过。

七、主席交议，据会计处签呈，关于三民主义青年团广东支团函，以遵照中央指示，于五月四日扩大各种青年活动，请拨助经费三十万元一案，该款经奉核定准予补助，拟在本年度特别预备金项下拨支，请核示等情，请公决案。

（决议）通过。

八、主席交议，据会计处签呈，关于汕头市三十五年度地方岁入岁出第二次追加预算一案，经核编完竣，计岁入岁出各列二亿三千二百八十六万四千三百元，请核定等情，请公决案。

（决议）通过。

九、主席交议，据会计处签呈，关于高要县三十五年度地方岁入岁出第三次追加预算一案，经核编完竣，计岁入岁出各列八百零六万六千五百元，请核定等情，请公决案。

（决议）通过。

十、主席交议，据会计处签呈，关于恩平县三十五年度地方岁入岁出第二次追加预算一案，经核编完竣，计岁入岁出各列一亿四千八百七十八万五千四百元，请核定等情，请公决案。

（决议）通过。

十一、主席交议，据会计处签呈，关于连山县三十五年度地方岁入岁出第二次追加预算一案，经核编完竣，计岁入岁出各列三千九百七十三万四千七百元，请核定等情，请公决案。

（决议）通过。

十二、主席交议，据会计处签呈，关于遂溪县三十五年度地方岁入岁出第一次追加预算一案，经核编完竣，计岁入岁出各列八千零七万三千六百元，请核定等情，经准予照办，请追认案。

（决议）追认。

十三、主席交议，据会计处签呈，关于高明县三十五年度地方岁入岁出第一次追加预算一案，经核编完竣，计岁入岁出各列一亿零八百一十三万一千九百元，请核定等情，经准予照办，请追认案。

（决议）追认。

十四、主席交议，据会计处签呈，关于花县三十五年度地方岁入岁出第一次追加预算一案，经核编完竣，计岁入岁出各列一亿五千二百零四万六千四百元，请核定等情，经准予照办，请追认案。

（决议）追认。

十五、主席交议，据会计处签呈，关于翁源县三十五年度地方岁入岁出第三次追加预算一案，经核编完竣，计岁入岁出各列五百五十六万四千三百元，请核定等情，经准予照办，请追认案。

（决议）追认。

十六、主席交议，据会计处签呈，关于澄海县三十五年度地方岁入岁出第一次追加预算一案，经核编完竣，计岁入岁出各列一亿六千七百三十七万零四百元，请核定等情，经准予照办，请追认案。

（决议）追认。

十七、主席交议，据会计处签呈，关于乐昌县三十五年度地方岁入岁出第一次追加预算一案，经核编完竣，计岁入岁出各列九千六百二十三万二千四百元，请核定等情，经准予照办，请追认案。

（决议）追认。

十八、主席交议，据会计处签呈，关于丰顺县三十五年度地方岁入岁出第二次追加预算一案，经核编完竣，计岁入岁出各列八千一百二十三万零一百元，请核定等情，经准予照办，请追认案。

（决议）追认。

十九、主席交议，据民政厅长李扬敬签呈，阳春县长马北拱呈请辞职，拟予照准，遗缺拟调顺德县县长麦骞接充，递遗顺德县长缺拟派朱浩怀代理；广宁县长魏××剿匪不力，拟予撤职查办，遗缺拟派廖伟青代理；龙门县长丘学训另有任用，应予免职，遗缺拟派张超然代理；鹤山县长温××对政务措置失当，拟予免职，遗缺拟派吴志达代理；连平县长邓飞鹏另有任用，应予免职，遗缺拟派梁英华代理；高明县长丘健章另候任用，拟予免职，遗缺拟派廖宗明代理；儋县县长陈藻文另有任用，应予免职，遗缺拟派王绍章代理；琼东县长彭××对政务措置失当，拟予免职，遗缺拟派陈德荣代理；梅箓管理局局长岑××，办理禁政不力，拟予免职，遗缺拟调新丰县长王绍通接充，递遗新丰县长缺拟派罗联辉代理；湛江市长郭寿华电请辞职，拟予照准，遗缺拟派柯景濂代理，请察核等情，请公决案。

（决议）通过。

广东省政府第十届委员会
第一百零五次会议纪录

时　间　五月六日
地　点　本府会议厅

354

出席者　罗卓英　杜梅和　姚宝猷　丘　誉　肖次尹　罗香林
　　　　黄文山　黄范一　蔡劲军　詹朝阳　周景臻
公出者　谢文龙
告假者　李扬敬
列席者　张　明　江完白　肖蔚民　巫　琦　蓝薲洲　钟盛麟
　　　　谢群彬　何　融　温振鹏
主　席　罗卓英
纪　录　苏旭升
主席恭读　国父遗嘱
宣读第一百零四次会议纪录。

报告事项

一、秘书处报告，奉交下会计处签呈，关于本府前迭准中央驻本省各机关请价发粮食各案，当经由府转电行政院，请准在中央赋实项下价领，现奉本年四月十八日从三字第一四三六八号代电核复，略以查公粮及代金办法业已废止，所请准在中央赋实项下，价拨中央驻粤机关及公费生，未便照准，饬知照等因，拟报会后分行，请核示等情，并奉准如拟办理。

二、秘书处报告，奉交下人事处签呈，关于教育厅呈，拟本省电化教育技术人员登记委员会组织规程，及办事细则，暨登记办法三种，请核示一案，经由本处及秘书处审核分别拟议修正意见，请核夺等情，并奉批组织规程第二条第三款，及登记办法第四条第二款，照人事处签拟意见修正，余照秘书处签拟意见办理。

三、秘书处报告，关于其昌堂黄继贤代表黄××因取赎抗战前抵押汕头市商库证委员会之产业纠纷事件不服本府财政厅所为批示之处分，向本府提起诉愿一案，经审查评议完竣，依法拟具决定书，本件诉愿驳回，并经签准如拟办理。

四、民政厅报告一周办理重要工作。

五、财政厅报告一周办理重要工作。

六、教育厅报告一周办理重要工作。

七、建设厅报告一周办理重要工作。

八、秘书处报告一周办理重要工作。

讨论事项

一、主席交议，据秘书处签呈，关于台山县海晏赵祥光堂代表赵××等为不服台山县政府处分亚公角渔场事件向本府提起诉愿一案，经审查评议完竣，依法拟具决定书，原处分撤销，发回台山县政府查勘明确，另有适当之处分，请核示等情，请公决案。

（决议）通过。

二、主席交议，据秘书处签呈，拟恢复本省各区专署及各县市情报机构，并拟调整情报系统，请核示等情，请公决案。

（决议）通过。

三、主席交议，据会计处签呈，关于崖县三十五年度地方岁入岁出第一次追加预算一案，经核编完竣，计岁入岁出各列六千七百三十二万五千三百元，请核定等情，请公决案。

（决议）通过。

四、主席交议，据会计处签呈，关于电白县三十五年度地方岁入岁出第一次追加预算一案，经核编完竣，计岁入岁出各列一亿九千七百九十九万七千八百元，请核定等情，请公决案。

（决议）通过。

五、主席交议，据会计处签呈，关于湛江市三十五年度地方岁入岁出第二次追加预算一案，经核编完竣，计岁入岁出各列一亿一千一百零三万一千四百八十元，请核定等情，经准予照办，请追认案。

（决议）追认。

六、主席交议，据会计处签呈，关于东莞县三十五年度地方岁入岁出第二次追加预算一案，经核编完竣，计岁入岁出各列八亿九千三百六十万八千七百元，请核定等情，经准予照办，请追认案。

（决议）追认。

七、主席交议，据会计处签呈，关于揭阳县三十五年度地方岁入岁出第二次追加预算一案，经核编完竣，计岁入岁出各列六亿四千三百九十四万五千一百元，请核定等情，经准予照办，请追认案。

（决议）追认。

八、主席交议，据会计处签呈，关于德庆县三十五年度地方岁入岁出第二次追加预算一案，经核编完竣，计岁入岁出各列一亿二千一百四十六万一千三百元，请核定等情，经准予照办，请追认案。

（决议）追认。

九、主席交议，据会计处签呈，关于五华县三十五年度地方岁入岁出第三次追加预算一案，经核编完竣，计岁入岁出各列一千六百八十二万四千六百元，请核定等情，经准予照办，请追认案。

（决议）追认。

十、主席交议，据会计处签呈，关于大埔县三十五年度地方岁入岁出第二次追加预算一案，经核编完竣，计岁入岁出各列一亿零五百一十四万二千九百元，请核定等情，经准予照办，请追认案。

（决议）追认。

十一、主席交议，据会计处签呈，关于罗定县三十五年度地方岁入岁出第二次追加预算一案，经核编完竣，计岁入岁出各列一亿三千二百四十一万九千一百元，请核定等情，经准予照办，请追认案。

（决议）追认。

十二、主席交议，据会计处签呈，关于龙门县三十五年度地方岁入岁出第一次追加预算一案，经核编完竣，计岁入岁出各列一亿五千八百一十八万四千四百元，请核定等情，经准予照办，请追认案。

（决议）追认。

十三、主席交议，据会计处签呈，关于卫生处编呈三十五年度本府在奉准增拨本省行政复员费四亿元内，核定分配该处卫生事业费四千万元计划预算一案，核属需要，请核示等情，经准予照办，请追认案。

（决议）追认。

十四、主席交议，准省保安司令部编送该部三十五年九月份起至十月十五日止，奉令成立补充团干部经费预算，计共二千七百一十五万六千八百六十一万元，请核拨一案，经着由财政厅照数筹垫，将来在三十五年度追加保安经费项下统筹支报，请追认案。

（决议）追认。

广东省政府第十届委员会
第一百零六次会议纪录

时　间　五月九日
地　点　本府会议厅
出席者　罗卓英　李扬敬　杜梅和　姚宝猷　丘　誉　肖次尹
　　　　罗香林　黄文山　黄范一　蔡劲军　詹朝阳　周景臻
公出者　谢文龙
列席者　江完白　陈鸿藻　肖蔚民　巫　琦　蓝蓉洲　谢群彬
　　　　何　融　张建新　温振鹏
主　席　罗卓英
纪　录　苏旭升
主席恭读　国父遗嘱
宣读第一百零五次会议纪录。

报告事项

一、秘书处报告，关于合浦县北塞乡第三保国民学校基金保管委员会主任委员符××为不服合浦县政府停职处分事件，向本府提起诉愿一案，经审查评议完竣，依法拟具决定书，本件诉愿驳回，并经签准如拟办理。

二、田赋粮食管理处报告一周办理重要工作。

三、社会处报告一周办理重要工作。

四、会计处报告一周办理重要工作。

五、统计处报告一周办理重要工作。

六、人事处报告一周办理重要工作。

七、卫生处报告一周办理重要工作。

八、地政局报告一周办理重要工作。

九、新闻处报告一周办理重要工作。

十、设计考核委员会报告一周办理重要工作。

358

讨论事项

一、主席交议，据会计处签呈，关于建设厅电，以该厅工业试验所奉令缓办，请将该所本年一、二、三月份经临及生活补助各费迅予核拨，并将员工全数拨归本厅，为办理工矿化验业务一案，拟议意见，请核示等情，请公决案。

（决议）通过。

二、罗、肖、詹、黄、黄、周六委员会复，奉交审查民政厅拟议调整本省行政督察区意见一案，遵经约集民政厅会同审查完竣，谨列具调整原则及辖县划分意见，请公决案。

（决议）缓办。

三、主席交议，据人事处签呈，关于湛江市政府拟呈该市市立麻疯医院组织规程，及编制表一案，经由卫生处及本处分别修正，请核示等情，请公决案。

（决议）通过。

四、主席交议，据财政厅签呈，以据琼崖各县参议会联呈，琼崖匪患严重，拟请准各县向屠宰税附征训练剿匪经费一案，查所请既属因地制宜，复经各县参议会同意，拟予备案，请核示等情，请公决案。

（决议）通过。

五、主席交议，据会计处签呈，关于建设厅电，据农林处农业试验场，派驻该场员役张奇英等被匪洗劫衣物，及技正凌化育派往督导冬耕途次被匪截劫损失财物，请分别予以救济一案，拟议意见，请核示等情，请公决案。

（决议）通过。

六、主席交议，据会计处签呈，关于潮安县三十五年度地方岁入岁出第三次追加预算一案，经核编完竣，计岁入岁出各列三亿零九十一万一千六百元，请核定等情，请公决案。

（决议）通过。

七、主席交议，关于惠来县三十五年度地方岁入岁出第二次追加预算一案，经核编完竣，计岁入岁出各列七千二百九十四万四千九百元，请核定等情，请公决案。

（决议）通过。

八、主席交议，据会计处签呈，关于连平县三十五年度地方岁入岁出第二次追加预算一案，经核编完竣，计岁入岁出各列五千三百三十四万九千八百元，请核定等情，请公决案。

（决议）通过。

九、主席交议，据会计处签呈，关于宝安县三十五年度地方岁入岁出第二次追加预算一案，经核编完竣，计岁入岁出各列一亿八千四百八十八万五千一百元，请核定等情，经准予照办，请追认案。

（决议）追认。

十、主席交议，据会计处签呈，关于宝安县三十五年度地方岁入岁出第三次追加预算一案，经核编完竣，计岁入岁出各列四百二十七万五千元，请核定等情，经准予照办，请追认案。

（决议）追认。

十一、主席交议，据会计处签呈，关于仁化县三十五年度地方岁入岁出第二次追加预算一案，经核编完竣，计岁入岁出各列六千零五十九万四千七百元，请核定等情，经准予照办，请追认案。

（决议）追认。

十二、主席交议，据会计处签呈，关于三水县三十五年度地方岁入岁出第二次追加预算一案，经核编完竣，计岁入岁出各列二亿六千五百六十三万六千八百元，请核定等情，经准予照办，请追认案。

（决议）追认。

十三、主席交议，据会计处签呈，关于开平县三十五年度地方岁入岁出第二次追加预算一案，经核编完竣，计岁入岁出各列四亿六千五百二十万二千七百元，请核定等情，经准予照办，请追认案。

（决议）追认。

十四、主席交议，据会计处签呈，为适应各机关收支账目清结起见，拟将三十五年度省库收支结束期限，比照国库收支结束期限，延展一个月，请核示等情，经准予照办，请追认案。

（决议）追认。

十五、略。

十六、主席交议，据建设厅呈，拟派潘祖欣代理公路处技正兼督察室主任，请核示等情，请公决案。

（决议）通过。

十七、主席交议，据社会处代电，拟派肖湘南代理本处科长，请核示等情，请公决案。

（决议）通过。

十八、主席交议，据地政局呈，拟派吕炳代理本局估计专员，请核示等情，请公决案。

（决议）通过。

广东省政府第十届委员会
第一百零七次会议纪录

时　　间　五月二十日

地　　点　本府会议厅

出席者　罗卓英　李扬敬　杜梅和　姚宝猷　丘　誉　肖次尹
　　　　罗香林　黄文山　黄范一　詹朝阳

公出者　谢文龙　蔡劲军　周景臻

列席者　李东星　黄秉勋　江完白　陈鸿藻　郭汉鸣　肖蔚民
　　　　蓝萼洲　陈锦松　何　融　林猷钊　温振鹏

主　　席　罗卓英

纪　　录　苏旭升

主席恭读　国父遗嘱

宣读第一百零六次会议纪录。

报告事项

一、秘书处报告，奉交下民政厅签呈，为使各县（市局）实施户政工作示范，高度推进户政起见，兹拟具本省各县（市局）举办户政工作示范实施办法，请核定施行等情，并奉准如拟办理。

二、秘书处报告，奉交下会计处签呈，以本府准国民政府主计处函知，本省三十五年度第五次追加保安司令部监狱卫生设备费五十万元，及特别预备金三千万元，合计三千零五十万元预算，奉国民政府令知，案经立法院通过，请查照等由，拟报会后分行等情，并奉准如拟办理。

三、民政厅报告一周办理重要工作。

四、财政厅报告一周办理重要工作。

五、教育厅报告一周办理重要工作。

六、建设厅报告一周办理重要工作。

七、秘书处报告一周办理重要工作。

讨论事项

一、主席交议，据人事处签呈，关于建设厅核转该厅公路处呈，拟修正该处组织规程及编制表，请察核一案，拟议意见，请核示等情，请公决案。

（决议）修正通过。

二、主席交议，据田赋粮食管理处签呈，兹拟具本省各县（市局）田赋淡征时期清理赋籍方案，请核定施行等情，请公决案。

（决议）修正通过。

三、主席交议，据会计处签呈，关于地政局呈，以本局编制员额，经奉行政院核定，增至一百一十二员，兹改编本局三十六年度经常费及事业费概算书等件，请察核一案，拟议意见，请核示等情，请公决案。

（决议）员额暂仍照旧，公役酌增七名（共二十四名）自五月份起实行。

四、主席交议，据建设厅签呈，拟修订本省报汛抢险办法，并经函准珠江水利局同意，请核定施行等情，请公决案。

（决议）通过。

五、主席交议，据民政厅签呈，兹参照最近中央颁布之各省市县文献委员会组织规程规定，从新拟具本省各县（市局）文献委员会编制表（甲乙两种），请核定施行等情，请公决案。

（决议）通过，由各县市局斟酌办理。

六、主席交议，据会计处签呈，关于新会县三十五年度地方岁入岁出第二次追加预算一案，经核编完竣，计岁入岁出各列九亿六千零一十二万六千七百元，请核定等情，请公决案。

（决议）通过。

七、主席交议，据会计处签呈，关于阳山县三十五年度地方岁入岁出第二次追加预算一案，经核编完竣，计岁入岁出各列一亿二千四百一十三万一千四百元，请核定等情，请公决案。

（决议）通过。

八、主席交议，据会计处签呈，关于英德县三十五年度地方岁入岁出第一次追加预算一案，经核编完竣，计岁入岁出各列三亿二千六百二十万五千三百元，请核定等情，请公决案。

（决议）通过。

九、主席交议，据会计处签呈，关于钦县三十五年度地方岁入岁出第一次追加预算一案，经核编完竣，计岁入岁出各列一亿四千三百四十六万零三百元，请核定等惰，请公决案。

（决议）通过。

十、主席交议，据会计处签呈，关于海丰县三十五年度地方岁入岁出第三次追加预算一案，经核编完竣，计岁入岁出各列八千七百九十三万一千元，请核定等情，经准予照办，请追认案。

（决议）追认。

十一、主席交议，据会计处签呈，关于教育厅呈，据省立梅州中学请发给该校故教员李时可殓葬费四十五万元一案，拟予照准，该款在三十五年下半年度，特别预备金项下开支，请核示等情，经准予照办，请追认案。

（决议）追认。

十二、主席交议，据社会处签呈，以本处经收海内外同胞汇粤振款余额，前奉核定：（一）以三千万元配拨各县（市局）救济院。（二）以二千六百四十三万一千二百六十元拨给本处所属救济机关。（三）以一亿元配拨各县（市局）办理救济灾荒。（四）余款六千万元，作为临时急振之用等因。经遵照办理，兹补呈（一）、（二）、（三）项分配表，请提会追认等情，请追认案。

（决议）追认。

十三、主席交议，据建设厅呈，拟派谢宗质代理公路处荐任技士，请核示等情，请公决案。

（决议）通过。

十四、主席交议，据地政局呈，拟派黄禧骈代理本局技正，请核示等情，请公决案。

（决议）通过。

十五、主席交议，据财政厅呈，拟派曹惠卿代理本厅科长，请核示等情，请公决案。

（决议）通过。

十六、主席交议，据田赋粮食管理处代电，拟派吴炳南代理本处督导员，请核示等情，请公决案。

（决议）通过。

广东省政府第十届委员会
第一百零八次会议纪录

时　　间　五月二十三日
地　　点　本府会议厅
出席者　罗卓英　李扬敬　杜梅和　姚宝猷　丘　誉　肖次尹
　　　　　罗香林　黄文山　黄范一　詹朝阳　周景臻
公出者　谢文龙　蔡劲军
列席者　黄秉勋　江完白　陈鸿藻　朱润深　肖蔚民　蓝萼洲
　　　　　谢群彬　何　融　张建新　温振鹏
主　　席　罗卓英
纪　　录　苏旭升
主席恭读　国父遗嘱
宣读第一百零七次会议纪录。

报告事项

一、秘书处报告，奉交下人事处签呈，关于建设厅呈，据农林处，拟具该处稻作改进所三十六年度增设韩江指导区，及揭阳、潮安、潮阳、澄海、普宁、饶平等六个指导分区计划预算暨编制表，请核示并拨款办理一案，编制表部分经本处分别酌予修正，至预算部分，经由会计处核拟，在农林处事业费五亿元内统筹分配，仍俟省预算奉核定后分别

364

拨支，请核示等情，并奉准如拟办理。

二、田赋粮食管理处报告一周办理重要工作。

三、社会处报告一周办理重要工作。

四、会计处报告一周办理重要工作。

五、统计处报告一周办理重要工作。

六、人事处报告一周办理重要工作。

七、卫生处报告一周办理重要工作。

八、地政局报告一周办理重要工作。

九、新闻处报告一周办理重要工作。

十、设计考核委员会报告一周办理重要工作。

讨论事项

一、主席交议，据设计考核委员会签呈，遵谕会同本府各有关机关，拟具调整本省各县（市局）公务人员警役待遇暂行办法，请核定施行等情，请公决案。

（决议）修正通过。

二、主席交议，据田赋粮食管理处签呈，兹拟具本省三十六年度田赋征实使用验收工具办法，请核示等情，请公决案。

（决议）通过。

三、主席交议，据文献委员会呈，请准予设置该会职员共二十人，公役五名，所增员额，并请将农林处改隶建设厅后，裁出员额五十六人内移拨，及按月拨发办公费一百万元，事业费四百万元等情，请公决案。

（决议）职员设十八人，公役五名，办公费照规定编列，事业费每月三百万元。

四、主席交议，据建设厅核转，该厅公路处琼崖区办事处三十五年度经临各费预算书，及三十五年度公路保养基金追加追减岁出预算书，计各列六千四百八十二万六千四百五十元，请核示等情，请公决案。

（决议）呈请行政院办理。

五、主席交议，据会计处签呈，关于社会处呈，据本省中医师公会联合会筹备会，请拨发该会成立大会经费三百万元一案，拟议意见，请核示等情，请公决案。

（决议）照数补助。款在本年度特别预备金项下支付。

六、主席交议，据会计处签呈，关于新闻处电，以该处肖处长赴港公干，计垫支招待费国币二百九十五万元，附呈预算表，请拨还归垫一案，该款拟在本年度特别预备金项下拨支，请核示等情，请公决案。

（决议）通过。

七、主席交议，据会计处签呈，关于国立政治大学广东同学会呈请援案补发最近返校复学之本省同学九人津贴费各十万元，共计九十万元一案，拟予照准，款在本年度特别预备金项下拨支，请核示等情，请公决案。

（决议）通过。

八、主席交议，据建设研究委员会签呈，本会在秘书处支薪职员十八人，因秘书处科员满额，向支雇员薪津，兹为维持各员生活，俾便专心研究起见，拟议调整意见，请核示等情，请公决案。

（决议）通过。

九、主席交议，据会计处签呈，关于省保安司令部电请将该部士兵每名月额副食费七千五百元增至一万五千元拨发一案，拟议意见，请核定等情，请公决案。

（决议）通过。

十、主席交议，据会计处签呈，关于新闻处电，以该处原租用办公地址不敷应用，经向业主加租三楼，订期三月，由三月份起，计每月增加租金三十万元，共九十万元，请准予追加拨发一案，拟议意见，请核示等情，请公决案。

（决议）通过。

十一、主席交议，据财政厅签呈，拟将屠宰税率改征百分之十，省县平均分配，以维省级政费，兹拟具提案一件，请核定送省参议会第一届第二次大会讨论等情，请公决案。

（决议）通过。

十二、主席交议，据民政厅签呈，拟在有匪县份发动组织民众自卫武力，以期协助军警肃清匪氛绥靖地方，兹拟具提案一件，请核定送省参议会第一届第二次大会讨论等情，请公决案。

（决议）通过。

十三、主席交议，据五年建设计划起草委员会签呈，为实施本省五年经济建设，迅速厚集各项资本，特订定接纳外资范围及要则，并委托美国潘李公司代理接洽经营各项实业，兹拟具提案一件，请核定送省参议会第一届第二次大会讨论等情，请公决案。

（决议）通过。

十四、主席交议，据教育厅签呈，以据省立仲元中学呈，请由本年一月份起，仍照广州区拨发该校员役生活补助费一案，拟予照准，请核示等情，请公决案。

（决议）通过。

十五、主席交议，据会计处签呈，关于清远县三十五年度地方岁入岁出第二次追加预算一案，经核编完竣，计岁入岁出各列五亿五千一百五十六万七千三百元，请核定等情，请公决案。

（决议）通过。

十六、主席交议，据会计处签呈，关于徐闻县三十五年度地方岁入岁出第二次追加预算一案，经核编完竣，计岁入岁出各列六千一百三十一万零一百元，请核定等情，请公决案。

（决议）通过。

十七、主席交议，据会计处签呈，关于德庆县三十五年度地方岁入岁出第三次追加预算一案，经核编完竣，计岁入岁出各列三百一十六万二千元，请核定等情，请公决案。

（决议）通过。

十八、主席交议，据建设厅代电，拟派张旭曾代理本厅视察，请核示等情，请公决案。

（决议）通过。

十九、主席交议，据教育厅代电，拟派陈仲章代理本厅督学，请核示等情，请公决案。

（决议）通过。

二十、主席交议，据地政局呈，拟派朱曾骐代理本局秘书，请核示等情，请公决案。

（决议）通过。

二十一、主席交议，据地政局呈，拟派黄纬史代理本局技正，请核示等情，请公决案。

（决议）通过。

二十二、主席交议，据新闻处呈，拟派骆超平代理本处科长，请核示等情，请公决案。

（决议）通过。

二十三、主席交议，据建设厅呈，拟派余飚楠代理本厅视察，请核示等情，请公决案。

（决议）通过。

广东省政府第十届委员会
第一百零九次会议纪录

时　间　五月三十日

地　点　本府会议厅

出席者　罗卓英　李扬敬　杜梅和　姚宝猷　丘　誉　肖次尹
　　　　　罗香林　黄文山　黄范一　詹朝阳　周景臻

公出者　谢文龙　蔡劲军

列席者　毛松年　黄秉勋　江完白　陈鸿藻　郭汉鸣　肖蔚民
　　　　　赖希如　蓝萼洲　谢群彬　黄俊人　周达谋

主　席　罗卓英

纪　录　苏旭升

主席恭读　国父遗嘱

宣读第一百零八次会议纪录。

报告事项

一、秘书处报告，奉交下会计处签呈，关于教育厅呈，据省立廉州中学，请准将三十五年度公费生膳食费节余一十四万元，移为设备费之用一案，拟援案姑予照准，请核示等情，并奉准如拟办理。

二、秘书处报告，奉交下地政局签呈，以本省国有沙田放租放领办法，与中央最近修正颁行之公有土地管理办法第十二条规定不符，奉饬

368

由本局酌予修正呈核等因。查本省沙田系属国有土地之一，依照修正公有土地管理办法第五条规定，应由行政院指定机关管理，本省由何机关管理，未奉指定，拟先呈请迅予指定，然后由管理机关根据修正，请核示等情，并奉准如拟办理。

三、秘书处报告，奉交下会计处签呈，奉国民政府本年四月三十日处字第四三八号训令，饬知审计机关稽核各机关营缮工程费数额提高为两亿元，购置变卖财物价额提高为六千万元等因，拟先分行后报会议等情，并奉准如拟办理。

四、秘书处报告，奉交下会计处签呈，关于建设厅工业试验所奉令缓办，前经本府核定于本年五月一日结束，并分行在案。现据该所电以奉令过迟，为顾全事实起见，请将结束时间延展至五月底止等词，拟姑予照准，请核示等情，并奉准如拟办理。

五、田赋粮食管理处报告一周办理重要工作。

六、社会处报告一周办理重要工作。

七、会计处报告一周办理重要工作。

八、统计处报告一周办理重要工作。

九、人事处报告一周办理重要工作。

十、卫生处报告一周办理重要工作。

十一、地政局报告一周办理重要工作。

十二、新闻处报告一周办理重要工作。

十三、设计考核委员会报告一周办理重要工作。

讨论事项

一、主席交议，据人事处签呈，关于社会处呈拟修正该处组织规程及编制表一案，经分别酌予修正，请核示等情，请公决案。

（决议）修正通过。

二、主席交议，据财政厅签呈，为增益税收加强直营两税联系，兹参酌中央颁布一时营利事业所得税稽征办法草案，拟具本省行商营业税稽征办法草案，请核定施行等情，请公决案。

（决议）交肖委员、罗委员、黄委员范一及财政厅、会计处审查，由肖委员约集。

三、主席交议，据田赋粮食管理处签呈，兹拟议本省三十六年度田赋带征公粮及积谷定率意见，请核定等情，请公决案。

（决议）通过。

四、主席交议，据设计考核委员会签呈，兹拟具本省各区行政督察专员兼保安司令三十六年度办事成绩考核标准，请核示等情，请公决案。

（决议）通过。

五、罗委员函复，关于民政厅拟议调整本省行政督察区意见一案，奉交再行审查，经约集黄、黄、肖、詹、周各委员及民政厅李厅长会同审查完竣，谨列具意见，请公决案。

（决议）通过。

六、主席交议，据田赋粮食管理处签呈，关于省级各机关公教员工、长警、公费生、收容人等价领粮食，六月份应否继续办理，及如何扣价，请核示等情，请公决案。

（决议）照旧办理。

七、肖委员提议，关于暹罗侨胞去年发起救济祖国粮荒运动，约计捐额达暹币二千万铢，共购暹米三万三千余吨回省赈济，仁风义举，殊足矜式，拟由本府呈请中央明令褒奖，是否可行，请公决案。

（决议）通过。

八、主席交议，据会计处签呈，关于建设厅电请援案发给度量衡检定所故会计主任黄广廉殓葬费一案，计应发给殓葬费四十九万元，该款拟在本年度特别预备金项下开支，请核示等情，请公决案。

（决议）通过。

九、主席交议，据会计处签呈，关于南海县三十五年度地方岁入岁出第二次追加预算一案，经核编完竣，计岁入岁出各列五亿二千八百三十一万二千八百元，请核定等情，请公决案。

（决议）通过。

十、主席交议，据会计处签呈，关于新兴县三十五年度地方岁入岁出第二次追加预算一案，经核编完竣，计岁入岁出各列三亿三千一百三十万一千二百元，请核定等情，请公决案。

（决议）通过。

十一、主席交议，据会计处签呈，关于龙川县三十五年度地方岁入岁出第三次追加预算一案，经核编完竣，计岁入岁出各列一亿零三百九十五万六千三百元，请核定等情，请公决案。

（决议）通过。

十二、主席交议，据会计处签呈，关于高明县三十五年度地方岁入岁出第二次追加预算一案，经核编完竣，计岁入岁出各列二亿七千三百零一万九千二百元，请核定等情，请公决案。

（决议）通过。

十三、主席交议，据会计处签呈，关于梅菉管理局三十五年度地方岁入岁出第二次追加预算一案，经核编完竣，计岁入岁出各列二百五十二万七千九百元，请核定等情，请公决案。

（决议）通过。

十四、主席交议，据建设厅呈，拟派司徒廉代理农林处技正，请核示等情，请公决案。

（决议）通过。

十五、主席交议，据田赋粮食管理处代电，拟派黄超庸代理本处督导员，请核示等情，请公决案。

（决议）通过。

十六、主席交议，据地政局呈，【拟派】李国桓代理本局估计专员，请核示等情，请公决案。

（决议）通过。

十七、主席交议，据民政厅代电，拟派李飞代理省警察队第二大队大队长，请核示等情，请公决案。

（决议）通过。

十八、主席交议，据建设厅代电，拟派陈启琛代理公路处督察，请核示等情，请公决案。

（决议）通过。

十九、主席交议，据建设厅代电，拟派陈鉴成代理公路处课长，请核示等情，请公决案。

（决议）通过。

广东省政府第十届委员会
第一百一十次会议纪录

时　间	六月三日
地　点	本府会议厅

出席者　罗卓英　李扬敬　杜梅和　丘　誉　肖次尹　罗香林
　　　　　黄文山　黄范一　詹朝阳　周景臻

公出者　谢文龙　蔡劲军

告假者　姚宝猷

列席者　黄秉勋　江完白　郭汉鸣　蓝萼洲　李秋谷　谢群彬
　　　　　何　融　陈江帆　温振鹏

主　席　罗卓英

纪　录　苏旭升

主席恭读　国父遗嘱

宣读第一百零九次会议纪录。

报告事项

一、秘书处报告，关于普宁县庄河乡平林村保长吴××、副保长李××等因开沟引水纠纷事件不服普宁县政府所为之处分，向本府提起诉愿一案，经审查评议完竣，依法拟具决定书，本件诉愿驳回，并经签准如拟办理。

二、秘书处报告，奉交下人事处签呈，关于建设厅拟具本省各县（市局）电话管理所组织规程一案，经酌予修正，请核示等由，并奉准如拟办理。

三、秘书处报告，奉交下财政厅签呈，关于契税原有县市附加改为省附加税及各县市在三十五年七月一日以后，至奉令开征之日以前，已依照原附加率征收之税款，应查明解缴省库一案，经通饬遵办，现据广宁县政府等电复，该项征起税款，已支拨无存，均请免追缴，应否照准，请核示等情。经送会计处签复，本年度各县（市局）预算已不列契税附加科目，其征起契税附加，如属三十五年度部分，准免解省，如属本年度部分，应饬解省库收入，请转陈核定等情，并奉准如拟办理。

四、秘书处报告，奉交下会计处签呈，以本省三十五年度第三次追加社会处主管粮荒急赈款三亿元岁出预算，现准国民政府主计处函知本府，案经立法院通过，请查照等由，拟报会后分行，请核示等情，并奉准如拟办理。

五、秘书处报告，奉交下会计处签呈，以本省三十五年度第六次追加汕头市政府复员费五千万元岁出预算，及第八次追加教育厅主管收集散失文物经费六千万元岁出预算两案，先后准国民政府主计处函知本府，案经立法院通过，请查照等由，拟报会后分行，请核示等情，并奉准如拟办理。

六、秘书处报告，奉交下会计处签呈，以奉行政院令知，调整出差台湾省每日膳宿什费支给标准，计特任四百六十元，简任三百五十元，荐任二百六十元，委任二百元，雇员一百八十元，工役一百二十元，仍以台湾通用币计等因，拟报会后分行，请核示等情，并奉准如拟办理。

七、秘书处报告，奉交下会计处签呈，关于教育厅转据省立兴宁工业职业学校请准将三十五年度该校公费生膳食费节余一千三百六十二万元移为修建费，附缴原预算一案，拟援案姑予照准，请核示等情，并奉准如拟办理。

八、秘书处报告，奉交下会计处签呈，关于教育厅转据省立琼崖师范学校及梅州师范学校，请准将三十五年度公费生膳费节余移为各该校修建设备等费，附呈预算表一案，查琼崖师范移用公费生膳食费节余六百零三万四千二百五十二元，梅州师范七百五十九万六千元，拟援案姑予照准，请核示等情，并奉准如拟办理。

九、秘书处报告，奉交下会计处签呈，关于省文献委员会员额，前经委员会议核定，设职员十八人，公役五名，办公费照规定编列，事业费每月三百万元在案，至编制表并经由民政厅拟定，签奉核准照办，计该会俸给费特别办公费及办公费，年共需四百六十五万九千一百六十元，事业费年需三千三百万元，拟分别在本年度特别预备金科目列支，员役生活补助费月需四百八十三万元，在生活补助费科目照通案八成签拨，价领粮食由田粮处照规定标准办理，均自二月份起计算，请核示等情，并奉准如拟办理。

十、民政厅报告一周办理重要工作。

十一、财政厅报告一周办理重要工作。

十二、教育厅报告一周办理重要工作。

十三、建设厅报告一周办理重要工作。

十四、秘书处报告一周办理重要工作。

讨论事项

一、主席交议，据人事处签呈，关于建设厅公路处拟缩减工务所，设立东、南、西、北、中、琼崖六个区办事处一案，经签奉核准，兹将原拟区办事处，及本府委员会前通过该处工务所组织规程、编制表，分别修正，请核示等情，请公决案。

（决议）交周委员、肖委员、黄委员范一，会同建设厅、财政厅、会计处、人事处审查，由周委员约集。

二、主席交议，据人事处签呈，关于建设厅拟具该厅水利测量队及水利查勘队组织条例，暨编制表一案，经分别修正，请核示等情，请公决案。

（决议）修正通过。

三、主席交议，据建设厅签呈，拟照民政厅意见修正本省各县地方水利协会组织通则第十九条条文，请核示等情，请公决案。

（决议）通过。

四、主席交议，据田赋粮食管理处签呈，拟议本省三十六年度征赋划分征实征币县份意见，附具清表，请核定等情，请公决案。

五、主席交议，据田赋粮食管理处签呈，关于德庆县参议会电请核定该县征赋为征币县份一案，应否照准，请核示等情，请公决案。

以上两案合并讨论。

（决议）交杜、丘、罗、詹、黄（范一）五委员，会同田粮处、会计处审查，由杜委员约集。

六、主席交议，据会计处签呈，关于社会处转据省渔会联合会请拨发第二次会员大会经费一千九百二十五万元一案，拟议意见，请核示等情，请公决案。

（决议）补助三百万元，由财政厅筹垫。

七、主席交议，据会计处签呈，关于广东省银行呈缴该行三十六年度营业计划及概算书一案，拟议意见，请核示等情，请公决案。

（决议）通过。

八、主席交议，据会计处签呈，关于廉江县三十五年度地方岁入岁出第三次追加预算一案，经核编完竣，计岁入岁出各列一亿一千二百四十一万三千七百元，请核定等情，请公决案。

（决议）通过。

九、主席交议，据会计处签呈，关于南雄县三十五年度地方岁入岁出第二次追加预算一案，经核编完竣，计岁入岁出各列二亿三千五百二十七万元，请核定等情，请公决案。

（决议）通过。

十、主席交议，据会计处签呈，关于兴宁县三十五年度地方岁入岁出第二次追加预算一案，经核编完竣，计岁入岁出各列二亿一千二百四十二万二千三百元，请核定等情，请公决案。

（决议）通过。

十一、主席交议，据会计处签呈，关于湛江市三十五年度地方岁入岁出第三次追加预算一案，经核编完竣，计岁入岁出各列六千九百二十三万元，请核定等情，请公决案。

（决议）通过。

十二、主席交议，据会计处签呈，关于吴川县三十五年度地方岁入岁出第一次追加预算一案，经核编完竣，计岁入岁出各列六千四百七十一万一千七百元，请核定等情，请公决案。

（决议）通过。

十三、主席交议，据会计处签呈，关于阳江县三十五年度地方岁入岁出第二次追加预算一案，经核编完竣，计岁入岁出各列七亿三千八百五十一万一千九百元，请核定等情，请公决案。

（决议）通过。

十四、主席交议，据田赋粮食管理处代电，拟派黎学显代理本处督导员，请核示等情，请公决案。

（决议）通过。

十五、主席交议，据田赋粮食管理处签呈，拟派林烈昌代理储运处组长，请核示等情，请公决案。

（决议）通过。

十六、主席交议，据教育厅代电，拟派黄国俊代理本厅科长，请核示等情，请公决案。

（决议）通过。

十七、主席变议，据建设厅呈，拟派周氏代理本厅技正，请核示等情，请公决案。

（决议）通过。

十八、主席交议，据地政局代电，拟派刘元海代理本局估计专员，请核示等情，请公决案。

（决议）通过。

广东省政府第十届委员会
第一百一十一次会议纪录

时　间　六月六日

地　点　本府会议厅

出席者　罗卓英　李扬敬　杜梅和　丘　誉　肖次尹　罗香林
　　　　黄文山　詹朝阳　周景臻

公出者　谢文龙　蔡劲军

告假者　姚宝猷　黄范一

列席者　毛松年　黄秉勋　江完白　陈鸿藻　朱润深　郭汉鸣
　　　　肖蔚民　蓝尊洲　李秋谷　谢群彬　何　融

主　席　罗卓英

纪　录　苏旭升

主席恭读　国父遗嘱

宣读第一百一十次会议纪录。

报告事项

一、秘书处报告，奉交下地政局签呈，以龙川、罗定、开建三县所评定地价过低，影响书状费收入甚大，为充裕规费收入，便利业务进行起见，拟依照行政院规定土地权利书状费征收标准，将该三县书状费提高三十倍征收，请核示等情，并奉准如拟办理。

二、秘书处报告，奉交下会计处签呈，奉行政院本年五月十六日从责丁字第一八四四九号训令，本省三十四年度，第二十次追加特别预备金二百万元，及教育复员费一亿二千五百万元，合计一亿二千七百万元预算一案，奉国民政府训令，案经立法院通过，饬知照等由，拟报会后分行请核示等情，并奉准如拟办理。

三、秘书处报告，奉交下会计处签呈，关于各机关汽车司机及花匠等技术工役待遇，由三十五年八月份起，准比照警察待遇支给一案，前奉行政院节京嘉乙字第一四二七〇号代电饬知，即在各机关原预算内匀支，不另增拨，并经由府分行省级各机关遵照办理在案，现奉行政院训令，业经转奉国防最高委员会核准备案，饬知照等因，拟报会后存，请核示等情，并奉准如拟办理。

四、田赋粮食管理处报告一周办理重要工作。

五、社会处报告一周办理重要工作。

六、会计处报告一周办理重要工作。

七、统计处报告一周办理重要工作。

八、人事处报告一周办理重要工作。

九、卫生处报告一周办理重要工作。

十、地政局报告一周办理重要工作。

十一、新闻处报告一周办理重要工作。

十二、设计考核委员会报告一周办理重要工作。

十三、粤侨事业辅导委员会报告五月份办理重要工作。

十四、建设研究委员会报告五月份办理重要工作。

讨论事项

一、主席交议，据财政厅田粮处会计处会签，拟议修正本省各县（市局）公教人员及警役待遇暂行办法意见，请核示等情，请公决案。

（决议）通过。

二、主席交议，据会计处签呈，关于省参议会编送该会第一届第二次大会追加开会费岁出预算表一案，拟议意见，请核示等情，请公决案。

（决议）增拨三千万元，款在本年度特别预备金项下支付。

三、主席交议，据会计处编呈本省三十五年下半年度第二次追加地方岁入岁出预算，请核示等情，请公决案。

（决议）通过。

四、主席交议，据建设厅签呈，拟议调整省市公营事业机关技术工人待遇意见，请核示等情，请公决案。

（决议）通过。

五、主席交议，据会计处签呈，请核定本省保安官兵、公费生、收容人等主副食费，自五月份起奉令调整后之各项问题等情，请公决案。

（决议）（一）一、二项均呈请行政院追加补助，现仍暂先照院定人数发给。（二）三项七月份起照院令标准发给。（三）四项列入追加预算处理。（四）五、六项均照办。

六、主席交议，据会计处签呈，关于中国童子军广东支会报告重编童子军总检阅大会经费预算，计共二千五百万元，除前奉拨助一千万元外，余请照数补助一案，拟议意见，请核示等情，请公决案。

（决议）共准补助二千万元，余照签拟办理。

七、主席交议，据会计处签呈，关于教育厅呈请发给省立连州中学故教员周冲若殓葬费三十四万三千六百元一案，拟准照发，该款在本年度特别预备金科目开支，请核示等情，请公决案。

（决议）通过。

八、主席交议，据会计处签呈，关于防城县三十五年度地方岁入岁出第二次追加预算一案，经核编完竣，计岁入岁出各列六千五百一十八万三千六百元，请核示等情，请公决案。

（决议）通过。

九、主席交议，据会计处签呈，关于紫金县三十五年度地方岁入岁出第三次追加预算一案，经核编完竣，计岁入岁出各列三千六百二十五万二千八百元，请核示等情，请公决案。

（决议）通过。

十、主席交议，据会计处签呈，关于定安县三十五年度地方岁入岁出第二次追加预算一案，经核编完竣，计岁入岁出各列九千八百一十六万四千七百元，请核示等情，请公决案。

378

（决议）通过。

十一、主席交议，据会计处签呈，关于汕头市三十五年度地方岁入岁出第三次追加预算一案，经核编完竣，计岁入岁出各列八千三百六十万零九千四百元，请核示等情，请公决案。

（决议）通过。

十二、主席交议，据会计处签呈，关于合浦县三十五年度地方岁入岁出第一次追加预算一案，经核编完竣，计岁入岁出各列二亿三千四百七十四万二千五百元，请核定等情，请公决案。

（决议）通过。

十三、主席交议，据会计处签呈，关于广宁县三十五年度地方岁入岁出第一次追加预算一案，经核编完竣，计岁入岁出各列一亿六千八百七十三万四千八百元，请核定等情，请公决案。

（决议）通过。

十四、主席交议，据建设厅呈，拟派罗让贤代理公路处秘书，请核示等情，请公决案。

（决议）通过。

十五、主席交议，据建设厅呈，拟派谢乐文代理公路处督察，请核示等情，请公决案。

（决议）通过。

广东省政府第十届委员会
第一百一十二次会议纪录

时　间　六月十日

地　点　本府会议厅

出席者　罗卓英　李扬敬　杜梅和　姚宝猷　丘　誉　肖次尹
　　　　罗香林　黄文山　黄范一　詹朝阳　周景臻

公出者　谢文龙　蔡劲军

列席者　毛松年　黄秉勋　江完白　肖蔚民　赖希如　蓝莩洲

谢群彬　黄俊人　张恒存　李　振

主　席　罗卓英

纪　录　苏旭升

主席恭读　国父遗嘱

宣读第一百一十一次会议纪录。

报告事项

一、秘书处报告，奉交下会计处签呈，本省三十五年度第一次追加保安士兵饷项四千八百四十八万元预算一案，现准国民政府主计处函知本府，案经立法院会议通过，抄附原预算书，请查照等由，拟报会后分行，请核示等情，并奉准如拟办理。

二、秘书处报告，奉交下会计处签呈，本省三十五年度第七次追加省参议会开会不敷费二百万元，及广州市善后复员费二亿元，合计二亿零二百万元预算一案，现准国民政府主计处函知本府，案经立法院会议通过，抄附原预算书，请查照等由，拟报会后分行，请核示等情，并奉准如拟办理。

三、秘书处报告，奉交下会计处签呈，关于本省第十五届运动大会经费一案，经本府先后饬，由省银行垫借共九千五百万元（筹备费二千万元在内），财政厅筹垫二千三百二十万元，特别预备金科目垫付三千五百七十五万五千元，合计一亿五千三百九十五万五千元有案。现查该会拟编岁入预算，与岁出预算相比，尚有余额，本府当无庸补助，至上项本府饬垫借各款本息，拟饬该会在收入款内自行负责清偿，如有节余，并饬归还省银行垫借运动修葺费二千万元，仍将实际收支数目报核，请核示等情，并奉准如拟办理。

四、民政厅报告一周办理重要工作。

五、财政厅报告一周办理重要工作。

六、教育厅报告一周办理重要工作。

七、建设厅报告一周办理重要工作。

八、秘书处报告一周办理重要工作。

讨论事项

一、主席交议，据人事处签呈，关于田赋粮食管理处拟呈该处组织规程及编制表一案，经分别酌予修正，请核示等情，请公决案。

（决议）修正通过。

二、主席交议，据秘书处签呈，本府前颁广东省战时各级行政机关员役因公损失财物救济暂行办法，早因战事结束失效，兹将原办法加以修正，并将标题改为"广东省各级行政机关员役因公损失财物救济办法"，请核示等情，请公决案。

（决议）通过。

三、主席交议，据会计处签呈，关于中央政治学校粤籍学生徐新棠等十五人请援案发给津贴费一案，计共一百五十万元，款在本年度特别预备金科目拨支，请核示等情，请公决案。

（决议）通过。

四、主席交议，据会计处签呈，关于省训练团电，以于三十五年十一月，招致各地失业优秀结业学员一百名，集训一个月，派充各县市联络站副站长，在训练期间，各以委一支给薪津，款拟援案在本团三十五年下半年度经补费项下列支一案，拟准照办，请核示等情，请公决案。

（决议）通过。

五、主席交议，据会计处签呈，关于广东广西考铨处函请援例补助三十五年度高等考试粤籍及格人员梁希远等六人，赴京受训旅费，计共需款一百三十万五千元，拟在本年度特别预备金科目拨支，请核示等情，请公决案。

（决议）通过。

六、主席交议，据会计处签呈，关于陆军大学二十一期粤籍学生张绍恩等十六人呈请补助一案，兹拟议意见，请核示等情，请公决案。

（决议）通过，仍请保安司令部在经费节余项下支付。

七、主席交议，据财政厅签呈，关于本省三十五、三十六两年度田赋土地营业税划分，及筹集本年度五、六月份政费办法，经约集田粮处、会计处商定，请核示等情，请公决案。

（决议）通过。

八、主席交议，据会计处签呈，关于封川县三十五年度地方岁入岁出第二次追加预算一案，经核编完竣，计岁入岁出各列五千一百七十一万七千元，请核定等情，请公决案。

（决议）通过。

九、主席交议，据会计处签呈，关于封川县三十五年度地方岁入岁出第三次追加预算一案，经核编完竣，计岁入岁出各列八千五百五十一万三千六百元，请核定等情，请公决案。

（决议）通过。

十、主席交议，据会计处签呈，关于和平县三十五年度地方岁入岁出第二次追加预算一案，经核编完竣，计岁入岁出各列八千五百一十一万四千四百元，请核定等情，请公决案。

（决议）通过。

广东省政府第十届委员会
第一百一十三次会议纪录

时　　间　六月十三日

地　　点　本府会议厅

出席者　罗卓英　李扬敬　杜梅和　姚宝猷　丘　誉　肖次尹
　　　　罗香林　黄文山　黄范一　詹朝阳　周景臻

公出者　谢文龙　蔡劲军

出席者　黄秉勋　江完白　陈鸿藻　朱润深　郭汉鸣　蓝萼洲
　　　　谢群彬　何　融　黄俊人　温振鹏

主　　席　罗卓英

纪　　录　苏旭升

主席恭读　国父遗嘱

宣读第一百一十二次会议纪录。

报告事项

一、秘书处报告，奉交下会计处签呈，奉行政院本年五月十七日从责丙字第二〇一五三号训令，检发增加各机关三十六年度办公费办法，暨修正中央及各省文职人员特别办公费支给数额表，饬遵照并转饬遵照等因，拟报会后分行，请核示等情，并奉准如拟办理。

二、秘书处报告，奉交下会计处签呈，奉行政院本年五月二十三日从责丁字第一九六○六号通知书，本省追加三十五年度补助县市经费，三亿八千二百七十二万四千元预算一案，经奉国防最高委员会核定，饬知照等因，拟报会后分行，请核示等情，并奉准如拟办理。

三、秘书处报告，奉交下会计处签呈，奉行政院本年五月二十三日从责丙字第一九五五一号通知书，本省追加三十三年度五月至十二月份武职官兵膳食费，及生活补助费二千三百三十九万八千八百元预算一案，经奉国防最高委员会核定，饬知照等因，拟报会后分行，请核示等情，并奉准如拟办理。

四、田赋粮食管理处报告一周办理重要工作。

五、社会处报告一周办理重要工作。

六、会计处报告一周办理重要工作。

七、统计处报告一周办理重要工作。

八、人事处报告一周办理重要工作。

九、卫生处报告一周办理重要工作。

十、地政局报告一周办理重要工作。

十一、新闻处报告一周办理重要工作。

十二、设计考核委员会报告一周办理重要工作。

讨论事项

一、杜委员函复，奉交审查田粮处拟议本省三十六年度征赋划分征实征币县份意见一案，经约集丘、罗、詹、黄（范一）各委员及田粮处、会计处，会同审查完竣，谨列具意见，请公决案。

（决议）通过。

二、主席交议，据田赋粮食管理处签呈，拟具本省整理赋籍县份改订田赋科则办法，请核示等情，请公决案。

（决议）修正通过。

三、主席交议，据会计处签呈，关于茂名县三十五年度地方岁入岁出第二次追加预算一案，经核编完竣，计岁入岁出各列五千六百七十八万三千三百元，请核定等情，请公决案。

（决议）通过。

广东省政府第十届委员会
第一百一十四次会议纪录

时　间　六月十七日

地　点　本府会议厅

出席者　罗卓英　李扬敬　杜梅和　姚宝猷　肖次尹　罗香林
　　　　　黄文山　黄范一　詹朝阳　周景臻

公出者　谢文龙　丘　誉　蔡劲军

列席者　张　明　毛松年　黄秉勋　江完白　肖蔚民　蓝萼洲
　　　　　谢群彬　何　融　陈锦松　李　振

主　席　罗卓英

纪　录　苏旭升

主席恭读　国父遗嘱

宣读第一百一十三次会议纪录。

报告事项

一、秘书处报告，奉交下会计处签呈，关于省保安司令部电，以本部士兵饷项，仍照国军去年七月间待遇发给，生活特苦，迭经电请行政院予以改善，迄未核定，目前物价高涨，实有急切调整必要，请在行政院未核定前，先按国军或县警待遇拨发一案，核属需要，惟省库现感支绌，如比照国军待遇发给，计每月需二亿六千余万元，似非目前省库所可筹拨，应否先电请行政院增拨之处，请核示等情，并奉准如拟办理。

二、民政厅报告一周办理重要工作。

三、财政厅报告一周办理重要工作。

四、教育厅报告一周办理重要工作。

五、建设厅报告一周办理重要工作。

六、秘书处报告一周办理重要工作。

讨论事项

一、主席交议，据省训练团签呈，拟具本团第二十六期训练计划要点，请核示等情，请公决案。

（决议）修正通过。

二、周委员函复，奉交审查公路处拟缩减工务所，设立东、南、西、北、中、琼崖六个区办事处，并附具组织规程及编制表一案，经约集肖委员、黄委员范一及财政厅、建设厅、会计处、人事处，会同审查完竣，谨列具意见，请公决案。

（决议）通过。

三、主席交议，据训练团签呈，拟具裁撤联合训练机构，恢复各县（市局）训练所办法，附具丙种编制表，请核示等情，请公决案。

（决议）通过。

四、主席交议，据会计处签呈，关于内政部分发本省复员军官转任地方行政人员，共一百五十一人，所需赴任旅费及六月份薪饷，由本府先行垫发一案，拟均在本年度贫瘠县份补助费项下先行垫付，请核示等情，请公决案。①

五、主席交议，本省此次水灾受害区域辽阔，拟由惠济义仓租谷项下，拨出二千市担办理急赈，请公决案。

（决议）通过。

六、主席交议，据民政厅代电，拟派陈师尹代理本厅视察，请核示等情，请公决案。

（决议）通过。

七、主席交议，据建设厅呈，拟派崔天相代理公路处督察，请核示等情，请公决案。

（决议）通过。

八、主席交议，据田赋粮食管理处代电，拟派彭肇衡代理本处科长，请核示等情，请公决案。

（决议）通过。

九、主席交议，据建设厅呈，拟派陈锦松代理公路处处长，请核示等情，请公决案。

（决议）通过。

---

① 原文缺"决议"内容。

十、主席交议，据建设厅呈，拟派张耀秋代理度量衡检定所所长，请核示等情，请公决案。

（决议）通过。

广东省政府第十届委员会
第一百一十五次会议纪录

时　　间　六月二十日

地　　点　本府会议厅

出席者　罗卓英　李扬敬　杜梅和　姚宝猷　丘　誉　肖次尹
　　　　　罗香林　黄文山　黄范一　詹朝阳　周景臻

公出者　谢文龙　蔡劲军

列席者　毛松年　黄秉勋　江完白　陈鸿藻　朱润深　郭汉鸣
　　　　　赖希如　蓝萼洲　谢群彬　黄俊人　陈江帆

主　　席　罗卓英

纪　　录　苏旭升

宣读第一百一十四次会议纪录。

报告事项

一、秘书处报告，奉交下会计处签呈，奉行政院已曷从责丁电，以本省三十六年度总预算，业经院会通过，员额部分，核定文职六千三百人，武职一千六百二十人，长警一千零九十八人，工役二千二百五十名。生活补助费系照三十五年八月份标准列入预算，所有十二月份调整增加数，应另增拨。计三十六年一至十二月份，共计增拨四十九亿四千零五十二万元，除饬财部扣除已拨借数，并分月提前拨发外，特电知照等因，拟报会后分行，并请中央，将田粮储运机构员役部分应增拨补助费，计算增拨，请核示等情，并奉准如拟办理。

二、秘书处报告，奉交下会计处签呈，先后奉行政院及广州行辕令知，自三十六年五月份起，调整国内出差每日膳宿什费分区支给标准，所有调整增加之数，仍在各机关原经费及追加预算内匀支等因，拟报会

386

后分行，请核示等情，并奉准如拟办理。

三、秘书处报告，关于广东省立商业学校坦地承租填筑地权人陈××等，因租地纠纷事件，不服省立岭东高级商业职业学校校产整理委员会所为之处分，向本府提起诉愿一案，经审查评议完竣，依法拟具决定书，本件诉愿驳回，并经签准如拟办理。

四、秘书处报告，关于广东省政府建设厅水利测量队及水利查勘队组织条例，暨编制表一案，前经第一一〇次会议通过在案，查组织条例与现行法规整理原则规定不符，经签请核准分别改为组织规则。

五、田赋粮食管理处报告一周办理重要工作。

六、社会处报告一周办理重要工作。

七、会计处报告一周办理重要工作。

八、统计处报告一周办理重要工作。

九、人事处报告一周办理重要工作。

十、卫生处报告一周办理重要工作。

十一、地政局报告一周办理重要工作。

十二、新闻处报告一周办理重要工作。

十三、设计考核委员会报告一周办理重要工作。

讨论事项

一、主席交议，据粤侨事业辅导委员会签呈，关于省参议会拟送广东省政府奖助华侨投资兴办本省实业办法一案，经由秘书处酌予修正，请核示等情，请公决案。

（决议）修正通过。

二、主席交议，据会计处签呈，拟议自本年七月份起，调整各县（市局）及所属机关办公费意见，请核示等情，请公决案。

（决议）通过。

广东省政府第十届委员会
第一百一十六次会议纪录

时　　间　六月二十七日
地　　点　本府会议厅
出席者　罗卓英　李扬敬　杜梅和　姚宝猷　丘　誉　罗香林
　　　　黄文山　黄范一　詹朝阳
公出者　肖次尹　蔡劲军　周景臻
告假者　谢文龙
列席者　李东星　毛松年　黄秉勋　江完白　朱润深　郭汉鸣
　　　　肖蔚民　赖希如　蓝蕈洲　谢群彬
主　　席　罗卓英
纪　　录　苏旭升
宣读第一百一十五次会议纪录。

报告事项

一、秘书处报告，奉行政院本年六月十日从辰字第二二二五五号训令，抄发联合国各组织及人员在华应享受之特权及豁免办法，饬遵照并转饬所属遵照等因，经签准报会后通饬遵照。

二、田赋粮食管理处报告一周办理重要工作。

三、社会处报告一周办理重要工作。

四、会计处报告一周办理重要工作。

五、统计处报告一周办理重要工作。

六、人事处报告一周办理重要工作。

七、卫生处报告一周办理重要工作。

八、地政局报告一周办理重要工作。

九、新闻处报告一周办理重要工作。

十、设计考核委员会报告一周办理重要工作。

讨论事项

一、主席交议，据田赋粮食管理处签呈，关于提售省粮，维持本年度五、六月政费一案，拟议意见，请核示等情，请公决案。

（决议）就存粮（十二万七千余市石）尽速筹足一百亿，以应急用。

二、主席交议，据民政厅签呈，拟修正本省肃清烟毒纵横联保连坐办法，第十一条第一款及第二款，请核示等情，请公决案。

（决议）通过。

三、主席交议，据财政厅签呈，奉交审查会计处拟具调整省级各机关生活补助费核发原则一案，经约集各机关会同审查完竣，谨列具意见，请核示等情，请公决案。

（决议）照审查意见通过。一、四两项，推定黄（文山）、罗、詹三委员，会同会计处、人事处研拟办法，由黄委员约集。

四、肖委员函复，奉交审查财政厅拟订本省行商营业税稽征办法一案，经约集罗委员、黄委员（范一）及财政厅、会计处，会同审查完竣，谨列具意见，请公决案。

（决议）通过。

五、主席交议，据教育厅签呈，拟具省立中学公费生审查办法，请核示等情，请公决案。

（决议）照秘书处会计处签拟意见通过。

六、主席交议，据会计处签呈，关于新闻处电，以该处六、七、八月租金，因物价高涨经再调整，计每月增加五十万元，三个月共增加一百五十万元，请追加拨付一案，拟援案办理，款在本年度特别预备金项下垫付，请核定等情，请公决案。

（决议）通过。

七、主席交议，据会计处签呈，关于招锡海妻黄氏一胎四孩三十六年度教养费，前经本府核定每月补助五万元，现据呈以目前物价高涨，请由四月份起增加四十五万元，俾维生活一案，如何核拨，请核示等情，请公决案。

（决议）准予增拨。

八、主席交议，据会计处签呈，关于卫生处呈请拨发曲江乡村妇婴卫生实验室迁移费九十五万元一案，拟议意见，请核示等情，请公决案。

（决议）通过。

九、主席交议，据会计处签呈，关于建设厅呈转长途电话所编缴拆收兴宁至龙川前十二集团军话线工程计划预算，请拨款四百万元办理一案，拟议意见，请核示等情，请公决案。

（决议）拨县使用。

十、主席交议，据会计处签呈，关于秘书处编呈设考会赖委员希如及新闻处肖处长蔚民奉派赴京公干旅费预算，计共四百九十八万三千元，除前奉拨四百万元外，余请追拨一案，该款拟在本年度特别预备金项下拨支，请核示等情，请公决案。

（决议）通过。

十一、主席交议，据会计处签呈，关于第八区专员兼保安司令林荫根电请拨发押解犯员夏秀峰赴省旅费一百万元一案，该款拟在本年度特别预备金项下拨支，请核示等情，请公决案。

（决议）通过。

十二、主席交议，据会计处签呈，关于财政厅编呈该厅杜厅长出巡中区各县视导财政旅费预算，计共列支六百六十万二千一百元，请拨还归垫一案，该款拟在本年度政务视导团经费项下拨支，请核示等情，请公决案。

（决议）通过。

十三、主席交议，关于省渔会联合会呈请增加补助该会第二次大会经费一案，经准再补助二百万元，该款已饬据会计处签拟，由财政厅筹垫，并准予照办，请追认案。

（决议）追认。

十四、主席交议，据会计处签呈，关于廉江县三十六年度地方岁入岁出第一次追加预算一案，经核编完竣，计岁入岁出各列六千一百八十二万一千元，请核定等情，请公决案。

（决议）通过。

十五、主席交议，据会计处签呈，关于博罗县三十五年度地方岁入岁出第二次追加预算一案，经核编完竣，计岁入岁出各列八百一十六万二千六百元，请核定等情，请公决案。

（决议）通过。

十六、主席交议，据会计处签呈，关于新会县三十五年度地方岁入岁出第三次追加预算一案，经核编完竣，计岁入岁出各列一千九百二十五万八千二百元，请核定等情，请公决案。

（决议）通过。

十七、主席交议，据会计处签呈，关于临高县三十五年度地方岁入岁出第一次追加预算一案，经核编完竣，计岁入岁出各列六千二百八十五万二千九百元，请核定等情，请公决案。

（决议）通过。

十八、主席交议，据会计处签呈，关于茂名县三十五年度地方岁入岁出第三次追加预算一案，经核编完竣，计岁入岁出各列七千零九十八万四千一百元，请核定等情，请公决案。

（决议）通过。

广东省政府第十届委员会
第一百一十七次会议纪录

时　间　七月四日

地　点　本府会议厅

出席者　罗卓英　李扬敬　杜梅和　姚宝猷　丘　誉　肖次尹
　　　　罗香林　黄文山　黄范一

公出者　蔡劲军　詹朝阳　周景臻

告假者　谢文龙

列席者　张　明　毛松年　黄秉勋　江完白　朱润深　李国俊
　　　　赖希如　蓝萼洲　陈锦松　阳心如　黄俊人　李　振
　　　　吴煜堂　陈江帆

主　席　罗卓英

纪　录　苏旭升

宣读第一百一十六次会议纪录。

报告事项

一、秘书处报告，奉交下会计处签呈，据先烈钟明光遗族钟英发呈，请援案发给钟烈士年祭祀费一十万元一案，拟予照发，款在本年度抚恤费科目开支，请核示等情，并奉准如拟办理。

二、秘书处报告，奉交下会计处签呈，关于建设厅转据公路处呈，以该处三十五年度公路保养基金预算，护路队服装费一项，原列一千一百四十四万元，现实支一千二百零九万四千九百五十元，计不敷六十五万四千九百五十元，拟在同年度基金预算预备费项下请款开支，除将该处编具服装费支付预算书分行查照外，谨转请核示一案，拟报会后分行，请核定等情，并奉准如拟办理。

三、秘书处报告，奉交下会计处签呈，关于乳源县政府垫付美空军迫降人员招待及护送费用，共九万五千元一案，该款经先在三十五年度省预算预备金项下垫付，并迳电空军总司令部转知有关机关拨还，现准一再电复，嘱迳向美方驻华机关洽还，为了悬案，该项垫款拟准在原垫付科目作正报支，请核示等情，奉准如拟办理。

四、秘书处报告，奉交下会计处签呈，以奉行政院本年六月十七日从责丁字第二三三八九号训令，本省三十五年度第九次追加农林处畜疫防疗所修葺费三十五万零六百元预算，业经立法院通过，饬知照等因，拟报会后分行，请核示等情，并奉准如拟办理。

五、秘书处报告，奉交下建设厅签呈，据公路处呈，以养路费入不敷支，且迩来物价高涨，抢修桥梁需款极巨，为因应目前情形，拟自七月份起将养路费调整，计货车每吨公里收（四百）元，大客车每车公里收（六百）元，中客车每车公里收（四百）元，营业小客车每车公里收（二百）元，请核准一案，查属需要，拟予照准，请核示等情，并奉准如拟办理。

六、田赋粮食管理处报告一周办理重要工作。

七、社会处报告一周办理重要工作。

八、会计处报告一周办理重要工作。

九、统计处报告一周办理重要工作。

十、人事处报告一周办理重要工作。

十一、卫生处报告一周办理重要工作。

十二、地政局报告一周办理重要工作。

十三、新闻处报告一周办理重要工作。

十四、设计考核委员会报告一周办理重要工作。

十五、粤侨事业辅导委员会报告六月份办理重要工作。

十六、建设研究委员会报告六月份办理重要工作。

讨论事项

一、主席交议，据会计处签呈，奉行政院核定，本省三十六年度地方岁入岁出总预算，饬遵照等因，兹拟议奉行意见，请核示等情，请公决案。

（决议）（一）省有营业盈余及事业收入照院核定数一十六亿元分配，省银行七亿元，实业公司七亿元，士敏土厂二亿元。（二）统计处经临费遵照行政院专案办理。（三）新闻处事业费照院核定数列，公报印刷费另核拨。（四）粤侨事业辅导委员会事业费减为五千万元。（五）禁烟临时费及县市行政区域会临时费，均照院核定数列。（六）推行国语教育经费减为二亿八千万元。（七）省校教职员奖金增列为三千万元，优良小学教员奖金增列为一千九百六十万元。（八）余照签拟通过。

二、主席交议，据会计处签呈，关于省训练团及警训所受训员警主副食费，奉行政院电比照公费生办理。兹拟议意见，请核示等情，请公决案。

（决议）第一项五、六月份照发，第二项五、六月份补发数，准在新兴事业费先行垫支，余照签拟办理。

三、主席交议，据建设厅呈转公路处拟具该处琼崖区办事处收支程序暂行规则，请核示等情，请公决案。

（决议）修正通过。

四、主席交议，据会计处签呈，拟议自本年五月份起，调整连南、乐东、保亭、白沙四县员役待遇意见，请核示等情，请公决案。

（决议）通过。

五、主席交议，据秘书处签呈，关于南海县俊云溪乡、沙水、沙滘、劳边等村族长刘××等因开沟引水纠纷事件，不服南海县处分，提起诉愿一案，经审查评议完竣，依法拟具决定书，本件原处分撤销，请核示等情，请公决案。

（决议）通过。

六、主席交议，据田赋粮食管理处签呈，省级各机关公教员工、长警、公费生、收容人等价领粮食，七月份仍否继续办理，请核示等情，请公决案。

（决议）继续办理。

七、主席交议，据会计处签呈，拟自本年五月份起，调整省参议会人员交通费，计五至十二月，共应增拨四千七百七十三万二千元，款在本年度第一预备金科目拨支，请核示等情，请公决案。

（决议）通过。

八、主席交议，据会计处签呈，本年度生活补助费科目不敷因应，关于省训练团及各区专保公署武职人员膳食费，拟自七月份起停发，请核示等情，请公决案。

（决议）通过。

九、主席交议，据会计处签呈，关于广东全省水灾紧急救济委员会函请拨助该会经费一千万元，拟议意见，请核示等情，请公决案。

（决议）通过。

十、略。

十一、主席交议，据会计处签呈，关于平远县三十五年度地方岁入岁出第二次追加预算一案，经核编完竣，计岁入岁出各列九千七百二十六万四千元，请核定等情，请公决案。

（决议）通过。

十二、主席交议，据会计处签呈，关于南雄县三十五年度地方岁入岁出第三次追加预算一案，经核编完竣，计岁入岁出各列一千零六十万七千八百元，请核定等情，请公决案。

（决议）通过。

十三、主席交议，据会计处签呈，关于顺德县三十五年度地方岁入岁出第三次追加预算一案，经核编完竣，计岁入岁出各列五千七百六十九万九千四百元，请核定等情，请公决案。

（决议）通过。

十四、主席交议，据会计处签呈，关于乐昌县三十五年度地方岁入岁出第二次追加预算一案，经核编完竣，计岁入岁出各列三千二百零九万八千九百元，请核定等情，请公决案。

（决议）通过。

十五、主席交议，据会计处签呈，关于连山县三十五年度地方岁入岁出第三次追加预算一案，经核编完竣，计岁入岁出各列一千六百四十一万零二百元，请核定等情，请公决案。

（决议）通过。

十六、主席交议，据会计处签呈，关于梅县三十五年度地方岁入岁出第二次追加预算一案，经核编完竣，计岁入岁出各列三千一百九十九万三千七百元，请核定等情，请公决案。

（决议）通过。

十七、主席交议，据会计处签呈，关于蕉岭县三十五年度地方岁入岁出第二次追加预算一案，经核编完竣，计岁入岁出各列五千零四十九万七千六百元，请核定等情，请公决案。

（决议）通过。

十八、主席交议，据会计处签呈，关于琼山县三十五年度地方岁入岁出第一次追加预算一案，经核编完竣，计岁入岁出各列四亿零三百零八万一千六百元，请核定等情，请公决案。

（决议）通过。

十九、主席交议，据民政厅代电，拟派李次民代理本厅视察，请核示等情，请公决案。

（决议）通过。

二十、主席交议，据卫生处代电，拟派何士光代理省立第三医院医师，请核示等情，请公决案。

（决议）通过。

二十一、主席交议，据地政局呈，拟派何国庆代理本局估计专员，请核示等情，请公决案。

（决议）通过。

广东省政府第十届委员会
第一百一十八次会议纪录

时　间　七月八日

地　点　本府会议厅

出席者　罗卓英　李扬敬　杜梅和　姚宝猷　谢文龙　丘　誉
　　　　肖次尹　罗香林　黄文山　黄范一

公出者　蔡劲军　詹朝阳　周景臻

列席者　陈　沛　张　明　毛松年　黄秉勋　江完白　郭汉鸣
　　　　肖蔚民　赖希如　蓝尊洲　黄俊人　林猷钊　吴煜堂
　　　　阳心如

主　席　罗卓英

纪　录　苏旭升

宣读第一百一十七次会议纪录。

报告事项

一、秘书处报告，关于南海县人民周××因广州市陈塘南××号屋业纠纷事件不服广州市土地纠纷仲裁委员会仲裁，向本府提起诉愿一案，经审查评议完竣，依法拟具决定书，本件诉愿驳回，并经签准如拟办理。

二、秘书处报告，奉交下建设厅签呈，据公路处呈以近来物价高涨，行车成本增高，拟根据目前各项运价指数计算，调整汽车客货运价，计客运每客公里二百六十元，货运每吨公里二千三百四十元，请核示一案，查属实情，拟予照准，请核定等情，并奉准如拟办理。

三、秘书处报告，奉交下人事处签呈，准社会部本年六月七日京福五字第三二七七一号代电，以贵省社会处救济院组织规程及编制表一案，经由本部酌予修正，应准备查，请查照等由，拟报会后分行，请核示等情，并奉准如拟办理。

四、秘书处报告，奉交下人事处签呈，准社会部本年五月三十日都机一字第二二四六号咨，该省社会处请修正该处组织规程一案，经由本部酌予修正，呈奉国民政府，本年五月十七日处字第八三〇号指令，准予备案，相应抄送原修正规程一份，咨请查照等由，拟报会后分行，请核示等情，并奉准如拟办理。

五、秘书处报告，奉交下会计处签呈，奉行政院本年六月十七日四防字第二三三一八号训令，以民众自卫队各级队副待遇，可分别比照县警察局督察长、科长、督察员、所长、巡官，并斟酌地方财力与生活费程度，自行酌定，饬知照等因，拟报会后分行，请核示等情，并奉准如拟办理。

六、秘书处报告，奉交下会计处签呈，奉行政院本年六月十四日从责丁字第二三〇一五号训令，以本省三十五年下半年度地方岁入岁出总预算，经奉国民政府核准，饬遵照等因，拟报会后分行，请核示等情，并奉准如拟办理。

七、秘书处报告，奉行政院本年六月九日从日字第二二〇六五号训令，为"接收专用电台步骤"延缓一年实施，饬知照等因，经签准报会后分行。

八、秘书处报告，奉交下会计处签呈，奉行政院本年六月十日从责丁字第二二二二六号训令，准主计处函，为嗣后各部会署拨发省市各机关补助专款，除通知支用机关外，并同时通知省市政府，以便办理追加预算一案，转饬遵照等因，拟报会后分行，请核示等情，并奉准如拟办理。

九、秘书处报告，奉交下会计处签呈，奉行政院先后训令，以本省三十四年度，第十六次追加补助县级公粮费四千六百一十二万五千元预算，及三十五年度第二次追加粤境台籍军民运送费八千万元预算两案，经立法院会议先后通过，饬知照等因，拟报会后分行，请核示等情，并奉准如拟办理。

十、民政厅报告一周办理重要工作。

十一、财政厅报告一周办理重要工作。

十二、教育厅报告一周办理重要工作。

十三、建设厅报告一周办理重要工作。

十四、秘书处报告一周办理重要工作。

讨论事项

一、黄委员文山函复，奉交审查调整省级各机关生活补助费案之审查意见，第一、四两项一案，经约集罗委员、詹委员及人事处、会计处，会同审查完竣，谨列具意见，请公决案。

（决议）（一）设考会等机关，在各厅及秘书处支领薪俸生活补助费人员共五十六人，照案以月薪平均一百七十元，计算生活补助费拨各机关，应由各机关将各员实支薪额列报，如有不敷，另行核拨。（二）各院校共减职员六十人，由教育厅统筹分配报府。（三）粤侨事业辅导委员会所属马坝、龙坪、走马坪三垦区及南华林场四单位之员役，缩减半数，由侨辅会统筹分配报府。（四）农林处增加小麦什粮生产职员二人，公役五名减列。（五）农林处所属天蚕试验场，乐昌及西江蚕桑改良场，东西北区林业促进指导区，滑水山森林管理处，东陂酒壶岭牧场，南路堆肥菌种培养室等机关由建设厅查明实际情形，拟议呈核办理。（六）各区电台职员均减为四人。（七）新生活运动会由社会处查明拟议呈核。（八）省训练团及长途电话所减役较多，可酌将（三）、（四）、（五）、（七）项各机关减出之役数，分配该团所。（九）被缩减人员如无法另派工作者，应照下列办法发给遣散费：在职未满六个月者发一个月薪俸及生活补助费，六个月以上至一年未满者发二个月，一年以上者【发】三个月。上项人员均以曾经上级主管机关核派，或登记有案者为限。（十）本案不敷支出之二十八亿元，连同所需遣散费，应就沙田收入及士敏土厂、纺织厂、省银行各核增解库数，编列追加岁入预算，以资弥补。（十一）余照审查意见通过。

二、主席交议，据人事处签呈，关于社会处拟具该处社会服务总站组织规程，及编制表一案，经分别酌予修正，请核示等情，请公决案。

（决议）修正通过。

三、主席交议，据田赋粮食管理处签呈，拟将本省三十五年度以前历年征借尾欠，自本年七月一日起一律停收，请核示等情，请公决案。

（决议）通过。

四、主席交议，据教育厅签呈，省立法商、文理两学院及海事、体育两专科学校三十六年度上学期各须增衔接班，所增职教员及公役生活补助费，请另案拨款办理等情，请公决案。

（决议）保留。

五、主席交议，据会计处签呈，关于省医师公会筹备会呈，以定期举行会员大会，请拨助开会费一案，拟援案准予补助三百万元，款在本年度第二预备金科目开支，请核示等情，请公决案。

（决议）通过。

六、主席交议，据会计处签呈，关于中央分发本省任用之转业军官潘家麟呈有学员曾水源因病逝世，请发给殓葬费一案，查该员在候职期间病故，情殊可悯，拟酌给殓葬费五十万元，款在本年度第二预备金科目开支，请核示等情，请公决案。

（决议）通过。

七、主席交议，据会计处签呈，关于民政厅签请拨发该厅科长詹谦益赴京受训旅费一百五十万四千元一案，拟准在本年度第二预备金科目开支，请核示等情，经准予照办，请追认案。

（决议）追认。

八、主席交议，据中央各军事学校毕业生驻广东省事业辅导委员会，及调查处广东通讯处报告，请补助母校二十三周年纪念大会经费五十万元等情，已饬据会计处签拟，准予在本年度第二预备金科目开支，并准予照办，请追认案。

（决议）追认。

九、主席交议，据会计处签呈，关于广州市三十六年度地方岁入岁出第一次追加预算一案，经核编完竣，计岁入岁出各列十二亿三千万元，请核定等情，请公决案。

（决议）通过。

十、主席交议，据会计处签呈，关于增城县三十五年度地方岁入岁出追加预算一案，经核编完竣，计岁入岁出各列二亿八千零六十七万五千七百元，请核示等情，请公决案。

（决议）通过。

十一、主席交议，据会计处签呈，关于信宜县三十五年度地方岁入岁出第二次追加预算一案，经核编完竣，计岁入岁出各列一亿四千二百九十七万二千七百元，请核定等情，请公决案。

（决议）通过。

十二、主席交议，据会计处签呈，关于曲江县三十五年度地方岁入岁出第一次追加预算一案，经核编完竣，计岁入岁出各列三亿四千八百二十七万一千六百元，请核定等情，请公决案。

（决议）通过。

十三、主席交议，据会计处签呈，关于惠阳县三十五年度地方岁入岁出第三次追加预算一案，经核编完竣，计岁入岁出各列一千三百八十九万一千四百元，请核定等情，请公决案。

（决议）通过。

十四、主席交议，据会计处签呈，关于南山管理局三十五年度地方岁入岁出第三次追加预算一案，经核编完竣，计岁入岁出各列一千七百万七千一百元，请核定等情，请公决案。

（决议）通过。

十五、主席交议，据会计处签呈，关于鹤山县三十五年度地方岁入岁出第三次追加预算一案，经核编完竣，计岁入岁出各列五千三百四十七万六千七百元，请核定等情，请公决案。

（决议）通过。

十六、主席交议，据会计处签呈，关于茂名县三十五年度地方岁出岁出第四次追加预算一案，经核编完竣，计岁入岁出各列二百三十一万六千九百元，请核定等情，请公决案。

（决议）通过。

十七、主席交议，据民政厅长李扬敬签呈，高要县长邓澂涛因病呈请辞职，拟予照准，遗缺拟派周乃芬代理，请核示等情，请公决案。

（决议）通过。

广东省政府第十届委员会
第一百一十九次会议纪录

时　间　七月十一日
地　点　本府会议厅

出席者	罗卓英	李扬敬	杜梅和	姚宝猷	谢文龙	丘　誉
	罗香林	黄文山	黄范一			
公出者	蔡劲军	詹朝阳	周景臻			
告假者	肖次尹					
列席者	陈　沛	张　明	毛松年	黄秉勋	江完白	朱润深
	郭汉鸣	肖蔚民	赖希如	蓝萼洲	黄俊人	刘禹轮
主　席	罗卓英					
纪　录	苏旭升					

宣读第一百一十八次会议纪录。

报告事项

一、秘书处报告，关于开平县东山乡人民谭××、谭××因芋地岭等处学田纠纷事件不服第一区行政督察专员兼保安司令公署，批饬将田交还台山县政府办理之处分，向本府提起诉愿一案，经审查评议完竣，依法拟具决定书，本件诉愿驳回，并经签准如拟办理。

二、秘书处报告，奉交下建设厅签呈，以奉行政院代电，据外交部议复，广东造纸厂在交涉拆迁期间，由我方实行接管，暂租日方继续使用，应准照办，至该厂应否拆迁，抑变卖，应由外交部洽办，并研拟具报饬知照等因，兹拟：（一）电请行政院，速饬我国出席远东委员会代表提出专案，责成日方将现有该纸厂设备全部搬运广州安装归还。（二）电外交部在远东委员会未决定以前，暂不可接管，以免日方推诿搬运责任，请核示等情，并奉准如拟办理。

三、秘书处报告，奉交下会计处签呈，关于秘书处呈请援例发给该处故员何作熊殓葬费，及从优给恤一案，计应发给殓葬费九十万元，款拟在本年度第二预备金项下开支，至请给恤一节，拟饬填具请恤事实表再呈核办，请核示等情，并奉准如拟办理。

四、秘书处报告，奉交下设计考核委员会签呈，关于民政厅呈，以奉行政院电，饬将肃清烟毒列为省市政府三十六年度中心工作计划等因，经遵照前颁三十六年度编造办法补编完竣，并附缴肃清烟毒中心工作计划，请核转一案，查所编各节尚属洽当，拟并同本府本年度修正工作计划呈院核备，请核示等情，并奉准如拟办理。

五、秘书处报告，奉交下会计处签呈，关于第一区行政督察专员兼保安司令公署前请清发三十二及三十三暨三十四年度未拨囚粮费，一十八万五千三百八十九元一案，当经电请行政院，准予在三十六年度特别预备金科目清拨，现奉核定，该款应在三十六年度省总预算第二预备金内动支，饬遵照等因，拟遵照办理并报会后分行，请核示等情；并准如拟办理。

六、田赋粮食管理处报告一周办理重要工作。

七、社会处报告一周办理重要工作。

八、会计处报告一周办理重要工作。

九、统计处报告一周办理重要工作。

十、人事处报告一周办理重要工作。

十一、卫生处报告一周办理重要工作。

十二、地政局报告一周办理重要工作。

十三、新闻处报告一周办理重要工作。

十四、设计考核委员会报告一周办理重要工作。

讨论事项

一、主席交议，据田赋粮食管理处签呈，本府前颁广东省战时山林湖荡池塘宅地赋税征收办法，及广东省各县不产稻谷地区田赋改征实物及折价缴纳暂行办法两种，未尽适用，经合并改订为广东省山林湖荡池塘宅地及不产稻谷地区赋税征收办法，请核示等情，请公决案。

（决议）通过。

二、主席交议，据地政局签呈，拟具广东省沙田所有权登记证明文件审查办法草案，请核定施行等情，请公决案。

（决议）交杜、罗、黄（文山）三委员会同财政厅、秘书处、田粮处、地政局审查，由杜委员约集。

三、主席交议，据民政厅签呈，拟具广东省兵役协会组织规程，及广东省各县（市局）兵役协会组织规程两种，请核示等情，请公决案。

（决议）修正通过。

四、主席交议，据会计处签呈，关于省训练团前向本府借用二亿元，以垫付复员军官转业学员赴任旅费，并请准予补助一案，经由府再电国防部核拨，现准电复歉难照办等由，拟议意见，请核示等情，请公决案。

（决议）在预备金项下开支，余款返纳。

五、主席交议，据会计处签呈，关于化县三十五年度地方岁入岁出第三次追加预算一案，经核编完竣，计岁入岁出各列四千五百六十九万二千五百元，请核定等情，请公决案。

（决议）通过。

六、主席交议，据会计处签呈，关于连南县三十六年度地方岁入岁出第一次追加预算一案，经核编完竣，计岁入岁出各列三百八十二万二千五百元，请核定等情，请公决案。

（决议）通过。

七、主席交议，据会计处签呈，关于大埔县三十五年度地方岁入岁出第三次追加预算一案，经核编完竣，计岁入岁出各列一百九十二万零一百元，请核定等情，请公决案。

（决议）通过。

八、主席交议，据会计处签呈，关于河源县三十五年度地方岁入岁出第二次追加预算一案，经核编完竣，计岁入岁出各列一亿七千八百六十七万二千元，请核定等情，请公决案。

（决议）通过。

九、主席交议，据会计处签呈，关于惠来县三十五年度地方岁入岁出第三次追加预算一案，经核编完竣，计岁入岁出各列三百三十六万四千三百元，请核定等情，请公决案。

（决议）通过。

十、主席交议，据会计处签呈，关于澄迈县三十五年度地方岁入岁出第一次追加预算一案，经核编完竣，计岁入岁出各列一亿二千五百六十四万一千八百元，请核定等情，请公决案。

（决议）通过。

十一、主席交议，据民政厅长李扬敬签呈，英德县长邓克一迭请辞职，拟予照准，遗缺拟派郑干芬代理，请核示等情，请公决案。

（决议）通过。

广东省政府第十届委员会
第一百二十次会议纪录

时　　间　七月十五日

地　　点　本府会议厅

出席者　罗卓英　李扬敬　杜梅和　姚宝猷　谢文龙　罗香林
　　　　黄文山　黄范一

公出者　丘　誉　蔡劲军　詹朝阳　周景臻

告假者　肖次尹

列席者　张　明　毛松年　黄秉勋　江完白　郭汉鸣　肖蔚民
　　　　赖希如　蓝尊洲　黄俊人

主　　席　罗卓英

纪　　录　苏旭升

宣读第一百一十九次会议纪录。

报告事项

一、秘书处报告，奉交下建设厅签呈，据长途电话所电，以近来物价高涨，为维持业务起见，拟自本年七月十日起，将每次电话费，照现价一千元酌增收至三千元，及派送传呼专力销号等费，一律照现价四百元增收至一千元，以资弥补，请核准前来，查属需要，拟准照办，请核示等情，并奉准如拟办理。

二、秘书处报告，奉交下会计处签呈，奉行政院本年六月三十日会四字第二五二二八号训令，以本省三十四年度第十次追加保安团队三十三、三十四年度食盐领款、防空官兵副食费、士兵饷项等，共一亿八千八百五十二万一千五百二十五元，公费生副食费四千五百三十一万五千元，生活补助费支出四亿三千五百七十三万元，合计六亿六千九百五十六万六千五百二十五元预算，及三十四年度第十一次追加文职机关特别办公费七百零六万四千四百元预算两案，经立法院会议通过，饬知照等因，拟报会后分行，请核示等情，并奉准如拟办理。

三、秘书处报告，奉行政院本年七月五日四防字第二六三〇一号训令，以奉国民政府，抄发国府委员会第六次国务会议通过，励行全国总动员以贯彻和平建国方针案，转仰遵照办理等因，经签准报会后分行。

四、秘书处报告，奉交下会计处签呈，关于建设厅工业试验所呈，请依照通案，核拨该所本年五月份应增领特别办公费一十九万元一案，应否准在本年度第二预备金科目拨支，请核示等情，并奉准如拟办理。

五、民政厅报告一周办理重要工作。

六、财政厅报告一周办理重要工作。

七、教育厅报告一周办理重要工作。

八、建设厅报告一周办理重要工作。

九、秘书处报告一周办理重要工作。

讨论事项

一、主席交议，据设计考核委员会签呈，本省各县（市局）长三十六年度工作成绩百分比总标准，经约集本府有关机关会商订定，请核示等情，请公决案。

（决议）修正通过。

二、主席交议，据秘书处签呈，关于从化县神冈村代表利××等因神冈墟土地纠纷事件不服从化县政府处分，提起诉愿一案，经审查评议完竣，依法投具决定书，本件原处分撤销，请核示等情，请公决案。

（决议）通过。

三、主席交议，据田赋粮食管理处签呈，拟分区统印本年度田赋串票，请由最近变卖省粮一百亿元项下，先行垫借十亿元办理，请核示等情，请公决案。

（决议）改用制板分发各县市局自行印制应用，经费由中央省县（市局）分担。

四、主席交议，据会计处签呈，关于第二区专员兼保安司令沈秉强电，以派副司令及参谋等，指挥会剿曲江、乐昌、始兴、仁化等县匪患，请拨旅什费共三百四十六万元办理一案，拟准在本年度第二预备金项下拨支，请核示等情，请公决案。

（决议）通过。

五、主席交议，据会计处签呈，关于省训练团呈，以月来霪雨连绵，山水暴发，本团房屋被推毁多栋，请拨款修缮一案，经奉批准发六千万元，该款拟在本年度新兴事业费项下拨支，请核示等情，请公决案。

（决议）通过。

六、主席交议，据会计处签呈，拟议在省预算第一及第二预备金，暨新兴事业费科目动支，各项经临费应提会核定数额意见，请核示等情，请公决案。

（决议）通过。

七、主席交议，据会计处签呈，关于社会处呈请核发该处育幼院第三分院故事务主任吴宗杰殓葬费一案，计应发一百一十五万六千元，款拟在本年度第二预备金科目开支，请核示等情，请公决案。

（决议）通过。

八、主席交议，据会计处签呈，关于潮阳县三十五年度地方岁入岁出第二次追加预算一案，经核编完竣，计岁入岁出各列四亿一千八百九十七万九千五百元，请核定等情，请公决案。

（决议）通过。

九、主席交议，据会计处签呈，关于陵水县三十五年度地方岁入岁出第二次追加预算一案，经核编完竣，计岁入岁出各列六千一百七十九万五千元，请核定等情，请公决案。

（决议）通过。

十、主席交议，据会计处签呈，关于三水县三十五年度地方岁入岁出第三次追加预算一案，经核编完竣，计岁入岁出各列五十二万七千五百元，请核定等情，请公决案。

（决议）通过。

十一、主席交议，据会计处签呈，关于英德县三十四年度地方岁入岁出追加预算一案，经核编完竣，计岁入岁出各列五百四十二万八千一百五十一元，请核定等情，请公决案。

（决议）通过。

十二、主席交议，据会计处签呈，关于乐昌县三十六年度地方岁入岁出第一次追加预算一案，经核编完竣，计岁入岁出各列四千九百三十六万七千元，请核定等情，请公决案。

（决议）通过。

十三、主席交议，据会计处签呈，关于从化县三十五年度地方岁入岁出第二次追加预算一案，经核编完竣，计岁入岁出各列一亿一千九百九十六万零一百元，请核定等情，请公决案。

（决议）通过。

十四、主席交议，据卫生处代电，拟派沈毅代理省立第一医院主任医师，请核示等情，请公决案。

（决议）通过。

十五、主席交议，据地政局呈，拟派李振代理本局主任秘书，请核示等情，请公决案。

（决议）通过。

十六、主席交议，据教育厅长姚宝猷签呈，省立越华中学校长关元藻迭请辞职，拟予照准，遗缺拟派欧广瀚接充；省立梅州女子师范校长吴凤灵呈请辞职，拟予照准，遗缺拟派廖碧英接充；省立南雄中学校长黄云蔚呈请辞职，拟予照准，拟〔遗〕缺拟调派本厅督学黄继植接充；省立钦州师范校长黄重汉呈请辞职，拟予照准，遗缺拟调派本厅督学龙文焯接充；省立韩山师范学校【校长】陈传文呈请辞职，拟予照准，遗缺拟派刘子才接允；省立梅州农业职业学校校长姚庆文，拟调任本厅督学，遗缺拟派张奇英接充；省立北江农工职业学校校长杨寿宜另候任用，遗缺拟派伊钦恒接充。谨检附各该员简历，请核示等情，请公决案。

（决议）通过。

广东省政府第十届委员会
第一百二十一次会议纪录

时　间　七月十八日

地　点　本府会议厅

出席者　罗卓英　李扬敬　姚宝猷　谢文龙　罗香林　黄文山

黄范一
公出者　杜梅和　丘　誉　蔡劲军　詹朝阳　周景臻
告假者　肖次尹
列席者　陈　沛　毛松年　黄秉勋　江完白　朱润深　郭汉鸣
　　　　肖蔚民　赖希如　蓝蓼洲　陈昌五　吴煜堂
主　席　罗卓英
纪　录　苏旭升
宣读第一百二十次会议纪录。

报告事项

一、秘书处报告，关于广宁县杨德乡人民谭××因借赋谷事件不服广宁县政府押令填偿之处分，向本府提起诉愿一案，经审查评议完竣，依法拟具决定书，本件诉愿驳回，并经签准如拟办理。

二、秘书处报告，关于陆丰县人民杨××（大安镇长）因不服陆丰县政府判处徒刑，向本府提起诉愿一案，经审查评议完竣，依法拟具决定书，本件诉愿驳回，并经签准如拟办理。

三、秘书处报告，奉交下会计处签呈，关于建设厅呈，以省营工厂资产估价原则，经由本厅约集各有关机关，派员会商拟定，请核示一案，拟请列报会议后分行审计处及有关机关等情，并奉准如拟办理。

四、田赋粮食管理处报告一周办理重要工作。

五、社会处报告一周办理重要工作。

六、会计处报告一周办理重要工作。

七、统计处报告一周办理重要工作。

八、人事处报告一周办理重要工作。

九、卫生处报告一周办理重要工作。

十、地政局报告一周办理重要工作。

十一、新闻处报告一周办理重要工作。

十二、设计考核委员会报告一周办理重要工作。

讨论事项

一、主席交议，据会计处签呈，关于第九区专员兼保安司令公署电请照新待遇标准拨足该署员役生活费不敷数一案，拟在本年度新兴事业费，暂拨该署临时费二千万元，由该署周转垫支，请核示等情，请公决案。

（决议）通过。

二、主席交议，据会计处签呈，关于无线电总台签请增加补助各县市无线电分台员役生活补助费一案，拟议意见，请核示等情，请公决案。

（决议）通过。

三、主席交议，据会计处签呈，关于工业试验所电请核发该所所长李敦化及技士吴城焯两员遣散费一案，拟议意见，请核示等情，请公决案。

（决议）通过。

四、主席交议，据会计处签呈，关于民政厅呈请拨发省警察队第一大队第三中队由汕回穗归制行军旅运费一百三十五万四千五百元一案，拟准在本年度第二预备金项下拨支，请核示等情，请公决案。

（决议）通过。

五、主席交议，据会计处签呈，关于革命同志养老金，拟自本年度起，一律照各同志历次增加实领数，增加二十倍发给，计年增八百八十六万九千九百六十元，款在本年度第二预备金科目开支，请核示等情，请公决案。

（决议）通过。

六、主席交议，据会计处签呈，关于民政厅呈，以奉令翻印中华民国宪法，分发地方公务员及自治人员参考一案，经由秘书处估价计需款二千一百万元，该款可否在本年度新兴事业费下拨支，请核示等情，请公决案。

（决议）通过。

七、主席交议，据会计处签呈，关于财政厅，请示省参议会人员本年度交通费应如何拨付一案，拟议意见，请核示等情，请公决案。

（决议）通过。

八、主席交议，据建设厅、社会处先后签呈，遵将查明农林处附属机关及新生活运动会，应否减员及裁撤案情形，并拟议意见，请核示等情，请公决案。

（决议）（一）天蚕试验场及兽疫防治第一分所均裁撤。（二）农林处因兼办渔业仍准用职员七十七人。（三）新生活运动会员役薪津停发，补助经费增为全年五百万元，款在本年度第二预备金项下开支。

九、主席交议，据会计处签呈，关于陆丰县三十五年度地方岁入岁出第二次追加预算一案，经核编完竣，计岁入岁出各列二亿四千二百八十九万一千九百元，请核定等情，请公决案。

（决议）通过。

十、主席交议，据会计处签呈，关于合浦县三十五年度地方岁入岁出第二次追加预算一案，经核编完竣，计岁入岁出各列四千五百万零二千二百元，请核定等情，请公决案。

（决议）通过。

十一、主席交议，据会计处签呈，关于吴川县三十五年度地方岁入岁出第二次追加预算一案，经核编完竣，计岁入岁出各列六千零九十二万一千八百元，请核示等情，请公决案。

（决议）通过。

广东省政府第十届委员会
第一百二十二次会议纪录

时　间　七月二十二日

地　点　本府会议厅

出席者　罗卓英　姚宝猷　谢文龙　罗香林　黄文山　黄范一
　　　　用景臻

公出者　李扬敬　杜梅和　丘　誉　蔡劲军　詹朝阳

列席者　陈　沛　张　明　毛松年　黄秉勋　江完白　郭汉鸣
　　　　肖蔚民　赖希如　蓝萼洲　钟盛麟　陈昌五　谢群彬

主　席　罗卓英

纪　录　苏旭升

宣读第一百二十一次会议纪录。

410

报告事项

一、秘书处报告，关于梅县茶缘会代表人钟××等因业权纠纷事件不服梅县政府发给执照之处分，向本府提起诉愿一案，经审查评议完竣，依法拟具决定书，本件诉愿驳回，并经签准如拟办理。

二、秘书处报告，奉交下会计室〔处〕签呈，以建设厅工业试验所，经于本年五月底结束，该所一至五月份经费及结束经费、暨遣散员役薪饷，共一百九十八万零四千零七元，另临时费三百六十二万元，前经本府核定，在省预算未奉中央核定前，着由财政厅先行筹垫，并分行在案，现省预算经奉中央核定，惟原列该所经临费已奉删除，上项应发费用，拟照数在本年度第二预备金科目开支，请核示等情，并奉准如拟办理。

三、秘书处报告，奉交下人事处签呈，以社会处社会服务总站组织规程及编制表一案，前经本府第一一八次委员会议通过在案，查原规程第一条，系依据社会处组织规程第十五条订定，现社会处组织规程经奉国民政府核定，该第十五条条文业奉删去，为因应事实，拟将服务总站组织规程第一、二条，合并改为第一条，文为"广东省社会处，为推行广东省会所在地有关社会福利之各项社会服务事业起见，特设社会服务总站（以下简称总站）"，又原第三条至第十条，依次递改为第二条至第九条，请核示等情，并奉准如拟办理。

四、民政厅报告一周办理重要工作。

五、财政厅报告一周办理重要工作。

六、教育厅报告一周办理重要工作。

七、建设厅报告一周办理重要工作。

八、秘书处报告一周办理重要工作。

讨论事项

一、主席交议，据会计处签呈，编具三十六年度本省地方岁入岁出第一次追加预算，请核示等情，请公决案。

（决议）通过。

二、主席交议，据民政厅签呈，以奉行政院，核拨本省汕头市、湛江市及极贫瘠县份户政补助费一亿六千万元，饬妥为分配一案，拟议意见，并编具分配表，请核示等情，请公决案。

（决议）修正通过。

三、主席交议，据会计处签呈，关于教育厅据呈，该厅督学黄继植因公出差致病，请发给医药费一百七十六万七千六百元一案，核与法令规定相符，该款拟准在本年度第二预备金项下开支，请核示等情，请公决案。

（决议）通过。

四、主席交议，据会计处签呈，拟议各县市参议会正副议长，及临时参议会驻会委员，交通费支给标准，请核示等情，请公决案。

（决议）修正通过。

五、主席交议，据会计处签呈，关于省参议会函送该会新编秘书处员额表，暨岁出经常费预算分配表，请查照办理一案，拟议意见，请核示等情，请公决案。

（决议）（一）经费照会计处签拟办理。（二）员役名额照附表修正通过。

六、主席交议，据遂溪县政府电，请补助该县剿匪经费等情，请公决案。

（决议）补助一千万元，款在本年度第二预备金项下开支。

七、主席交议，据建设厅签呈，请拨发会查东江下游一带水利工程费用一千万元等情，请公决案。

（决议）通过，款在本年度新兴事业费项下开支。

八、主席交议，据会计处签呈，关于连平县三十五年度地方岁入岁出第三次追加预算一案，经核编完竣，计岁入岁出各列一千一百九十三万一千四百元，请核定等情，请公决案。

（决议）通过。

九、主席交议，据新闻处呈，拟派肖铸云代理本处科长，请核示等情，请公决案。

（决议）通过。

十、主席交议，据卫生处代电，拟派张梦石代理省立第一医院主任医师，请核示等情，请公决案。

（决议）通过。

十一、主席交议，据教育厅呈，拟派伍慕英代理本厅督学，请核示

412

等情，请公决案。

（决议）通过。

十二、主席交议，据教育厅呈，拟派徐盛恒代理本厅督学，请核示等情，请公决案。

（决议）通过。

十三、主席交议，据新闻处呈，拟派马华溥代理本处秘书，请核示等情，请公决案。

（决议）通过。

广东省政府第十届委员会
第一百二十三次会议纪录

时　　间　七月二十五日

地　　点　本府会议厅

出席者　罗卓英　姚宝猷　谢文龙　罗香林　黄文山　黄范一
　　　　　周景臻

公出者　李扬敬　杜梅和　丘　誉　蔡劲军　詹朝阳

告假者　肖次尹

列席者　陈　沛　毛松年　江完白　朱润深　郭汉鸣　肖蔚民
　　　　　巫　琦　赖希如　蓝萼洲　钟盛麟　陈昌五　吴煜堂

主　　席　罗卓英

纪　　录　苏旭升

宣读第一百二十二次会议纪录。

报告事项

一、秘书处报告，奉交下会计处签呈，以广州市粮食市场管理处，三十六年一月份经费八万一千零八十元，前经本府核定，在本年度特别预备金项下垫付，俟省预算奉核定后，在本科目拨还归垫，并分行在案，现省预算已奉核定，原列该管理处经费一目，已奉删去，为清结起见，该款拟改在本年度第二预备金科目作正开支，请核定分行后补报会

413

议等情，并奉准如拟办理。

二、秘书处报告，奉交下建设厅签呈，以本府顾问麦蕴瑜，前为发展有线电广播事业，推行政令起见，特拟具广东省各县（市局）有线电广播事业辅导办法，签请提付第七九次会议修正通过，并由府函请交通部备案，及通饬各县（市局）遵照在案。现准交通部函复，以该项广播事业系该部主管，现正拟订有线电广播管制规则，本府可无庸另订辅导办法等由，拟将本府前颁辅导办法废止，并通饬知照，请核示等情，并奉准如拟办理。

三、秘书处报告，奉交下卫生处签呈，以各县（市局）卫生院医疗收费数额，迭据各县呈以目前物价高涨，请提高前来，查属需要，兹按照实际情形，将挂号、出诊、住院、押瓶、注射、检查、证书各费，照原规定收费数额，分别酌予提高至五倍、六倍、十倍及二十倍收费，并拟自本年八月份起实行，附具收费数额表，请核示等情，并奉准如拟办理。

四、秘书处报告，奉交下会计处签呈，奉行政院本年七月九日会四字第二六九〇二号训令，以本省三十五年度，岁出单位预算业经立法院会议通过，附抄发原预算，饬知照等因，查奉核定本省三十五年度岁出单位预算，经与原呈件勘对尚无变更，拟请报会后分行等情，并奉准如拟办理。

五、秘书处报告，奉交下会计处签呈，关于卫生处呈，以该处工作人员不敷分配，原奉核定自本年八月份起，照案应缩减职员十一人，拟在该处未成立之卫生试验所及鼠疫防治所员额内，扣抵一案，查卫生处员额共一五〇人，系包括诊疗所八人，卫生试验所及鼠疫防治所共三十六人在内，此次缩减员额十一人，系照一五〇人计算，现所请对应减名额尚无减少，对生活费负担亦无影响，拟予照准，惟该两所将来成立时，应照二十五人名额内配用，请核示等情，并奉准如拟办理。

六、秘书处报告，奉交下会计处签呈，以本府前先后核定，补助省渔会联合会第二次会员大会经费，共五百万元，经由府着财政厅筹拨并分行在案，该款兹拟在本年度第二预备金项下开支，请核示等情，并奉准如拟办理。

七、秘书处报告，奉交下财政厅签呈，以各县（市局）队警剿匪费给与数额，前经本府规定，自三十六年一月份起，开拔费每大队每天五千元，每中队部每天一万元，如单独一小队开拔每天三千元，官佐每员每日津贴茶水伙食费五百元，兵警二百元，并于本年三月二十六日，以财七字第二〇二八四号代电，通饬遵照在案，现迭据各县呈以物价高涨，纷纷请求增加前来，兹拟准自本年七月份起，照原定支给数额均增至三倍列支，请核示等情，并奉准如拟办理。

八、秘书处报告，奉交下建设厅签呈，据公路处拟自本年七月份起，调整监理费征收率，计货车每车公里一百二十元，客车每车公里六十元，查属需要，拟予照准，请核示等情，并奉准如拟办理。

九、田赋粮食管理处报告一周办理重要工作。

十、社会处报告一周办理重要工作。

十一、会计处报告一周办理重要工作。

十二、统计处报告一周办理重要工作。

十三、人事处报告一周办理重要工作。

十四、卫生处报告一周办理重要工作。

十五、地政局报告一周办理重要工作。

十六、新闻处报告一周办理重要工作。

十七、设计考核委员会报告一周办理重要工作。

讨论事项

一、主席交议，据田赋粮食管理处签呈，参照省参议会审议意见，重新改订本省三十六年度田赋征实验收工具使用办法，请核定施行等情，请公决案。

（决议）通过。

二、主席交议，据会计处签呈，关于建设厅呈转公路处编缴三十五年度公路保养基金第四次追加岁入岁出预算一案，核尚符合，拟请核定后转呈核备等情，请公决案。

（决议）通过。

三、主席交议，据会计处签呈，关于建设厅先后电据农林处请将三十五年度行政复员费、分配接收海南农林事宜事业费三百万元，移为修理汽车费及拨发迁回东山原址搬迁费一百八十万元两案，拟议意见，请核示等情，请公决案。

（决议）通过。

四、主席交议，据会计处签呈，关于建设厅工业试验所编呈追加该所所长奉令留办结束生活补助费预算，请核拨一案，拟议意见，请核示等情，请公决案。

（决议）通过。

五、主席交议，据地政局签呈，拟具澄海县地政实验工作计划纲要，及分年进度表，请核示等情，请公决案。

（决议）通过。

六、主席交议，据会计处签呈，拟议各县（市）政府（管理局）列支特别费标准意见，请核示等情，请公决案。

（决议）通过。

七、主席交议，据教育厅呈缴三十六年度教育复员费五亿元分配预算，请核转等情，请公决案。

（决议）通过。

八、主席交议，据会计处签呈，关于田粮处呈请拨发各区专署派员赴县复勘夏灾旅费一案，拟每勘一县拨一百万元，计共四十县共需四千万元，款在本年度新兴事业费项下开支，请核示等情，请公决案。

（决议）通过。

九、主席交议，据会计处签呈，关于恩平县三十五年度地方岁入岁出第三次追加预算一案，经核编完竣，计岁入岁出各列一亿一千八百零一万六千八百元，请核定等情，请公决案。

（决议）通过。

十、主席交议，据会计处签呈，关于灵山县三十五年度地方岁入岁出第二次追加预算一案，经核编完竣，计岁入岁出各列二亿二千八百六十六万一千九百元，请核定等情，请公决案。

（决议）通过。

十一、主席交议，据会计处签呈，关于赤溪县三十五年度地方岁入岁出第三次追加预算一案，经核编完竣，计岁入岁出各列一千五百二十万零三千三百元，请核定等情，请公决案。

（决议）通过。

十二、主席交议，据建设厅呈，拟派黄耀苍代理农林处兽疫防治所

416

所长，请核示等情，请公决案。

（决议）通过。

十三、主席交议，据建设厅呈，拟派刘振铿代理农林处兽疫防治所技正兼课长，请核示等情，请公决案。

（决议）通过。

十四、主席交议，据建设厅呈，拟派林伯钧代理农林处兽疫防治所技正兼课长，请核示等情，请公决案。

（决议）通过。

十五、主席交议，据地政局呈，拟派郭德培代理本局秘书，请核示等情，请公决案。

（决议）通过。

十六、主席交议，据民政厅长李扬敬签呈，开平县长吴尚志呈请辞职，拟予照准，遗缺拟派幸耀燊代理；乐东县长余式如辞职，拟予照准，遗缺拟派王衍祚代理，请核示等情，请公决案。

（决议）通过。

广东省政府第十届委员会
第一百二十四次会议纪录

时　　间　七月二十九日

地　　点　本府会议厅

出席者　丘　誉　姚宝猷　谢文龙　罗香林　黄文山　黄范一
　　　　　周景臻

公出者　罗卓英　李扬敬　杜梅和　蔡劲军　詹朝阳

告假者　肖次尹

列席者　江完白　郭汉鸣　肖蔚民　巫　琦　李国俊　赖希如
　　　　　蓝萼洲　钟盛麟　陈昌五　温振鹏

主　　席　罗卓英（丘誉代）

纪　　录　苏旭升

宣读第一百二十三次会议纪录。

报告事项

一、秘书处报告，关于广州市江西同乡会常务理事彭××、余××、张××为不服广州市政府征收广州市××街××号地段会产之处分，向本府提起诉愿一案，经审查评议完竣，依法拟具决定书，本件诉愿驳回，并经签准如拟办理。

二、秘书处报告，奉交下会计处签呈，以奉行政院三十六年七月十二日会三字第二七二九三号训令，饬知调整台湾省出差旅费支给标准，计特任六百四十四元，简任四百九十元，荐任三百六十四元，委任二百八十元，雇员二百五十二元，雇工随从一百六十八元，均以台湾通用币算，自四月十五日起实行等因，报分会后分行，请核示等情，并奉准如拟办理。

三、秘书处报告，奉交下会计处签呈，以奉行政院三十六年六月二十日四丙字第二三八六〇号训令，抄发县市参议会在地方自治未完成前对于县市财政监督办法，饬知照并转饬知照等因，拟报会后分行，请核示等情，并奉准如拟办理。

四、秘书处报告，奉交下会计处签呈，兹参照以前年度省总预算编制办法，及斟酌本年度实际情形，拟订本省三十六年度，省级各机关编制分配预算注意事项，请核示等情，并奉准如拟办理。

五、秘书处报告，奉交下会计处签呈，关于赤溪县前呈请拨发该县长梅乡农民古水清之妻刘氏一胎三男补助费一案，经由府核定一次过补助三十万元，着由县先行垫付并分行在案，该款拟在本年度第二预备金项下拨还归垫，请核示等情，并奉准如拟办理。

六、民政厅报告一周办理重要工作。

七、财政厅报告一周办理重要工作。

八、教育厅报告一周办理重要工作。

九、建设厅报告一周办理重要工作。

十、秘书处报告一周办理重要工作。

讨论事项

一、主席交议，据财政厅签呈，拟修正本省各县市屠场使用费征收规则第三条条文，请核示等情，请公决案。

418

（决议）通过。

二、主席交议，据财政厅签呈，拟修正本省各县征收码头租办法第三条条文，请核示等情，请公决案。

（决议）通过。

三、主席交议，据田赋粮食管理处签呈，省级各机关公教员工、长警、公费生，收容人等价领粮食，八月份仍否继续办理，请核示等情，请公决案。

（决议）继续办理。

四、主席交议，据会计处签呈，关于人事处编送三十六年普通考试县行政人员考试经费预算一案，拟议意见，请核示等情，请公决案。

（决议）保留。

五、主席交议，据会计处签呈，关于秘书处编呈本府顾问参议三十六年度特别办公费预算，计全年度列支三千二百万元，请指款拨支一案，该款拟援案准在本年度第二预备金项下开支，请核示等情，请公决案。

（决议）通过。

六、主席交议，据会计处签呈，关于本府音乐队呈请拨款制发员役夏冬季服装一案，计共需款八百九十九万元，该款除拟在本年度音乐队服装费科目余额二百二十九万四千元，全数拨支外，余款六百六十九万六千元，拟在第二预备金项下拨支，请核示等情，请公决案。

（决议）通过。

七、主席交议，据秘书处签呈，请拨发本府有线电话队器材费一千万零一万元等情，请公决案。

（决议）通过。款在本年度新兴事业费项下开支。

八、主席交议，据秘书处签呈，关于广州市宝华坊众代表黄×因房屋争执事件，不服广州市政府所为饬局勒将屋契交逢源区财产保管委员会接管之处分，提起诉愿一案，经审查评议完竣，依法拟具决定书，原处分撤销，请核示等情，请公决案。

（决议）通过。

广东省政府第十届委员会
第一百二十五次会议纪录

时　间　八月五日

地　点　本府会议厅

出席者　丘　誉　姚宝猷　谢文龙　罗香林　黄文山　黄范一
　　　　周景臻

公出者　罗卓英　李扬敬　杜梅和　蔡劲军　詹朝阳

告假者　肖次尹

列席者　陈　沛　毛松年　江完白　郭汉鸣　肖蔚民　巫　琦
　　　　张恒存　赖希如　钟盛麟　陈昌五

主　席　罗卓英（丘誉代）

纪　录　苏旭升

宣读第一百二十四次会议纪录。

报告事项

一、秘书处报告，奉交下会计处签呈，关于各县市支出重估地价经费是否由中央省县按所估地价税比率分摊一案，经电奉行政院核复，以本省三十五年度应办地区均经举办，经费均已拨发，毋庸由县分担，饬知照等因。案经送地政局片复，以地政部所拨八十万元，经照案由局领拨所属南海等地籍整理办事处兼办支报，又院拨之一千七百七十万六千元，亦经照案领用，为派出各县协助之估计专员薪津旅费等开支，均未有分配各县，至本案原拟请示分摊之款，系属各县市政府照案办理重估地价业务所需之经费等语，拟请列报会议后分行，请核示等情，并奉准如拟办理。

二、秘书处报告，奉交下会计处签呈，关于田赋粮食管理处呈请发给该处储运处琼崖分处故股员麦培殓葬费一案，计应发给殓葬费三十四万八千元，款拟在本年度第二预备金项下开支，请核示等情，并奉准如拟办理。

420

三、秘书处报告，奉交下会计处签呈，关于建设厅度量衡检定所电请发给该所故会计主任黄广廉遗族抚恤金一案，依照公务员抚恤法第四条第一项第二款，及同条第二项之规定，计应发给一次过抚恤金九十八万零七百二十元，款拟在本年度抚恤费科目开支，请核示等情，并奉准如拟办理。

四、秘书处报告，奉交下田赋粮食管理处签呈，续据各区专署电报有灾情县份者，计有恩平、仁化、吴川、防城、琼山等共二十三县，经分电派员赴县复勘，应否照本府一二三次会议第八案规定，每勘一县追拨一百万元，仰并前案就核定之四千万元，平均以六十万元配发，以免加重省库负担之处，请核示等情，并奉准以每县六十万元配发，不再追拨，尚余款二百二十万元，留备续报勘灾县份之用。

五、秘书处报告，奉交下会计处签呈，以本省三十五年下半年度，第一次追加地方岁入岁出总预算，前经本府第八九次会议通过并分行在案，惟查岁入部分列水利工程受益费，八百六十四万五千元，系根据建设厅呈报，乐昌、仁化两灌区工程受益收入之数办理，嗣据该厅呈报，乐昌灌区水利工程受益费，四百四十三万一千元，未能全部征足，请照数追减，原负担乐昌灌区工程贷款本息四百四十三万一千元，及该厅建设楼租金短收一十二万五千元，均请追拨，现查三十五年度终了已久，为免办理追减预算手续麻繁起见，上项短收之款拟不予追减，将来汇办决算时，作为短收数处理，又上项来源抵支之数，因来源既已无着，拟照数在第二次追加预算内第二预备金科目动支，请核示等情，并奉准如拟办理。

六、秘书处报告，奉交下田赋粮食管理处签呈，以本处储运处系奉令于本年六月底结束，并奉粮食部核准办理，结束期间三个月，计留办结束职员十九人、公役五名，在办理结束期间，该处留办结束员役应否准予价领粮食，请核示等情，并奉准予价领。

七、秘书处报告，奉交下建设厅签呈，关于湘粤国道干线移交公路总局第三区公路工程管理局一案，现据公路处代电，经会同三区局商定，先将第一期由湘粤边界之小塘，经乐昌、曲江、翁源、新丰、从化，至广州路段，移交该局接管，并拟定本省国道移交办法，请转呈核定施行前来，查所拟办法尚属可行，谨转请核示等情，并奉准如拟办理。

八、秘书处报告，奉交下建设厅签呈，关于本省制纸厂被敌拆迁日本北海道归还一案，前经本厅拟议意见两项，签请核定并报告一一九次会议在案，又本案于本年六月九日外交部召集处理办法会议，本厅谢厅长适因公在京，被邀出席参加，经商定处理原则四项，并由外交部呈院核示，及饬驻美日代表洽办，现准外交部代电，案经行政院核准照办，除催驻日代表团迅将该厂等出卖，及先行接管转租日方二项洽办具报外，特电请查照等由，查商定原则第（三）、（四）两项颇属合理，本件拟改饬实业公司遵照，并电外交部随时将交涉情形电告，请核示等情，并奉准如拟办理。

九、秘书处报告，奉交下会计处签呈，奉行政院本年七月三日会四字第二五九一五号训令，以本省奉准动支三十四年度县市建设费预算表，及省市支出待分配预算表两案，业经立法院会议决议"照案通过"，合抄发原预算表，饬知照等因，拟报会后分行，请核示等情，并奉准如拟办理。

十、民政厅报告一周办理重要工作。

十一、财政厅报告一周办理重要工作。

十二、教育厅报告一周办理重要工作。

十三、建设厅报告一周办理重要工作。

十四、秘书处报告一周办理重要工作。

十五、警保处报告一周办理重要工作。

讨论事项

一、主席交议，据建设厅呈转农林处拟具该处员额编制表，请核示等情，请公决案。

（决议）修正通过。

二、主席交议，据田赋粮食管理处签呈，拟具本省各县市交收军粮评议委员会组织规程，请核示等情，请公决案。

（决议）修正通过。

三、主席交议，据会计处签呈，关于省训练团请拨助该团第二期团干班经费，三千零五十万元一案，该款拟在本年度新兴事业费科目开支，请核示等情，请公决案。

（决议）通过。

四、主席交议，据会计处签呈，关于民政厅重编该厅科长詹谦益赴京受训往返旅费预算一案，拟议意见，请核示等情，请公决案。

（决议）治装费照发，余照签拟意见办理。

五、主席交议，据会计处签呈，关于本府编印英文本《广东战后之建设与展望》一书，印刷费五千万元，经由省银行垫付，该款拟在本年度新兴事业费项下开支，请核示等情，请公决案。

（决议）通过。

六、主席交议，本府此次被裁人员遣散费发放办法，应由各单位主官负责核定，迅即造册送府，暂准先发后核，请公决案。

（决议）通过。

七、主席交议，据会计处签呈，关于丰顺县三十五年度地方岁入岁出第三次追加预算一案，经核编完竣，计岁入岁出各列一百零二万八千二百元，请核定等情，请公决案。

（决议）通过。

八、主席交议，据会计处签呈，关于感恩县三十五年度地方岁入岁出第二次追加预算一案，经核编完竣，计岁入岁出各列二千零六万五千六百元，请核定等情，请公决案。

（决议）通过。

九、主席交议，据会计处签呈，关于昌江县三十五年度地方岁入岁出第一次追加预算一案，经核编完竣，计岁入岁出各列四千零三十五万六千二百元，请核定等情，请公决案。

（决议）通过。

十、略。

十一、主席交议，据建设厅呈，拟派徐家霈代理农林处技正，请核示等情，请公决案。

（决议）通过。

十二、主席交议，据建设厅呈，拟派张培煊代理公路处荐任技士，请核示等情，请公决案。

（决议）通过。

十三、主席交议，据卫生处呈，拟派钟祖文代理本处视察，请核示等情，请公决案。

（决议）通过。

十四、主席交议，据卫生处代电，拟派陈彰就代理省立第二医院主任医师，请核示等情，请公决案。

（决议）通过。

十五、主席交议，据田赋粮食管理处代电，拟派陈云根代理本处督导员，请核示等情，请公决案。

（决议）通过。

十六、主席交议，据新闻处呈，拟派黎敏斐代理本处专员，请核示等情，请公决案。

（决议）通过。

广东省政府第十届委员会
第一百二十六次会议纪录

时　　间　八月十二日

地　　点　本府会议厅

出席者　罗卓英　谢文龙　丘　誉　罗香林　黄文山　黄范一
　　　　周景臻

公出者　李扬敬　杜梅和　姚宝猷　蔡劲军　詹朝阳

告假者　肖次尹

列席者　陈　沛　张　明　毛松年　黄秉勋　江完白　朱润深
　　　　郭汉鸣　赖希如　蓝尊洲　钟盛麟　陈昌五　陈江帆
　　　　张　辰　吴煜堂

主　　席　罗卓英

纪　　录　苏旭升

宣读第一百二十五次会议纪录。

报告事项

一、秘书处报告，以奉行政院本年七月三十日四防字第三〇〇一九号训令，抄发动员戡乱完成宪政实施纲要，饬遵照等因，经签准报会后

424

分行。

二、秘书处报告，奉交下建设厅签呈，据长途电话管理所电，以近来各地物价高涨，邮电均已加价，该所广佛容奇一线话费收入，系与广州市自动电话管理处订约分配，现准该处函，送广佛线话费调整表一份，并拟自本年八月十五日起实施，又由广佛线延伸至大良容奇线话费，亦按照前项调整办法增加一倍收费，同于八月十五日起一并实施，检同各该段通话价目表，转请核备前来，查尚可行，拟准照办，请核示等情，并奉准如拟办理。

三、秘书处报告，奉交下会计处签呈，以本省三十五年上半年度岁出单位决算书，业经汇编完竣，请列报会议后分别呈送行政院及主计处等情，并奉准如拟办理。

四、民政厅报告一周办理重要工作。

五、财政厅报告一周办理重要工作。

六、教育厅报告一周办理重要工作。

七、建设厅报告一周办理重要工作。

八、秘书处报告一周办理重要工作。

九、警保处报告一周办理重要工作。

讨论事项

一、主席交议，据会计处签呈，为拟具编审三十七年度本省各县（市局）岁入岁出总预算应注意事项，请核定等情，请公决案。

（决议）交杜、罗、周三委员会同财政厅、教育厅、田粮处、会计处审查，由杜委员约集。

二、主席交议，据会计处签呈，关于各机关前呈请核拨业经垫付而未指定开支科目之各项临时费，汇计共需款三千六百四十一万六千元，拟定开支科目清表，请拨还归垫以了悬案等情，请公决案。

（决议）通过。

三、主席交议，据会计处签呈，关于茂名县政府呈转该县高州民国日报社三十六年度经常费预算，请示应否照拨一案，查该预算内列编制人数超越规定，增加经费颇巨，应否饬县照拨，请核示等情，请公决案。

（决议）员工各增加三人。

四、主席交议，据田赋粮食管理处签呈，为拟具广东省筹设常平仓储粮计划，请核定施行等情，请公决案。

（决议）通过。

五、主席交议，据田赋粮食管理处签呈，为使各县明了办理灾歉，减免田赋手续起见，拟具三十六年夏季水灾勘报灾歉减免田赋须知，请核定通饬遵行等情，请公决案。

（决议）修正通过。

六、主席交议，据田粮处会计处会签，为各县三十五年已征田粮之串票，迟送县府，影响田粮结报，拟具限制办法三项，请核定饬县遵行等情，请公决案。

（决议）通过。

七、主席交议，据田赋粮食管理处签呈，拟请核定三十六年度征借定率，为每元五市升等情，请公决案。

（决议）通过。

八、主席交议，据警保处签呈，为本处各保安总队及独立大队，均分防各区担任进剿任务，请按月拨给剿匪临时费共三亿元，以利绥靖等情，请公决案。

（决议）自八月份起先行垫付，列入追加预算。

九、主席交议，据会计处签呈，关于秘书处编呈本府主席偕同各委员厅处长及率领一部分人员赴惠州参加马鞍围落成典礼旅费预算，计列七百二十四万二千八百元，请拨还归垫一案，该款拟在本年度第二预备金项下开支，请核示等情，请公决案。

（决议）通过。

十、主席交议，据会计处签呈，关于秘书处编呈本府负担本省各界举行维护国家主权大会等经费预算，请拨还归垫一案，拟议意见，请核示等情，请公决案。

（决议）通过。

十一、主席交议，据会计处签呈，关于新闻处肖处长呈，以奉派赴京沪考察新闻事业，计共垫支招待费五百五十万元，编具预算分配表，请拨还归垫一案，该款可否在本年度第二预备金科目开支，请核示等情，请公决案。

（决议）通过。

十二、主席交议，据会计处签呈，关于台山县三十五年度地方岁入岁出第三次追加预算一案，经核编完竣，计岁入岁出各列一亿零二百二十万七千九百元，请核定等情，请公决案。

（决议）通过。

十三、主席交议，据会计处签呈，关于仁化县三十五年度地方岁入岁出第三次追加预算一案，经核编完竣，计岁入岁出各列一千六百五十五万六千六百元，请核定等情，请公决案。

（决议）通过。

十四、主席交议，据会计处签呈，关于开建县三十五年度地方岁入岁出第三次追加预算一案，经核编完竣，计岁入岁出各列三千四百一十八万四千八百元，请核定等情，请公决案。

（决议）通过。

十五、主席交议，据民政厅呈，拟派李彭年代理本厅视察，请核示等情，请公决案。

（决议）通过。

十六、主席交议，据教育厅代电，拟派石玉昆代理本厅第四科科长，请核示等情，请公决案。

（决议）通过。

十七、主席交议，据田赋粮食管理处代电，拟派李仲达代理本处督导员，请核示等情，请公决案。

（决议）通过。

十八、主席交议，据建设厅呈，拟派朱福熙代理公路处技正，请核示等情，请公决案。

（决议）通过。

十九、主席交议，据建设厅呈，拟派蔡裕金代理公路处技正，请核示等情，请公决案。

（决议）通过。

广东省政府第十届委员会
第一百二十七次会议纪录

时 间 八月十九日

地 点 本府会议厅

出席者 罗卓英 姚宝猷 谢文龙 丘 誉 罗香林 黄文山
周景臻

公出者 杜梅和 蔡劲军

告假者 李扬敬 肖次尹 黄范一 詹朝阳

列席者 陈 沛 毛松年 黄秉勋 江完白 郭汉鸣 肖蔚民
赖希如 钟盛麟 陈昌五

主 席 罗卓英

纪 录 苏旭升

宣读第一百二十六次会议纪录。

报告事项

一、秘书处报告，奉交下会计处签呈，以奉行政院本年七月二日会
四字第二五五五九号训令，抄发内政部核议本省县市三十六年度地方总
预算意见，饬遵照等因，兹拟议办理如下：（一）第一、二、三项，前
准内政部函知经分行有案。（二）第四项行广州市政府办理。（三）第
五项通饬未列县份，遵照就实际需要补列。（四）第六项照民政厅意
见，辅助乐东、保亭、白沙三县禁烟宣传费各十万元，及连南县二十万
元，并补助连南县查铲烟苗费四十万元，共计九十万元，款在本年度贫
瘠县份补助费科目拨支，请核夺等情，并奉准如拟办理。

二、秘书处报告，奉交下会计处签呈，以本府第一二一次会议通过
提高革命同志养老金一案之案由内，"关于革命同志养老金，拟自本年
度起，一律照各同志历次增加实领数，增加二十倍发给"一节，拟改
为"关于革命同志养老金，拟照历次增加实领数，自三十六年度起，
一律照二十倍发给"（即增加十九倍）。并拟先分行后报会议更正，请

428

核示等情，并奉准如拟办理。

三、秘书处报告，奉交下会计处签呈，关于建设厅呈，以顺德县大晚乡民卢钊，在敌伪侵扰期间，不避危难，保全勒渣本厅原蚕丝局第五制种场房舍五座，及冷藏机件，其爱国热诚，殊堪嘉尚，现据称以年老无以为生，拟请准予发给奖金三十万元，并给以奖状，用资矜式一案，查奖金部分经奉核准照发，款拟在本年度第二预备金项下开支，至给奖部分，拟请交民政厅酌拟，请核示等情，并奉准如拟办理。

四、秘书处报告，奉交下会计处签呈，以奉行政院本年八月一日会二字第三〇一八五号训令，节抄发审计部报告书第五章，建议改进财政预算事项之（二），县地方预算外之摊派，应绝对禁止，以苏民困。（三）各级机关节余现金，应请通饬扫数解库，以重库款。（四）公有营业及公有事业机关之预决算，应一律按期送审等三项，饬遵照等因，拟报会后分行省县各有关机关遵照，请核示等情，并奉准如拟办理。

五、民政厅报告一周办理重要工作。

六、财政厅报告一周办理重要工作。

七、教育厅报告一周办理重要工作。

八、建设厅报告一周办理重要工作。

九、警保处报告一周办理重要工作。

十、秘书处报告一周办理重要工作。

讨论事项

一、杜委员函复，奉交审查编审三十七年度本省各县（市局）岁入岁出总预算，应注意事项一案，经约集罗委员、周委员及有关单位代表，会同审查完竣，谨列具意见，请公决案。

（决议）通过。

二、主席交议，据会计处签呈，关于秘书处呈请拨还编印本省三十六年度中心工作计划印刷费，及本府招待行总空运大队陈纳德将军临时费等，共七百一十五万零七百五十元一案，该款拟准在本年度第二预备金科目开支，请核示等情，请公决案。

（决议）通过。

三、主席交议，据会计处签呈，以本府前为因应各机关急需开支，先后核准在本年度第一及第二预备金科目垫支各费，现为清理账目起见，拟议分别调整筹还归垫意见，请核示等情，请公决案。

（决议）通过。

四、主席交议，据会计处签呈，关于本府无线电总台编呈本年度本省电讯机关电讯器材费追加预算一案，拟议意见，请核示等情，请公决案。

（决议）交建设厅核议，并将预算余额拨用。

五、主席交议，据会计处签呈，关于本府前派赴中训团人事班受训人员李启焕等十一人呈请核发赴程旅费不敷数及治装费一案，核计应补拨旅费二百三十八万四千一百元，治装费四百七十二万元，拟援案分别在本年度第二预备金项下开支，请核示等情，请公决案。

（决议）通过。

六、主席交议，据会计处签呈，关于广州三民主义学会函请特购该会理事黄昌谷编成之《国父遗教纲要》一案，经奉准定购五十册，计需款六十万元，拟在本年度新兴事业费项下拨支，请核示等情，经准予照办，请追认案。

（决议）追认。

七、主席交议，据会计处签呈，关于东莞县三十六年度地方岁入岁出第一次追加预算一案，经核编完竣，计岁入岁出各列二百四十二万元，请核定等情，请公决案。

（决议）通过。

八、主席交议，据会计处签呈，关于始兴县三十五年度地方岁入岁出第一次追加预算一案，经核编完竣，计岁入岁出各列一亿零二百五十七万八千六百元，请核定等情，请公决案。

（决议）通过。

九、主席交议，据建设厅呈，拟派谭麟祥代理公路处技正，请核示等情，请公决案。

（决议）通过。

十、主席交议，据建设厅呈，拟派陈慧新代理公路处秘书，请核示等情，请公决案。

（决议）通过。

十一、主席交议，据社会处代电，拟派何惠民代理本处第二科科长，请核示等情，请公决案。

430

（决议）通过。

十二、主席交议，据地政局呈，拟派陈竞成代理本局技正，请核示等情，请公决案。

（决议）通过。

广东省政府第十届委员会
第一百二十八次会议纪录

时　间　八月二十六日

地　点　本府会议厅

出席者　罗卓英　杜梅和　姚宝猷　罗香林　黄文山　黄范一
　　　　蔡劲军　詹朝阳　周景臻

告假者　李扬敬　谢文龙　丘　誉　肖次尹

列席者　陈　沛　张　明　李东星　毛松年　黄秉勋　陈鸿藻
　　　　朱润深　郭汉鸣　肖蔚民　赖希如　蓝萼洲　钟盛麟
　　　　谢群彬　黎尚桓

主　席　罗卓英

纪　录　苏旭升

宣读第一百二十七次会议纪录。

报告事项

一、秘书处报告，奉交下会计处签呈，关于本府前电行政院请求增加收容人及公费生名额一案，现奉三十六年八月二日会四字第三〇三一八号代电，核复收容人照原预算核定三千二百五十名，公费生照三十五年度核定一万零七十名人数，办理等因，拟报会后分行，请核示等情，并奉准如拟办理。

二、秘书处报告，奉行政院未巧人电开，三十六年八月十六日本院第六次临时会议决议，广东省政府委员兼民政厅长李扬敬另候任用，应免本兼各职，任命冯次淇为广东省政府委员，詹朝阳兼民政厅长，已转请任免等因，经签准报会后分行。

三、秘书处报告，奉交下建设厅签呈，以准第三区公路工程管理局王局长八月六日笺函，关于本局前与贵厅公路处会订广东省国道移交办法，经呈奉公路总局核复，以所附规定估价给价一节，似不必斤斤较量，以示中央与地方一体之意，原办法第五项应准修改为"属于公路范围之沿线房屋地产，及工具材料家具设备等，由省方列册交第三区局应用"，特函请惠予同意修正等由，查尚可行，拟准照办，请核示等情，并奉准如拟办理。

四、秘书处报告，奉交下田赋粮食管理处签呈，关于印制三十六年度田赋串票一案，前经本府第一二〇次会议通过，改用制板分发各县（市局），自行印制应用在案，惟查铅板太重，诚恐辗转传递费时失事，贻误开征，拟仍援用去年印串办法，由处将串票格式印发各县，饬会同参议会、征监会，依式公开招商承印，并由该两会监同编造，是否可行，谨签请核示等情，并奉准如拟办理。

五、民政厅报告一周办理重要工作。

六、财政厅报告一周办理重要工作。

七、教育厅报告一周办理重要工作。

八、建设厅报告一周办理重要工作。

九、警保处报告一周办理重要工作。

十、秘书处报告一周办理重要工作。

讨论事项

一、主席交议，据财政厅签呈，关于本省人民守土伤亡抚恤金，可否自三十六年度起，照原定年额一万一千八百五十元之数，增至八百倍或一千倍发给之处，请核示等情，请公决案。

（决议）增至一千倍追加预算。

二、主席交议，据人事处签呈，关于建设厅呈转度量衡检定所修正该所组织规程及编制表一案，经分别酌予修订，请核示等情，请公决案。

（决议）通过。

三、主席交议，据会计处签呈，拟议补助保亭、白沙、乐东三县参议会人员交通费，及生活补助费意见，请核示等情，请公决案。

（决议）通过。

四、主席交议，据田赋粮食管理处签呈，关于四联总处拨贷本省救灾粮贷一百亿元一案，经邀集各有关单位代表商讨贷放事宜，并会商结果五项记录在案，附呈会议记录，请核示等情，请公决案。

（决议）修正通过。

五、主席交议，据财政厅田粮处会计处会签，为奉谕筹划增加警保处，改善士兵待遇，及临时费暨服装费来源，遵经会同商讨结果三项，请核示等情，请公决案。

（决议）通过。

六、主席交议，据会计处签呈，关于省参议会电请十足拨付该会本年度五、六、七月份生活补助费一案，应否照准，请核示等情，请公决案。

（决议）特准补发。

七、主席交议，据社会处呈，请补助省教育会会员代表大会经费一千二百万元，附具预算表，请核示等情，请公决案。

（决议）准补助一千万元，款在本年度新兴事业费项下开支。

八、主席交议，据会计处签呈，关于建设厅编呈该厅谢厅长赴京公干旅费预算，计共九百八十五万零三百五十元，请拨还归垫一案，除前由府核拨七百万元外，余款拟在本年度第二预备金科目拨支，请核示等情，请公决案。

（决议）通过。

九、主席交议，据会计处签呈，关于新闻处电请拨发本年四至六月份公报印刷费，七月份以后并请指定科目按期拨支一案，拟议意见，请核示等情，请公决案。

（决议）通过。

十、主席交议，据会计处签呈，关于民政厅李厅长呈请将本年度一至八月份增加两倍办公费，共三千零一十九万二千元核发，以利交代结账一案，可否准在本年度第二预备金科目权先垫拨，俟中央拨款到后归垫，请核示等情，请公决案。

（决议）通过。

十一、主席交议，据会计处签呈，关于文昌县三十五年度地方岁入岁出第一次追加预算一案，经核编完竣，计岁入岁出各列一亿零六百七十七万零六百元，请核定等情，请公决案。

（决议）通过。

十二、主席交议，据会计处签呈，关于普宁县三十五年度地方岁入岁出第三次追加预算一案，经核编完竣，计岁入岁出各列一千四百二十八万九千七百元，请核定等情，请公决案。

（决议）通过。

十三、主席交议，据会计处签呈，关于儋县三十五年度地方岁入岁出第一次追加预算一案，经核编完竣，计岁入岁出各列一亿四千一百八十二万九千五百元，请核定等情，请公决案。

（决议）通过。

十四、主席交议，据会计处签呈，关于汕头市三十六年度地方岁入岁出第一次追加预算一案，经核编完竣，计岁入岁出各列五亿六千九百五十万元，请核定等情，请公决案。

（决议）通过。

十五、主席交议，据会计处签呈，关于澄海县三十五年度地方岁入岁出第二次追加预算一案，经核编完竣，计岁入岁出各列三千二百三十三万三千七百元，请核定等情，请公决案。

（决议）通过。

十六、主席交议，据会计处签呈，关于高要县三十六年度地方岁入岁出第一次追加预算一案，经核编完竣，计岁入岁出各列七亿二千三百四十四万四千元，请核定等情，请公决案。

（决议）通过。

十七、主席交议，据会计处签呈，关于琼东县三十五年度地方岁入岁出第一次追加预算一案，经核编完竣，计岁入岁出各列六千一百零八万元，请核定等情，请公决案。

（决议）通过。

十八、主席交议，据会计处签呈，关于德庆县三十六年度地方岁入岁出第一次追加预算一案，经核编完竣，计岁入岁出各列一亿九千四百五十九万元，请核定等情，请公决案。

（决议）通过。

广东省政府第十届委员会
第一百二十九次会议纪录

时　间　八月二十九日

地　点　本府会议厅

出席者　罗卓英　　杜梅和　　姚宝猷　　罗香林　　黄文山　　蔡劲军
　　　　詹朝阳　　周景臻

告假者　李扬敬　　谢文龙　　丘　誉　　肖次尹　　黄范一

列席者　陈　沛　　毛松年　　黄秉勋　　江完白　　陈鸿藻　　朱润深
　　　　郭汉鸣　　肖蔚民　　赖希如　　蓝萼洲　　钟盛麟　　谢群彬

主　席　罗卓英

纪　录　苏旭升

宣读第一百二十八次会议纪录。

报告事项

一、秘书处报告，奉交下会计处签呈，关于越侨捐米由港运穗所需运费六亿九千三百五十六万三千元，及借款利息六千八百六十六万三千元一案，前经本府第九十八次会议，核准列入追加预算处理在案。现函准田粮处复称，以所需运费，将来由受领捐米之机关负担，现暂由该处垫付，无须由府拨支运费及借款利息等由，本案既无须支出，拟将该项运费及借款利息全数注销，请核示等情，并奉准如拟办理。

二、秘书处报告，奉交下会计处签呈，关于邹故省参议员武被阻击遇害，前经本府第一一一次会议核定，致送赙仪五百万元，款在本年度第二预备金科目拨支，并分行在案，现准审计处核复，以赙赠由库款拨支于法无据，未便核签等由，兹拟将该款改以"补助治丧费"名义拨付，请核定分行后报会议等情，并奉准如拟办理。

三、田赋粮食管理处报告一周办理重要工作。

四、社会处报告一周办理重要工作。

五、会计处报告一周办理重要工作。

六、统计处报告一周办理重要工作。

七、人事处报告一周办理重要工作。

八、卫生处报告一周办理重要工作。

九、地政局报告一周办理重要工作。

十、新闻处报告一周办理重要工作。

十一、设计考核委员会报告一周办理重要工作。

讨论事项

一、主席交议，据民政厅签呈，为拟具广东省政府收毁罂粟壳花叶茎办法，请核示等情，请公决案。

（决议）修正通过。

二、主席交议，据会计处签呈，关于第六区专保公署电，以自本年七月份起，加强区剿匪指挥所组织经费，拟援案由清剿区内之连平、和平、龙川、紫金、河源、五华等县，各每月负担二百万元一案，可否准自八月份起办理，请核示等情，请公决案。

（决议）八月份准照旧案办理。

三、主席交议，据会计处签呈，关于释保处呈，以前省保安司令部移拨人员，尚有小部限于编制无法安置，请予资遣一案，拟议意见，请核示等情，请公决案。

（决议）通过。

四、主席交议，据田赋粮食管理处签呈，关于省级公教员工、长警、公费生、收容人等价领粮食，九月份应否继续办理，请核示等情，请公决案。

（决议）继续办理。

五、主席交议，据建设厅代电，请准在三十五年度预备金，转账拨还该厅追加复员修缮费，及贺县仓库抢运费，共七百二十三万零三百零三元一案，经饬据会计处签拟意见，并准予照办，请追认案。

（决议）追认。

六、主席交议，据会计处签呈，关于新会县三十六年度地方岁入岁出第一次追加预算一案，经核编完竣，计岁入岁出各列一十二亿一千零四十二万三千元，请核定等情，请公决案。

（决议）通过。

436

七、主席交议，据会计处签呈，关于开建县三十六年度地方岁入岁出第一次追加预算一案，经核编完竣，计岁入岁出各列二千三百一十六万七千二百元，请核定等情，请公决案。

（决议）通过。

八、主席交议，据会计处签呈，关于广宁县三十六年度地方岁入岁出第一次追加预算一案，经核编完竣，计岁入岁出各列三亿三千八百五十万元，请核定等情，请公决案。

（决议）通过。

九、主席交议，据会计处签呈，关于乐会县三十五年度地方岁入岁出第二次追加预算一案，经核编完竣，计岁入岁出各列二千一百三十二万八千元，请核定等情，请公决案。

（决议）通过。

广东省政府第十届委员会
第一百三十次会议纪录

时　　间　九月二日
地　　点　本府会议厅
出席者　　罗卓英　詹朝阳　杜梅和　姚宝猷　谢文龙　丘　誉
　　　　　黄范一　蔡劲军　周景臻　冯次淇
公出者　　罗香林　黄文山
告假者　　肖次尹
列席者　　陈　沛　毛松年　黄秉勋　江完白　郭汉鸣　肖蔚民
　　　　　赖希如　蓝蕚洲
主　　席　罗卓英
纪　　录　苏旭升
宣读第一百二十九次会议纪录。

报告事项

一、秘书处报告，关于合浦县张黄东镇第四保国民学校法定代理人潘××、潘××、刘××等为不服合浦县政府划拨校产之处分向本府提起诉愿一案，经审查评议完竣，依法拟具决定书，本件诉愿驳回，土名桐本岭脚北片低壤由塘头直至后下田地共七丘，应由有请求权人径向司法机关诉请核办，并经签准如拟办理。

二、秘书处报告，奉交下会计处签呈，关于第八区专员兼保安司令公署，派员兵押解犯员夏秀峰来穗往返费用，前经本府核定拨给一百万元，并分行在案，现据电报超支八十万五千元，请核拨到府，可否准在本年度第二预备金科目拨给，请核示等情，并奉准如拟办理。

三、民政厅报告一周办理重要工作。

四、财政厅报告一周办理重要工作。

五、教育厅报告一周办理重要工作。

六、建设厅报告一周办理重要工作。

七、警保处报告一周办理重要工作。

八、秘书处报告一周办理重要工作。

讨论事项

一、主席交议，据田赋粮食管理处签呈，为本省各属沙田水坦草坦，拟援照战前沙田课征钱粮定率，改订税率课征，附具征率表，请核定送财、粮两部备案后施行等情，请公决案。

（决议）通过。

二、主席交议，据会计处签呈，关于警保处呈请提高各县（市）防空机构员兵待遇，并按月增列站哨办公费一案，拟议意见，请核示等情，请公决案。

（决议）通过。

三、主席交议，奉行政院令，以广州河南士敏土厂，原为国父组织大元帅府大本营开府圣地，具有革命历史，应保存永为纪念，并拨充中山文化教育馆西南分馆馆址等因，经饬据建设厅查明该址情形及拟议移拨意见，并附具图说，签请核示前来，请公决案。

（决议）原有厂址遵照院令保存永为纪念，拨由中山文化教育馆西南分馆管理使用。

四、主席交议，据会计处签呈，关于民政厅遵令重编省警察队奉派赴赤溪县弹压械斗行军费预算一案，计列支七百零三万八千元，除前核拨二百三十二万八千元外，余四百七十一万元，应否准在本年度第一预备金项下拨支，请核示等情，请公决案。

（决议）通过。

五、主席交议，据会计处签呈，关于长途电话所电，以遵令更正该所三十六年度营业计划及预算一案，核尚可行，拟准照办，请核示等情，请公决案。

（决议）通过。

六、主席交议，据会计处签呈，关于建设厅呈转度量衡检定所编缴该所所长张耀秋赴京出席度政会议旅费预算，计列支五百万元，请核拨一案，可否准在本年度第二预备金项下拨支，请核示等情，请公决案。

（决议）通过。

七、主席交议，据会计处签呈，关于紫金县三十六年度地方岁入岁出第一次追加预算一案，经核编完竣，计岁入岁出各列六千六百二十万零四千元，请核定等情，请公决案。

（决议）通过。

八、主席交议，据会计处签呈，关于合浦县三十五年度地方岁入岁出第三次追加预算一案，经核编完竣，计岁入岁出各列五千一百五十万一千三百元，请核定等情，请公决案。

（决议）通过。

九、主席交议，据会计处签呈，关于花县三十六年度地方岁入岁出第一次追加预算一案，经核编完竣，计岁入岁出各列三亿三千六百四十六万八千元，请核定等情，请公决案。

（决议）通过。

十、主席交议，据会计处签呈，关于揭阳县三十六年度地方岁入岁出第一次追加预算一案，经核编完竣，计岁入岁出各列九亿零一百四十一万七千元，请核定等情，请公决案。

（决议）通过。

十一、主席交议，据民政厅长詹朝阳签呈，昌江县长廖逊我呈请辞职，拟予照准，遗缺以琼东县长陈德荣调充；递遗琼东县长缺，拟派黎卓仁代理；感恩县县长叶崇峻拟予调省，遗缺以乐会县长陈有良调充；

递遗乐会县长缺，拟派黎之良代理；儋县县长王绍章迭请辞职，拟予照准，遗缺拟董伯然代理。请核示等情，请公决案。

（决议）通过。

广东省政府第十届委员会
第一百三十一次会议纪录

时　间　九月五日
地　点　本府会议厅
出席者　罗卓英　杜梅和　姚宝猷　谢文龙　丘　誉　黄范一
　　　　詹劲军　周景臻
公出者　罗香林　黄文山
告假者　蔡朝阳　肖次尹
列席者　陈　沛　毛松年　黄秉勋　江完白　陈鸿藻　朱润深
　　　　郭汉鸣　肖蔚民　赖希如　蓝萼洲
主　席　罗卓英
纪　录　苏旭升
宣读第一百三十次会议纪录。

报告事项

一、秘书处报告，奉交下会计处签呈，关于本省三十六年度地方岁入岁出总预算一案，前经送准省参议会审议函复，当经遵照行政院核定法案，及参酌该会审查意见，暨就本省实际情形，分别编列，并列具办理情形详表，函复该会在案，现准函复，以案经提报驻会委员会通过，应照附送预算先行审复，俟下次大会开会时报请追认，请查照等由，拟报会后存查，请核示等情，并奉准如拟办理。

二、秘书处报告，奉交下会计处签呈，关于本省三十六年度第一次追加地方岁入岁出总预算一案，前经本府委员会议通过，并函送省参议会审议在案，现准该会函复，以案经提报驻会委员会通过，应照案认可送复报请下次大会追认，请查照等由，拟报会后存查，请核示等情，并奉准如拟办理。

三、秘书处报告，奉交下会计处签呈，前准财政部拨款通知，以奉行政院令，饬拨本省救济水灾急赈款三十亿元，列入本省救济水灾急赈款户，当经由府饬财政厅办拨户手续，并电请省水灾会，将分配支用数目表列送到府，查表列分配数为三十九亿二千零三十七万元，除中央拨发三十亿元外，其余系在该会赈款开支，该款并经由水灾会分配办理，拟请核定后分行等情，并奉准如拟办理。

四、秘书处报告，奉交下会计处签呈，关于清远县政府呈，以该县太平乡民丘南俊之妻何氏，于本年农历五月产一女二男，该民家境清贫，生活困苦，除由县库拨给奖金五十万元外，请援案按月发给补助费一案，拟照民政厅意见，由府一次过拨助五十万元，款在本年度第二预备金项下开支，请核示等情，并奉准如拟办理。

五、秘书处报告，奉交下建设厅签呈，以据农林处呈缴本省三十六年度扩大冬耕实施办法，请核办一案，查所缴办法核尚可行，拟转饬各县遵办，请核示等情，并奉准如拟办理。

六、田赋粮食管理处报告一周办理重要工作。

七、社会处报告一周办理重要工作。

八、会计处报告一周办理重要工作。

九、统计处报告一周办理重要工作。

十、人事处报告一周办理重要工作。

十一、卫生处报告一周办理重要工作。

十二、地政局报告一周办理重要工作。

十三、田赋粮食处报告一周办理重要工作。

十四、设计考核委员会报告一周办理重要工作。

十五、粤侨事业辅导委员会报告八月份办理重要工作。

十六、建设研究会报告八月份办理重要工作。

讨论事项

一、主席交议，据田赋粮食管理处签呈，为拟具本省各县市局赋籍整理委员会组织规程、各县市局赋籍清查队组织规程、各县乡（镇）赋籍清查办事处组织规程，暨编制经费预算表，并参酌秘书处人事处意见，分别修正，请核示等情，请公决案。

（决议）通过。

二、主席交议，据田赋粮食管理处签呈，为拟具中央收购省县余粮二十万市石，价拨省县案处理办法，请核示等情，请公决案。

（决议）通过。

三、主席交议，据会计处签呈，关于民政厅呈，以该厅李厅长奉令交卸，编具交代经费预算表，请援案办理，并准留办交代人员继续价领公粮一案，拟议意见，请核示等情，请公决案。

（决议）通过。

四、主席交议，据田赋粮食管理处签呈，关于琼崖各县借用三十五年度中央余粮为自卫队粮食一案，业经饬据九区专署拟具借拨及偿还办法前来，惟所拟各点尚嫌简略，经分别改订，拟请核定后电请粮食部核备，并通饬遵办等情，请公决案。

（决议）修正通过。

五、主席交议，据建设厅签呈，以据公路处呈，以养路费不敷开支，拟自本年五月份起，将收入养路费内划百分之七十为养路基金，百分之三十为桥梁费，至民办公路则自八月份起实行，请核准前来，拟予照准，并将本省公路桥梁专款提用办法第二条修正，请核示等情，请公决案。

（决议）通过。

六、主席交议，据会计处签呈，以公务员待遇经奉规定，自本年八月份起调整，为改善县级人员待遇起见，拟予规定三项，请核示等情，请公决案。

（决议）通过。

七、主席交议，据会计处签呈，为编具本省三十六年度第二次追加地方岁入岁出总预算书，请核示等情，请公决案。

（决议）通过。

八、主席交议，据会计处签呈，关于顺德县三十六年度地方岁入岁出第一次追加预算一案，经核编完竣，计岁入岁出各列三亿五千二百五十四万四千元，请核定等情，请公决案。

（决议）通过。

九、主席交议，据民政厅长詹朝阳签呈，琼山县长吴荣楫呈请辞职，拟予照准，遗缺拟以文昌县长郑泽光调充；递遗文昌县县长缺，拟派陈宗舜代理；澄迈县县长周正之拟予调省，遗缺拟派郑彬代理；万宁县县长罗盛元拟予调省，遗缺拟派李鼎羹代理；陵水县县长王定华拟予调省，遗缺拟派林涪代理，请核示等情，请公决案。

（决议）通过。

广东省政府第十届委员会
第一百三十二次会议纪录

时　间	九月九日
地　点	本府会议厅
出席者	罗卓英　詹朝阳　杜梅和　姚宝猷　谢文龙　丘　誉 周景臻　冯次淇
公出者	罗香林　黄文山　蔡劲军
告假者	肖次尹　黄范一
列席者	陈　沛　毛松年　黄秉勋　江完白　郭汉鸣　肖蔚民 赖希如　蓝萼洲
主　席	罗卓英
纪　录	苏旭升

宣读第一百三十一次会议纪录。

报告事项

一、秘书处报告，奉行政院本年八月二十四日二机字第三三八三五号训令，略以调整县级机构财政，减少县长兼职与牵掣，并慎选严核县级员吏，饬遵照办理等因，经签准报会后，交由民政厅约集有关机关主管会商办理。

二、秘书处报告，奉交下会计处签呈，以奉行政院转奉国民政府委员会，先后核定补助本省县市户政经费一亿六千万元，及教育复员费五亿元追加预算通知书两案，查此两案前奉行政院先后电知，均经列入本省三十六年度第一次追加地方岁入岁出预算，并经本府第一二二次会议通过及分行在案，本两案拟请列报会议后分行等情，并奉准如拟办理。

三、秘书处报告，奉交下建设厅签呈，以据公路处电，以近来物价继续高涨，前奉核定颁发之本省公路汽车客货运价率，已不能维持成本，兹根据运价之各项指数，从新调整，货运每吨公里为三千四百一十五元，客运每客公里三百七十元，并以运价率核定办理需时，为因应事实起见，拟定公路汽车运价计算方法，嗣后每遇运价有调整时，拟呈奉本厅核准后施行，将案补报会议，请核准前来。查所拟运价计算方法及客货运价率尚切实际，拟予照办，请核示等情，并奉准如拟办理。

四、民政厅报告一周办理重要工作。

五、财政厅报告一周办理重要工作。

六、教育厅报告一周办理重要工作。

七、建设厅报告一周办理重要工作。

八、警保处报告一周办理重要工作。

九、秘书处报告一周办理重要工作。

讨论事项

一、主席交议，据民政厅签呈，关于广州市政府与番禺县政府互争东圃墟等地一案，经派员会同各有关方面测勘，并据呈复前来，应如何决定，请核示等情，请公决案。

（决议）交冯、詹、谢、罗、周五委员审查，由冯委员约集。

二、主席交议，据会计处签呈，为拟议各区专员兼保安司令公署，增加武职人员本年度生活补助费解决意见，请核示等情，请公决案。

（决议）通过。

三、主席交议，据教育厅签呈，为发展本省国民教育起见，拟具广东省各县（市局）劝勉捐拨祖尝租息办理国民教育实施办法，请核定施行等情，请公决案。

（决议）修正通过。

四、主席交议，据会计处签呈，以本省公教人员待遇，经奉令自本年八月份起调整，兹拟议增加补助连南、保亭、白沙、乐东四县生活补助费意见，请核示等情，请公决案。

（决议）通过。

五、主席交议，据会计处签呈，关于省文献委员会呈，以该会本年度经临各费，审计机关不允签发，拟请改用整理搜集保管文献事业费名义，由府一次过拨支一案，拟议意见，请核示等情，请公决案。

（决议）通过。

六、主席交议，据会计处签呈，关于教育厅编缴三十六年度省立院校设置员役人数总表，及各院校八月份起应领员役生活补助费分配表一案，拟议意见，请核示等情，请公决案。

（决议）本年度照现编预算列数办理。

七、主席交议，据会计处签呈，关于秘书处呈，以本府翻印《中华民国宪法》五万本，前经奉核拨二千一百万元办理，惟现因物价波动，计需增印刷费四百六十万元，请核拨一案，该款可否准在本年度新兴事业费项下拨支，请核示等情，请公决案。

（决议）通过。

八、主席交议，据会计处签呈，以准省水灾紧急救济委员会电请由府拨支林议长翼中等五代表赴京沪呼吁救灾旅费二千四百四十五万元一案，该款拟准在本年度第二预备金项下拨支，请核示等情，请公决案。

（决议）通过。

九、主席交议，据会计处签呈，关于省总工会呈请补助大会经费一案，经奉核准补助二千万元，该款拟在本年度第二预备金项下拨支，请核示等情，请公决案。

（决议）通过。

十、主席交议，据会计处签呈，关于省记者公会呈请补助大会经费一案，经奉核准补助一千万元，该款拟在本年度第二预备金项下拨支，请核示等情，请公决案。

（决议）通过。

十一、主席交议，据会计处签呈，关于社会处呈，据省河民船船员工会请补助代表大会经费四百万元一案，应否准在本年度第二预备金项下拨支，请核示等情，请公决案。

（决议）通过。

十二、主席交议，据中央训练团教育人员训练班广州分班学员廖道谦等十员呈，以毕业已逾两月，未奉差委，请借款以维持生活一案，经准每员各借五十万元，合共五百万元，该款并经饬据会计处签拟，在本年度贫瘠县份补助费科目垫付，并准予照办，请追认案。

（决议）追认。

十三、主席交议，据教育厅长姚宝猷签呈，省立雷州师范学校校长吴熙业呈请辞职，拟予照准，遗缺拟派林令瑄接充；省立喜泉农业职业学校校长叶光璺呈请辞职，拟予照准，遗缺拟派徐家鼐接充。检同各该员履历，请核示等情，请公决案。

（决议）通过。

十四、主席交议，据民政厅长詹朝阳签呈，番禺县长陈××办理田粮征收业务，有纵容所属贪污舞弊重大嫌疑，拟予撤职查办，连同全案移送法院办理，遗缺拟派邓挥代理；廉江县长蔡×剿匪不力，拟予撤职，遗缺拟派陈钧镇代理；新丰县长罗联辉陷匪，尚未脱险，为加强该县政务开展起见，在罗县长未脱险期间，所有县长职务，拟派李泛舟暂行代理；兴宁县长邓鸿芹另候任用，遗缺拟派童日苏代理；和平县长杜湛津呈请辞职，拟予照准，遗缺拟派陈枕溪代理，请核示等情，请公决案。

（决议）通过。

广东省政府第十届委员会
第一百三十三次会议纪录

时　间　九月十二日

地　点　本府会议厅

出席者　罗卓英　詹朝阳　杜梅和　姚宝猷　谢文龙　丘　誉
　　　　周景臻　冯次淇

公出者　罗香林　黄文山　蔡劲军

告假者　肖次尹　黄范一

列席者　毛松年　黄秉勋　江完白　陈鸿藻　朱润深　郭汉鸣
　　　　赖希如　蓝萼洲　邝　充

主　　席　罗卓英

纪　　录　苏旭升

宣读第一百三十二次会议纪录。

报告事项

一、秘书处报告，奉交下建设厅签呈，以据公路处电，为维持公路交通安全，防止桥梁破坏起见，谨参照交通公路总局抄发，湖北省沿公路各乡（镇）保甲协护公路桥梁办法，拟具本省沿公路各乡（镇）保甲协护公路桥梁办法，请核定通饬施行前来，查所拟办法尚属切要，除参酌秘书处意见修正外，谨转请核示等情，奉准如拟办理。

二、秘书处报告，奉交下财政厅签呈，以本省各县（市局）乡镇保自治经费筹集及动支办法，系定期本年十二月底废止，现为适应事实需要，配合三十七年度各县（市局）收支预算起见，拟将该办法废止期限，展延至三十七年十二月底，并将原办法第十条修正为"本办法自公布日施行"，请核示等情，并奉准如拟办理。

三、秘书处报告，关于仁化县董塘乡石塘村人民李××因建筑水碓陂纠纷事件，不服仁化县政府所为取缔拆毁之处分，向本府提起诉愿一案，经审查评议完竣，依法拟具决定书，本件诉愿驳回，并经签准如拟办理。

四、秘书处报告，奉交下会计处签呈，以本府前奉行政院令，饬知县市参议会正副议长及驻会委员交通费，应由本府自行酌定标准，呈报核备等因，当经由本处拟议发给标准，签请提会核定，并呈报行政院核备，及通饬自本年一月份起实行，现奉行政院核复准予备查，拟请列报会议等情，并奉准如拟办理。

五、秘书处报告，奉交下会计处签呈，关于建设厅电请援案发给该厅度量衡检定所故乙种检定员兼课长郑春永殓葬费一案，核计应发给殓葬费八十二万元，该款拟在本年度第二预备金项下开支，请核定分行后补报会议等情，并奉准如拟办理。

六、秘书处报告，奉交下会计处签呈，关于财政厅呈，以人事处故股长梁灼，奉中央核定给与一次过恤金七百二十元，按当地公务员法定待遇增给百分之三十，又遗族年抚金八百六十四元，按法定待遇增给百分之四十，由三十六年三月份起支。以本年六月份现任公务员之法定待遇，为增给计算标准，计共应给四百三十九万四千二百四十元。现据该故员遗族具呈请领前来，自应照支，请指定科目拨付一案。查本年度抚恤费科目已无余款，该款拟改在本年度第二预备金项下开支，请核定分行后报会议等情，并奉准如拟办理。

七、秘书处报告，奉交下会计处签呈，以本年八月份起调整待遇标准，前奉行政院未漾会五电饬知，本省列第二区标准，但未将广州区标准列明，致无从遵办，经先后电请核示，迄未奉复，现奉国民政府主席广州行辕，本年九月一日，总计字第三五七二号代电，转发国民政府，核定本年八月份起调整待遇分区支给标准，饬遵照等因。查本省各机关自本年八月份减员后，照实际应领支生活补助费人数核计，每月须增拨各机关生活补助费，共一十亿四千六百零九万一千四百元，为维持省级公务人员生活起见，拟先遵照，广州行辕代电分行，请核示等情，并奉准如拟办理。

八、田赋粮食管理处、社会处、会计处、统计处、人事处、卫生处、地政局、新闻处、设计考核委员会报告一周办理重要工作。

讨论事项

一、主席交议，据会计处签呈，关于第四及第九区专员兼保安司令公署先后电请核示，分发转业军官未补实职以前，可否准予价领粮食一案，拟议意见，请核示等情，请公决案。

（决议）准照省县公务员价领粮食办法办理。

二、主席交议，据会计处签呈，关于汕头市政府电请核示该市参议会办公费，可否自九月份起，照原额增加五倍拨发一案，拨议意见，请核示等情，请公决案。

（决议）通过。

三、主席交议，据会计处签呈，关于补助省妇女会会员大会经费一千三百万元，前经由府饬财政厅垫付，该款拟在本年度第二预备金项下拨还，请核示等情，请公决案。

（决议）通过。

四、主席交议，据会计处签呈，关于教育厅呈，拟自九月一日起，将省立体育场事务，暂交由省体育专科学校兼管，原有员额拨归该校，为增班聘任教员之用一案，拟议意见，请核示等情，请公决案。

（决议）通过。

五、主席交议，据会计处签呈，关于本府肖委员呈，以因公患病先后入医院留医，计用去医药手术费共一千一百一十九万六千三百元，请全部核发一案，核与规定办法相符，拟准全部发给，款在本年度第二预备金项下开支等情，请公决案。

（决议）通过。

六、主席交议，据会计处签呈，关于南山管理局三十六年度地方岁入岁出第一次追加预算一案，经核编完竣，计岁入岁出各列三千一百一十六万三千一百元，请核定等情，请公决案。

（决议）通过。

七、主席交议，据会计处签呈，关于丰顺县三十六年度地方岁入岁出第一次追加预算一案，经核编完竣，计岁入岁出各列三亿五千零九十七万八千三百元，请核定等情，请公决案。

（决议）通过。

八、主席交议，据会计处签呈，关于化县三十六年度地方岁入岁出第一次追加预算一案，经核编完竣，计岁入岁出各列九亿五千八百五十八元，请核定等情，请公决案。

（决议）通过。

九、主席交议，据会计处签呈，关于蕉岭县三十六年度地方岁入岁出第一次追加预算一案，经核编完竣，计岁入岁出各列二亿四千六百四十六万六千一百元，请核定等情，请公决案。

（决议）通过。

十、主席交议，据会计处签呈，关于廉江县三十六年度地方岁入岁出第二次追加预算一案，经核编完竣，计岁入岁出各列七百五十八万五千一百元，请核定等情，请公决案。

（决议）通过。

十一、主席交议，据会计处签呈，关于恩平县三十六年度地方岁入岁出第一次追加预算一案，经核编完竣，计岁入岁出各列二亿四千九百二十九万九千元，请核定等情，请公决案。

（决议）通过。

十二、主席交议，据会计处签呈，关于翁源县三十六年度地方岁入岁出追加预算一案，经核编完竣，计岁入岁出各列三亿八千七百六十九万八千元，请核定等情，请公决案。

（决议）通过。

广东省政府第十届委员会
第一百三十四次会议纪录

时　间　九月十六日
地　点　本府会议厅
出席者　罗卓英　詹朝阳　杜梅和　姚宝猷　谢文龙　丘　誉
　　　　周景臻　冯次淇
公出者　罗香林　黄文山　蔡劲军
告假者　肖次尹　黄范一
列席者　张　明　黄秉勋　江完白　郭汉鸣　肖蔚民　蓝萼洲
　　　　何　融　温振鹏
主　席　罗卓英
纪　录　苏旭升
宣读第一百三十三次会议纪录。

报告事项

一、秘书处报告，奉交下会计处签呈，关于建设厅电，据农林处呈，为适应实际需要，拟将奉核定三十六年度临时费，及事业费，共五亿一千二百二十七万六千元预算数额内，从新调整分配，列具临时费调整表，转请核示一案，查表列系在原核定各科目内，划出六千七百万元，分别列为蚕桑增产事业费，及该处东山原址修建之费用，既据系适应实际需要，拟予照准，请核示等情，并奉准如拟办理。

二、秘书处报告，奉交下会计处签呈，以奉行政院本年八月二十三日会四字第三三六五一号训令，本省三十五年度第十次追加第一次及第二次员工复员补助费，共一十亿四千九百四十万元预算案，经立法院会议通过，抄附原预算书饬遵照等因，拟报会后分行，请核示等情，并奉

450

准如拟办理。

三、秘书处报告，奉交下会计处签呈，以奉行政院本年八月十五日会四字第三二一八一号代电，抄发拨补本省五月份起调整各项人员主副食费数额表，饬知照等因，查表列受训学员主副食费数额，系受训学警数额之误，并漏列受训学员应拨数额，计主食折价二千四百零二万五千七百四十四元，副食二千四百四十八万元，合共四千八百五十万五千七百四十四元，本案拟先分行，并电请行政院补拨受训学员主副食费，请核示等情，并奉准如拟办理。

四、民政厅、财政厅、教育厅、建设厅、警保处、秘书处，报告一周办理重要工作。

讨论事项

一、主席交议，据财政厅签呈，为修订本省土地税征收规则，请核示等情，请公决案。

（决议）交冯、谢、周三委员会同有关单位审查，由冯委员约集。

二、主席交议，据秘书处签呈，关于罗定县镜东、太西乡五大甲村民代表彭××、罗××因塱头坡所有权争执事件不服罗定县政府之处分提起诉愿一案，经审查评议完竣，依法拟具决定书，原处分撤销，请核示等情，请公决案。

（决议）通过。

三、主席交议，据会计处签呈，以公教人员待遇，经奉令自本年八月份起调整，关于省参议会人员交通费，拟照案增拨，计由八月份起至十二月份止，共增拨一千二百九十四万元，拟在本年度第一预备金科目拨支，请核示等情，请公决案。

（决议）通过。

四、主席交议，据会计处签呈，关于秘书处编呈垫付本府肖、周两委员分赴西北江勘灾旅费预算，计列支三百八十一万八千元，请拨还归垫一案，该款拟在本年度第二预备金科目拨支，请核示等情，请公决案。

（决议）通过。

五、主席交议，据会计处签呈，以公务员待遇经奉令调整，拟自本年八月份起，增拨各区专保公署临时费，又第二区及第八区据报，于八月份起裁减军法佐理员，并拟将该两区增拨数减列附具清表，请核示等情，请公决案。

（决议）通过。

六、主席交议，据会计处签呈，关于本省高等司法官考试及格人员梁栻勋等五人呈，以奉令赴京受训，请补助旅费一案，拟各补助七十八万三千元，计共三百九十一万五千元，款在本年度第一预备金科目拨支，请核示等情，请公决案。

（决议）通过。

七、主席交议，据财政厅签呈，关于粤海关黄副税务司，到厅询问禁运油类柴炭出口事项，经分别答复，谨请核示等情，请公决案。

（决议）（一）如厅拟办理。（二）茶油一并禁运出口。

八、主席交议，据会计处签呈，关于梅县三十六年度地方岁入岁出第一次追加预算一案，经核编完竣，计岁入岁出各列七亿六千九百六十七万九千元，请核定等情，请公决案。

（决议）通过。

九、主席交议，据会计处签呈，关于连山县三十五年度地方岁入岁出第四次追加预算一案，经核编完竣，计岁入岁出各列二百六十一万八千六百元，请核定等情，请公决案。

（决议）通过。

十、主席交议，据会计处签呈，关于定安县三十六年度地方岁入岁出第一次追加预算一案，经核编完竣，计岁入岁出各列三千九百二十五万六千元，请核定等情，请公决案。

（决议）通过。

十一、主席交议. 据会计处签呈，关于东莞县三十五年度地方岁入岁出第三次追加预算一案，经核编完竣，计岁入岁出各列七百七十八万四千六百元，请核定等情，请公决案。

（决议）通过。

十二、主席交议，据会计处签呈，关于茂名县三十六年度地方岁入岁出第一次追加预算一案，经核编完竣，计岁入岁出各列五亿七千五百万元，请核定等情，请公决案。

（决议）通过。

十三、主席交议，据会计处签呈，关于封川县三十六年度地方岁入岁出第一次追加预算一案，经核编完竣，计岁入岁出各列一亿八千六百七十二万五千元，请核定等情，请公决案。

（决议）通过。

十四、主席交议，据会计处签呈，关于海丰县三十六年度地方岁入岁出第一次追加预算一案，经核编完竣，计岁入岁出各列七千三百六十六万三千元，请核定等情，请公决案。

（决议）通过。

十五、主席交议，据民政厅签呈，拟派莫俭溥代理本厅视察，请核示等情，请公决案。

（决议）通过。

十六、主席交议，据民政厅长詹朝阳签呈，澄海县已指定为地政实验县，该县县长陈天民拟调充省地政局秘书，遗缺拟调省地政局秘书彭文和代理；郁南县长陈让湖拟予调省，遗缺拟调钦县县长孔繁枝接充，递遗钦县县长缺拟派宁可风代理；赤溪县长何银生拟予调省，遗缺拟派罗镇欧代理；惠阳县县长梁国材拟予免职，遗缺拟派练秉彝代理；龙川县长罗湘元拟予调省，遗缺拟派朱华代理，请核示等情，请公决案。

（决议）通过。

广东省政府第十届委员会
第一百三十五次会议纪录

时　　间　九月十九日

地　　点　本府会议厅

出席者　罗卓英　詹朝阳　杜梅和　姚宝猷　谢文龙　丘　誉
　　　　周景臻　冯次淇

公出者　罗香林　黄文山　蔡劲军

告假者　肖次尹　黄范一

列席者　张　明　毛松年　黄秉勋　江完白　陈鸿藻　朱润深

郭汉鸣　肖蔚民　赖希如　蓝萼洲　张慕槎

主　席　罗卓英

纪　录　苏旭升

宣读一百三十四次会议纪录。

报告事项

一、秘书处报告，奉交下会计处签呈，关于第一、三、四、七各区专员兼保安司令公署先后电请拨发各该区属之宝安、高要、陆丰、廉江各县复勘水灾旅费各案，拟准将本府前核拨各区专署复勘水灾旅费余款二百二十万元，分别拨发宝安、陆丰、廉江三县各六十万元，高要县四十万元，请核定分行后报会议等情，并奉准如拟办理。

二、秘书处报告，奉交下会计处签呈，奉行政院本年八月二十八日会二字第三四二七七号，核定动支三十六年度第二预备金通知书，以核定拨支外交部驻广东、广西特派员公署，整理粤港沙头角附近中英界石临时费一千六百三十万元，饬遵照等因，拟分行后报会议等情，并奉准如拟办理。

三、秘书处报告，奉交下财政厅签呈，关于整理屠宰税收，及必要时准予提高征收率至百分之十，以为改善县级警察待遇等，加强地方治安一案，前经本府第一二八次会议决议通过，并分行在案，现查各县治安日趋严重，拟再电饬各县（市）于本年十月一日起实行，以期充实力量，巩固治安，并电各县（市）参议会对于各该县（市）政府提出屠宰税整理或增加税率案，务予通过，请核示等情，并请准如拟办理。

四、田赋粮食管理处、社会处、会计处、统计处、人事处、卫生处、地政局、新闻处、设计考核委员会报告一周办理重要工作。

讨论事项

一、主席交议，据田赋粮食管理处签呈，为拟具本省三十六年度田赋征收实物及征借粮食实施办法，并参酌财政厅会计处意见，分别修正，请核定施行等情，请公决案。

（决议）修正通过。

二、冯委员函复，奉交审查财政厅修订本省土地税征收规则一案，经约集谢、周两委员及有关单位，派代表会同审查完竣，谨列具意见，请公决案。

（决议）通过。

三、主席交议，据建设厅呈，为拟具各县请派水利测量队暂行办法，请核备等情，请公决案。

（决议）通过。

四、主席交议，据会计处签呈，关于新闻处呈，以遵令重编新闻班三十六年度经常费，及生活补助费分配预算，请拨专款办理一案，计经常费八至十二月份，共需八百零五万五千二百五十五元，员役生活补助费一千九百三十万元，拟分别在本年度第二预备金及生活补助费科目拨支等情，请公决案。

（决议）通过。

五、主席交议，据会计处签呈，关于秘书处编呈，本府编印英文本《广东战后之建设与展望》及《广东五年建设计划大纲》两书，临时费预算计需费五千五百七十九万五千元，除奉拨五千万元外，不敷之数，请指款拨支一案，该不敷款拟在本年度新闻事业费科目拨支等情，请公决案。

（决议）通过。

六、主席交议，据会计处签呈，关于清远县三十六年度地方岁入岁出第一次追加预算一案，经核编完竣，计岁入岁出各列六亿零六百万元，请核定等情，请公决案。

（决议）通过。

七、主席交议，据会计处签呈，关于潮阳县三十六年度地方岁入岁出第一次追加预算一案，经核编完竣，计岁入岁出各列三亿三千七百五十七万，请核定等情，请公决案。

（决议）通过。

八、主席交议，据会计处签呈，关于惠阳县三十六年度地方岁入岁出第一次追加预算一案，经核编完竣，计岁入岁出各列三亿七千七百六十四万二千元，请核定等情，请公决案。

（决议）通过。

九、主席交议，据会计处签呈，关于惠来县三十六年度地方岁入岁出第一次追加预算一案，经核编完竣，计岁入岁出各列一亿四千八百七十一万八千六百元，请核定等情，请公决案。

（决议）通过。

十、主席交议，据会计处签呈，关于普宁县三十六年度地方岁入岁出第一次追加预算一案，经核编完竣，计岁入岁出各列一亿一千五百九十二万零一百元，请核定等情，请公决案。

（决议）通过。

十一、主席交议，据民政厅长詹朝阳签呈，清远县长李××拟予撤职，遗缺拟调曲江县长温克成接充，递遗曲江县长缺，拟派杨寿松代理；蕉岭县长缪叔民拟调省任用，遗缺拟派李秋谷代理；连山县长廖骐另有任用，拟予免职，遗缺拟派彭鸿元代理；封川县长潘绪忠拟调省任用，遗缺拟调乳源县长李嗣芬接充，递遗乳源县长缺，拟派罗云代理；四会县长林弘毅拟调省任用，遗缺拟派何凯诒代理；南雄县长肖宜芬辞职，拟予照准，遗缺拟调连县县长韩建勋接充，递遗连县县长缺，拟派黄麟玉代理，请核示等情，请公决案。

（决议）通过。

广东省政府第十届委员会
第一百三十六次会议纪录

时　　间　九月二十三日

地　　点　本府会议厅

出席者　罗卓英　詹朝阳　杜梅和　姚宝猷　谢文龙　丘　誉
　　　　周景臻　冯次淇

公出者　罗香林　黄文山　蔡劲军

告假者　肖次尹　黄范一

列席者　陈　沛　张　明　毛松年　黄秉勋　江完白　陈鸿藻
　　　　郭汉鸣　肖蔚民　赖希如

主　　席　罗卓英

纪　　录　苏旭升

宣读第一百三十五次会议纪录。

报告事项

一、秘书处报告，关于本府第九九次委员会议，通过之本省抗战阵亡将士遗族授田办法一案，前经分行并呈请行政院核备在案，现奉本年八月二十八日，四内字第三四二五一号指令核复，以所需经费甚巨，现时筹拨困难，应从缓议等因，经签准报会后分行。

二、秘书处报告，奉交下会计处签呈，关于财政厅呈，以建设厅故员梁次雄一次过恤金，经奉铨叙部核定为三百二十元，按当地公务员法定待遇增给百分之三十，以三十五年六月份为增给计算标准，计应发给三十万二千七百二十元，请指定科目开支一案，该款拟在本年度第二预备金项下拨支，请核示等情，并奉准如拟办理。

三、秘书处报告，奉交下会计处签呈，关于本府前电请行政院核定各行政督察专员及保警处副处长等特别办公费支给标准一案，现奉未俭会四代电核复，行政督察专员及县市长特别办公费，可自本年五月份起，照原支给标准增加两倍，警保处付处长特别办公费准月支九万元，以前专案核定之各级人员特别办公费，其现支额在表内未列明者，并准照规定增加两倍，抄附支给数额表，饬遵照等因，自应遵办，所应增之数，省级各机关应在核定经常费额内统筹支配，各县（市）政府（管理局），应就财力范围内因应办理，不另增拨补助，请核定分行后报会议等情，并奉准如拟办理。

四、秘书处报告，奉交下会计处签呈，以奉行政院本年八月三十日会四字第三四四九〇号核定追加预算通知书，核定拨发国民大会代表、立法院立法委员广东省选举事务所经费六亿六千一百二十六万二千二百元，饬知照一案，业经本府分行有关机关在案，惟本预算清单核列分配各数，是否足资应需，拟请列报会议后，交由民政厅核议办理，请核示等情，并奉准如拟办理。

五、秘书处报告，奉交下会计处签呈，关于第九区行政干部训练班三十五年度六至十二月份经补各费，前据编列预算呈府，当经准列经常费，共一亿七千五百五十二万九千三百七十五元，生活补助费三千三百七十七万二千元，并准在该区三十五年度地方统筹训练经费项下开支，及电复知照在案。现据缴岁入预算及六至十二月份结账会计报告，暨支出凭证前来，查核列数相符，拟请报会后复知，并将支出凭证发还，请核示等情，并奉准如拟办理。

六、秘书处报告，奉交下会计处签呈，以本省三十五年下半年度地方岁入岁出总决算业经汇编完竣，请列报会议后分别呈送行政院及主计处等情，并奉准如拟办理。

七、秘书处报告，奉交下会计处签呈，关于秘书处呈，请拨还该处垫付本府负担广东各界举行革命先烈纪念大会等经费五十万元一案，拟准照数在本年度第二预备金项下拨还归垫，请核示等情，并奉准如拟办理。

八、民政厅、财政厅、教育厅、建设厅、警保处、秘书处报告一周办理重要工作。

讨论事项

一、主席交议，据会计处签呈，关于财政厅呈转省银行经收库款利息总表，附同各分支行处存款利息计算清单，请核办一案，拟议意见，请核示等情，请公决案。

（决议）通过。

二、主席交议，据会计处签呈，关于前省保安司令部电送该部干训班三十五年度经常费支付预算书，计列支七千零二十二万四千零七十八元，款在同年度保安经费节余项下支报一案，拟准照办，请核示等情，请公决案。

（决议）通过。

三、主席交议，据会计处签呈，关于前省保安司令部电送该部干训班三十五年度开办费支付预算书，计列支二千一百零九万六千九百三十元，请核备一案，除前由府核拨一千万元外，余款拟准在同年度保安经费节余项下开支，请核示等情，请公决案。

（决议）通过。

四、主席交议，据会计处签呈，关于秘书处编呈垫付本府负担广东各界举行拥护全国总动员讨共戡乱运动大会等经费预算，计共列二百万元，请指款拨还归垫一案，该款拟在本年度第二预备金项下开支，请核示等情，请公决案。

（决议）通过。

五、主席交议，据会计处签呈，关于新兴县三十六年度地方岁入岁出第一次追加预算一案，经核编完竣，计岁入岁出各列九亿一千八百八十五万二千元，请核定等情，请公决案。

（决议）通过。

六、主席交议，据会计处签呈，关于南海县三十六年度地方岁入岁出第一次追加预算一案，经核编完竣，计岁入岁出各列六亿一千二百二十一万六千元，请核定等情，请公决案。

（决议）通过。

七、主席交议，据会计处签呈，关于教育厅编呈三十六年度省立学校及社教机关，充实设备及临时费科目，先行分配四分之三预算分配表，暨教育文化事业费增拨教育复员费预算分配表一案，应否准予照列，请核示等情，请公决案。

（决议）通过。

八、主席交议，据会计处签呈，关于教育厅，重编本省第十五届运动大会收支预算，计不敷六千一百九十三万五千元，请增加补助一案，该款可否准在本年度新兴事业费项下拨支，请核示等情，请公决案。

（决议）通过。

九、主席交议，据会计处签呈，关于国民大会代表、立法院立法委员广东选举事务所函请补助该所开办费等共二千三百四十六万八千元一案，该款可否准在本年度新兴事业费项下拨支，请核示等情，请公决案。

（决议）通过。

十、主席交议，据田赋粮食管理处签呈，为拟具本省三十六年夏季水灾被灾县份应核减赋额原则，请核定办理等情，请公决案。

（决议）通过。

十一、主席交议，据教育厅签呈，为拟具本省各县（市局）劝勉寺庙捐资，拨充中心国民学校及国民学校基金办法，请核定施行等情，请公决案。

（决议）通过。

十二、主席交议，据会计处签呈，本府前奉行政院令发各机关学校节余薪俸及生活补助费移充员工福利用途实施办法一案，当时适因裁员，奉核定暂缓办理，兹为遵奉中央命令兼顾员工生活起见，拟照分行，请核示等情，请公决案。

（决议）通过。

十三、主席交议，据会计处签呈，关于广东出征军人家属会函请补助广东军人子弟学校经费一案，奉核定补助二百万元，该款拟在本年度第二预备金项下开支，请核示等情，请公决案。

（决议）通过。

十四、主席交议，据财政厅签呈，本府前为应付政费，经委员会议通过，向省银行息借五十亿元，嗣因省银行头寸不足，只承借二十五亿元，现届期满，拟将该款本息拨还该行，请核示等情，请公决案。

（决议）通过。

十五、主席交议，据会计处签呈，关于省参议会电，以该会会所修建工程业经开投，请迅先拨付工程费八亿元应支一案，拟议意见，请核示等情，请公决案。

（决议）建筑费十亿元，应予照数编列第三次追加预算，除已拨二亿元外，余数先向省银行借垫应支。

十六、主席交议，据会计处签呈，关于前省保安司令部电送三十五年度额外人员经费支付预算书，请核备一案，计列经费一亿四千一百五十二万五千零一十五元，拟准在同年度保安经费节余项下拨支，请核示等情，请公决案。

（决议）通过。

十七、主席交议，据会计处签呈，关于新闻处呈，以该处处址租金，接业主通知自九月份起增加，拟准增至每月三百万元，九至十一月份共计九百万元，请核拨一案，拟议意见，请核示等情，请公决案。

（决议）九、十两月共增租五百万元，款在本年度新兴事业费项下支付。

十八、主席交议，据教育厅签呈，拟将平远县立梅青初级农业职业学校，改为省立，并拟议该校本年度经费筹备意见，请核示等情，请公决案。

（决议）通过。

十九、主席交议，据会计处签呈，关于新闻处呈，以该处秘书陈江帆因公伤足，请先拨发医药费三百万元一案，拟照人事处核议，准予发给，款在本年度第二预备金项下开支，请核示等情，请公决案。

（决议）通过。

二十、主席交议，据会计处签呈，关于田粮处呈，以准广州地方法院电，为派员会同赴港，查讯保安队兵叶启焕等，请补助旅费国币二千万元一案，拟照数补助，款在本年度第二预备金项下开支，请核示等情，经准予照办，请追认案。

（决议）追认。

二十一、主席交议，据建设厅呈，拟派罗光耀代理公路处技士，请核示等情，请公决案。

（决议）通过。

二十二、主席交议，据财政厅呈，拟派李德卿代理本厅视察，请核示等情，请公决案。

（决议）通过。

二十三、主席交议，据地政局呈，拟派吕泽湘代理本局科长，请核示等情，请公决案。

（决议）通过。

二十四、主席交议，据教育厅长姚宝猷签呈，省立梅青初级农业职业学校最近改组成立，该校校长一缺，拟派陈腾凤充任，请核示等情，请公决案。

（决议）通过。

二十五、主席交议，大埔县长罗××对境内范副司令家属被匪绑架一案，迭经严电令饬搜剿起掳，迄逾三月，仍未破获，显属措置无方，经予撤职，遗缺并经先派丘肇周代理，请追认案。

（决议）追认。

广东省政府第十届委员会
第一百三十七次会议纪录

时　间　九月二十六日
地　点　本府会议厅
出席者　罗卓英　詹朝阳　杜梅和　姚宝猷　谢文龙　丘　誉
　　　　肖次尹　周景臻　冯次淇
公出者　罗香林　黄文山　蔡劲军
告假者　黄范一
列席者　张　明　毛松年　黄秉勋　江完白　陈鸿藻　朱润深
　　　　郭汉鸣　肖蔚民　李国俊　赖希如
主　席　罗卓英
纪　录　苏旭升
宣读第一百三十六次会议纪录。

报告事项

一、秘书处报告，奉交下会计处签呈，以本年八月份起，本府所属各机关遣散员役生活补助费，其已报到府者，经核定在省预算生活补助费科目暂先拨支，现查先后核发各机关遣散费，截至九月二十日止，共拨支四亿五千二百一十九万五千四百元，兹列具暂拨支各机关遣散费清表，请列报会议后分行，其尚未拨支者，再汇案办理等情，并奉准如拟办理。

二、秘书处报告，奉交下建设厅签呈，以据长途电话所电，以该所各分所站用户月费，前于三十五年十月份起奉准征收三千元，现物价高涨，通话价目已奉准增加，该项月费似亦有调整必要，兹拟请准将用户月费，自本年九月份起增至一万五千元，查属可行，拟予照准，请核示等情，并奉准如拟办理。

三、秘书处报告，奉交下会计处签呈，关于省级各机关全体公教员工、长警救济水灾捐款，规定按照六月份薪津捐一日所得，预计可得一

462

亿五千万元以上，该款经由府先饬省银行垫付，并设立专户，由各机关将捐款迳交该户汇收，暨分行遵办在案，现据省银行呈报，该专户存款额已有一亿六千余万元，请将该项垫款如数拨还清账，应请着财政厅签拨归还，并会同省银行查列该专户余额，转入省水灾会存在该行存款账户，并报府备查，以后如有机关解缴捐款入户者，即转入水灾会存款内，请核示等情，并奉准如拟办理。

四、秘书处报告，奉交下田赋粮食管理处签呈，以据四会县政府电，请借拨县仓积谷一二七石四二五合，与大兴围赶筑秋栏，请核备一案，查积谷旨在备荒，规定办理平粜散放及贷放，不得移作别用，该县提用积谷筑秋栏，虽于法无据，但工赈与散赈同一性质，且有辅助农村生产事业之发展，事属切要，拟准拨为工赈，仍饬取具凭证及名册，送请当地法院参议会等审议签证呈核，嗣后其他被灾县份如有援例者，拟援案准予照办，请核示等情，并奉准如拟办理。

五、秘书处报告，奉交下会计处签呈，以本府前奉行政院训令，本省三十五年度第六次追加各机关经常费三亿七千万元预算，经立法院会议通过饬知照一案，查此案，与前奉核定追加汕头市政府，复员费五千万元之次数相同，经电请查示是否笔误，现奉核复上两项追加费，均编列为第六次追加等因，本案拟报会后分行，请核示等情，并奉准如拟办理。

六、秘书处报告，奉交下会计处签呈，以本年度本府核拨各机关生活补助费，总案计有：（一）丑迴会一省代电，核发数由本年一月份起，月需二十一亿九千七百三十九万四千零五十元。（二）已郜会一省代电，五月份起，月需增发二十六亿三千四百二十六万八千六百五十元。（三）午支会一省代电，核拨省警察队及音乐队一至四月份，每月数一亿二千二百六十七万四千五百元。五月份起调整待遇，每月一亿八千二百六十七万二千五百元。（四）午寒会一省代电，核定各机关（学校除外）按职员平均月薪一百七十元，计算总额八成签拨，七月份一个月二十一亿三千二百三十二万六千四百元。（五）午全会一省代电，八月份裁员后，应拨数月需二十二亿九千九百三十五万三千四百元。（六）申文会一省代电，照八月份调整待遇，应增拨数，月需一十亿四千六百零九万一千四百元。另增拨警保处每月三亿二千七百二十四万元，请列报会议，以完成法案等情，并奉准如拟办理。

七、秘书处报告，奉交下会计处签呈，关于教育厅呈，拟购买《国父遗教纲要》一书，分发各省立学校及省县民教馆图书馆，以供阅览，计共一百四十八本，需款一百七十九万八千元，款在本年度省立学校及社教机关充实设备及临时费科目开支一案，拟予照准，请核示等情，并奉准如拟办理。

八、秘书处报告，奉交下财政厅签呈，以各县（市）财务委员会裁撤后，其原有业务及其他有关问题，兹分别拟议意见十二项，请核定分行各县（市）政府及参议会遵照办理，暨补报会议等情，并奉准如拟办理。

九、秘书处报告，奉交下会计处签呈，前省保安司令部政治部，在省警保处成立后，因准国防部新闻局电知候命改组，故其本年七、八、九月份需支经粮，经由府饬警保处借拨应支，并迳电行政院请示解决办法，现奉申文四内电饬应予裁撤等因，自应遵办，惟九月份已逾半月，应准维持至九月底止，并准按服务年资发给资遣费，由该政治部列具名册，呈府候核，至七至九月份已支经粮，应由警保处作正开支，请核定分行后报会议等情，并奉准如拟办理。

十、秘书处报告，奉交下会计处签呈，关于长途电话所人事室主任肖伟山呈，以前奉派赴京受训，计共支出旅费四十三万八千元，请准予列销，并请援案发给治装费四十七万二千元一案，查所列旅费尚无不合，除前已核给二十九万七千五百元外，计需补拨一十四万五千元，连同治装费共计六十一万二千五百元，拟准援案在本年度第二预备金项下拨支，请核定分行后报会议等情，并奉准如拟办理。

十一、秘书处报告，奉交下会计处签呈，关于新闻处呈，以省立文理学院，本学期功课业已编定，新闻班开设已有困难，请将奉准开办该班计划收回成命一案。查新闻班本年八至十二月份经费，共八百零五万五千二百五十五元，员役生活补助费一千九百三十万元，前经本府第一三五次会议通过，分别在本年度第二预备金及生活补助费科目拨支在案，现据该班开设既有困难，拟准如所请，并列报会议注销法案等情，并奉准如拟办理。

十二、秘书处报告，奉交下会计处签呈，关于建设厅呈，为与经济

464

建设出版社订约出版《经济建设》月刊，拟由厅一次过补助该社出版费二千万元，款在本年度省预算经济书刊印刷费项下拨支，抄同合约一案，核尚可行，拟准照办，请核示等情，并奉准如拟办理。

十三、秘书处报告，奉【交】下会计处签呈，关于教育厅呈，以因应各校需要，并依照奉核定各月份领支副食费标准，合并编具本年全年度公费生副食费分配预算，请核转一案，查表列公费生人数一至六月及至十二月，每月各一万七十名，暨副食费一月份列支一亿六千一百一十二万元，二至四月各月列支二亿四千一百六十八万元，五至六月及九至十二月，各月列支二亿四八千一百九十六万元，全年共支二十五亿七千九十二万元，核数符合，拟请列报会议后分别存转饬拨等情，并奉准如拟办理。

十四、秘书处报告，奉交下会计处签呈，以省立各院校八月份起裁员后，人数经由教育厅报府核定，并分行在案，兹照八月份起调整待遇标准核计，应拨各院校生活补助费自本年八月份起，每月六亿七千六百二十六万三千元，拟先分行饬财政厅，照表列数目分别签拨后，补报会议等情，并奉准如拟办理。

十五、秘书处报告，奉交下会计处签呈，关于新闻处购置汽车费一千五百万元，前经本府第八十九次委员会议通过，款在本年度第一预备金科目开支，并分行在案，现新闻处呈以因车价高昂，不能成交，奉拨之款，仍存库未有提用，查该款既未购车，拟请列报会议后分行注销前核定拨款法案，并饬将款归还原拨支科目等情，并奉准如拟办理。

十六、田赋粮食管理处、社会处、会计处、统计处、人事处、卫生处、地政局、新闻处、设计考核委员会报告一周办理重要工作。

讨论事项

一、主席交议，据田赋粮食管理处签呈，拟修正本省地籍整理及土地陈报完竣县份，土地赋税征收实物实施办法，第一、二、六、七各条条文，并将原第八条删去，第五条改为第八条，请核示等情，请公决案。

（决议）通过。

二、主席交议，据会计处签呈，关于统计处呈请自十月一日起，准将该处员额改为五十三人，并请发给裁减职员五人之遣散费一案，应否照准，请核示等情，请公决案。

（决议）通过。

三、主席交议，据地政局呈，为拟具整理澄海地政实验县地籍计划，请核准办理等情，请公决案。

（决议）通过。

四、主席交议，据会计处签呈，关于广东省银行呈缴该行三十六年度追加预算书一案，经分别审核谨列具意见，请核示等情，请公决案。

（决议）通过。

五、主席交议，据会计处签呈，关于国民大会代表、立法院立法委员广东省选举事务所函请自本年九月份起按月准予该所员工价领粮食一案，应否照准，请核示等情，请公决案。

（决议）照准。

六、主席交议，据会计处签呈，关于新闻处呈请自九月份起按月补助本府广播电台经费一千万元，并准该台员工价领粮食一案，拟议意见，请核示等情，请公决案。

（决议）自九月份起，每月增发补助费三百万元，列入追加预算。

七、主席交议，据会计处签呈，关于建设厅呈请由府增拨调厅支薪视察梁谦武等六名，本年度特别办公费，俾使支付一案，拟议意见，请核示等情，请公决案。

（决议）四厅均准增拨，年共五百零四万元，列入追加预算。

八、主席交议，据会计处签呈，关于建设厅呈缴西村士敏土厂三十五年度营业决算书，并附具审核意见书一案，兹分别核议意见，请核示等情，请公决案。

（决议）通过。

九、主席交议，据会计处签呈，关于财政厅请拨还垫支执行金融紧急措施旅杂费四百一十七万元一案，该款拟准在本年度第二预备金项下拨支，请核示等情，请公决案。

（决议）通过。

十、主席交议，据会计处签呈，关于教育厅呈缴省立梅州中学教员王慕杰退休事实表，请核发退休金一案，拟准发给一百二十三万八千七百六十八元，除在退休金科目列支一十九万二千元全数拨支外，其余拟在本年度第二预备金项下开支，请核示等情，请公决案。

（决议）通过。

十一、主席交议，前据大埔县政府电，请补助该县剿匪经费五千万元一案，经予照准，该款并经饬据会计处签拟，在本年度贫瘠县份补助费项下开支，请追认案。

（决议）追认。

十二、冯委员函复，奉交审查广州市政府与番禺县政府互争东圃墟等地一案，经约集詹、谢、周各委员会同审查完竣，谨列具意见，请公决案。

（决议）通过。

十三、主席交议，据会计处签呈，关于前保安司令部政治部呈，以遵令结束，并造具该部及所属官兵资遣名册，请核发资遣费一案，拟议意见，请核示等情，请公决案。

（决议）准在省遣散费科目拨支。

十四、主席交议，据会计处签呈，为编具本省三十六年度第三次追加地方岁入岁出总预算，请核定后呈送中央核办等情，请公决案。

（决议）修正通过。

十五、主席交议，据会计处签呈，关于广州市三十五年度地方岁入岁出第二次追加预算一案，原列岁入追加一十八亿零五百九十三万五千七百元，追减一十四亿零九百三十四万二千六百元，岁出追加四亿二千三百八十八万一千二百元，追减二千七百二十八万八千一百元，拟准照办，请核定等情，请公决案。

（决议）通过。

十六、主席交议，据会计处签呈，关于南雄县三十六年度地方岁入岁出第一次追加预算一案，经核编完竣，计岁入岁出各列一亿四千五百二十一万七千元，请核定等情，请公决案。

（决议）通过。

十七、主席交议，据会计处签呈，关于新闻处呈，拟编印本府三十六年上半年工作报告五百本，计需款二千九百万元，请核拨办理一案，该款拟在本年度新兴事业费科目拨支，请核示等情，请公决案。

（决议）通过。

十八、主席交议，据会计处签呈，关于地政局编呈该局主任秘书李振赴京出席全国地政会议旅费预算，计共七百二十五万元，请核拨一案，该款拟在本年度第二预备金项下拨支，请核示等情，请公决案。

（决议）通过。

十九、主席交议，据会计处签呈，关于卫生处呈，以该处科长冼维逊奉派赴美进修，计支出国内出差旅费二百九十二万五千九百元，列具请款单请核拨一案，该款拟在本年度第二预备金项下拨支，请核示等情，请公决案。

（决议）通过。

二十、主席交议，据会计处签呈，以本府前核拨本省第十届运动大会运动场修理费二千万元，筹备费二千万元，共四千万元一案，经饬省银行借垫，该款拟在本年度新兴事业费科目拨支归垫，请核示等情，请公决案。

（决议）通过。

二十一、主席交议，据会计处签呈，关于新丰县训练所教育长罗睿樨报告，该县前县长罗联辉在任时适值地方饥荒，该县经粮均向地方人士借垫，此次遭匪伏击，受伤被掳，尚未脱险，其妻子生活亦无法维持，请予救济一案，拟一次过补助一千万元，款在贫瘠县份补助费科目签拨，请核示等情，请公决案。

（决议）通过。

二十二、主席交议，据会计处签呈，关于本府前核定在本年度贫瘠县份补助费科目，垫付转业地方行政人员陈福襄等赴任旅费，共八百四十八万七千元，拟在原垫付科目作正开支，请核示等情，请公决案。

（决议）通过。

二十三、主席交议，据会计处签呈，关于建设研究会呈，以编印《广东各县市政情手册》，计需印刷费八百万元，请拨款办理一案，该款应否准在本年度新兴事业费科目拨支，请核示等情，请公决案。

（决议）通过。

二十四、主席交议，据省训练团电，以经费短绌，业于九月份起，再裁减职员四十人，造具被裁人员名册，请核发资遣费等情，请公决案。

（决议）准在省遣散费科目发给。

二十五、主席交议，据会计处签呈，关于建设厅电缆西村士敏土厂追加该厂办设置监理人员薪津、办公费预算表一案，拟请核定后转呈行政院办理等情，请公决案。

（决议）通过。

二十六、主席交议，据会计处签呈，关于社会处呈缴三十六年度振济基金岁入岁出预算，计列振款收入支出各三亿五千万元一案，查收支尚能适合，拟请核定后转呈，行政院办理等情，请公决案。

（决议）通过。

二十七、主席交议，据会计处签呈，关于统计处呈，以该处自复员迄今，系借用省教育会图书馆为办公处址，现准该会请自本年八月份起，每月纳回租金二百万元，请指款拨支一案，应如何办理，请核示等情，请公决案。

（决议）通过。款在本年度第三次追加预算预备金项下开支。

二十八、主席交议，据会计处签呈，关于本府前饬财政厅垫付国大代表联络站膳食费一千五百万元一案，该款拟在本年度第三次追加预算第二预备金拨还归垫，请核示等情，请公决案。

（决议）通过。

二十九、主席交议，据会计处签呈，以南京广东省银行，垫付本府驻京代表办公处新址落成购置设备费共三千九百六十四万零六百元一案，该款拟在本年度第三次追加预算预备金开支，请核示等情，请公决案。

（决议）通过。

三十、主席交议，据田粮处呈缴该处三十六年度办理本省粮食调节业务经常费，及生活补助费预算，请核拨等情，请公决案。

（决议）照会计处签拟办理。

三十一、主席交议，据新闻处呈，请拨还先后招待长沙及京沪记者团招待费，共款一千二百五十八万元等情，请公决案。

（决议）通过。款在本年度第三次追加预算预备金项下开支。

三十二、主席交议，据新闻处呈，以本府公报由四十一期至五十二期经已编就，拟即付印，计共需印刷费七千一百八十八万元，除前奉拨二千万元外，余请拨款办理等情，请公决案。

（决议）不敷数在本年度新兴事业费项下拨支。

三十三、主席交议，据设考会呈，以编印本府第十届委员会政绩交代比较表，计需印刷费一千五百万元，请拨款办理等情，请公决案。

（决议）通过。款在本年度第二预备金项下开支。

三十四、主席交议，据本省三十五年度县长考试试务处呈，请将前垫借考试经费七百万元，准予作正补助，并请将不敷费六百二十万零五千五百元，准予拨还归垫等情，请公决案。

（决议）准予补助，款在本年度第三次追加预算预备金项下开支。

三十五、主席交议，据会计处呈，关于实业公司呈缴三十六年度营业计划及预算一案，拟议意见，请核定后转呈行政院核办等情，请公决案。

（决议）通过。

三十六、主席交议，据内政部分发本省复员军官转任地方行政人员罗倬汉等呈，请饬本府各厅处局，自本年八月份起，增借薪俸五十万元等情，请公决案。

（决议）准各增借三十万元。

三十七、主席交议，据会计处签呈，关于前省保安司令部编送留办交代人员经费及公粮预算，请拨支一案，计列留办交代官七人兵三名，超出行政院规定人数，拟仍照规定办理，并拟议意见，请核示等情，请公决案。

（决议）通过。

三十八、主席交议，据警保处编呈粤桂南区清剿总指挥部开办费预算，计列二千五百七十万元，请核拨等情，该款拟在第三次追加预算预备金开支，在追加预算未奉核复前，拟先在借垫保安经费六十亿元户内垫支，请公决案。

（决议）通过。

三十九、主席交议，据警保处编缴粤桂南区清剿总指挥部临时费预算，请核拨等情，拟暂准月列一亿元，十至十二月份共三亿元，编列第三次追加预算，在追加预算未奉核复前，拟先在借垫保安经费六十亿元户内，分月垫支，请公决案。

（决议）通过。

四十、主席交议，据财政厅、田粮处、会计处会签，本府前向中央领回售与省县粮二十万市石一案，除县粮部分外，尚应补回中央差价二十六亿六千九百余万元，拟请指定现存未售赋谷二万七千市石，以备偿付等情，请公决案。

（决议）通过。

广东省政府第十届委员会
第一百三十八次会议纪录

时　间	九月三十日
地　点	本府会议厅
出席者	罗卓英　詹朝阳　杜梅和　姚宝猷　丘　誉　肖次尹 罗香林　黄文山　黄范一　周景臻　冯次淇
公出者	蔡劲军
告假者	谢文龙
列席者	陈　沛　张　明　毛松年　黄秉勋　江完白　陈鸿藻 朱润深　郭汉鸣　赖希如　谢群彬　黄俊人
主　席	罗卓英
纪　录	苏旭升

宣读第一百三十七次会议纪录。

报告事项

一、秘书处报告，奉交下会计处签呈，关于教育厅呈，据省立南雄中学电，请拨发该校黄前校长留办交代人员薪津一案，计留办交代人员薪俸二百六十万元，拟饬在该校本年度额定经常费内支报，生活补助费八十六万元，拟准在本年度生活补助费科目拨支，请核示等情，并奉准如拟办理。

二、秘书处报告，奉交下会计处签呈，关于普宁县政府呈，以该县集结自卫大队长翁启东，于民国三十四年一月抗敌阵亡，并填具请恤事实表，请核恤一案，经由民政厅核议给予一次过遗族恤金八十元，年抚金五十元，期限十年，照原额一千倍发给，计应给与一次恤金八万元，及第一年抚金五万元，共一十三万元，款在本年度第二预备金项下拨支，请核示等情，并奉准如拟办理。

三、秘书处报告，奉交下会计处签呈，关于广东省美术协会理事长伍千里函，为定期举行联合美术展览会，请捐助经费一案，拟准予补助一百万元，款在本年度新兴事业费项下开支，请核示等情，并奉准如拟办理。

四、秘书处报告，奉交下会计处签呈，以本府准国民政府主计处函知，本省三十五年度第十一次追加建设厅公路保养基金五十九万零二百一十元预算一案，经立法院会议通过，抄附原预算书，请查照等由，拟请先行列报会议后分行等情，并奉准如拟办理。

五、秘书处报告，奉交下会计处签呈，关于财政厅电，以革命同志肖炳然等十二员三十五年度养老金，因国库收支结束，未及给领，请转请中央转账加入本年度岁出一案，查表列各同志养老金，均系三十四年以前补发数，总共二十八千零三十九元，为数不多，拟在本年度第一预备金项下照数拨补，请核定分行后报会议等情，并奉准如拟办理。

六、秘书处报告，奉交下建设厅呈，以据长途电话管理所呈，请将本年八月份起，裁减省预算负担生活补助费之工役一百名，改由该所营业收入项下负担一案，拟予照准，请核示等情，并奉准如拟办理。

七、民政厅、财政厅、教育厅、建设厅、警保处、秘书处报告一周办理重要工作。

讨论事项

一、主席交议，据财政厅、田粮处、会计处会签，本府前于本年一月十六日，曾以赋实向中央银行押借二十六亿元，截至九月底止，利息计三亿七千五百九十万元，除应付利息已入第三次追加预算外，请指定现存未售赋谷二万六千市石，为还本之用等情，请公决案。

（决议）通过。

二、主席交议，据财政厅会计处会签，关于三一联谊社广东分社函，为装修社址增设同学招待所请补助一千万元一案，该款拟准在本年度第二预备金项下开支，请核示等情，请公决案。

（决议）通过。

三、主席交议，据会计处签呈，关于广东英文新报社函请补助该社基金一案，经奉核定一次过补助一千万元，该款拟在本年度新兴事业费项下开支，请核示等情，请公决案。

（决议）通过。

四、主席交议，据广东全省新闻记者公会呈，请按月补助该会经费五百万元等情，请公决案。

（决议）准予一次过补助五百万元，款在本年度新兴事业费项下开支。

五、主席交议，据会计处签呈，关于省训练团编呈该团交代费用预算表一案，计需交代人员薪俸八百五十元，拟饬在该团经常费内开支，办公费二百五十二万五千元，在本年度第二预备金项下开支，生活补助费三百七十三万元，在生活补助费科目拨支等情，请公决案。

（决议）通过。

六、主席交议，据会计处签呈，关于南山管理局三十五年度地方岁入岁出第四次追加预算一案，经核编完竣，计岁入岁出各列三百四十八万三千二百元，请核定等情，请公决案。

（决议）通过。

七、主席交议，据省银行列呈，本府驻京代表办公厅，前向该行及南京支行借支费用清单，请拨还清账一案，查表列津贴粤籍参政员旅费、红十字经费、修车费、订购国民大会特辑，共三千九百八十八万七千元，应否准予补发，请公决案。

（决议）通过，款在本年度第三次追加预算预备金项下开支。

八、主席交议，据警保处遵令编呈前省保安司令部编遣人员到差日期名册，请核发资遣费等情，请公决案。

（决议）通过，所需资遣费共四千五百三十八万六千元，在本年度省遣散费科目拨支。

九、主席交议，据本府无线电总台呈，以本年三至八月份，计不敷摊付政务电台报费，共三百六十四万五千二百五十元，请核拨等情，请公决案。

（决议）通过，款在本年度第三次追加预算预备金项下开支。

十、主席交议，据财政厅签呈，以该厅杜厅长于本年七月因公赴京，计需用旅费一千万元，请拨还归垫等情，请公决案。

（决议）通过。款在本年度第三次追加预算预备金项下拨支。

十一、主席交议，据秘书处签呈，拟编印本府各种书刊暨文告四种，需印刷费五千万元，请拨款办理等情，请公决案。

（决议）通过。款在本年度第三次追加预算预备金项下开支。

十二、主席交议，据秘书处签呈，以本府最近举行招待会两次，招待本市新闻记者及各机关首长中外来宾，计需款五千万元，请拨支等情，请公决案。

（决议）通过。款在本年度第三次追加预算预备金项下拨支。

十三、主席交议，据省文献委员会呈，以该会自成立后，先后向各机关借支费用共五千零八万元，请拨还归垫等情，请公决案。

（决议）通过。款在本年度第三次追加预算预备金项下拨支。

十四、主席交议，据时论月刊社呈，请一次过补助该社经费四千万元等情，请公决案。

（决议）准一次过补助一千万元，款在本年度第三次追加预算预备金项下开支。

十五、主席交议，据教育厅签呈，请拨发省立民众教育馆迁移费一千二百万元等情，请公决案。

（决议）通过，款在本年度教育复员费五亿五千万元分配预算内，省立各校收音机购置费项下开支。

十六、主席交议，据会计处签呈，关于饶平县三十六年度地方岁入岁出第一次追加预算一案，经核编完竣，计岁入岁出各列五千三百二十五万二千元，请核定等情，请公决案。

（决议）通过。

十七、主席交议，据社会处签呈，以本处经收海内外同胞汇粤赈款，计结存国币一亿八千三百五十万九千三百四十二元，除内有九千四百九十九万一千四百七十五元，因捐款人未指定用途未便分配外，其余八千八百五十一万七千八百八十六元，拟分配本省各县市救济院等机关，作为收容救济灾民难童之用，附具分配表，请核示等情，请公决案。

（决议）通过。

十八、主席交议，据会计处签呈，关于无线电总台编呈该总台及直属分台三十六年度房屋租金预算书，请核拨一案，拟议意见，请核示等情，请公决案。

（决议）通过。

十九、主席交议，据广东文化教育协会呈，请补助该会印刷《文教》杂志经费五百万元一案，该款经饬据会计处签拟，在本年度第三次追加预算预备金项下开支，请公决案。

（决议）通过。

二十、略。

二十一、主席交议，据教育厅签呈，奉交广州市党部函，以省立民众教育馆现址，系该部原址，请迅迁让一案，查该馆原设净慧公园，前奉广州行营电令迁入现址，如需将该部原楼迁让，请另拨馆址以维民教等情，请公决案。

（决议）借拨南海学宫（即广州市党部现址），为省立民众教育馆馆址，并饬南海县政府照拨。

二十二、主席交议，据民政厅签，奉交下行政院训令，饬调整县级机构财政，减少县长兼职与牵掣，并慎选严核县级员吏一案，除财政部分另有财政厅办理外，经约集有关机关迭次会商，拟具县政改革实施方案，及修正本省县政府组织规程暨编制表，请核示等情，请公决案。

（决议）修正通过。

二十三、主席交议，据警保处签呈，为拟具本省各县（市）民众自卫队组训办法，请核定施行等情，请公决案。

（决议）通过。

二十四、主席交议，据田赋粮食管理处签呈，为拟具本省三十六年度沙田赋实征收实施办法，并择定沙田赋实较多之中山、番禺、新会、东莞等四县先行实施，请核示等情，请公决案。

（决议）通过。

二十五、主席交议，据会计处签呈，关于田粮处呈，为本省本年度田粮储运机构，经补临各费，省库应负担数额，请迅饬签拨应支一案，拟议意见，并拟具省县田粮征收经费签拨计算方法，请核示等情，请公决案。

（决议）按省级负担经费部分先请拨四个月经费，一面将计算方法呈院核示。

二十六、主席交议，据会计处签呈，关于卫生处呈缴该处及所属各机关三十六年度生活补助费预算分配表，请察核存转一案，拟议意见，请核示等情，请公决案。

（决议）通过。

二十七、主席交议，据会计处签呈，本府核准增拨新闻处本年度事业费二千七百四十三万二千元，前经饬向省银行借垫应支，该款拟在本年度第三次追加预算第二预备金项下拨支，请核示等情，请公决案。

（决议）通过。

二十八、主席交议，据广东建设协会总会呈，请拨助该会经费五百万元等情，请公决案。

（决议）照拨，款在本年度第三次追加预算预备金项下开支。

广东省政府第十一届委员会会议录

（1947 年 10 月 8 日—1948 年 11 月 30 日）

广东省政府第十一届委员会
第一次会议纪录

时　　间　民国三十六年十月八日

出席者　宋子文　　詹朝阳　　杜梅和　　姚宝猷　　谢文龙　　丘　誉
　　　　　肖次尹　　罗香林　　黄文山　　黄范一　　周景臻　　冯次淇

公出者　蔡劲军

列席者　陈　沛　　张　明　　毛松年　　黄秉勋　　江完白　　陈鸿藻
　　　　　朱润深　　郭汉鸣　　肖蔚民　　赖希如　　李锡朋　　黄俊人

主　　席　宋子文

纪　　录　苏旭升

报告事项

一、民政厅、财政厅、教育厅、建设厅、秘书处、警保处、田赋粮食管理处、社会处、会计处、统计处、人事处、卫生处、地政局、新闻处、设计考核委员会报告一周办理重要工作。粤侨事业辅导委员会、建设研究委员会报告九月份重要工作。

讨论事项

一、主席交议，据田赋粮食管理处签呈，为拟定本省各县三十六年度田赋征实征借公粮积谷考成标准额表，及预算配额表，请核示等情，请公决案。

（决议）交杜、丘、肖三委员，会同田粮处、会计处、地政局审查，由杜委员约集。

二、主席交议，据田赋粮食管理处签呈，为本年十月份省级机关公教员工价领粮食，可否照案价拨，请核示等情，请公决案。

（决议）照案价拨。

广东省政府第十一届委员会
第二次会议纪录

时　间　十月十五日

地　点　本府会议厅

出席者　宋子文　詹朝阳　杜梅和　姚宝猷　谢文龙　丘　誉
　　　　肖次尹　罗香林　黄文山　黄范一　周景臻　冯次淇

公出者　蔡劲军

列席者　史延程　张　明　毛松年　黄秉勋　江完白　陈鸿藻
　　　　朱润深　郭汉鸣　肖蔚民　黎铁汉　赖希如　李锡朋
　　　　黄俊人

主　席　宋子文

纪　录　苏旭升

宣读第一次会议纪录。

报告事项

一、秘书处报告，关于佛冈县龙山乡民高刘氏因匪劫事件不服佛冈县政府拘押其夫之处分，向本府提起诉愿一案，经审查评议完竣，依法拟具决定书，本件诉愿不受理，并经签准如拟办理。

二、秘书处报告，奉交下会计处签呈，奉行政院西支会四电知，自八月份起，调整本省保安士兵饷项为上士十四万元，中士十万元，下士八万元，上等兵七万二千元，一等兵六万七千五百元，二等兵六万元，计月需增拨一十二亿四千四百二十万元等因，拟遵照分行，并将前核定自九月起每兵暂增待遇五万元之款，遵批扣回，附具数目表请核示等情，并奉准如拟办理。

三、民政厅、财政厅、教育厅、建设厅、秘书处、警保处、田赋粮食管理处、社会处、会计处、统计处、人事处、卫生处、地政局、新闻处、设计考核委员会报告一周办理重要工作。

讨论事项

一、主席交议，据会计处签呈，以奉行政院电知，本省本年度各机关经常赞准予追加两倍半，共增拨三十三亿二千一百九十八万二千五百元，饬编具分配预算请核示等因，兹拟议分配意见两项，并编具本省三十六年度第四次追加总预算，请核示等情，请公决案。

（决议）通过。

二、主席交议，据会计处签呈，关于建设厅转缴交农林处兽疫防治所组织规程，及编制表一案，拟议意见，并拟具该所三十六年度编制表，请核示等情，请公决案。

（决议）通过。

三、杜委员、丘委员、肖委员会复，奉交审查本省各县三十六年度田赋征实征借公粮积谷考成标准额表，及预算配征额表一案，经约集各有关机关会同审查完竣，谨列具意见，请公决案。

（决议）通过。

四、杜委员，丘委员、肖委员会复，奉交审查田粮处、财政厅等机关拟定本省三十六年夏季水灾被灾田亩应核减赋额总表，及编计表一案，经约集各有关机关会同审查完竣，谨列具意见，请公决案。

（决议）通过。

五、杜委员，丘委员、肖委员会复，奉交审查田粮处订定本省各县三十六年度田赋征实折价标准计算表一案，经约集各有关机关会同审查完竣，谨列具意见，请公决案。

（决议）通过。

六、主席交议，据会计处签呈，关于罗定县三十六年度地方岁入岁出第一次追加预算一案，经核编完竣，计岁入岁出各列三亿二千四百一十九万二千元，请核定等情，请公决案。

（决议）通过。

七、据会计处签呈，关于四会县三十六年度地方岁入岁出第一次追加预算一案，经核编完竣，计岁入岁出各列三亿五千五百零六万四千元，请核示等情，请公决案。

（决议）通过。

八、主席交议，省训练团及各县市训练所拟依照内政部规定裁撤，关于结束办法，经饬据秘书处会计处会签意见前来，请公决案。

（决议）通过。

九、主席交议，为实施本省经济建设发展实业起见，拟将广东省建议厅西村士敏土厂，拨由广东省实业公司经管，请公决案。

（决议）通过。

十、主席交议，广东省实业公司兼董事长詹朝阳请辞兼职，经予照准，遗董事长缺，并经改派该公司董事谢文龙兼充，请追认案。

（决议）追认。

广东省政府第十一届委员会
第三次会议纪录

时　间　十月二十二日
地　点　本府会议厅
出席者　宋子文　詹朝阳　杜梅和　姚宝猷　谢文龙　丘　誉
　　　　肖次尹　罗香林　黄文山　黄范一　周景臻　冯次淇
公出者　蔡劲军
列席者　史延程　江完白　陈鸿藻　朱润深　郭汉鸣　肖蔚民
　　　　黎铁汉　巫　琦　赖希如　温振鹏
主　席　宋子文
纪　录　苏旭升
宣读第二次会议纪录。

报告事项

一、秘书处报告，奉交下会计处签呈，以奉行政院本年十月四日会二字第四〇三〇六号训令，抄发三十六年度追加预算限制办法，饬遵照等因，拟报会后分行，请核示等情，并奉准如拟办理。

二、秘书处报告，关于番禺县人民彭××因广州×××街××号房屋一间土地登记事件不服广州市地政局之处分，向本府提起诉愿一案，经审查评议完竣，依法拟具决定书，本件诉愿不受理，并经签准如拟

482

办理。

三、秘书处报告，关于开平县人民关××为不服广州市政府将本市西禅分局段内龟岗菜地门牌第×号房屋一间，准许市立师范学校征用之处分，向本府提起诉愿一案，经审查评议完竣，依法本件不受理，并经签准如拟办理。

四、秘书处报告，奉交下民政厅签呈，关于梅菉管理局改设县治一案，前经本府委员会决议通过，并函请内政部转请核备在案，现准内政部方一申篠代电，以案经呈奉行政院，转奉国民政府令准备案，即请查照饬知等由，拟报会后分行请核示等情，并奉准如拟办理。

五、民政厅、财政厅、教育厅、建设厅、秘书处、警保处，田赋粮食管理处、社会处、会计处、统计处、人事处、卫生处、地政局、新闻处、设计考核委员会报告一周重要工作。

讨论事项

一、主席交议，据警保处签呈，为拟具本省试行警员制实施办法，请核示等情，请公决案。

（决议）缓议。

二、主席交议，据秘书处签呈，关于平远县邹黄乡人民赖××等因田产核拨为教育经费纠纷事件不服平远县政府处分提起诉愿一案，经审查评议宪竣，依法拟具决定书，原处分撤销，请核夺等情，请公决案。

（决议）通过。

三、主席交议，据秘书处签呈，关于郁南县建连乡人民朱×等因耕地租凭纠纷事件不服郁南县政府处分，提起诉愿一案，经审查评议完竣，依法拟具决定书，原处分撤销，请核夺等情，请公决案。

（决议）通过。

四、主席交议，据会计处签呈，关于连南县政府电，以定制夏季警服，计需款一千三百六十万元，请核拨专款办理一案，拟议意见，请核示等情，请公决案。

（决议）通过。

五、主席交议，据会计处签呈，关于建设厅转缴农林处三十六年度扩大冬耕督导临时费预算，计列支三千万元一案，该款拟准在本年度第二预备金项下开支，请核示等情，请公决案。

（决议）通过。

六、主席交议，据卫生处签呈，拟派巫德坤代理本处技正，请核示等情，请公决案。

（决议）通过。

七、主席交议，据社会处呈，拟派肖湘南代理本处视导，请核示等情，请公决案。

（决议）通过。

八、主席交议，据建设厅呈，拟派陈树功代理本厅技正，请核示等情，请公决案。

（决议）通过。

九、主席交议，据建设厅呈，拟派谢英明代理本厅技正，请核示等情，请公决案。

（决议）通过。

十、主席交议，据田赋粮食管理处签呈，省级各机关公教员工长警公费生收容人等价领粮食，十一月份拟就存粮项下援案价拨，以维员工生活，请核示等情，请公决案。

（决议）交秘书处财政厅田粮处人事处审查，由秘书处约集。

广东省政府第十一届委员会
第四次会议纪录

时　　间　十月二十四日

地　　点　本府会议厅

出席者　宋子文　詹朝阳　杜梅和　姚宝猷　谢文龙　丘　誉
　　　　罗香林　黄文山　黄范一　周景臻　冯次淇

公出者　蔡劲军

告假者　肖次尹

列席者　江完白　陈鸿藻　朱润深　郭汉鸣　肖蔚民　巫　琦
　　　　黎铁汉　赖希如　李锡朋　温振鹏

主　席　宋子文

纪　录　苏旭升

宣读第三次会议纪录。

报告事项

一、秘书处报告，奉交下会计处签呈，关于财政厅呈请指款发给第七区专员公署退休员彭寿南三十六年份年抚金一百九十四万五千零八十六元一案，拟予照准，该款除在本年度抚恤费科目动支一万四千九百零六元外，其余一百九十三万零一百八十元，在第二预备金项下开支，请核示等情，并奉准如拟办理。

二、秘书处报告，奉交下会计处签呈，关于教育厅呈缴省立梅青农业职业学校、梅州农业职业学校、省立体育专科学校、省体育场等员役生活补助费追加追减预算，暨拟将省预算岁出经常门，列省立鲘江女子师范学校，及水产职业学校两目经费，共二百九十七万元，移为梅青农业职业学校开办设备费，并拟具分配预算一案，查各表列数校合，可否照准，请核示等情，并奉准如拟办理。

讨论事项

一、主席交议，据会计处签呈，关于兴宁县三十六年度地方岁入岁出第一次追加预算一案，经核编完竣，计岁入岁出各列一亿一千五百五十五万二千元，请核定等情，请公决案。

（决议）通过。

二、主席交议，据会计处签呈，关于澄海县三十六年度地方岁入岁出第一次追加预算一案，经核编完竣，计岁入岁出各列五亿五千六百三十六万七千元，请核定等情，请公决案。

（决议）通过。

三、主席交议，据民政厅长詹朝阳签呈，查博罗县长何乃黄、紫金县长彭锐，与地方人士未洽，影响政【令】推行，拟将该两县县长对调，请核示等情，请公决案。

（决议）通过。

广东省政府第十一届委员会
第五次会议纪录

时　　间　十月二十九日

地　　点　本府会议厅

出席者　姚宝猷　詹朝阳　谢文龙　丘　誉　肖次尹　罗香林
　　　　黄文山　黄范一　周景臻　冯次淇

公出者　宋子文　杜梅和　蔡劲军

列席者　江完白　陈鸿藻　陶林英　肖蔚民　黎铁汉　巫　琦
　　　　赖希如　李锡朋　陈昌五　林猷钊　温振鹏

主　　席　宋子文（公出　姚宝猷代）

纪　　录　苏旭升

宣读第四次会议记录。

报告事项

一、秘书处报告，奉交下建设厅呈，据公路处呈，以近来物价高涨，前奉核定之本省公路汽车客货运价，已不能维持成本，兹根据目前各运价指数计算，拟调整为货运每吨公里四千八百九十七元，客运每客公里五百二十元，附具成本计算表，请核准一案，查属切要，拟予照准，除通饬遵行外，谨请核备等情，并奉准如拟办理。

二、秘书处报告，关于广州市农会理事长陈永吉等因不服广州市政府开设全市粪溺捐事件。向本府提起诉愿一案，经审查评议完竣，依法拟具决定书，本件诉愿不受理，并经签准如拟办理。

三、民政厅、财政厅、教育厅、建设厅、秘书处、警保处、田赋粮食管理处、社会处、会计处、统计处、人事处、卫生处、地政局、新闻处、设计考核委员会报告一周办理重要工作。

讨论事项

一、主席交议，据设计考核委员会签呈，本府三十七年度重要工作项目，经邀集各机关会商拟定，请核示等情，请公决案。

（决议）修正通过。

二、主席交议，据秘书处财政厅田粮处人事处会签，奉交审查省级各机关公教员工等十一月份价领一案，经约集会计处会同审查完竣，金以所拟继续价拨粮食尚属可行，至于扣价据增为广州区每市石六万元，广东区每市石五万四千元，请核示等情，请公决案。

（决议）通过。

三、主席交议，据田赋粮食管理处签呈，关于省水灾会承购中央平粜粮二十万市石一案，共计应解缴国库价款九十三亿二千一百三十六万元，现该会已解缴六十亿元，拟将提粮证先行签发，请核示等情，请公决案。

（决议）通过。

四、主席交议，据建设厅签呈，关于第六区专员兼保安司令公署电请仍准揭成公司承修兴汕路水揭段一案，拟议意见请核示等情，请公决案。

（决议）通过。

五、主席交议，据田赋粮食管理处签呈，为拟具广东省赋实仓库存粮检查规则，请核示等情，请公决案。

（决议）修正通过。

六、主席交议，据会计处签呈，关于前省保安司令部先后代电，以该部三十五年度拟发官佐夏服及冬服，补助军乐队调整后需支四至十二月份经费，整编团队编馀人员资遣费，拟均在同年度保安经费节余项下拨支一案，应否照办，请核示等情，请公决案。

（决议）照办。

七、主席交议，据会计处签呈，关为〔于〕第二区专员兼保安司令公署电请拨发奉令派员兵护送卸任专员沈秉强，赴广州本府来回旅费一百零五万二千元一案，拟准在本年度第二预备金项下开支，请核示等情，请公决案。

（决议）通过。

八、主席交议，据会计处签呈，关于龙川县三十六年度地方岁入岁出第一次追加预算一案，经核编完竣，计岁入岁出各列二亿二千三百四十六万六千七百元，请核定等情，请公决案。

（决议）通过。

九、主席交议，此次汕头风灾灾情惨重，亟应救济，经饬财政厅在本年度新兴事业费项下，签拨二亿元，交由汕头市政府办理放赈，请追认案。

（决议）追认。

广东省政府第十一届委员会
第六次会议纪录

时　间	十一月十日				
地　点	本府会议厅				
出席者	宋子文	詹朝阳	姚宝猷	谢文龙	丘　誉　肖次尹
	罗香林	黄文山	黄范一	周景臻	
公出者	杜梅和	蔡劲军			
告假者	冯次淇				
列席者	毛松年	黄秉勋	陈鸿藻	陶林英	朱润深　郭汉鸣
	肖蔚民	黎铁汉	赖希如	李锡朋	黎尚桓
主　席	宋子文				
记　录	苏旭升				

宣读第五次会议记录。

报告事项

一、秘书处报告，奉交下会计处签呈，关于民政厅前任厅长李扬敬任内，留办交代人员经费一案，前经本府委员会通过，饬拨有案，现该厅呈，以八月份起公务员生活补助费经已调整，基本数及加成数均已增加，该项留办交代人员生活补助费，拟请援照新标准增拨，计需增拨一百零一万二千元，该款援案在本年度生活补助费项下拨支，请核示等情，并奉准如拟办理。

二、秘书处报告，奉交下会计处签呈，关于粤侨事业辅导委员会呈，以该会龙坪垦殖区办事处总务股长香子元，于本年八月病故，请予抚恤一案，经人事处签奉核定，给予四个月薪资之一次过抚恤费，并按其死亡时之待遇，在百分之三十以内比例增给之，共计应给抚恤费二百五十万六千八百元，该款拟在本年度第二预备金项下开支，请核示等情，并奉准如拟办理。

三、秘书处报告，奉交下会计处签呈，关于本省三十六年度，第二次追加地方岁入岁出总预算书，经由府函准省参议会函复，以案经提报该会第二届驻会委员第十九次会议，佥以尚无不合，除提报第三次大会追认外，请查照等由，请列报会议后存查等情，并奉准如拟办理。

四、秘书处报告，奉交下会计处签呈，关于本省三十六年度第三次追加地方岁入岁出总预算书，经由府函准省参议会函复，以案经提报该会第二届驻会委员会第十八次会议，佥以大致尚无不合，除提报第三次大会追认外，请查照等由，拟请列报会议后存查等情，并奉准如拟办理。

五、秘书处报告，关于广州市光汉中医专科学校校董会董事长卢××及校长张××因复校纠纷事件，不服本府教育厅所为停办之处分，向本府提起诉愿一案，经审查评议完竣，依法拟具决定书，本件诉愿驳回，关于原建校舍医院等业权谁属，应由有请求权人诉请司法机关审判，并经签准如拟办理。

六、秘书处报告，奉交下民政厅签呈，关于裁撤梅菉管理局，合并县属之三民、梅博、覃博等三乡，成立梅茂县一案，经奉行政院呈奉国民政府核准，并报告本府委员会议在案，现梅茂县印信业奉颁到，拟饬令于三十七年一月改组成立，依四等县编制办理，请核示等情，并奉准如拟办理。

七、秘书处报告，奉交下会计处签呈，关于教育厅呈请将奉准增拨本省三十六年度教育复员费五亿五千万元，分配预算内教学设备项下"省立高陂陶瓷职业学校"一目，更正为"省立梅青初级农业职业学校"，以应实际需要一案，查该目列支九百四十三万二千元，所请更正拟予照准，请核示等情，并奉准如拟办理。

八、秘书处报告，奉交下会计处签呈，关于本府请求中央补助本省已测成之十四幅地图不敷经费，共五百二十万元一案，现准国民政府主计处通知，案经国务会议通过，请查照等由，拟照规定，俟追加本省三十六年度第五次总预算时，补列收支，请核定分行等情，并奉准如拟办理。

九、秘书处报告，奉交下会计处签呈，以本府准国民政府主计处通知，本省调整保安防空士兵饷项，及追加经常费两倍半二案，经奉国民政府核定，请查照依法编送分配预算等由，查：（一）中央补助本省本年度各机关两倍半经常费三十三亿一千一百九十八万二千五百元，经列入本省三十六年度第四次追加总预算，并分别呈送。（二）增拨本省本年度保安防空士兵饷项，八至十二月份，共六十五亿六千五百万元，拟照规定补列本省本年度第五次追加总预算内，请核定分行等情，并奉准如拟办理。

十、民政厅、财政厅、教育厅、建设厅、秘书处、警保处、田赋粮食管理处、社会处、会计处、统计处、人事处、卫生处、地政局、新闻处、设计考核委员会报告一周办理重要工作。

讨论事项

一、主席交议，据会计处签呈，为物价高涨，拟自本月十一月份起，调整各县（市局）及所属机关学校办公费支给标准，请核示等情，请公决案。

（决议）通过。

二、主席交议，据教育厅签呈，为拟具本省国语推行委员会组织规程，请核定施行等情，请公决案。

（决议）通过。

三、主席交议，据会计处签呈，以公教人员生活补助费支给标准，经奉令自十月份起调整，拟照案增拨省参议会人员交通费，由十月至十一月，计共应增拨四千九百一十万四千元，款在本年度第二预备金项下拨支，请核示等情，请公决案。

（决议）通过。

四、主席交议，据会计处签呈，关于无线电总台签请拨发本府三十五年以前及本年九月份应摊付政务电台报费一案，共计应摊付报费款二百一十五万四千三百四十元，拟在本年度第二预备金项下拨支，请核示等情，请公决案。

（决议）通过。

五、主席交议，据会计处签呈，关于前省保安司令部编送该部政治部三十五年一至三月份，超支经费及官兵遣散费预算，计共三千一百六十三万三千一百八十一元，款在同年度保安经费节余项下拨支，请核复一案，拟准照办，请核示等情，请公决案。

（决议）通过。

六、主席交议，据会计处签呈，关于前省保安司令部先后电，以三十五年度东江指挥所四至七月份临时费，及琼崖指挥所暨补给站等八至十二月份经费，拟在同年度保安经费节余项下拨支，请核备一案，应否照办，请核示等情，请公决案。

（决议）通过。

七、主席交议，据会计【处】签呈，关于第六区专保公署呈缴该署罗前任留办交代人员经费预算，请核拨一案，计交代办公费及薪俸共二十八万三千四百五十元，暨生活补助费一百八十九万元，拟分别在第二预备金及生活补助费科目拨支等情，请公决案。

（决议）通过。

八、主席交议，据会计处签呈，关于第八区专保公署呈缴该署林前任留办交代人员经费预算，请核拨一案，计交代办公费及薪俸共七十六万七千九百二十五元，暨生活补助费二百九十二万六千元，拟分别在第二预备金及生活补助费科目拨支等情，请公决案。

（决议）通过。

九、主席交议，据会计处签呈，关于本府及秘书处交代费，经电奉行政院核复，照公务员交代条例第五条规定办理，计交代办公费及薪俸一个月，共七百五十万零八百六十元，暨交代人员生活补助费八百三十九万元，拟分别在本年度第二预备金及生活补助费科目拨支，请核示等情，请公决案。

（决议）通过。

十、主席交议，据会计处签呈，关于万宁县三十五年度地方岁入岁出第二次追加预算一案，经核编完竣，计岁入岁出各列一千四百一十六万八千七百元，请核定等情，请公决案。

（决议）通过。

十一、主席交议，据会计处签呈，关于广州市三十六年度地方岁入岁出第二次追加预算一案，经核编完竣，计岁入岁出各列八亿六千五百二十四万元，请核定等情，请公决案。

（决议）通过。

十二、主席交议，据会计处签呈，关于广州市三十六年度地方岁入岁出第三次追加追减预算一案，拟准照办，计岁出追加预备金三亿元，追减生活补助费三亿元，请核定等情，请公决案。

（决议）通过。

十三、主席交议，据会计处签呈，关于潮安县三十六年度地方岁入岁出第一次追加预算一案，经核编完竣，计岁入岁出各列五亿四千一百六十万八千元，请核定等情，请公决案。

（决议）通过。

十四、主席交议，据会计处签呈，关于平远县三十五年度地方岁入岁出第三次追加预算一案，经核编完竣，计岁入岁出各列二千七百九十七万五千四百元，请核定等情，请公决案。

（决议）通过。

十五、主席交议，据财政厅呈，拟派李荣芬代理本厅秘书，请核示等情，请公决案。

（决议）通过。

十六、主席交议，据建设厅呈，拟派李振邦代理本厅技正，请核示等情，请公决案。

（决议）通过。

十七、主席交议，据建设厅呈，拟派黄发瑶代理本厅技正，请核示等情，请公决案。

（决议）通过。

十八、主席交议，据建设厅呈，拟派陈以柢代理农林处技正，请核示等情，请公决案。

（决议）通过。

十九、主席交议，广东实业公司现任董事及监察人拟予改组，兹拟派谢文龙、罗翼群、侯或华、区芳浦、冯次淇、李大超、费鸿年、詹朝阳、杜梅和、王振芳、黄光为董事，并以谢文龙、王振芳、黄光为常务董事，香翰屏、余俊贤、黄范一为监察人，请公决案。

（决议）通过。

492

广东省政府第十一届委员会
第七次会议纪录

时　　间　十一月十九日

地　　点　本府会议厅

出席者　宋子文　徐景唐　胡善恒　姚宝猷　谢文龙　邹　琳
　　　　肖次尹　韩汉英　詹朝阳　黄文山　黄范一　周景臻
　　　　黄　晃

列席者　黄秉勋　毛松年　陶林英　江完白　郭汉鸣　朱润深
　　　　陈鸿藻　肖蔚民　赖希如　陈肇燊

主　　席　宋子文

纪　　录　苏旭升

宣读第六次会议纪录。

报告事项

一、秘书处报告，关于郁南县裕义乡第三保国民学校校长莫××等，及第四保国民学校基金保管委员会委员赵××等因系争神产事件不服郁南县政府处分，先后向本府提起诉愿一案，经审查评议完竣，依法拟具决定书，莫××等诉愿不受理，赵××等诉愿驳回，并经签准如拟办理。

二、秘书处报告，奉交下会计处签呈，以本府前奉行政院代电，抄发拨补本省五月份起调整各项人员主副食费数额表一案，当以原表列受训学员主副食费数额，系受训学警数额之误，尚漏列受训学员主食费折价二千四百零二万五千七百四十四元，副食费二千四百四十八万元，共计四千八百五十万五千七百四十四元，经本府列表电请行政院核示，现奉电核复，准予拨补，饬知照等因，拟先分行后报会议等情，并奉准如拟办理。

三、秘书处报告，奉交下会计处签呈，以本府奉行政院，本年十月二十九日会四字第四四二〇四号代电，本省呈送三十六年度地方岁入岁出总预算暨调整表，准予备案，饬知照等因，拟遵照办理，并请列报会议后分行等情，并奉准如拟办理。

四、民政厅、财政厅、教育厅、建设厅、秘书处、警保处、田赋粮食管理处、社会处、会计处、统计处、人事处、卫生处、地政局、新闻处、设计考核委员会报告一周办理重要工作。

讨论事项

一、主席交议，据田赋粮食管理处签呈，为本年秋季据报，各县遭受风水灾害者有南海等三十七县（市），经由府饬令各区专署派员赴县复勘，惟各区专署经费有限，该项旅费拟请援照夏季复勘水灾成案，请核拨等情，请公决案。

（决议）通过。

二、主席交议，据会计处签呈，关于本府无线电总台签请拨发派员视察第四、五、六、七、八各区区台，及各县（市）分台，旅费九百七十二万元一案，请核示等情，请公决案。

（决议）通过。款在本年度第二预备金项下开支。

三、主席交议，据财政厅会计处签呈，为三十七年度县（市）预算编审委员会需支办公费六百三十二万元，暨前奉核拨之各县预算科目表印刷费二百三十四万元，拟在本年度第二预备金项下开支等情，请公决案。

（决议）通过。

四、主席交议，据会计处签呈，关于第二区专保公署电请拨发该署前任专员沈秉强留办交代人员薪津一案，计交代人员薪俸五百一十五万元，拟饬在该署本年度经费内支报，生活补助费一百五十一万五千元，拟在省预算生活补助费科目拨支，请核示等情，请公决案。

（决议）通过。

五、主席交议，据会计处签呈，关于立法委员连声海先生治丧委员会电，请补助委员会遗族教养基金一案，应如何办理，请核示等情，请公决案。

（决议）补助二千万元，款在本年度第二预备金项下开支。

六、主席交议，据会计处签呈，关于田粮处呈，以该处科员黄启俊病故，请援案发给该故员殓葬费一案，计共应发给殓葬费一百零九万二千元，款拟在本年度第一预备金项下开支，请核示等情，请公决案。

（决议）通过。

七、主席交议，据建设厅签呈，关于水利部蔡司长及珠江水利局杨局长函送本省水灾善后工程计划一案，拟议意见，并拟具本省堤工委员会组织规程及系统表，请核示等情，请公决案。

（决议）修正通过。

八、主席交议，据会计处签呈，关于云浮县三十五每度地方岁入岁出追加追减一案，经核编完竣，计岁入岁出各列九千九百一十三万四千七百元，请核定等情，请公决案。

（决议）通过。

九、主席交议，据建设厅呈，拟派方瑞濂代理本厅技正，请核示等情，请公决案。

（决议）通过。

十、主席交议，据建设厅呈，拟派李一柱代理本厅第一水利测量队技正兼队长，请核示等情，请公决案。

（决议）通过。

十一、主席交议，据建设厅呈，拟派郭衍宾代理农林处秘书，请核示等情，请公决案。

（决议）通过。

十二、主席交议，据新闻处呈，拟派黎守操代理本处专员，请核示等情，请公决案。

（决议）通过。

十三、主席交议，广东省银行总经理刘佐人辞职，已予照准，遗缺并经派杜梅和接充，请追认案。

（决议）追认。

十四、主席交议，本府前为继续推行政令，经举行委员会议六次，现本届委员会已改组成立，拟将该六次会议列为本届委员会第一至第六次会议，请追认案。

（决议）追认。

十五、委员兼民政厅长徐景唐提，清远县长李××业已撤职，遗缺并经奉调曲江县长温克威接充，嗣因温克威，又奉准内调，辞不赴任，兹拟派廖骐代理；阳春县长麦骞应予免职，遗缺拟派邓飞鹏代理；云浮县长吴××拟予撤职，遗缺拟派阮君慈代理；防城县长陈济南因病辞职，拟予照准，遗缺拟派陈锦君代理。谨检同各该员履历，请公决案。

（决议）通过。

广东省政府第十一届委员会
第八次会议纪录

时　间	十一月二十六日					
地　点	本府会议厅					
出席者	宋子文	徐景唐	胡善恒	姚宝猷	谢文龙	邹　琳
	肖次尹	韩汉英	詹朝阳	黄文山	黄范一	周景臻
	黄　晃					
列席者	杜梅和	黄秉勋	毛松年	陶林英	江完白	郭汉鸣
	朱润深	陈鸿藻	肖蔚民	黎铁汉	李祖赞	赖希如
	陈肇燊					
主　席	宋子文					
纪　录	苏旭升					

宣读第七次会议记录。

报告事项

一、秘书处报告，奉交下会计处签呈，关于前省保安司令部留办交代人员经粮一案，前经本府第十届委员会第一三七次核定分行在案，嗣准审计处核复与规定不符，复经转知办理。现准改编该项经粮预算过府，计列经费五百二十一万九千一百五十元，连官五人主食谷折价六万元，共五百二十七万九千一百五十元，拟分别照案存省预算生活补助费，及第二预备金科目拨支，另官五人价领粮食谷七市石，拟照规定办理，并将前案撤销，请核示等情，并奉如拟办理。

二、秘书处报告，奉交下建设厅呈，据公路处呈，以该处保养路段遭遇水毁，经分别增加道班修养。惟因员工待遇暨物价一再增涨，致养

496

路基金入不敷支。为因应事实起见，拟照现行征收率增加一倍征收，即养路费改为货车每吨公里八百元，大客车每车公里一千二百元，中客车八百元，小客车四百元，监理费改为，货车每车公里二百四十元，客车每公里一百二十元，经饬各站遵于本年十一月二十一日起实行一案，核尚切实，经权先准予照办，并分行遵照，请核备等情，并奉准如拟办理。

三、秘书处报告，奉交下会计处签呈，本省三十六年度第四次追加地方岁入岁出总预算书一案，前经第二次委员会议通过，分别呈送并函送省参议会审议在案。现准参议会函复，以案经提报驻会委员会第二十三次会议，金以所列各款尚属妥适，除补报第三次大会追认外，请查照等由，拟报会后存查，请核示等情，并奉准如拟办理。

四、秘书处报告，奉交下会计处签呈，关于卫生处呈，以遵令将中央补助充实本省三十六年县卫生院经费，及县卫生院技术人员生活费，分别编具：（一）补充本省充实及增设县卫生院经费，暨应领数额清表。（二）补助本省县卫生院技术人员生活费县名，暨应领数额清表。请察核一案。计分配补助县卫生院经费共六千二百万元，及技术人员生活费，每月三百二十六万七千零四十元，全年共计三千九百二十万四千四百八十元，拟准照办，并由财政厅先就已奉拨到之数分别签拨，请核示等情，并奉准如拟办理。

五、民政厅、财政厅、教育厅、建设厅、秘书处、警保处、田赋粮食管理处、社会处、会计处、统计处、人事处、卫生处、地政局、新闻处、设计考核委员会报告一周办理重要工作。

讨论事项

一、（略）

二、主席交议，据建设厅签呈，关于水利部蔡司长，及珠江水利工程总局扬局长，拟送本省修筑围堤招募民工办法一案，经洽商民政厅同意，请核定施行等情，请公决案。

（决议）交谢、徐、肖、黄（范一）、黄（晃）五委员审查，并邀请水利部蔡司长、珠江水利工程总局杨局长参加，由谢委员约集。

三、主席交议，据财政厅签呈，遵谕约集田粮处地政局等有关机关，会同拟具整理本省沙田原则，请核示等情，请公决案。

（决议）交姚、胡、肖三委员，会同黄处长、郭局长、毛会计长、省银行杜总经理，及本府李、汪两顾问审查，由姚委员约集。

四、主席交议，据秘书处签呈，关于增城县上云乡西□村代表人林××、林××等因料头坡摆坡所有权争执事件不服增城县政府处分，提起诉愿一案，经审查完竣，依法拟具决定书，原处分撤销，请核夺等情，请公决案。

（决议）通过。

五、主席交议，据会计处签呈，关于民政厅詹厅长呈，以奉令交卸，请援案拨发交代经费及价发粮食一案，计交代办公费及薪俸，共三百七十七万五千九百一十元，及生活补助费八百五十九万元，拟分别在第二预备金及生活补助费项下拨支，并准价领粮食等情，请公决案。

（决议）通过。

六、主席交议，据会计处签呈，以自本年八月份起，特别办公费经奉令增加一倍，关于设考会在各厅支薪视察督学等十二人，特别办公费由八月至十二月，共需增拨二百七十万元，拟跟案在本年度第三次追加岁出预算第二预备金内拨支，请核示等情，请公决案。

（决议）通过。

七、主席交议，据会计处签呈，关于秘书处呈，以各级人员特别办公费，经奉令自本年八月份起增加一倍，本府顾问参议特别办公费请援案增拨一案，计八至十二月份共应增拨一千七百二十五万元，请在本年度第三次追加预算第二预备金拨支，请核示等情，请公决案。

（决议）通过。

八、主席交议，据会计处签呈，现物价再度高涨，关于各机关请拨经临各费，为简化手续起见，请改为五百万元以上者提会讨论，五百万元以下者报会，请核示等情，请公决案。

（决议）通过。

九、主席交议，据会计处签呈，关于社会处呈缴该处李前任留办交代经费预算，请核拨一案，核计交代办公费二百六十万元，生活补助费一千零九十九万元，请分别在本年度第一预备金，及生活补助费科目拨支，请核示等情，请公决案。

（决议）通过。

十、主席交议，据会计处签呈，关于省训练团呈缴该团结束经费预算，请核拨一案，兹请：（一）办公费饬毋庸置议。（二）薪俸一千六百万元在该团经费项下开支。（三）生活补助费一千一百三十五万元，在省预算生活补助费科目拨支。请核示等情，请公决案。

（决议）通过。

十一、主席交议，据会计处签呈，关于民政厅呈，以奉令办理选举监察委员事务，列具所需费用九百五十万元预算，请核拨一案，核计应拨七百五十万元，款在本年度第二预备金项下垫拨，并跟案函请内政部拨还归垫，请核示等情，请公决案。

（决议）通过。

十二、主席交议，据会计处签呈，关于连南县三十六年度地方岁入岁出第二次追加预算一案，经核编完竣，计岁入岁出各列一亿二千七百一十七万五千八百元，请核定等情，请公决案。

（决议）通过。

广东省政府第十一届委员会
第九次会议纪录

时　　间　十二月三日

地　　点　本府会议厅

出席者　宋子文　　徐景唐　　胡善恒　　姚宝猷　　谢文龙　　邹　琳

　　　　萧次尹　　詹朝阳　　黄文山　　黄范一　　周景臻　　黄　晃

公出者　韩汉英

列席者　黄镇球　　杜梅和　　黄秉勋　　毛松年　　陶林英　　江完白

　　　　朱润深　　萧蔚民　　赖希如　　陈肇燊

主　　席　宋子文

纪　　录　苏旭升

宣读第八次会议纪录。

报告事项

一、秘书处报告，奉交下会计处签呈，以奉行政院本年十月二十二日、会五字第四三一三四号训令，本年十月份起调整文武职人员待遇案，经奉核定，抄发公教人员生活补助费分区支给标准表，饬遵照等因。又奉行政院西敬会四电，依照调整标准，每月拨补增加数，文职五十四亿九千三百六十万元，武职一十一亿零六百四十六万元，长警四亿七千五百五十一万二千元，公役七亿四千二百五十万元，合计七十八亿二千二百零七万二千元。除饬财政部分月拨发外，饬知照各等因，除武职人员部分，拟请由财政厅按月签拨警保处统筹办理外，兹列具自十月份起增拨各机关数目总表，请核定分行后补报会议等情，并奉准如拟办理。

二、秘书处报告，奉交下会计处签呈，关于第七区行政督察专员兼保安司令甘清池呈缴赴任旅费预算表，请核拨一案，核计共四百一十九万二千元，该款拟在本年度第二预备金科目拨支，请核示等情，并奉准如拟办理。

三、秘书处报告，奉交下建设厅呈，以据公路处呈，迩来物价暴涨，前奉核定之本省公路汽车客货运价，已不能维持成本，兹根据目前各运价指数计算，重新调整为货运每吨公里六千五百元，客运每客公里七百一十元，检同成本计算表，请核示前来，查属需要，经援案权先准予照办，并分行遵照，谨检同原呈运输计算表，请核备等情，并奉准如拟办理。

四、秘书处报告，奉交下会计处签呈，关于建设厅转缴农林处兽疫防治所第一分所留办结束人员办公费及生活补助费预算，请核拨一案，计列结束经费一十二万零四百三十五元，经奉准饬在该所经费预算内拨支，生活补助费二百二十八万六千元，在省预算生活补助费科目拨支，请列报会议后分行等情，并奉准如拟办理。

五、秘书处报告，奉交下会计处签呈，关于建设厅呈请省预算列八字岭煤矿事业费二亿元拨发一案，经本府核复，既系投资性质，应将投资情形专案呈府，核定后一次过全数拨支在案，现据该厅将情呈复到府，似有需要，拟予饬拨，至实业公司应付部分，拟由该厅径行催拨，请核定分行后补报会议等情，并奉准如拟办理。

500

六、秘书处报告，奉交下建设厅呈，以据公路处呈，请将奉拨之交通车辆购置费十亿元，移为修复广越路阳湛段桥梁之用，请核准前来，查南路干线正加紧修通，所请核属需要，除指饬准先垫付外，谨转请察核准予移用，并将该项车辆购置费十亿元，并入修桥科目办理等情，并奉准如拟办理。

七、秘书处报告，关于潮安县美东公司代表华××因租赁铺地纠纷事件，不服省立金山中学校产整理委员会处分，向本府提起诉愿一案，经审查完竣，依法拟具决定书，本件诉愿不受理，并经签准如拟办理。

八、民政厅、财政厅、教育厅、建设厅、秘书处、警保处、田赋粮食管理处、设计考核委员会报告一周办理重要工作。

讨论事项

一、主席交议，据地政局签呈，关于本局前拟具本省限制私有土地面积办法一案，经本府委员会议决议，交建设研究委员会研议，兹参照该会研议意见，及省参议会送办之从速限制私有土地案，将该办法修正，请核示等情，请公决案。

（决议）缓议。

二、谢委员等函复，奉交审查本省修筑围堤招募民工办法一案，经约集水利部蔡司长、珠江水利工程总局杨局长，会同审查完竣，谨列具意见，请公决案。

（决议）通过。

三、主席交议，据田赋粮食管理处签呈，为十二月份省级各机关公教员工等，应否继续价领粮食及如何扣价，请核示等情，请公决案。

（决议）交财政厅田粮处会计处审查，由财政厅约集。

四、主席交议，据田赋粮食管理处签呈，为依照粮食部电原则，因应本省实情起见，从新拟议本省各县治安不靖，及山林湖荡不产稻谷地区三十六年度征赋意见，请核示等情，请公决案。

（决议）调整折价标准，由财政厅田粮处会计处商定报核，治安不靖及不产稻谷地区，准一律照核定价折征，毋庸另订办法。

五、主席交议，据本省三十七年度县市预算编审委员会签呈，以南海、番禺二县三十七年度总预算，业经编审完竣，计南海四百六十二亿一千五百九十六万元，番禺一百五十五亿五千八百万元，谨检同该两县

501

预算说明、审定数额表，岁出比率表等件，请核示等情，请公决案。

（决议）通过。

六、主席交议，据会计处签呈，关于本府驻京代表办公处，本年度十一、十二两月份经费一千五百万元，拟照数增加，秘书处临时费款，在本年度全省行政会议经费科目，所列七千七百万元项下流用，请核定等情，请公决案。

（决议）通过。

七、主席交议，据会计处签呈，关于中山县三十六年度地方岁入岁出第一次追加预算一案，经核编完竣，计岁入岁出各列一十四亿七千六百一十万元，请核定等情，请公决案。

（决议）通过。

八、主席交议，据会计处签呈，关于海康县三十五年度地方岁入岁出第二次追加预算一案，经核编完竣，计岁入岁出各列四千二百六十万零七千元，请核定等情，请公决案。

（决议）通过。

九、主席交议，据财政厅签呈，奉交审查，本省三十七年上半年度地方岁入岁出总预算一案，经约集有关机关会同审查完竣，并照审查结果，将原预算草案分别整理改编，谨附呈核示等情，请公决案。

（决议）通过。

十、主席交议，拟设县长甄选委员会，并以徐景唐、邹琳、钱树芬、史延程、林翼中、余俊贤、胡善恒为委员，徐景唐为召集人，请公决案。

（决议）通过。

十一、主席交议，英德县长郑干菜拟另候任用，遗缺拟派莫雄代理，请公决案。

（决议）通过。

广东省政府第十一届委员会
第十次会议纪录

时　　间　十二月九日

地　　点　本府会议厅

出席者　宋子文　徐景唐　胡善恒　姚宝猷　谢文龙　邹　琳
　　　　　萧次尹　詹朝阳　黄文山　黄范一　周景臻　黄　晃

公出者　韩汉英

列席者　黄镇球　史延程　杜梅和　黄秉勋　毛松年　陶林英
　　　　　江完白　郭汉鸣　朱润深　陈鸿藻　赖希如　陈肇燊

主　　席　宋子文

纪　　录　苏旭升

宣读第九次会议纪录。

报告事项

一、秘书处报告，奉行政院，本年十一月十三日，四内字第四六七八四号训令，以中央对收复区各省市政府授权办法，经呈奉核准再予延长一年，原办法内之"战时特别预备金"，并准改为"第二预备金"，饬遵照等因，经签准先分行，后报会议。

二、秘书处报告，奉交下建设厅签呈，以据长途电话管理所电，为近来物价高涨入不敷交，拟将各分所站现行话费派送传呼专力及销号各费，自本年十二月一日起，增加百分之一百五十课收，以裕收入，并捡同通话费价目表一份，请核准前来，查属可行，拟准照办，请核示等情，并奉准如拟办理。

三、秘书处报告，奉交下会计处签呈，关于财政厅呈，以前广州市营业税征收处，积欠广州电厂电费及逾期利息，共计一十四万六千四百九十六元，请拨款清付一案，该款拟在本年度第二预备金项下拨支，请核定分行后报会议等情，并奉准如拟办理。

四、秘书处报告，奉交下会计处签呈，关于财政厅电请拨发本府前饬省银行垫借童子军总检阅大会经费一千万元之利息，共一百零八万元一案，该款拟准在本年度第二预备金项下开支，请核示等情，并奉准如拟办理。

五、秘书处报告，奉交下会计处签呈，以本府准国民政府会计处，本年十一月十四日勤岁字第二五七六号函知，关于出售国营工厂预决算处理办法，请查照等由，拟报会后分行遵照，请核示等情，并奉准如拟办理。

六、秘书处报告，奉交下会计处签呈，以奉行政院，本年十一月十一日六财字第四六五九七号训令，饬知各公有营业机关，嗣后不得再行巧立名目，额外津贴，及向所属机关派款。又公有营业及专业机关，应由各主管部会，严饬切实遵照营业预算及决算编审办法之规定办理，并将所有盈余径缴省库，不得擅自移用等因，拟报会后分行，并饬令各营业机关，迅将各年度营业预决算妥编呈核，并将解库盈余克日解库，请核示等情，并奉准如拟办理。

七、秘书处报告，奉交下本省堤工委员会呈，拟请增设秘书室处理日常事务，并将该会原组织规程第三条修正为，本会设秘书室、工务组、财粮组，分别办理会务、工务及财粮事宜；另于第三条之下增加第四条文为"秘书室设左列两股：（一）文书股；（二）庶务股"；原第四至第十二条，依次退列为第五至第十三条，请核示等情，并奉准如拟办理。

八、秘书处报告，奉交下民政厅签呈，为拟具广东省县长甄选委员会章程，及广东省县长甄选办法，请核示等情，并奉准如拟办理。

九、民政厅、财政厅、教育厅、建设厅、秘书处、警保处、田赋粮食管理处、社会处、会计处、统计处、人事处、卫生处、地政处、新闻处、设计考核委员会报告一周办理重要工作。

讨论事项

一、主席交议，据民政厅签呈，为拟具广东粮食经理委员会组织规程，请核夺施行等情，请公决案。

（决议）通过。

二、主席交议，据财政厅、田粮处、会计处会签呈，关于调整本省三十六年度田赋征实折价标准，遵经会同审定，谨列具意见及调整计算

504

表，请核示等情，请公决案。

（决议）通过。

三、主席交议，据财政厅、田粮处、会计处会签呈，奉交审查省级公教员工十二月份应否继续价领粮食一案，遵经会同审查完竣，谨列具意见，请核示等情，请公决案。

（决议）通过。

四、主席交议，据财政厅签呈，为拟具本省各县（市局）屠宰税标征办法，请核夺施行等情，请公决案。

（决议）通过。送省参议会审议。

五、主席交议，据会计处签呈，关于第三区专保公署电，以该署参谋温骏操、马辉忠等因公殉职，计已垫付该故员兵殓葬费，共五百二十三万六千元，请拨还一案，该款拟准在本年度第二预备金项下拨支，请核示等情，请公决案。

（决议）通过。

六、主席交议，据会计处签呈，关于财政厅编缴杜前任交代经费预算，请核拨一案，计交代办公费五百九十万元，生活补助赞共九百四十五万元，拟分别在本年度第二预备金及生活补助费科目拨支，请核示等情，请公决案。

（决议）通过。

七、主席交议，据会计处签呈，关于连山县三十六年度地方岁入岁出第二次追加预算一案，经核编完竣，计岁入岁出各列七千四百六十五万元，请核定等情，请公决案。

（决议）通过。

八、主席交议，据会计处签呈，关于番禺县三十六年度地方岁入岁出第一次追加预算一案，经核编完竣，计岁入岁出各列一亿一千七百四十万元，请核定等情，请公决案。

（决议）通过。

九、主席交议，据会计处签呈，关于秘书处呈，以编印本府及各单位向省参议会第一届第三次大会工作报告书等件，计需印刷费六千万元，请核拨办理一案，拟照数增拨该处临时费，款在本年度全省行政会议经费科目，七千七百万元项下流用，请核示等情，经准予照办，请追认案。

（决议）通过。

十、主席交议，据社会处签呈，本年十月潮汕各地飓风为灾，损失颇重，灾民待救甚殷，拟将本处海内外侨胞汇粤赈款分配余额，提出一亿一千零七十七万七千元，分配汕头等十二县（市）办理急赈，检呈分配表，请核示等情，经准予照办，请追认案。

（决议）通过。

十一、主席交议，据建设厅呈，查农林处前经奉准增设第三科，该科科长拟以本厅第三科科长曾广清调充，所遗本厅第三科科长缺，拟调派农林处技正黄干桥代理，请核示等情，请公决案。

（决议）通过。

十二、主席交议，据建设厅呈，合作事业管理处课长林缵春业经去职，遗缺拟调该处课员龙超升充，请核示等情，请公决案。

（决议）通过。

十三、主席交议，据卫生处呈，拟派黎树仁代理本处技正，请核示等情，请公决案。

（决议）通过。

十四、主席交议，据卫生处呈，拟派周士恬代理省立第二医院主任医师，请核示等情，请公决案。

（决议）通过。

十五、主席交议，汕头市市长翁桂清经聘为本府顾同，遗缺并已派李国俊代理，请追认案。

（决议）追认。

广东省政府第十一届委员会
第十一次会议纪录

时　　间　十二月十二日
地　　点　本府会议厅

出席者	宋子文	徐景唐	姚宝猷	谢文龙	邹　琳	肖次尹
	詹朝阳	黄文山	黄范一	周景臻	黄　晃	
公出者	胡善恒	韩汉英				
列席者	史延程	黄镇球	杜梅和	黄秉勋	毛松年	陶林英
	江完白	郭汉鸣	朱润深	陈鸿藻	程克祥	赖希如
	严毅沈					
主　席	宋子文					
纪　录	苏旭升					

宣读第十次会议纪录。

报告事项

一、秘书处报告，关于承租陆丰叶篆公田佃农余××等因租佃纠纷事件不服陆丰县政府之处分，向本府提起诉愿一案，经审查完竣，依法拟具决定书，本件诉愿驳回，并经签准如拟办理。

二、秘书处报告，关于陆丰县陆安乡湖口村民代表蔡××等、冲心村民代表蔡××等因不服陆丰县政府责令负责赔偿被盗电线之处分，向本府提起诉愿一案，经审查完竣，依法拟具决定书，本件诉愿驳回，并经签准如拟办理。

三、秘书处报告，奉交下建设厅呈，以据公路处呈，为本省公路汽车客货运价，前经奉饬规定每月调整一次有案，兹根据目前各项运价指数，计算行车成本，重新拟订计客运每客公里一千元，货运每吨公里九千五百元，自十二月一日起实行，请核准前来，查所拟调整客货运价率尚属核实，除指复准予照办，并分行遵照外，谨抄同汽车运输成本计算表，呈请核备等情，并奉准如拟办理。

四、秘书处报告，奉交下建设厅呈，以据公路处呈，请自本年十二月一日起，调整养路费征收率为，货车每吨公里一千六百元，大客车每车公里二千四百元，中客车一千六百元，小客车八百元，及监理费调整为，货车每车公里六百元，客车每车公里三百元，尚属核实，经权予照准，除分行遵照外，谨请核备等情，并奉准如拟办理。

讨论事项

一、主席交议，广东省建设研究委员会应予结束，关于结束办法，经饬据人事处签拟意见前来，并准予照办，请追认案。

（决议）追认。

二、主席交议，据会计处签呈，关于连山县三十六年度地方岁入岁出第一次追加预算一案，经核编完竣，计岁入岁出各列三千四百五十九万七百元，请核定等情，请公决案。

（决议）通过。

三、主席交议，据会计处签呈，关于南澳县三十六年度地方岁入岁出第一次追加预算一案，经核编完竣，计岁入岁出各列二亿五千零六万七千元，请核定等情，请公决案。

（决议）通过。

四、主席交议，据会计处签呈，关于茂名县三十五年度地方岁入岁出第五次追加预算一案，经核编完竣，计岁入岁出各列六千三百七十四万三千元，请核定等情，请公决案。

（决议）通过。

五、主席交议，据会计处签呈，关于河源县三十六年度地方岁入岁出第一次追加预算一案，经核编完竣，计岁入岁出各列八亿五千四百六十五万三千元，请核定等情，请公决案。

（决议）通过。

六、主席交议，据会计处签呈，关于三水县三十六年度地方岁入岁出第一次追加预算一案，经核编完竣，计岁入岁出各列三亿七千六百六十九万九千三百元，请核定等情，请公决案。

（决议）通过。

七、主席交议，据民政厅长徐景唐签呈：（一）化县县长任颖辉，迭请辞职，拟予照准，遗缺拟派钟锦添代理。（二）宝安县长林侠子，迭请辞职，拟予照准，遗缺拟派王启后代理。（三）梅县县长陈淦，迭请辞职，拟予照准，遗缺拟派张简孙代理。（四）增城县长莫××，拟予撤职，遗缺拟派张寿代理。（五）广宁县长廖伟青，拟另候任用，遗缺拟派冯肇光代理。（六）合浦县长何乃英，不洽舆情，拟另候任用，遗缺派林朱樑代理。（七）连山县长彭鸿元，人地不宜，拟另候任用，遗缺拟派詹宝光代理。（八）新丰县长罗联辉，拟予免职，遗缺拟由前经派代行县长职务李泛舟代理。（九）翁源县长邓世棠，人地不宜，拟另候任用，遗缺拟派官家骥代理。（十）梅茂县已定期三十七年一月一日成立，该县县长拟派欧钟岳代理。（十一）琼山县长郑泽光，不洽舆情，拟予免职，遗缺拟派周成钦代理。（十二）乐会县长黎之良辞职，拟予照准，遗缺拟派李向荣代理。（十三）定安县长吴雄，推行县政不力，拟予免职，遗缺拟派陈炜章代理。（十四）紫金县长彭锐与博罗县长何乃黄，前经奉准互调，兹因冬防在即，拟予免调。谨检同各该员履历，请核示等情，请公决案。

（决议）通过。

广东省政府第十一届委员会
第十二次会议纪录

时　间	十二月十六日
地　点	本府会议厅

出席者　宋子文　徐景唐　姚宝猷　谢文龙　邹　琳　肖次尹
　　　　　詹朝阳　黄文山　黄范一　周景臻　黄　晃

公出者　胡善恒　韩汉英

列席者　史延程　黄镇球　杜梅和　黄秉勋　毛松年　陶林英
　　　　　江完白　郭汉鸣　朱润深　陈鸿藻　程克祥　赖希如
　　　　　陈肇燊　严毅沈

主　席　宋子文

纪　录　苏旭升

宣读第十一次会议纪录。

报告事项

一、秘书处报告，奉交下会计处签呈，以奉行政院戌养会四电，该省各项人员副食费，自十月份调整，保安防空官兵照国军八月份标准，每名每月份支六万元，收容人五万元，公费生按所在地生活补助费基本数支七分之一，广州区一十四万一千元，各区一十二万四千元，囚犯不调整。本年十至十二月份，准拨补官兵、公费生、受训学警、收容人等，共五十七亿零九百七十八万三千元，业经国务会议通过，饬知照等

509

因。兹核列本省三十六年度十月份，各项人员副食费调整数额计算表、请核定分行后报会议等情，并奉准如拟办理。

二、民政厅、财政厅、教育厅、建设厅、秘书处、警保处、田赋粮食管理处、社会处、会计处、统计处、人事处、卫生处、地政局、新闻处、设计考核委员会报告一周办理重要工作，粤侨事业辅导委员会报告十一月份办理重要工作。

讨论事项

一、主席交议，据秘书处签呈，关于顺德县忠勤垦殖公司经理李××因不服中山县政府封存佃耕南海潘豫顺堂田亩所得谷粒之处分，提起诉愿一案，经审查完竣，依法拟具决定书，原处分撤销，请核示等情，请公决案。

（决议）通过。

二、主席交议，据田赋粮食管理处签呈，拟修正广东省滨海各县市局防止偷运粮食出国办法第六条条文，请核示等情，请公决案。

（决议）通过。

三、主席交议，据省立法商学院呈，拟继续办理法科及国际贸易等四系一年级衔接班，请核拨经费一案，经饬据会计处签拟，所需薪俸在该院经常费内支报，生活补助费二千六百四十八万元，在省预算生活补助费科目拨支，并准价领粮食等情前来，并准予照办，请追认案。

（决议）追认。

四、主席交议，据会计处签呈，关于信宜县三十岁年度地方岁入岁出第一次追加预算一案，经核编完竣，计岁入岁出各列四亿二千八百四十三万九千元，请核定等情，请公决案。

（决议）通过。

五、主席交议，据会计处签呈，关于博罗县三十六年度地方岁入岁出第一次追加预算一案，经核编完竣，计岁入岁出各列四亿一千一百八十万元，请核定等情，请公决案。

（决议）通过。

六、主席交议，据会计处签呈，关于徐闻县三十六年度地方岁入岁出第一次追加预算一案，经核编完竣，计岁入岁出各列二亿二千二百四十六万元，请核定等情，请公决案。

（决议）通过。

七、主席交议，据会计处签呈，关于五华县三十六年度地方岁入岁出第一次追加预算一案，经核编完竣，计岁入岁出各列二千零六万元，请核定等情，请公决案。

（决议）通过。

八、主席交议，据会计处签呈，关于陆丰县三十六年度地方岁入岁出第一次追加预算一案，经核编完竣，计岁入岁出各列三亿一千三百六十六万元，请核定等情，请公决案。

（决议）通过。

九、主席交议，据会计处签呈，关于翁源县三十六年度地方岁入岁出第二次追加预算一案，经核编完竣，计岁入岁出各列一亿零六百零六万六千元，请核定等情，请公决案。

（决议）通过。

十、主席交议，据会计处签呈，关于始兴县三十六年度地方岁入岁出第一次追加预算一案，经核编完竣，计岁入出各列一千三百三十五万九千元，请核定等情，请公决案。

（决议）通过。

广东省政府第十一届委员会
第十三次会议纪录

时　间　十二月二十三日

地　点　本府会议厅

出席者　宋子文　徐景唐　姚宝猷　谢文龙　邹　琳　肖次尹
　　　　詹朝阳　黄文山　黄范一　周景臻　黄　晃

公出者　胡善恒　韩汉英

列席者　黄镇球　杜梅和　黄秉勋　毛松年　陶林英　江完白
　　　　郭汉鸣　程克祥　王　铠　严毅沈

主　席　宋子文

纪　录　苏旭升

宣读第十二次会议纪录。

报告事项

一、秘书处报告，关于改组广东省银行董事会，及监察人会一案人选，业经由府电准，财政部戌皓电复同意，派邹琳、杜梅和、王振芳、黄光、陈玉潜、道贤模、孙治平、吴子祥、超江筱、李大吕、陆幼刚、邓演存、沈载和等十三人为董事，李煦寰、黄祖耀、冯次淇为监察人，其余四人应由省参议会推选等由；并经由府分令新旧董事及监察人遵照改组，及指定邹琳为第一次董事会召集人，兹据报称遵经召集新任董事举行会议，票选邹琳、孙治平、杜梅和、黄光、陈玉潜、王振芳、道贤模为常务董事，并选出邹琳为董事长，请核备等情，并奉准备案。

二、秘书处报告，奉交下建设厅代电，以据公路处电，为前奉饬在征收养路费项下，划拨百分之三十为桥梁专款一案，实施以来，殊多困难，且近奉交通部公路总局电饬停止办理，拟即遵照取销，嗣后无论本处及各路权人，均照现行征率，全部拨充为养路经费之用，至本省各破坏公路大桥工程费，另呈请省政府及中央核拨专款办理，请核准前来，查所称尚具理由，拟予照准，请核示等情，并准如拟办理。

三、秘书处报告，关于省训练团结束后所有档案家具财物，前经委员会通过，由民政厅教育厅人事处会同接收报府在案，兹据该团教育长张明报告，以接受机关对于财物分配办法尚未确定，影响结束，请饬各接受机关迅予接收前来，经奉批"该团档案家具财物，改由秘书处负责接管，会计处监盘"，并由府分行遵照。

四、秘书处报告，关于茂名县人民梁××因不服湛江市政府不准备价领回征收未照原计划使用之土地之处分，向本府提起诉愿一案，经审查完竣，依法拟具决定书，本件诉愿不受理，并签准如拟办理。

五、秘书处报告，关于新兴县人民陈欧里代表欧×等因不服新兴县政府已核准承领金鸡头山等处荒地案撤销之处分，向本府提起诉愿一案审查完竣，依法拟具决定书，本件诉愿不受理，并签准如拟办理。

六、秘书处报告，奉交下会计处呈，以奉行政院本年十二月十二日会三字第五一九〇六号训令，自本年十二月份起，调整国内出差每日膳宿杂费支给标准，各机关因此次调整所增支出，仍在原预算内统筹匀支，不另予追加，附抄调整数额表饬遵照等因，拟报会后分行，请核示等情，并奉准如拟办理。

七、民敢厅、财政厅、教育厅、建设厅、秘书处、警保处、田赋粮食管理处、社会处、会计处、统计处、人事处、卫生处、地政局、新闻处、设计考核委员会报告一周办理重要工作。

讨论事项

一、主席交议，据建设厅签呈，兹依据黄委员晃所拟本省增产救荒运动计划方案，并参酌农林处所拟增产计划加以整理，拟具广东省粮食增产救荒计划大纲，及实施方案，暨粮食增产委员会组织规程，请核定施行等情，请公决案。

（决议）先组委员会研究。

二、主席交议，据田赋粮食管理处签呈，为修正广东省省级田赋征实及带征公粮划拨办法，及广东省各县（市局）应得田赋征实及带征公粮划拨通则，请核夺施行等情，请公决案。

（决议）通过。

三、主席交议，据秘书处签呈，关于汕头市信发号朱××因租赁纠纷事件不服汕头市政府之处分，提起诉愿一案，经审查完竣，依法拟具决定书，原处分撤销，请核夺等情，请公决案。

（决议）通过。

四、主席交议，据会计处签呈，关于揭阳县三十六年度地方岁入岁出第二次追加预算一案，经核编完竣，计岁入岁出各列八亿九千二百七十五万元，请核定等情，请公决案。

（决议）通过。

五、主席交议，据会计处签呈，关于防城县三十六年度地方岁入岁出第一次追加预算一案，经核编完竣，计岁入岁出各列一亿五千九百二十四万元，请核定等情，请公决案。

（决议）通过。

六、主席交议，据建设厅呈，拟调本厅技正钟肇琼代理本厅第三水利测量队技正兼队长，请核示等情，请公决案。

（决议）通过。

七、主席交议，据财政厅呈，本厅主任秘书陈昌五辞职，拟予照准，遗缺拟派严毅沈代理，请核示等情，请公决案。

（决议）通过。

八、主席交议，据教育厅呈，本厅主任秘书李秋谷，业经奉调蕉岭县长，遗缺拟调派本厅督学黄锡铨代理，请核示等情，请公决案。

（决议）通过。

九、主席交议，据教育厅呈，拟派严子才代理本厅督学，请核示等情，请公决案。

（决议）通过。

十、主席交议，据民政厅呈，本厅第二科科长王仁佳，业经去职，遗缺拟派潘绪忠代理，请核示等情，请公决案。

（决议）通过。

十一、主席交议，据民政厅长徐景唐签呈：（一）番禺县长邓×忽视治安拟予免职，遗缺拟派刘超常代理。（二）东莞县长张我东辞职拟予照准，遗缺拟派罗瑶代理。（三）花县县长林××因案拟予撤职，遗缺拟派杜湛津代理。（四）陆丰县长罗尚忠迭请辞职拟予照准，遗缺拟派赖舜纯代理。（五）海康县长陈××因案拟予撤职，遗缺拟派薛文藻代理。（六）饶平县长饶邦泰辞职拟予照准，遗缺拟派詹竞烈代理。（七）万宁县长李××不洽舆情，推行政令不力，拟予免职，遗缺拟派文湘代理。请核示等情，请公决案。

（决议）通过。

广东省政府第十一届委员会
第十四次会议纪录

时　间　十二月三十日

地　点　本府会议厅

出席者　宋子文　徐景唐　姚宝猷　邹　琳　肖次尹　詹朝阳
　　　　黄文山　周景臻　黄　晃

公出者　胡善恒　韩汉英

告假者 谢文龙 黄范一

列席者 史延程 黄镇球 杜梅和 黄秉勋 毛松年 陶林英

江完白 朱润深 陈鸿藻 程克祥 张尔超 陈肇燊

严毅沈 谢群彬

主 席 宋子文

纪 录 苏旭升

宣读第十三次会议纪录。

报告事项

一、秘书处报告，奉交下会计处签呈，以奉行政院三十六年度十二月九日会二字第五一一九〇号训令，为调整出整台湾省每日膳宿杂费支给标准，以台币计特任九百六十六元，简任七百三十五元，荐任五百四十六元，委任四百二十元，雇员三百七十八元，雇工随从二百五十二元，自本年七月份起实行，饬知照等因；拟报会后分行，请核示等情，并奉准如拟办理。

二、秘书处报告，关于茂名县石龙乡第六保国民学校及私立超群初级小学校代表人陈××、苏××等因不服茂名县政府提拨该第五、六保所有旺村庙等庙田租为石龙乡中心学校经费之处分，向本府提起诉愿一案，经审查完竣，依法拟具决定书，本件诉愿不受理，并签准如拟办理。

三、秘书处报告，奉交下建设厅呈，以据长途电话管理所电，为迩来物价高涨，拟自本年十二月一日起调整广佛电话费，照原定价目增加两倍征收，计寻常叫号六千元，加急叫号一万二千元，寻常叫人一万零五百元，加急叫人一万六千五百元，销号费三千元，传呼专力费三千元，请核准前来，查属可行，拟予照准，请核备等情，奉准如拟办理。

四、秘书处报告，奉交下会计处签呈，关于第六区专员兼保安司令蓝萼洲呈缴赴任旅费预算，计共列支三百八十万九千元，请核拨一案，核尚符合，拟准予在本年度第二预备金项下拨支，请核示等情，并奉准如拟办理。

五、秘书处报告，奉交下会计处签呈，关于建设厅呈，以本省各县（市局）三十五年度冬耕成效，业经依法考核完竣，依照考核结果，应给予饶平、紫金、恩平、罗定、德庆、陆丰、普宁、南澳、茂名、电白、防城、灵山、徐闻、曲江、顺德等十五县，奖金各十万元，附其考核报告表，请核办一案，该项奖金共一百五十万元，经奉核定在本年度第二预备金项下拨支，拟先分行后报会议等情，并奉准如拟办理。

六、秘书处报告，奉交下会计处签呈，本府准国民政府主计处通知，以本省续测湛江等十城市地图十二幅，经费三千一百二十万元，经奉核定照数补助，在第二预备金项下动支，请查照依法编送分配预算等由，拟照规定以中央补助收入科目，及原指定用途分别编列追加预算，俟下次办理追加省总预算时列入，请核定分行等情，并奉准如拟办理。

七、秘书处报告，奉交下会计处签呈，关于财政厅呈，以省会警察局警探处退休区队长邓聘，二十七年至三十六年份年抚金，共一百三十五万三千九百六十五元，请示应如何拨付一案，该款拟在省训练团节余三十六年十一、十二月份临时费内拨支，请核定等情，并奉准如拟办理。

八、（略）

九、秘书处报告，奉交下会计处签呈，关于财政厅呈，以前奉饬在本年度第二预备金项下，暂拨各区专保公署本年一至九月份增加武职人员生活补助费，共一亿一千七百九十五万八千四百二十二元，现以年度行将终结，请示如何冲转一案，该款拟准予作正开支，请核示等情，并奉准如拟办理。

十、民政厅、财政厅、教育厅、建设厅、秘书处、警保处、田赋粮食管理处、社会处、会计处、统计处、人事处、卫生处、地政局、新闻处、设计考核委员会报告一周办理重要工作。

讨论事项

一、主席交议，据财政厅签呈，为物价高涨，各县库支倍增，为因应实际需要，拟将本省码头租征率提高至十倍征收，并修正本省各县（市局）征收码头租办法第三条条文，请核示等情，请公决案。

（决议）通过。

二、主席交议，据财政厅签呈，为修正本省各县（市局）屠宰税征收细则第三及第四条条文，请核示等情，请公决案。

（决议）通过。

三、主席交议，据会计处签呈，关于前保安司令部编送三十六年度一至六月份外人员经费支付预算书，计列支二亿三千二百六十八万三千六百三十九元，拟在经管保安经费节余项下支报，请核备一案，查本案事前未准通知到府，应否照准，请核示等情，请公决案。

（决议）照准。

四、主席交议，据会计处签呈，关于田粮处黄处长呈，以奉派赴湘洽购粮食，计共支出二千零八十三万五千元，请拨还归垫一案，该款拟在本年十至十二月调整增加省训练团受训学员副食费八千六百四十四万五千元内移拨，请核定等情，请公决案。

（决议）通过。

五、主席交议，据会计处签呈，关于新闻处呈，以该处办公地址三十六年十一月份仍续租一个月，租金增至每月六百万元请核拨一案，除该经常费内已列有每月五十万元租金外，余五百五十万元，拟准在本年度第二预备金项下拨支，请核示等情，经准予照办请追认案。

（决议）追认。

六、主席交议，据会计处签呈，关于海康县三十六年度地方岁入岁出第一次追加预算一案，经核备完竣，计岁入岁出各列三亿零七百七十万元，请核定等情，请公决案。

（决议）通过。

七、主席交议，据社会处呈，本处秘书区天存辞职，拟予照准，遗缺拟派香棣方代理，请核示等情，请公决案。

（决议）通过。

八、主席交议，据社会处呈，本处第二科科长曾松友拟调充视导，遗缺拟派刘飞航代理，请核示等情，请公决案。

（决议）通过。

九、主席交议，据地政局呈，拟派梁业开代理本局估计专员，请核示等情，请公决案。

（决议）通过。

广东省政府第十一届委员会
第十五次会议纪录

时　间　民国三十七年一月六日
地　点　本府会议厅
出席者　宋子文　徐景唐　胡善恒　谢文龙　邹　琳　肖次尹
　　　　黄　晃
公出者　姚宝猷　韩汉英　黄文山　周景臻
告假者　詹朝阳　黄范一
列席者　史延程　杜梅和　黄秉勋　毛松年　陶林英　江完白
　　　　郭汉鸣　朱润深　陈鸿藻　程克祥　张炎元　张尔超
　　　　陈肇燊　黄锡铨
主　席　宋子文
纪　录　苏旭升
宣读第十四次会议纪录。

报告事项

一、秘书处报告，关于汕头市佣工合作分场代表林××等因设立猪苗场事件不服汕头市政府之处分，向本府提起诉愿一案，经审查完竣，依法拟具决定书，本件诉愿不受理，并签准如拟办理。

二、秘书处报告，关于湖安县南桂乡陈璜祖代表陈××等因不服本省第五区行政督察专员兼保安司令公署，将其共有祖遗以璜祖派静和名义，向财政部领得之沙田，拨充县地方救济等补助经费之处分，向本府提起诉愿一案，经审查完竣，依法拟具决定书，本件诉愿不受理，并签准如拟办理。

三、秘书处报告，关于五华县嵩头乡巫××等因不服五华县政府认定嵩头南门路唇等处田亩山扬为逆产拍卖之处分，向本府提起诉愿一案，经审查完竣依法拟具决定书，本件诉愿不受理，并签准如拟办理。

四、秘书处报告，奉交下会计处签呈，关于教育厅姚厅长呈，以全

518

国教育学会年会已定期在京举行，拟偕同科长督学科员各一人赴京出席，约需旅费一千五百二十二万四千元，款拟在三十六年度教育文化事业费项下拨支，附具预算表请存转饬拨一案，拟予照准，请核定分行后报会议等情，并奉准如拟办理。

五、秘书处报告，奉交下会计处签呈，以奉行政院三十六年十一月十七日六财字第四七三九四号训令，为各级公库兼收之国地共分各税款，一律不给予手续费，饬遵照等因；拟报会后分行，请核示等情，并奉准如拟办理。

六、民政厅、财政厅、教育厅、建设厅、秘书处、警保处、田赋粮食管理处、社会处、会计处、统计处、人事处、卫生处、地政局、新闻处、设计考核委员会，报告一周办理重要工作；粤侨事业辅导委员会报告三十六年【十】二月份办理重要工作。

讨论事项

一、主席交议，据会计处签呈，为编具本省三十六年度第五次追加地方岁入岁出总预算书，请核定后分别呈送办理等情，请公决案。

（决议）通过。

二、主席交议，据秘书处签呈，关于广东粮食经理委员会呈，拟修正该会组织规程一案，拟议意见，请核示等情，请公决案。

（决议）通过。

三、主席交议，据秘书处签呈，关于阳江县章蒲乡私立楼榭初级小学校董会校董黄××等因不服阳江县政府所为分拨三校经费之处分，提起诉愿一案，经审查完竣，依法拟具决定书，请核示等情，请公决案。

（决议）通过。

四、主席交议，据秘书处签呈，关于阳江县钟氏大小祖尝钟××等因不服阳江县政府勒交学谷之处分，提起诉愿一案，经审查完竣，依法拟具决定书，原处分撤销，请核夺等情，请公决案。

（决议）通过。

五、主席交议，据民政厅签呈，为修订本省各县（局）乡镇公所编制及经费标准表，并拟提高保办公处办公费，请核示等情，请公决案。

（决议）通过。

六、主席交议，据会计处签呈，关于前省保安司令部编送三十五年十二月份保安第九总队招募新兵安家费预算书，计列支一千九百二十万元，款在同年度保安经费节余项下开支，请办理一案，拟提请会核定后办理等情，请公决案。

（决议）通过。

七、主席交议，据会计处签呈，关于秘书处编呈制发本府合署办公各机关三十七年度员工及来宾证章预算，计列支一千二百一十五万元，请核拨办理一案，该款拟在三十六年度第二预备金项下拨支，请核示等情，经准予照办，请追认案。

（决议）追认。

八、主席交议，据会计处签呈，关于开平县三十六年度地方岁入岁出第一次追加预算一案，经核编完竣，计岁入岁出各列一十五亿八千零三十万六千元，请核定等情，请公决案。

（决议）通过。

九、主席交议，据田赋粮食管理处签呈，以三十六年度赋实公粮陆续征起，关于省级各机关公教员工长警等价领粮食，一月份应否继续办理，兹拟议办法四项，请核示等情，请公决案。

（决议）交财政厅田粮处会计处审查，由财政厅约集。

十、主席交议，邓故上将仲元之太夫人在原籍逝世，拟由府补助治丧费五千万元，该款拟先向省银行借垫，俟三十七年度省总预算核定后，在第二预备金项下开支，请公决案。

（决议）通过。

十一、主席交议，据民政厅呈，本厅视察周乃芬经调充高要县县长，遗缺拟派梁省松代理，请核示等情，请公决案。

（决议）通过。

十二、主席交议，据民政厅呈，本厅视察梁松荣业已去职，遗缺拟派朱佑汉代理，请核示等情，请公决案。

（决议）通过。

十三、主席交议，据教育厅长姚宝猷签呈，省立志锐中学校长冯肇光，经奉调广宁县长，遗缺拟派林为栋接充，请核示等情，请公决案。

（决议）通过。

十四、主席交议，据民政厅长徐景唐签呈：（一）灵山县长陈曼熹辞职拟予照准，遗缺拟派黄质胜代理。（二）文昌县长陈宗舜另有任用拟予免职，遗缺拟派文乃武代理。（三）白沙县长王×剿匪不力拟予撤职，遗缺拟派赵克刚代理。请核示等情，请公决案。

（决议）通过。

广东省政府第十一届委员会
第十六次会议纪录

时　　间　一月十三日

地　　点　本府会议厅

出席者　宋子文　胡善恒　邹　琳　肖次尹　黄文山　黄范一
　　　　黄　晃

公出者　徐景唐　姚宝猷　谢文龙　韩汉英　周景臻

告假者　詹朝阳

列席者　史延程　杜梅和　黄秉勋　毛松年　陶林英　江完白
　　　　郭汉鸣　朱润深　陈鸿藻　张炎元　程克祥　张尔超
　　　　陈肇燊　吴荣楫　黄锡铨　谢群彬

主　　席　宋子文

纪　　录　苏旭升

宣读第十五次会议纪录。

报告事项

一、秘书处报告，奉交下建设厅代电，以据公路处电，为筑路机械缺乏，经奉谕向善后救济总署广东分处，价购筑路机车一十二辆应用，计价款四亿五千万元，款拟在奉拨三十六年度交通车辆购置费十亿元项下移用，附具预算分配表，请核转前来，查该项车辆购置费，前奉核定移为修复广越路阳湛段桥梁之用，兹拟将前案注销，并将该项购置费十亿元内，准移用四亿五千万元，为购置筑路机车费，余五亿五千万元，仍移为广越路阳湛段桥梁之用，请核示等情，并奉准如拟办理。

二、秘书处报告，奉交下会计处签呈，关于财政厅呈，以前奉饬在三十六年度第二预备金项下，垫发省立高陂陶瓷科职业学校校长廖春欹出国募捐建设校旅费一百五十万元，现年度已终结，请示如何收回冲转一案，查该款原核定，俟募得款后在捐款内拨还归垫，现该校长尚未返国，垫款自无法归还，拟准予作为一次过补助该校长出国旅费，拨正开支，请核定分行后报会议等情，并奉准如拟办理。

三、秘书处报告，奉交下会计处签呈，关于教育厅呈，以省立法商学院，将变卖残破学生自修台价款三百八十二万五千元，拨为购置之用，转缴原呈岁入岁出预算分配表，请核转一案，拟予照准，并列入三十六年度追加预算，请核示等情，并奉准如拟办理。

四、秘书处报告，奉交下会计处签呈，关于新闻处呈，以奉饬迁入省训练团旧址办公，请核拨搬迁费一案，经奉核定准拨五百万元，由该处自行核实办理，该款拟在三十六年度第二预备金项下开支，请核定分行后报会议等情，并奉准如拟办理。

五、秘书处报告，奉交下建设厅呈，以据公路处呈，为月来物价继续增涨，前奉核定之客货运价，已不能维持成本，兹根据三十六年十二月中旬各项运价指数，计算行车成本，重新拟定客运每客公里一千五百元，货运每吨公里一万四千元，自三十七年元月一日起实行。检同行车成本计算表，请核准前来，查所拟调整客货运价率尚属核实，经指复准予照办，并分行遵照，请核备等情，奉准如拟办理。

六、民政厅、财政厅、教育厅、建设厅、秘书处、警保处、田赋粮食管理处、社会处、会计处、统计处、人事处、卫生处、地政局、新闻处、设计考核委员会报告一周办理重要工作。

讨论事项

一、主席交议，据财政厅会计处会签，为编具本省三十六年度第六次追加地方岁入岁出预算清表，请提会核定后，再行编办详细预算，分别呈送等情，请公决案。

（决议）通过。

二、主席交议，据会计处签呈，关于建设厅转缴公路处监理所组织规程及编制预算一案，拟议意见，请核示等情，请公决案。

（决议）制〔准〕照建设厅意见办理，余照会计处签拟第二项

522

通过。

三、主席交议，据财政厅签呈，迩来物价不断增涨，各县库支加增，为因应实际需要，拟将屠场使用费征率提高五倍征收，并修正本省各县市屠场使用费征收规则第三条条文，请核示等情，请公决案。

（决议）通过。

四、主席交议，据本省三十七年度县市总预算编审委员会签呈，为各县市局三十七年度总预算，除南海、番禺两县经奉核定颁发外，其余中山等一百县市局经审编完竣，谨检附各该县市局总预算岁出各款总表等件，请提会核定等情，请公决案。

（决议）通过。

五、主席交议，据社会处签呈，以奉社会部电配拨本省救济米三百吨，现由沪运穗饬准备验收保管，候示处理，另桂省米二百吨，并饬转该省领受等因；谨报请核示办理等情，请公决案。

（决议）通过。

六、（略）

七、主席交议，据财政厅田粮处会计处会签，奉交审查省级各机关公教员工等三十七年度一月份，应否价领粮食及如何扣价一案，经会同审查完竣，谨列具意见，请核示等情，请公决案。

（决议）通过。

八、主席交议，据本省三十七年度县市总预算编审委员会签呈，为编印各县市局总预算书，计需印刷费二亿六千一百一十二万元，该款拟在未〔本〕年度第二预备金项下开支，在预算未奉核定前，暂先借垫，请核示等情，请公决案。

（决议）通过。

九、主席交议，拟派肖委员次尹代表本府慰问九龙城被迫拆迁居民，并拟款五亿元前往办理救济，请公决案。

（决议）通过。

十、主席交议，据会计处签呈，关于汕头市三十六年度地方岁入岁出第二次追加预算一案，经核编完竣，计岁入岁出各列三十三亿三千五百四十七万元，请核定等情，请公决案。

（决议）通过。

十一、主席交议，前据田粮处呈，请核拨督征田赋旅费共七千零三十万元一案，该款经饬据会计处签，拟在三十六年度十至十二月份调整增加省训练团受训学员副食费科目，移拨六千五百三十万元，余五百万元在同年度第二预备金项下拨支，并准予照办，请追认案。

（决议）追认。

十二、主席交议，前据会计处呈，以本府前核定在三十六年度贫瘠县份补助费科目，垫付复员军官转业教育人员分发旅费三千二百六十八万五千三百元，拟照国防部规定，在垫付科目作正开支，请核定分行后补提会追认等情，经准予照办，请追认案。

（决议）追认。

十三、主席交议，据教育厅呈，拟派范流森代理本厅督学，请拨示等情，请公决案。

（决议）通过。

十四、主席交议，据建设厅呈，本厅视察刘剑元业经去职，遗缺拟派罗玉青代理，请核示等情，请公决案。

（决议）通过。

十五、主席交议，据建设厅呈，本厅视察陈治国业经去职，遗缺拟派江海筹代理，请核示等情，请公决案。

（决议）通过。

十六、主席交议，据建设厅呈，公路处副处长肖达人辞职，拟予照准，遗缺拟派邹柏茂代理，请核示等情，请公决案。

（决议）通过。

十七、主席交议，据民政厅呈，本厅第三科科长郑晖经另有任用，遗缺拟派叶云龙代理，请核示等情，请公决案。

（决议）通过。

十八、主席交议，据财政厅呈，本厅第三科科长凌宗汉辞职拟予照准，遗缺拟派陈孟坚代理，请核示等情，请公决案。

（决议）通过。

十九、主席交议，拟将广东实业有限公司章程第二十六条文内，"设董事九人"修正为"设董事十三人"，并饬该公司依照修正呈府备查，请公决案。

（决议）通过。

二十、主席交议，拟派官其慎为广东实业有限公司董事，请公
决案。

（决议）通过。

广东省政府第十一届委员会
第十七次会议纪录

时　间	一月二十日
地　点	本府会议厅
出席者	宋子文　胡善恒　谢文龙　邹　琳　肖次尹　黄范一 黄　晃
公出者	徐景唐　姚宝猷　韩汉英　黄文山　周景臻
告假者	詹朝阳
列席者	史延程　黄镇球　杜梅和　黄秉勋　毛松年　陶林英 江完白　郭汉鸣　朱润深　陈鸿藻　程克祥　张尔超 陈肇燊　吴荣楫　黄锡铨
主　席	宋子文
纪　录	苏旭升

宣读第十六次会议纪录。

报告事项

一、秘书处报告，奉交下建设厅签呈，以据公路处电，为改善本省
公路路面，特拟具广东省建设厅公路处征集工料修筑公路路面办法，请
转呈核准施行前来，查所拟办法经送会秘书处社会处参酌意见，分别修
正，请核定施行等情，并奉准如拟办理。

二、秘书处报告，奉交下建设厅呈，以据长途电话管理所电，拟自
三十六年十二月一日起，将所属各所站用户月费，增至四万元课收，请
核准前来，查属需要，除权先准照办理外，谨报请核备管〔等〕情，
并奉准如拟办理。

三、秘书处报告，关于郁南县人民江××因联保侵吞赋谷罪嫌被告外出纠纷事件，不服罗定县政府所为扣押及查封铺屋之处分，向本府提起诉愿一案，经审查完竣，依法拟具决定书，本件诉愿不受理，并签准如拟办理。

四、秘书处报告，奉交下会计处签呈，以奉行政院转奉国民政府三十六年十二月二日处字第一三二二号训令，本省三十五年下半年度地方岁入岁出总预算，业经立法院议决通过，抄发原预算总表，饬遵照等因；查奉发表列数与前奉核定预算数相符，拟报会后分行，请核示等情，并奉准如拟办理。

五、民政厅、财政厅、教育厅、建设厅、秘书处、警保处、田赋粮食管理处、社会处、会计处、统计处、人事处、卫生处、地政局、新闻处、设计考核委员会报告一周办理重要工作。

讨论事项

一、主席交议，据设计考核委员会签呈，为编具本府三十七年度上半年工作计划，请核夺等情，请公决案。

（决议）交肖、黄（文山）、黄（晃）三委员审查，由肖委员约集。

二、主席交议，据田赋粮食管理处签呈，关于东莞县呈报该县民田短差赋额，拟改向短匿未报田亩面积严饬各乡长补征请核示一案，兹拟定短报匿报查挤补收要点四项，请核定后电饬遵照，并分饬各县遵照办理等情，请公决案。

（决议）通过。

三、主席交议，据会计处签呈，拟议清理三十六年度中山等十七县市应解省协助费款，及由省补助各县款意见，请核示等情，请公决案。

（决议）通过。

四、主席交议，据会计处签呈，关于教育厅编缴三十七年度省校设备扩充及维持基金岁入岁出预算，请核办一案，可否援照公路处公路保养基金办法，暂不列入总预算统筹之处，请核示等情，请公决案。

（决议）仍列入预算。

五、主席交议，据秘书处签呈，关于曲江县龙归乡第十五保副保长黄××等因不服曲江县政府将已核准九祖寺田产为该保国民学校基金改拨为龙归乡第二中心学校基金之处分，提起诉愿一案，经审查完竣，依法拟具决定书，请核示等情，请公决案。

（决议）通过。

六、主席交议，据秘书处签呈，关于香港国安公司经理王××等因太平洋轮船沉没事件不服新会县政府饬将捞起货物提运返江门发还货主，及依善后委员会议决善后办法三项之处分，提起诉愿一案，经审查完竣，依法拟具决定书，请核示等情，请公决案。

（决议）通过。

七、主席交议，据田赋粮食管理处签呈，为拟具本省国粮省粮及加工盈余谷米出售办法，请提会核定施行等情，请公决案。

（决议）通过。

八、主席交议，据会计处签呈，关于秘书处呈，以制发本府合署办公各机关三十七年度员工及来宾证章，因物价增涨，计不敷价款七百二十九万元，编具追加预算，请拨还一案，该款拟在三十六年度第二预备金项下拨支，请核示等情，请公决案。

（决议）通过。

九、主席交议，据财政厅签呈，拟将本省特种事业基金管理委员会撤销，并拟议结束办法五项，请提会决定等情，请公决案。

（决议）通过。

十、主席交议，据社会处签呈，为拟具本省各县（市局）托儿所组织规程，请核定施行等情，请公决案。

（决议）通过。

十一、主席交议，拟将社会处救济院原址，拨为安置革命老同志及遗族之用，并酌拨基金派员主持，以励前勋，而示体念，请公决案。

（决议）通过。

十二、主席交议，据会计处签呈，关于南海县三十六年度地方岁入岁出第二次追加预算一案，经核编完竣，计岁入岁出各列一十八亿七千零三十万零四千元，请核定等情，请公决案。

（决议）通过。

十三、主席交议，据会计处签呈，关于花县三十六年度地方岁入岁出第二次追加预算一案，经校编完竣，岁入岁出各列三亿零二百五十八万七千元，请核定等情，请公决案。

（决议）通过。

十四、主席交议，据会计处签呈，关于高明县三十六年度地方岁入岁出第一次追加预算一案，经核编完竣，计岁入岁出各列四亿五千九百一十三万一千元，请核定等情，请公决案。

（决议）通过。

十五、主席交议，据会计处签呈，关于曲江县三十六年度地方岁入岁出第一次追加预算一案，经核编完竣，计岁入岁出各列六百五十二万九千元，请核定等情，请公决案。

（决议）通过。

十六、主席交议，据会计处签呈，关于阳春县三十六年度地方岁入岁出第一次追加预算一案，经核编完竣，计岁入岁出各列四亿八千零五十四万元，请核定等情，请公决案。

（决议）通过。

十七、主席交议，据会计处签呈，关于鹤山县三十六年度地方岁入岁出第一次追加预算一案，经核编完竣，计岁入岁出各列四亿六千八百六十五万四千元，请核定等情，请公决案。

（决议）通过。

十八、主席交议，据会计处签呈，关于海丰县三十六年度地方岁入岁出第二次追加预算一案，经核编完竣，计岁入岁出各列六亿四千三百万元，请核定等情，请公决案。

（决议）通过。

十九、主席交议，前据建设厅转缴农林处，奉派技士二人，赴农林部兽疫防治督导人员训练班受训，旅费预算计列八百五十二万八千元，该款经饬据会计处签，拟在三十六年度第二预备金项下拨支，并准予照办，请追认案。

（决议）追认。

二十、主席交议，据社会处呈，本处视导李缵铮拟另候任用，遗缺拟派陈介风代理，请核示等情，请公决案。

（决议）通过。

二十一、主席交议，据财政厅呈，拟派吴仲良代理增城县税捐稽征处处长，请核示等情，请公决案。

（决议）通过。

二十二、主席交议，据财政厅呈，拟派李兆华代理乐昌县税捐稽征处处长，请核示等情，请公决案。

（决议）通过。

二十三、主席交议，据建设厅呈，农林处处长刘禹轮业已去职，遗缺拟派林亮东代理，请核示等情，请公决案。

（决议）通过。

二十四、主席交议，查本省实业公司前任总经理经管账目，迭经被控有不法行为，亟应查明虚实，以凭核办，兹聘谢文龙、高深、罗翼群、李禄超、李伟光、朱江、吴质文、许赓梅、郑仲楚、冼维祺、陈述经、张诚、胡善恒、廖强方、崔亚基、李遴汉、钱树芬、孙家哲、毛松年为请查委员，前往彻查具报，仍请公决案。

（决议）通过。

广东省政府第十一届委员会
第十八次会议纪录

时　　间　一月二十七日

地　　点　本府会议厅

出席者　宋子文　徐景唐　姚宝猷　谢文龙　邹　琳　肖次尹
　　　　　黄文山　黄范一　黄　晃

公出者　韩汉英

告假者　胡善恒　詹朝阳

列席者　史延程　黄镇球　杜梅和　黄秉勋　毛松年　陶林英
　　　　　江完白　郭汉鸣　朱润深　陈鸿藻　程克祥　张尔超
　　　　　陈肇燊　严毅沈

主　　席　宋子文

纪　　录　苏旭升

宣读第十七次会议纪录。

报告事项

一、秘书处报告，关于前潮阳县县仓保管委员会常务委员连××因保管赈谷事件，不服潮阳县政府所为限期归还之处分，向本府提起诉愿一案，经审查完竣，依法拟具决定书，本件诉愿不受理，并签准如拟办理。

二、秘书处报告，奉交下会计处签呈，关于三十六年高等考试、人事行政人员特种考试，及格粤籍人员陈骏南、邝才发、潘连华等三人呈，请援例补助赴京受训旅费一案，拟每人一次过补助一百五十万元，共四百五十万元，该款拟在三十六年度第二预备金项下开支，请核示等情，并奉准如拟办理。

三、秘书处报告，奉交下会计处签呈，关于新闻处肖处长电，以奉令交卸，编具交代人员办公费预算请核拨一案，计交代办公费列八十五万元，核无不合，拟准在三十六年度第二预备金项下拨支，原预算分别存转，请先分行后补报会议等情，并奉准如拟办理。

四、秘书处报告，奉交下会计处签呈，关于民政厅前以奉令办理选举监察委员事务，编具经费预算，计列七百五十万元一案，经委员会议核定，在三十六年度第二预备金项下垫拨，并函请内政部拨还在案，现准内政部民四亥铣电复，应由地方自行负担等由，该项垫款拟在原科目拨正开支，请核示等情，并奉准如拟办理。

五、民政厅、财政厅、教育厅、建设厅、秘书处、警保处、田赋粮食管理处、社会处、会计处、统计处、人事处、卫生处、地政局、新闻处、设计考核委员会报告一周办理重要工作。

讨论事项

一、主席交议，据地政局秘书处签呈，为物价高涨，拟将租佃契约工本费，增为每件五千元征收，并将本省租佃契约登记办法第十二条"处五十元以下之罚锾"改为"处一万元以下之罚锾"，第二十条删去，第二十一条改为第二十条，请核示等情，请公决案。

（决议）通过。

二、主席交议，据民政厅签呈，以据南海县人民招锡海呈，为该妻黄氏一胎四孩，教养费历年均蒙补助，现物价高涨，无力教养，请自三十七年度起继续补助一案，拟准予每月补助二百五十万元，请核示等情，请公决案。

（决议）通过。款在本年度第一预备金项下开支。

三、（略）

四、（略）

五、主席交议，前据新闻处呈，拟于三十七年元旦，举行广州市新闻记者招待会，请核拨招待费一案，经准拨发一千二百万元，该款饬据会计处签拟，在三十六年度第一预备金科目开支，并准予照办，请追认案。

（决议）追认。

六、主席交议，据会计处签呈，关于蕉岭县三十六年度地方岁入岁出第二次追加预算一案，经核编完竣，计岁入岁出各列一亿五千零七万元，请核定等情，请公决案。

（决议）通过。

七、主席交议，据会计处签呈，关于普宁县三十六年度地方岁入岁出第二次追加预算一案，经核编完竣，计岁入岁出各列五亿一千四百万元，请核定等情，请公决案。

（决议）通过。

八、主席交议，据会计处签呈，关于紫金县三十六年度地方岁入岁出第二次追加预算一案，经核编完竣，计岁入岁出各列一亿六千四百二十四万元，请核定等情，请公决案。

（决议）通过。

九、主席交议，据会计处签呈，关于恩平县三十六年度地方岁入岁出第二次追加预算一案，经核编完竣，计岁入岁出各列七亿五千九百六十一万九千元，请核定等情，请公决案。

（决议）通过。

十、主席交议，据会计处签呈，关于赤溪县三十六年度地方岁入岁出第一次追加预算一案，经核编完竣，计岁入岁出各列七千一百四十六万五千元，请核定等情，请公决案。

（决议）通过。

十一、主席交议，据会计处签呈，关于平远县三十六年度地方岁入岁出第一次追加预算一案，经核编完竣，计岁入岁出各列一亿七千三百二十一万三千元，请核定等情，请公决案。

（决议）通过。

十二、主席交议，据会计处签呈，关于宝安县三十六年度地方岁入岁出第一次追加预算一案，经核编完竣，计岁入岁出各列三亿三千零九十二万二千元，请核定等情，请公决案。

（决议）通过。

十三、主席交议，据会计处签呈，关于潮阳县三十六年度地方岁入岁出第二次追加预算一案，经核编完竣，计岁入岁出各列五亿零二百三十六万七千元，请核定等情，请公决案。

（决议）通过。

广东省政府第十一届委员会
第十九次会议纪录

时　间	二月三日
地　点	本府会议厅
出席者	宋子文　徐景唐　胡善恒　姚宝猷　谢文龙　邹　琳
	肖次尹　黄文山　华振中　黄　晃
公出者	韩汉英
告假者	詹朝阳　黄范一
列席者	史延程　黄镇球　杜梅和　黄秉勋　毛松年　陶林英
	江宪白　郭汉鸣　陈鸿藻　程克祥　张尔超　陈肇燊
主　席	宋子文
纪　录	苏旭升

宣读第十八次会议纪录。

报告事项

一、秘书处报告，奉交下会计处签呈，以奉行政院三十六年十二月十八日会四字第五二八四〇号训令，为重行调整出差台湾省旅费支给标准，自三十六年十一月一日起实行，饬知照等因，拟分行后补报会议，请核示等情，奉准如拟办理。

二、秘书处报告，奉交下民政厅签呈，关于省参议会林议长翼中等函，以湛江市地理形势及交通状况，与第七区所辖各县实欠联贯，现值绥靖时期，拟请将该市暂拨归第八行政区管辖，以利指挥一案，查本省各行政督察区前奉令重新调整，经将湛江市改为直隶省政府管辖，并报请内政部转呈行政院核备在案，现在未奉核定前，拟暂划归第八行政管辖区，以利戡乱，请核示等情，并奉准如拟办理。

三、秘书处报告，奉交下会计处签呈，关于第六区行政督察专员兼保安司令蓝萼洲呈，以奉令交卸，编具交代办公费及留办交代人员俸薪暨生活补助费预算，请核拨一案，核无不合，该项交代办公费及交代人员俸薪，共七十万零五百九十五元，及留办交代人员生活补助费四百七十五万二千元，拟分别准在三十六年度第二预备金，及生活补助费项下拨支，请先分行后补报会议等情，并奉准如拟办理。

四、秘书处报告，奉交下会计处签呈，关于本省三十六年第一、二、三、四次追加地方岁入岁出总预算书，前经本府委员会议通过，并函送省参议会审议，兹准该会函复，上列各次追加预算，业经本会第一届第三次大会决议追认，请查照等由，拟请列报会议后存查等情，并奉准如拟办理。

五、秘书处报告，奉交下建设厅签呈，关于本府委员会议通过之广东省修筑围堤征募民工办法，经函送省参议会审议，现准函复，以案经提报该会第三届驻会委员会议，金以该办法颇为得当，惟拟于原办法第六条"各县长乡保长因征工不力"之下，另加入"或有舞弊事情"六字，嘱为修正等由，似属需要，拟报会修正后通饬办理，请核夺等情，并奉准如拟办理。

六、秘书处报告，奉交下建设厅呈，以据公路处电，请将三十六年度中央补助本省修复广揭等路复路费二十亿元，余数十亿元移拨为修复阳湛段桥梁工程之用，请核准前来，除复准予照办外，请核备等情，并奉准如拟办理。

七、秘书处报告，奉交下财政厅签呈，以先后据中山、顺德、新会、番禺等县政府电，为提高公教人员待遇，拟开征易地屠宰税案，经参议会决议通过，请核备前来，查所请与中央最近颁发之开辟特别税课办法第一条二项之规定核属可行，拟予照准，请核示等情，并奉准如拟办理。

八、秘书处报告，查本府为安置革命老同志及遗族起见，前经委员会议通过，将社会处救济院原址拨用，并垫付基金，指定财政厅长、建设厅长、省银行总经理，为革命老同志救济事业管理委员会委员，负责筹划主持有案，兹奉谕加派社会处长陶林英为该会委员，并报会等因，经遵照先送人事处办理。

九、民政厅、财政厅、教育厅、建设厅、秘书处、警保处、田赋粮食管理处、社会处、会计处、统计处、人事处、卫生处、地政局、新闻处、设计考核委员会报告一周办理重要工作。

讨论事项

一、主席交议，据田赋粮食管理处签呈，为拟具广东省各级粮食加工处理办法，并将前颁广东省征收征借粮食加工盈余办法废止，请核夺施行等情，请公决案。

（决议）照会计处签拟修正通过。

二、主席交议，据财政厅田粮处会计处签，奉交审查省级各机关公教员工等价领粮食，二月份应否继续办理，及如何扣价一案，经会同审查完竣，谨列具意见，请核夺等情，请公决案。

（决议）通过。

三、肖委员、黄委员（文山）、黄委员（晃）会复，奉交审查本府三十七年度上半年工作计划一案，经审查完竣，谨列具意见，请公决案。

（决议）通过。

四、主席交议，据财政厅田粮处会计处会签，为拟定本省三十六年度田赋征收截限调整折价标准，请提会核定施行等情，请公决案。

（决议）通过。

五、主席交议，据会计处签呈，为迩来物价高涨，关于各县（市局）政府，暨所属各机关学校办公费，拟自本年一月份起，照前核定标准增至两倍半计支，请提会核定等情，请公决案。

（决议）通过。

六、主席交议，据会计处签呈，关于饶平县三十六年度地方岁入岁出第二次追加预算一案，经核编完竣，计岁入岁出各列一十二亿七千八百万元，请核定等情，请公决案。

（决议）通过。

七、主席交议，据会计处签呈，关于封川县三十六年度地方岁入岁出第二次追加预算一案，经核编完竣，计岁入岁出各列一亿五千零四十万元，请核定等情，请公决案。

（决议）通过。

八、主席交议，据会计处签呈，关于南山管理局三十六年度地方岁入岁出第二次追加预算一案，经核编完竣，计岁入岁出各列四千三百八十九万元，请核定等情，请公决案。

（决议）通过。

九、主席交议，据会计处签呈，关于台山县三十六年度地方岁入岁出第一次追加预算一案经核编完竣，计岁入岁出各列一十一亿六千三一十八万元，请核定等情，请公决案。

（决议）通过。

十、主席交议，据会计处签呈，关于龙门县三十六年度地方岁入岁出第一次追加预算一案，经核编完竣，计岁入岁出各列一亿七千七百零一万四千元，请核定等情，请公决案。

（决议）通过。

十一、主席交议，据会计处签呈，关于惠阳县三十六年度地方岁入岁出第二次追加预算一案，经核编完竣，计岁入岁出各列一十亿零五千一百八十一万六千元，请核定等情，请公决案。

（决议）通过。

十二、主席交议，据会计处签呈，关于合浦县三十六年度地方岁入岁出第一次追加预算一案，经核编完竣，计岁入岁出各列二亿三千零四十五万二千元，请核定等情，请公决案。

（决议）通过。

十三、主席交议，据会计处签呈，关于定安县三十六年度地方岁入岁出第二次追加预算一案，经核编完竣，计岁入岁出各列二亿零三百五十三万一千元，请核定等情，请公决案。

（决议）通过。

十四、主席交议，据会计处签呈，关于从化县三十六年度地方岁入岁出第一次追加预算一案，经核编完竣，计岁入岁出各列三亿三千五百四十八万五千元，请核定等情，请公决案。

（决议）通过。

十五、主席交议，据会计处签呈，关于德庆县三十六年度地方岁入岁出第二次追加预算一案，经核编完竣，计岁入岁出各列一亿七千一百万元，请核定等情，请公决案。

（决议）通过。

十六、主席交议，据警保处呈，本处警察教导大队大队长张惠文业经去职，遗缺拟派吴祥雁代理，请核示等情，请公决案。

（决议）通过。

十七、主席交议，据建设厅呈，为农林处秘书郭衍宾业经去职，遗缺拟派范朕廷代理，请核示等情，请公决案。

（决议）通过。

十八、主席交议，据建设厅呈，拟派杨振清代理公路处技士，请核示等情，请公决案。

（决议）通过。

十九、主席交议，据教育厅呈，省立连州中学校长肖怀德辞职，拟予照准，遗缺拟派丘耀南代理，请核示等情，请公决案。

（决议）通过。

二十、主席交议，据民政厅呈，本厅秘书侯勋业已去职，遗缺拟派宗静存代理，请核示等情，请公决案。

（决议）通过。

二十一、主席交议，据地政局呈，拟派黄纬史代理本局第二科科长，请核示等情，请公决案。

（决议）通过。

二十二、主席交议，据民政厅长徐景唐签呈，乐东县长王衍祚拟另侯任用，遗缺拟派韩云超代理；保亭县长周栽彬呈请辞职，拟予照准，遗缺拟派黄自强代理，请核夺等情，请公决案。

（决议）通过。

二十三、主席交议，广东实业公司与穗新实业公司签订租赁机器契

536

约，开设广州纺织厂第二厂一案，提请公决案。

（决议）通过。

广东省政府第十一届委员会
第二十次会议纪录

时　　间　二月十七日
地　　点　本府会议厅
出席者　宋子文　徐景唐　胡善恒　姚宝猷　谢文龙　邹　琳
　　　　　肖次尹　詹朝阳　黄文山　黄范一　华振中　黄　晃
公出者　韩汉英
列席者　史延程　黄镇球　杜梅和　黄秉勋　毛松年　陶林英
　　　　　江完白　郭汉鸣　朱润深　陈鸿藻　程克祥　王　铠
　　　　　张尔超　陈肇燊
主　　席　宋子文
纪　　录　苏旭升
宣读第十九次会议纪录。

报告事项

一、秘书处报告，关于乐昌县人民欧××、欧××等因收用山地事件不服农林部直辖第一经济林场所为之处分，向本府提起诉愿一案，查本察〔案〕诉愿程序错误，应不予受理，经依法拟具决定书，并签准如拟办理。

二、秘书处报告，关于郁南县通门乡第十一保国民学校校长陈××、保长兼基金保管委员聂××等因校产纠纷事件不服郁南县政府所为分拨之处分，向本府提起诉愿一案，查本案诉愿人呈请撤回，应不予受理，经依法拟具决定书，并签准如拟办理。

三、秘书处报告，奉交下会计处签呈，关于本府无线电总台呈，以本台三十六年度三至八月份，摊付交通部南京政务电报费差额三百六十四万五千二百五十元，前奉核准在三十六年度第三次追加预算第二预备金项下拨付，现迭准该政务电台催缴，拟请在追加预算未奉中央核定前，准予改以别项科目拨付一案，该款拟改在三十六年度第二预备金科目拨支，仍请先分行后报会议等情，并奉准如拟办理。

四、秘书处报告，奉交下会计处签呈，关于财政部函，以本省沙田地籍整理大纲，前经院令饬知无订定必要，请遵照院定原案停止施行，以免影响国有沙田放租放领补价之业务，而裕国省库收入一案，拟依照将本省沙田地籍整理大纲停止施行，请核示等情，并奉准如拟办理。

五、秘书处报告，奉交下会计处签呈，关于财政厅呈，以本厅秘书严毅沈等由南京行政院调厅工作，共垫支旅费四百九十九万三千元，编具预算分配表，请核拨归垫一案，该款拟准在三十六年度第二预备金科目拨支，请核定分行后报会议等情，并奉准如拟办理。

六、秘书处报告，奉交下会计处签呈，关于财政厅呈，以本厅科长李志成等，由交通部调厅工作，共垫支旅费四百九十九万九千元，编具预算分配表，请核拨归垫一案，该款拟准在三十六年度第二预备金科目拨支，请核定分行后报会议等情，并奉准如拟办理。

七、秘书处报告，奉交下会计处签呈，关于第四区专员兼保安司令公署转缴该署黄前任交代各费预算表，请核拨一案，核计交代办公费及交代人员薪俸，共九十万零四百一十元，暨交代人员生活补助费四百九十五万六千元，拟分别在三十六年度第二预备金，及生活补助费科目拨支，请核定分行后报会议等情，并奉准如拟办理。

八、秘书处报告，奉交下会计处签呈，关于第八区专员兼保安司令公署转缴该署林前任交代人员生活补助费（十月份起调整待遇后）预算表，请照数补拨一案，计需增拨三百六十二万元，该款拟在三十六年度生活补助费项下拨支，请核定分行后报会议等情，并奉准如拟办理。

九、秘书处报告，奉交下会计处签呈，关于民政厅呈，为派视察二人赴从化等县协助剿匪，请拨旅费九百二十八万八千元一案，拟准特拨五百万元，该款在三十六年度第二预备金项下拨支，不足之数，拟请饬在原机关视察旅费内酌支，请核定分行后报会议等情，并奉准如拟办理。

十、民政厅、财政厅、教育厅、建设厅、秘书处、警保处、田赋粮食管理处、社会处、会计处、统计处、人事处、卫生处、地政局、新闻

538

处、设计考核委员会报告一周办理重要工作。

讨论事项

一、（略）

二、主席交议，据财政厅签呈，为拟具三十六年度省库收支结束办法，请提会核定施行等情，请公决案。

（决议）通过。

三、主席交议，据建设厅签呈，为拟具整理本省渔业权计划，及广东省整理渔业权办法，并将广东省各县市小规模渔业证章程重新修订，请核夺施行等情，请公决案。

（决议）交谢、胡、黄（晃）三委员及陶处长审查，由谢委员约集。

四、主席交议，据民政厅签呈，关于顺德、南海两县系争麻洪地方一案，经饬据一区专保公署查复，该麻洪地方应为顺德县所属，拟准照办，请核夺等情，请公决案。

（决议）通过。

五、主席交议，据田粮处签呈，关于本省三十六年秋灾县份，前经分饬依章勘报，其已复勘完毕，或经初勘而未复勘县份之核减赋领，业由本处列具统计表，邀请财政厅地政局会计处社会处派员会商审定，请核夺等情，请公决案。

（决议）通过。

六、主席交议，据设计考核委员会签呈，为本省各县市局长三十七年度考绩工作成绩百分比总（分）标准，经约请各机关派代表会商订定，请提会核定施行等情，请公决案。

（决议）缓议。

七、主席交议，据田赋粮食管理处签呈，为依照粮食部电复意见，修正广东省滨海各县市防止偷运粮食出国办法第二、六两条文，请核示等情，请公决案。

（决议）修正通过。

八、主席交议，据会计处签呈，关于建设厅转缴农林处编呈本省三十七年度植树节联合造林运动临时费预算，计列九百万元，请核拨办理一案，拟准在本年度第二预备金项下拨支，请核定等情，请公决案。

（决议）通过。

九、（略）

十、主席交议，据财政厅地政局会签，关于整理本省沙田原则一案，前经由姚委员约集审查，兹根据审查意见，重新拟具本省沙田整理办法，省县沙田整理办事处暨测量队组织规程，并经邀同原审查人会同商讨修订，请核示等情，请公决案。

（决议）通过。

十一、主席交议，据财政厅地政局签呈，关于中山、番禺、顺德三县参议会通过征收费用以整理地籍一案，查各县征收费用名称及标准颇不一致，兹依照院颁办法，一律改为测绘费，并规定每亩收费十万元，请核示等情，请公决案。

（决议）通过。

十二、主席交议，为发挥青年力量，促进本省建设起见，特订定甄拔青年优秀人才办法，提请公决案。

（决议）通过。

十三、主席交议，据会计处签呈，关于新兴县三十六年度地方岁入岁出第二次追加预算一案，经核编完竣，计岁入岁出各列一千五百三十六万四千元，请核定等情，请公决案。

（决议）通过。

十四、主席交议，据会计处签呈，关于化县三十六年度地方岁入岁出第二次追加预算一案，经核编完竣，计岁入岁出各列八亿二千八百七十九万六千元，请核定等情，请公决案。

（决议）通过。

十五、主席主议，据会计处签呈，关于临高县三十六年度地方岁入岁出第一次追加预算一案，经核编完竣，计岁入岁出各列一亿三千九百万元，请核定等情，请公决案。

（决议）通过。

十六、主席交议，据会计处签呈，关于东莞县三十六年度地方岁入岁出第二次追加预算一案，经核编完竣，计岁入岁出各列四十二亿五千二百二十万元，请核定等情，请公决案。

（决议）通过。

十七、主席交议，据会计处签呈，关于潮安县三十六年度地方岁入岁出第二次追加预算一案，经核编完竣，计岁入岁出各列二十四亿六千六百三十二万元，请核定等情，请公决案。

（决议）通过。

十八、主席交议，据会计处签呈，关于琼东县三十六年度地方岁入岁出第一次追加预算一案，经核编完竣，计岁入岁出各列七百五十二万元，请核定等情，请公决案。

（决议）通过。

十九、主席交议，据会计处签呈，关于乐昌县三十六年度地方岁入岁出第二次追加预算一案，经核编完竣，计岁入岁出各列三亿零九百二十七万一千元，请核定等情，请公决案。

（决议）通过。

二十、主席交议，据会计处签呈，关于四会县三十六年度地方岁入岁出第二次追加预算一案，经核编完竣，计岁入岁出各列四亿四千七百六十三万九千元，请核定等情，请公决案。

（决议）通过。

二十一、主席交议，据会计处签呈，关于增加各区专保公署三十六年十至十二月份临时费，共五千七百三十八万四千元，前奉核定列入第五次追加预算拨支，现该次追加预算尚未奉核定，该款拟请改在同年度新兴事业费项下拨支等情，经准予照办，请追认案。

（决议）追认。

二十二、主席交议，据会计处签呈，关于统计室〔处〕呈，以自三十六年十月实行新制起，至年终止，共计超支办公费一千八百五十万元，请拨还归垫一案，该款拟准在三十六年度第二预备金项下拨支，请核示等情，经准予照办，请追认案。

（决议）追认。

二十三、主席交议，据会计处签呈，关于增拨本府顾问参议三十六年八至十二月份特别办公费，共一千七百二十五万元，前奉核定在第三次追加预算第二预备金项下拨支，现该次追加预算尚未奉核定，该款拟请改在同年度新兴事业费项下拨支等情，经准予照办，请追认案。

（决议）追认。

二十四、主席交议，据卫生处呈，拟派张炳华代理省立第三医院主任医师，请核示等情，请公决案。

（决议）通过。

二十五、主席交议，据教育厅呈，本厅第四科科长连宝城拟调充督学，请核示等情，请公决案。

（决议）通过。

二十六、主席交议，据卫生处呈，拟派杨维忠代理本处视察，请核示等情，请公决案。

（决议）通过。

二十七、主席交议，据财政厅呈，本厅视察曾鹏志业已去职，遗缺拟派邹就丞代理，请核示等情，请公决案。

（决议）通过。

二十八、主席交议，据民政厅长徐景唐签呈：（一）兴宁县长童白苏呈请辞职，拟予照准，遗缺拟派肖蔚民代理。（二）博罗县长何迺黄呈请辞职，拟予照准，遗缺拟派吴舜农代理。（三）和平县长陈枕溪呈请辞职，拟予照准，遗缺拟派黄梦周代理。（四）龙门县长张超然拟予免职，遗缺拟派钟定天代理。（五）惠来县长方乃斌呈请辞职，拟予照准，遗缺拟派方文灿代理。（六）丰顺县长丘式如呈请辞职，拟予照准，遗缺拟派吴式均代理。谨检同各该员履历请核示等情，请公决案。

（决议）通过。

广东省政府第十一届委员会
第二十一次会议纪录

时　间　二月二十四日

地　点　本府会议厅

出席者　邹　琳　徐景唐　姚宝猷　谢文龙　肖次尹　黄文山
　　　　黄范一　华振中　黄　晃

公出者　宋子文　胡善恒　韩汉英

告假者　詹朝阳

列席者　史延程　黄镇球　杜梅和　陶林英　江完白　郭汉鸣
　　　　朱润深　陈鸿藻　巫　琦　张尔超　陈肇燊　严毅沈
　　　　黄竞天

主　席　宋子文（邹琳代）

纪　录　苏旭升

宣读第二十次会议纪录。

报告事项

一、秘书处报告，关于潮阳德兴汽车公司总经理丁××因不服潮阳县政府，制止在省道潮阳段行车，移交连通公司接办之处分，向本府提起诉愿一案，查本案争执系属私权关系，不属行政处分范围，原诉愿应予驳回，经依法拟具决定书，并签准如拟办理。

二、秘书处报告，奉交下广东省堤工委员会电，为拟订广东省堤工委员会考核民工征集施工成绩奖惩办法，请核备等情，并奉准报会后通饬施行。

三、秘书处报告，奉交下建设厅呈，以据公路处呈，为迩来物价继续高涨，兹根据各项有关指数，计算行车成本，重新拟订客运每人公里二千二百元，货运每吨公里一万九千元，自本年二月份起实行，检同行车成本计算表，请核示前来，查所拟调整客货运价率，尚属核实，除指复准予照办，并分行遵照外，谨报请核备等情，并奉准如拟办理。

四、秘书处报告，奉交下建设厅呈，以据公路处呈，为汽车养路费因近来物价陡涨，拟援照运价调整养路费比率，照原额增百分之五十计，货车每吨公里二千四百元，大客车每车公里三千六百元，中客车二千四百元，小客车一千二百元，又民办公路监理费征收率，并拟调整为货车每车公里一千二百元，客车六百元，请核示前来。查所拟调整养路费及监理费征收率尚合，经准予由一月二十一日起实行，并分行遵照核备等情，并奉准如拟办理。

五、秘书处报告，奉交下会计处签呈，为拟具本省各级机关编制三十六年度决算注意事项，请核定报会后分行各机关办理等情，并奉准如拟办理。

六、秘书处报告，奉交下会计处签呈，关于本府前垫拨九龙城被迫拆迁居民救济费五亿元，及放赈人员旅费五千五百万元，共五亿五千五百万元，经奉行政院子宥六经电复，准照数饬库拨还归垫等因，拟俟款拨到时，由财政厅归还原垫付科目，并由处列入三十七年度追加预算办理，请核定分行后报会议等情，并奉准如拟办理。

七、秘书处报告，奉交下会计处签呈，关于财政厅厅长胡善恒呈，以奉命由京来粤接长财政厅，计共垫支旅费五百万元，编具预算分配表，请核拨归垫一案，该款拟准在三十六年度第二预备金项下开支，请核定分行后报会议等情，并奉准如拟办理。

八、秘书处报告，奉交下会计处签呈，关于财政厅呈，以本厅股长黄克华等，由行政院调厅服务，共垫支旅费四百九十七万三千元，编具预算分配表，请核拨归垫一案，该款拟准在三十六年度第二预备金项下拨支，请核定分行后报会议等情，并奉准如拟办理。

九、民政厅、财政厅、教育厅、建设厅、秘书处、警保处、田赋粮食管理处、社会处、会计处、统计处、人事处、卫生处、地政局、新闻处、设计考核委员会报告一周办理重要工作。

讨论事项

一、主席交议，据财政厅签呈，为拟具广东省各县（市局）开辟特别税课实施标准，请核定施行等情，请公决案。

（决议）通过。

二、主席交议，据民政厅签呈，关于汕头、湛江两市政府组织规程，经奉中央核定，除汕头市政府拟照转行外，湛江市因财力较差，应略为紧缩，兹经会同人事处，拟具汕头市政府编制表，及湛江市紧缩后组织规程暨编制表，请核定分行等情，请公决案。

（决议）修正通过。

三、主席交议，据人事处签呈，关于广东省惠济义仓管理委员会，拟呈该会组织规程，请核备一案，经酌予修正，请核示等情，请公决案。

（决议）通过。

四、主席交议，据田赋粮食管理处签呈，为拟具广东省各县（市局）赋藉整理实施办法等十一种，请提会核定施行等情，请公决案。

（决议）通过。

五、主席交议，据民政厅签呈，为遵照内政部订颁户籍登记工作竞赛实施办法，拟具本省各县（市局）户籍登记工作竞赛实施细则，请核定施行等情，请公决案。

（决议）通过。

六、主席交议，据人事处签呈，为依照中央颁布公务员请假规则，拟具本府所属各机关职员请假注意事项，及修正本府所属各机关职员请假规则，并将本府所属各机关职员请假规则废止，请核定等情，请公决案。

（决议）交人事处建设厅设考会审查，由人事处约集，并约财政厅代表参加。

七、主席交议，据会计处签呈，关于卫生处呈请拨发防疫经费二亿元，以便办理防疫工作一案，核属需要，拟准照上年度预算，暂先拨一亿元，在充实防疫药品器材及旅运科目项下开支，请核示等情，请公决案。

（决议）通过。

八、主席交议，据会计处签呈，关于省银行呈缴该行三十五年度全体决算，请察核存转一案，拟议意见，请核示等情，请公决案。

（决议）通过。

九、主席交议，据会计处签呈，关于教育厅呈缴三十五年下半年度及三十六年度省立学校设备扩充，及维持基金岁入岁出预算，请核办一案，拟准照列，请核示等情，请公决案。

（决议）通过。

十、主席交议，据会计处签呈，关于财政厅呈，以省级各机关员工复员补助费六千六百七十六万八千元，因三十五年度国库收支结束，未及提领，拟请指定科目开支了案一案，该款拟请在三十六年度第三次追加预算第二预备金科目签拨等情，请公决案。

（决议）通过。

十一、主常交议，据会计处签呈，关于秘书处呈，以奉饬垫付本府陈参议赴崖县调查军垦旅费一千万元，经如数垫付，请拨还归垫一案，该款拟在三十七年上半年度第一预备金科目拨支，请核示等情，请公决案。

（决议）通过。

十二、主席交议，据会计处签呈，关于第二区专署韦专员呈缴交代经费预算一案，计列薪俸五百二十万元，拟着在该署经费项下开支，生活补助费六百二十二万二千元，在三十六年度省预算生活补助费项下拨支，请核定分行等情；经准予照办，请追认案。

（决议）追认。

十三、主席交议，据会计处签呈，关于灵山县三十六年度地方岁入岁出第一次追加预算一案，经核编完竣，岁入岁出各列八百万元，请核定等情，请公决案。

（决议）通过。

十四、主席交议，据会计处签呈，关于高要县三十六年度地方岁入岁出第二次追加预算一案，经核编完竣，计岁入岁出各列十二亿二千四百六十一万五千元，请核定等情，请公决案。

（决议）通过。

十五、主席交议，据会计处签呈，关于博罗县三十五年度地方岁入岁出第三次追加预算一案，经核编完竣，计岁入岁出各列八百三十二万八千八百零八元，请核定等情，请公决案。

（决议）通过。

十六、主席交议，据会计处签呈，关于新丰县三十五年度地方岁入岁出第二次追加预算一案，经核编完竣，计岁入岁出各列二千九百一十五万四千六百元，请核定等情，请公决案。

（决议）通过。

十七、主席交议，据会计处签呈，关于连山县三十六年度地方岁入岁出第三次追加预算一案，经核编完竣，计岁入岁出各列八千三百六十万零八千元，请核定等情，请公决案。

（决议）通过。

十八、主席交议，据会计处签呈，关于广宁县三十六年度地方岁入岁出第二次追加预算一案，经核编完竣，计岁入岁出各列七亿八千一百五十五万一千元，请核定等情，请公决案。

（决议）通过。

十九、主席交议，据会计处签呈，关于郁南县三十六年度地方岁入岁出第一次追加预算一案，经核编完竣，计岁入岁出各列一十亿零五千三百五十一万一千元，请核定等情，请公决案。

（决议）通过。

二十、主席交议，据会计处签呈，关于中山县三十六年度地方岁入岁出第二次追加预算一案，经核编完竣，计岁入岁出各列五十七亿七千六百五十万零三千元，请核定等情，请公决案。

（决议）通过。

二十一、主席交议，据会计处签呈，关于清远县三十六年度地方岁入岁出第二次追加预算一案，经核编完竣，计岁入岁出各列二十四亿零六百八十四万一千元，请核定等情，请公决案。

（决议）通过。

二十二、主席交议，据会计处签呈，关于乳源县三十六年度地方岁入岁出第一次追加预算一案，经核编完竣，计岁入岁出各列四千八百八十七万六千元，请核定等情，请公决案。

（决议）通过。

二十三、主席交议，据财政厅呈，据派巫觉寰代理揭阳县税捐稽征处处长，请核示等情，请公决案。

（决议）通过。

二十四、主席交议，据建设厅呈，为农林处秘书饶信梅业经去职，遗缺拟调该处第二科科长叶汉予代理，请核示等情，请公决案。

（决议）通过。

广东省政府第十一届委员会
第二十二次会议纪录

时　间　三月三日

地　点　本府会议厅

出席者　宋子文　徐景唐　姚宝猷　谢文龙　邹　琳　肖次尹
　　　　詹朝阳　黄文山　黄范一　华振中　黄　晃

公出者　胡善恒　韩汉英

列席者　史延程　黄镇球　杜梅和　黄秉勋　毛松年　陶林英

　　　　江完白　郭汉鸣　朱润深　陈鸿藻　程克祥　张尔超

　　　　陈肇燊　严毅沈

主　席　宋子文

纪　录　苏旭升

宣读第二十一次会议纪录。

报告事项

一、秘书处报告，关于南海县第三区盐步乡黎边村代表人黎××国因不服南海县政府将黎边村内之岳利沙地方划出编保之处分，向本府提起诉愿一案，查编保自治乃国家内务行政之一，依法不许人民提起诉愿，又呈诉各节并无损害诉愿人之权益，自难认为合法，应予驳回，经依法拟具决定书，并签准如拟办理。

二、秘书处报告，奉交下会计处签呈，关于建设厅呈缴该厅调设考会服务视察人员三十六年度八至十二月份追加特别办公费预算分配表一案，兹拟：（一）所呈预算准予存转。（二）关于增拨各厅三十六年全年度特别办公费，共七百七十四万元，前经本府核定，在三十六年度第三次追加预算内列支，现三十六年度业已过去，而第三次追加预算尚未奉核定，该款拟改在三十六年度第二预备金科目拨支，并将前案撤销，请核定分行后报会议等情，并奉准如拟办理。

三、秘书处报告，奉交下会计处签呈，关于财政厅呈，以奉铨叙部令，饬拨支本府秘书处故员何作熊一次恤金六百元，并按当地公务员三十六年六月份法定待遇，增给六个月总额百分之五十等因，计应拨给一百三十五万零六百元，请指定科目备支一案，该款拟在三十六年度第二预备金科目拨支，请核定分行后报会议等情，并奉准如拟办理。

四、秘书处报告，奉交下会计处签呈，关于本省三十六年度第五、六次追加总预算，暨第七次追加追减总预算，前经本府先后函送省参议会审议，现准函复均经提报本会第三届驻会委员会审议，金以尚属适当，除补报第四次大会追认外，请查照等由，拟请列报会议后存查等情，并奉准如拟办理。

五、民政厅、财政厅、教育厅、建设厅、秘书处、警保处、田赋粮食管理处、社会处、会计处、统计处、人事处、卫生处、地政局、新闻处、设计考核委员会报告一周办理重要工作。

讨论事项

一、谢委员、胡委员，黄委员（晃）会复，奉交审查整理本省渔业权计划、广东省整理渔业权办法，及修正广东省各县市小规模渔业章程一案，经约集陶处长会同审查完竣，谨列具意见，请公决案。

（决议）通过。

二、主席交议，据社计〔会〕处呈，为修正广东省各县（市局）救济院组织规程暨编制表，请核定施行等情，请公决案。

（决议）通过。

三、主席交议，据田赋粮食管理处签呈，为拟具广东省办理军粮奖惩办法，请核定施行，并将前颁广东省战时各县（市局）办理军粮奖惩暂行办法废止等情，请公决案。

（决议）通过。

四、主席交议，据田赋粮食管理处签呈，为修正广东省各县（市局）经管国省粮食实物收拨处理暂行程序，并拟具广东省各县征起县级粮食划拨处理程序，请提会核定施行等情，请公决案。

（决议）通过。

五、主席交议，据会计处签呈，关于乐昌县人民朱××等因采取土石纠纷事件不服乐昌县政府所为无偿征收之处分，向本府提起诉愿一案，经审查完竣，依法拟具决定书原处分撤销，请核示等情，请公决案。

（决议）通过。

六、主席交议，据会计处签呈，关于新会县天湖乡人民陈×等因村界纠纷事件不服新会县政府所为划分之处分，向本府提起诉愿一案，经审查完竣，依法拟具决定书，原处分撤销，请核示等情，请公决案。

（决议）通过。

七、主席交议，据会计处签呈，以公务员待遇，经奉令自本年元月份起调整，关于省参议会人员交通费，应否照新标准增拨，拟照省级机关八成暂拨办法增拨之处，请核示等情，请公决案。

（决议）暂照八成拨付。

八、主席交议，据会计处签呈，关于本府无线电总台呈请核拨各直属分台三十六年度十至十二月份增加一倍租金，共一千二百九十六万元一案，该款可否照数列入三十六年度下一次追加省预算拨支，请核示等情，请公决案。

（决议）通过。

九、主席交议，据会计处签呈，关于前省保安司令部编送该部琼崖指挥所及补给站暨输送队三十六年度一至六月份经临费预算书，计共列支一亿一千三百三十八万一千八百七十六元，请办理一案，应否照准请核示等情，请公决案。

（决议）通过。

十、主席交议，据会计处签呈，关于财政厅呈，以印制拨款书票，请拨款一亿二千七百五十万元办理一案，该款拟在三十七年度第二预备金科目拨支，请核示等情，请公决案。

（决议）通过。

十一、主席交议，据人事处建设厅设考会会签，奉交审查本府所属各机关职员请假注意事项，及修正本府所属各机关职员考勤规则一案，经邀集财政厅会同审查完竣，谨列具意见，请提会核定等情，请公决案。

（决议）通过。

十二、主席交议，据会计处签呈，关于秘书处呈，拟恢复本府驻京代表办公处三十六年十月被裁员工一案，经奉核准恢复职员七人，工役在原名额内统筹，兹拟在本年三月份起恢复，请核定等情，请公决案。

（决议）通过。

十三、主席交议，据会计处签呈，关于设考会呈，以印制本府三十七年上半年度工作计划五百本，请拨款一亿元办理一案，该款拟在三十七年上半年度第二预备金科目开支，由财政厅设法先行垫拨，请核示等情，经准予照办，请追认案。

（决议）追认。

十四、主席交议，据会计处签呈，关于和平县三十六年度地方岁入岁出第一次追加预算一案，经核编完竣，计岁入岁出各列二亿八千八百一十九万八千元，请核定等情，请公决案。

（决议）通过。

十五、主席交议，据会计处签呈，关于茂名县三十六年度地方岁入岁出第二次追加预算一案，经核编完竣，计岁入岁出各列九亿三千八百七十九万九千元，请核定等情，请公决案。

（决议）通过。

十六、主席交议，据会计处签呈，关于新会县三十六年度地方岁入岁出第二次追加预算一案，查原预算列收汽车月捐经奉核定照建设厅意见删除，核编后，计岁入岁出各列一十五亿七千九百四十九万七千元，请核定等情，请公决案。

（决议）通过。

十七、主席交议，据会计处签呈，关于兴宁县三十六年度地方岁入岁出第二次追加预算一案，经核编完竣，计岁入岁出各列二十四亿二千五百二十三万七千元，请核定等情，请公决案。

（决议）通过。

十八、主席交议，据会计处签呈，关于顺德县三十六年度地方岁入岁出第二次追加预算一案，经核备完竣，计岁入岁出各列七亿三千二百四十八万七千元，请核定等情，请公决案。

（决议）通过。

十九、主席交议，据地政局呈，拟派黄汝翰代理本局技正，请核示等情，请公决案。

（决议）通过。

二十、主席交议，据建设厅呈，拟派谢汝逮代理本厅视察，请核示等情，请公决案。

（决议）通过。

二十一、主席交议，据财政厅呈，本厅视察林海深已另有任用，拟予免职，遗缺拟派黄任潮代理，请核示等情，请公决案。

（决议）通过。

二十二、主席交议，据建设厅呈，拟派周月梅代理本厅视察，请核示等情，请公决案。

（决议）通过。

二十三、主席交议，据地政局呈，拟派张恒存代理本局秘书，请核示等情，请公决案。

（决议）通过。

二十四、主席交议，据建设厅呈，拟派陈树恒代理本厅视察，请核示等情，请公决案。

（决议）通过。

二十五、主席交议，据教育厅签呈，省立金山中学校长詹昭清迭请辞职，拟予照准，遗缺拟调派该校训导主任洪应堃升充，检同该员简历，请核示等情，请公决案。

（决议）通过。

二十六、主席交议，据教育厅签呈，省立海事专科学校校长姚焕洲迭请辞职，拟予照准，遗缺拟派徐沛接充，检同该员简历，请核示等情，请公决案。

（决议）通过。

二十七、主席交议，据教育厅签呈，省立廉州中学校长罗光颖，拟与本厅督学徐盛恒互调职务，检同徐盛恒简历，请核示等情，请公决案。

（决议）通过。

广东省政府第十一届委员会
第二十三次会议纪录

时　间　三月九日

地　点　本府会议厅

出席者　宋子文　徐景唐　胡善恒　姚宝猷　谢文龙　邹　琳
　　　　肖次尹　黄文山　黄范一　华振中　黄　晃

公出者　韩汉英　詹朝阳

列席者　杜梅和　黄秉勋　毛松年　陶林英　江完白　郭汉鸣
　　　　陈鸿藻　程克祥　陈肇燊　林猷钊　何　融

主　席　宋子文

纪　录　苏旭升

宣读第二十二次会议纪录。

报告事项

一、秘书处报告，关于开平县中庙乡关顺宏祖尝代表人关××因祖铺被封事件不服开平县政府处分，向本府提起诉愿一案，查本案，据诉愿人呈报，原铺经原处分官署揭封发还，请准将案注销前来，应不予受理，经依法拟具决定书，并签准如拟办理。

二、秘书处报告，关于郁南县绥靖乡第一保国民学校伍××等因并校纠纷事件不服郁南县政府处分，向本府提起诉愿一案，查本案据诉愿人呈报自愿和解，请将前诉愿撤回前来，应不予受理，经拟具决定书，并签准如拟办理。

三、秘书处报告，奉交下会计处签呈，关于教育厅呈请将三十六年度公费生副食费分配节余款二亿九千零九十七万六千元，移为各校设备费及退休抚恤金之用，编具省立学校临时费预算分配表，请核转饬拨以清款目一案，似属需要，拟予照准，请核定分行后报会议等情，并奉准如拟办理。

四、秘书处报告，奉交下会计处签呈，关于本会堤工委员会编呈该会第一期堤工工程基金及各费类预算书表，计列二千五百亿元，请核备一案，查该预算既据提经该会第三次委员会议，决议追认，拟准备案请核示等情，并奉准如拟办理。

五、秘书处报告，奉交下会计处签呈，关于财政厅呈，以该厅科长刘能超，由北平市政府调厅工作，共垫支旅费二百一十三万五千元，编具预算分配表请核拨归垫一案，该款拟在三十六年度第二预备金科目拨支，请核定分行后报会议等情，并奉准如拟办理。

六、秘书处报告，奉交下会计处签呈，关于秘书处呈，以该处科员范士勇，因公跌伤请核给医药费一案，拟准照规定给与该员六个月俸薪之医药费，计共三百一十二万零七百八十元，款在三十六年度第二预备金项下开支，请核示等情，并奉准如拟办理。

七、秘书处报告，奉交下人事处签呈，关于卫生处拟与岭南大学医学院，会同办理本省卫生干部人员训练所，附缴合约一份，请核办一案，核尚可行，拟准照办，请核示等情，并奉准如拟办理。

八、民政厅、财政厅、教育厅、建设厅、秘书处、警保处、田赋粮食管理处、社会处、会计处、统计处、人事处、卫生处、地政局、新闻处、设计考核委员会报告一周办理重要工作，粤侨事业辅导委员会报告二月份办理重要工作。

讨论事项

一、主席交议，据财政厅签呈，以房捐条例使用牌照税法营业牌照税法，经中央修正颁行到府，遵将本省各县（市局）房捐及使用牌照税、暨营业牌照税征收细则，重新修正，请核示等情，请公决案。

（决议）通过。

二、主席交议，据地政局签呈，为办理南海等十县份地籍整理，除南海、东莞、新会、台山、澄海、琼山等六县拟援照中山等三县成案，于业户申请土地所有权登记时，每亩征收测绘费十万元外，其余龙川、罗定、开建、大埔等四县，拟暂折半征收，请核示等情，请公决案。

（决议）通过。

三、主席交议，据会计处签呈，关于建设厅转缴公路处三十六年度公路保养基金预算，暨事业计划书一案，兹拟：（一）该处护路队三十七年应否设置。（二）预算部分经审查完竣，谨列具意见请核示等情，请公决案。

（决议）（一）护路队自五月份起裁撤，保留站警四十名。（二）预算照签拟通过。

四、主席交议，据会计处签呈，关于第一区专保公署呈缴赵前任交代经费预算一案，计列俸薪及办公费共九十七万五千九百元，生活补助费七百五十九万元，拟分别在三十六年度第二预备金，及生活补助费项下拨支，至价领公粮一节拟予照准，请核定等情，请公决案。

（决议）通过。

五、（略）

六、主席交议，据财政厅签呈，为依照修正本省各县政府组织规程第十五、六条规定，重新修正各县市税捐稽征处及分处编制表，请核示等情，请公决案。

（决议）通过。

七、主席交议，据会计处签呈，关于灵山县三十六年度地方岁入岁出第二次追加预算一案，经核编完竣，计岁入岁出各列一十亿零八千七百五十一万元，请核定等情，请公决案。

（决议）通过。

八、主席交议，据会计处签呈，关于蕉岭具三十六年度地方岁入岁出第三次追加预算一案，经核编完竣，计岁入岁出各列七千二百六十九万六千元，请核定等情，请公决案。

（决议）通过。

九、主席交议，据会计处签呈，关于宝安县三十六年度地方岁入岁出第二次追加预算一案，经核编完竣，计岁入岁出各列七千六百三十五万五千元，请核定等情，请公决案。

（决议）通过。

十、主席交议，据会计处签呈，关于五华县三十六年度地方岁入岁出第二次追加预算一案，经核编完竣，计岁入岁出各列四亿零七百万元，请核定等情，请公决案。

（决议）通过。

十一、主席交议，据会计处签呈，关于番禺县三十六年度地方岁入岁出第二次追加预算一案，经核编完竣，计岁入岁出各列一十七亿零一千二百四十七万五千元，请核定等情，请公决案。

（决议）通过。

十二、主席交议，据会计处签呈，关于大埔县三十六年度地方岁入岁出第一次追加预算一案，经核编完竣，计岁入岁出各列二亿一千六百七十四万八千元，请核定等情，请公决案。

（决议）通过。

十三、主席交议，据会计处签呈，为就中央专案补助本省各项费用，依照规定，编具本省三十六年度第八次追加地方岁入岁出总预算书，请核定分行后补提会追认等情，经准予照办，请追认案。

（决议）追认。

十四、主席交议，据会计处签呈，为就各机关实际发生必须追加之收支，编具本省三十六年度第九次追加地方岁入岁出总预算书，请核定分行后补提会追认等情，经准予照办，请追认案。

（决议）追认。

十五、主席交议，据社会处呈，拟派邓石云代理本处秘书，请核示等情，请公决案。

（决议）通过。

十六、主席交议，据社会处呈，本处第一科科长何惠民辞职，已予照准，遗缺拟派许质庵代理，请核示等情，请公决案。

（决议）通过。

十七、主席交议，据卫生处呈，拟派毕星炎代理本处视察，请核示等情，请公决案。

（决议）通过。

十八、主席交议，据教育厅签呈，省立民众教育馆馆长王越逊请辞职，拟予照准，遗缺拟派伍瑞锴接充，检同该员简历，请核定等情，请公决案。

（决议）通过。

十九、主席交议，据民政厅长徐景唐签呈：（一）罗定县长陈×因案拟予撤职，遗缺拟派缪叔民代理。（二）德庆县长范球辞职拟予照准，遗缺拟派陈焕华代理。（三）潮阳县长余建中辞职拟予照准，遗缺拟派胡公木代理。（四）大埔县长丘肇周呈请辞职拟予照准，遗缺拟派丘成清代理。（五）蕉岭县长李××拟撤职查办，遗缺拟派曾涤民代理。（六）平远县长张任寰呈请辞职拟予照准，遗缺拟派黄纯仁代理。检同各该员简历，请核示等情，请公决案。

（决议）通过。

广东省政府第十一届委员会
第二十四次会议纪录

时　间　三月十六日

地　点　本府会议厅

出席者　宋子文　徐景唐　胡善恒　姚宝献　谢文龙　邹　琳
　　　　肖次尹　黄文山　华振中

556

公出者　韩汉英　詹朝阳　黄　晃

告假者　黄范一

列席者　史延程　黄镇球　杜梅和　黄秉勋　毛松年　陶林英
　　　　郭汉鸣　朱润深　陈鸿藻　程克祥　陈肇燊　何　融

主　席　宋子文

纪　录　苏旭升

宣读第二十三次会议纪录。

报告事项

一、秘书处报告，关于社会处呈缴广东省革命功勋颐养垦殖管理委员会组织章程，请核备一案，经会商该处酌予修正，并签准报会后分行。

二、秘书处报告，奉交下谢、肖两委员及社会处签呈，以关于广州市公共汽车时代公司法定代理人梁×、李×因不服广州市政府撤销行车权之处分，提起诉愿一案之决定书，前奉交审查，遵经会同审查完竣，原决定书尚属允当，拟照办理，请核示等词，并奉准如拟办理。

三、秘书处报告，奉交下财政厅签呈，关于本省各县（市局）屠宰税标征办法，前经本府委员会议决议通过，送省参议会审查在案，兹准省参议会电复，以案经提报驻会委员审议，检同审议意见，请查照等由拟照修正，请核定分行后报会议等情，并奉准如拟办理。

四、秘书处报告，奉交下建设厅签呈，为拟具广东省自养及代养公路联合征收养路费章程，请核定颁行，并将本府前颁广东省自养及托养公路汽车养路费征收章程废止。又本府前颁行之广东省公路监理费征收章程第三条第一项条文，拟修正为"监理费按每车行驶公里课征，其征收率由公路处体察实际情形拟订，呈经建设厅核定后公布之"，请核示等情，并奉准如拟办理。

五、秘书处报告，奉交下会计处签呈，关于教育厅督学刘南峰、林汝骥，财政厅视察李庆檠联呈，以调府服务以来，特别办公费迄未奉发，请准予补发，以后并按月发给一案，三十六年度拟共补发一百九十万零五千元，款在三十六年度第二预备金科目开支，三十七年度起，由各该厅在额领费项下自行统筹办理，请核定分行后报会议等情，并奉准如拟办理。

六、秘书处报告，奉交下会计处签呈，关于本省三十六年度第五次追加地方岁入岁出总预算书，前经本府编呈行政院并分行在案，兹奉行政院本年二月二十一日会四字第八四一六号代电，核复准予照办，拟报会后分行，请核示等情，并奉准如拟办理。

七、秘书处报告，奉交下建设厅呈，以据公路处呈，为迩来物价继续高涨，现行本省公路汽车客货运价率及汽车养路费率，重新拟订为，客运每人公里二千八百元，货运每吨公里二万四千定〔元〕。又汽车养路费调整为，货车每吨公里三千六百元，大客车每车公里五千四百元，中客车三千六百元，小客车一千八百元。又民办公路监理费率拟调整为，货车每车公里三千元，客车二千元。均拟自三月一日起施行，请核示前来，查所拟调整货客运价及养路费监理费征收率尚合，经权予照准，并分行遵照，请核备等情，并奉准如拟办理。

八、民政厅、财政厅、教育厅、建设厅、秘书处、警保处、田赋粮食管理处、社会处、会计处、统计处、人事处、卫生处、地政局、新闻处、设计考核委员会报告一周办理重要工作。

讨论事项

一、主席交议，据会计处签呈，关于县级应如何奉行新待遇一案，遵经约集民、财两厅，及警保、田粮、人事三处，派员会商，谨将会商结果，签请核示等情，请公决案。

（决议）通过。

二、主席交议，据财政厅田粮处会计处会签，奉交审查省级各机关公教员工等三月份价领粮食一案，经审查完竣，谨列具意见，请核示等情，请公决案。

（决议）通过。

三、主席交议，本府去年订颁县政改革实施方案，施行以来未收宏效，拟指定人员妥拟整顿县政切实办法，呈候核定施行，请公决案。

（决议）通过。

四、主席交议，拟指定人员，将田赋征收积弊逐一检讨，拟具除弊办法，呈候核定施行，请公决案。

（决议）通过，增加肖委员次尹及毛会计长。

五、主席交议，为兵役弊端亟待改革，拟指定人员切实研讨，拟具清除积弊办法，呈侯核办，请公决案。

（决议）通过。

六、（略）

七、主席交议，据人事处签呈，关于建设厅呈缴公路处监理所及牌照股组织规程，暨编制表一案，拟议意见，请核示等情，请公决案。

（决议）修正通过。

八、主席交议，据人事处签呈，关于卫生处呈，拟修订该处卫生诊疗所组织暂行规程，并拟将原标题"暂行"二字删去一案，经分别酌予修正，请核示等情，请公决案。

（决议）通过。

九、主席交议，据地政局签呈，查本省取缔耕地改建坟墓暂行办法，及各县市政府所属机关人员，协助办理土地登记规则暨考绩规则，未尽适合现实，兹分别拟具修正意见，请核示等情，请公决案。

（决议）通过。

十、主席交议，据田赋粮食管理处签呈，为拟具广东省赋籍整理完竣县份颁发土地管业执照办法，及广东省赋籍整理完竣县份土地移转换发执照办法，请核定施行等情，请公决案。

（决议）交财政厅地政局田粮处审查，由财政厅约集。

十一、主席交议，据秘书处签呈，关于恩平县人民吴梁××因不服恩平县政府将凭照管业之民田误认一部为公田及布告投租之处分，提起诉愿一案，经审查完竣，依法拟具决定书，请核示等情，请公决案。

（决议）通过。

十二、主席交议，据秘书处签呈，关于阳江县许万三公尝代表人许××等因南山海村粪收益纠纷事件不服阳江县政府之处分，提起诉愿一案，经审查完竣，依法拟具决定书，原处分撤销，请核夺等情，请公决案。

（决议）通过。

十三、（略）

十四、主席交议，据沙田整理处签呈，为该处成立前，所有业经本省地政局各县地籍处登记之沙田，其补价数额，拟准予八折计算征收，以资奖励，请核示等情，请公决案。

（决议）通过。

十五、主席交议，据会计处签呈，关于翁源县三十六年度地方岁入岁出第三次追加预算一案，经核编完竣，计岁入岁出各列一亿一千一百一十八万零八千元，请核定等情，请公决案。

（决议）通过。

十六、主席交议，据会计处签呈，关于封川县三十六年度地方岁入岁出第三次追加预算一案，经核编完竣，计岁入岁出各列一千四百一十七万九千元，请核定等情，请公决案。

（决议）通过。

十七、主席交议，据会计处签呈，关于揭阳县三十六年度地方岁入岁出第三次追加预算一案，经核编完竣，计岁入岁出各列五亿八千二百八十七万元，请核定等情，请公决案。

（决议）通过。

十八、主席交议，据会计处签呈，关于罗定县三十六年度地方岁入岁出第二次追加预算一案，经核编完竣，计岁入岁出各列五亿五千六百九十万零三千元，请核定等情，请公决案。

（决议）通过。

十九、主席交议，据会计处签呈，关于乐昌县三十六年度地方岁入岁出第三次追加预算一案，经核编完竣，计岁入岁出各列二亿七千一百一十一万二千元，请核定等情，请公决案。

（决议）通过。

二十、主席交议，建设厅合作事业管理处处长谢哲声辞职照准，遗缺经派曾三省代理，请追认案。

（决议）追认。

二十一、主席交议，据建设厅呈，为农林处第二科科长叶汉予，已调任该处秘书，遗缺拟派司徒廉代理，请核示等情，请公决案。

（决议）通过。

广东省政府第十一届委员会
第二十五次会议纪录

时　　间　三月二十三日

地　　点　本府会议厅

出席者　宋子文　徐景唐　胡善恒　姚宝猷　谢文龙　邹　琳
　　　　肖次尹　黄文山　黄范一　华振中

公出者　韩汉英　詹朝阳　黄　晃

列席者　史延程　黄镇球　杜梅和　黄秉勋　毛松年　陶林英
　　　　关自恕　郭汉鸣　朱润深　陈鸿藻　程克祥　张尔超
　　　　陈肇燊

主　　席　宋子文

纪　　录　苏旭升

宣读第二十四次会议纪录。

报告事项

一、秘书处报告，奉交下人事处签呈，关于建设厅呈，以根据三十七年度本省粮食增产计划，暨实施方案规定，拟具广东省农业推广辅导委员会组织章程，请核备一案，经酌予修正，请核准备案等情，并奉准如拟办理。

二、秘书处报告，奉交下会计处签呈，为使各县（市局）迅速编制三十六年度决算，拟具广东省各县（市局）编制三十六年度决算应注意事项，请核定通饬遵办等情，并奉准如拟办理。

三、秘书处报告，奉交下会计处签呈，关于本府无线电总台呈，以前本台拟派员视察各区分电台，旅费九百七十二万元，因奉拨过迟，经权将该款移作购置单车一架之用，编具预算表请核准一案，拟姑予照准，请核报会后分行等情，并奉准如拟办理。

四、民政厅、财政厅、教育厅、建设厅、秘书处、警保处、田赋粮食管理处、社会处、会计处、统计处、人事处、卫生处、地政局、新闻处、设计考核委员会报告一周办理重要工作。

讨论事项

一、主席交议，据民政厅签呈，为依照中央颁布动员时期军人及其家属优待条例，第十七条规定，拟具本省动员时期军人及其家属优待条例施行细则，请核定施行等情，请公决案。

（决议）修正通过。

二、主席交议，据民政厅签呈，为鼓励乡镇自治人员协助绥靖匪患，拟具广东省绥靖期间自治人员伤亡抚恤办法，请核定施行等情，请公决案。

（决议）通过。

三、主席交议，据社会处签呈，为适应现实，拟将本省农会及县（市局）农会工作会报简（准）则、本省及各县（市局）失业失学青年救济委员会组织规程、各县（市局）失业失学青年救济办法等五种法规修正，分别拟具修正意见，并将本省各县（市局）善后救济会组织通则废止，请核示等情，请公决案。

（决议）通过。

四、主席交议，据卫生处签呈，为物价高涨，拟调整本省各县（市局）卫生院医疗收费数额，请核定施行等情，请公决案。

（决议）通过。

五、主席交议，据秘书处签呈，关于四会县人民李××等因土地登记纠纷事件不服四会县政府重行调处之处分，提起诉愿一案，经审查完竣，依法拟具决定书，原处分撤销，请核夺等情，请公决案。

（决议）通过。

六、主席交议，据会计处签呈，关于茂名县三十六年度地方岁入岁出第三次追加预算一案，经核编完竣，计岁入岁出各列二亿五千七百五十八万八千元，请核定等情，请公决案。

（决议）通过。

七、主席交议，据会计处签呈，关于化县三十六年度地方岁入岁出第三次追加预算一案，经核编完竣，计岁入岁出各列二亿一千四百一十四万元，请核示等情，请公决案。

（决议）通过。

八、主席交议，据会计处签呈，关于阳江县三十六年度地方岁入岁出第一次追加预算一案，经核编完竣，计岁入岁出各列一十二亿零四百四十二万三千元，请核定等情，请公决案。

（决议）通过。

九、主席交议，据会计处签呈，关于云浮县三十六年度地方岁入岁出第一次追加预算一案，经核编完竣，计岁入岁出各列三千零四十九万三千元，请核定等情，请公决案。

（决议）通过。

广东省政府第十一届委员会
第二十六次会议纪录

时 间	三月三十日
地 点	本府会议厅

出席者 宋子文　徐景唐　胡善恒　姚宝献　谢文龙　邹　琳
　　　　　黄范一　华振中

公出者 韩汉英　詹朝阳　黄　晃

告假者 肖次尹　黄文山

列席者 史延程　杜梅和　黄秉勋　毛松年　陶林英　关自恕
　　　　　郭汉鸣　朱润深　陈鸿藻　程克祥　张尔超　陈肇燊

主　席 宋子文

纪　录 苏旭升

宣读第二十五次会议纪录。

报告事项

一、秘书处报告，关于广州市德安隆经理冯××、源生成记行经理潘××因申请进口商行登记事件不服输出入管理委员会华南分会，不予及格登记之处分，向本府提起诉愿一案，查本件诉愿程序错误，应不予受理，经依法拟具决定书，并签准如拟办理。

二、秘书处报告，关于郁南具安宁乡第六保人民王××等因不服郁南县政府将安宁乡第六保国民学校归并中心学校之处分，向本府提出诉愿一案，查本案据原处分官署呈请自行撤销之处分，应不予受理，经依法拟具决定书，并签准如拟办理。

三、秘书处报告，奉交下财政厅签呈，拟将本省各县（市局）屠宰税标征办法附件，关于税捐稽征处屠宰税承标估约第五条条文，修正为"每月应缴税款分作三旬解缴，由税捐处按旬填缴款书，交征收员，连同现金迳解公库核收"，请核定后通饬遵照等情，并奉准如拟办理。

四、秘书处报告，奉交下会计处签呈，关于教育厅呈，以省立志锐中学校员吴若城病故，检同该故员死亡证件，请核发殓葬补助费一百四十八万四千元一案，拟准照发，款在三十六年度第二预备金项下开支，请核定分行后报会议等情，并奉准如拟办理。

五、民政厅、财政厅、教育厅、建设厅、秘书处、警保处、田赋粮食管理处、社会处、会计处、统计处、人事处、卫生处、地政局、新闻处、设计考核委员会报告一周办理重要工作。

讨论事项

一、主席交议，据田粮处、财政厅、地政局、会计处、社会处会签，关于番禺、顺德、新会、花县、增城、中山、东莞、罗定等县三十六年秋灾，经由各该专署复勘呈报，兹遵案核定该番禺等县减免赋额，并编具统计表，请核示等情，请公决案。

（决议）通过。

二、主席交议，据会计处签呈，为根据各机关列送拟废止或修正本省单行法规，编具废止法规清单，及修正法规一览表，请提会核定等情，请公决案。

（决议）通过。

三、主席交议，据建设厅呈缴公路处琼崖区办事处组织规程暨编制表，请核示等情，请公决案。

（决议）通过。

四、（略）

五、主席交议，据财政厅签呈，关于本省三十七年上半年度地方岁入岁出总预算书一案，遵经约集各审查人再行审查完竣，谨列具意见，请核示等情，请公决案。

（决议）照案修正通过。

六、主席交议，据会计处签呈，关于新闻处程处长呈，以赴港公干，计支出旅杂各费，共一千零六十三万七千元，请拨还归垫一案，该款拟准在三十七年度，省预算第二预备金项下拨支，请核定等情，请公决案。

（决议）通过。

七、主席交议，据会计处签呈，关于封川县三十六年度地方岁入岁出第四次追加预算一案，经核编完竣，计岁入岁出各列一千八百五十五万一千元，请核定等情，请公决案。

（决议）通过。

八、主席交议，据会计处签呈，关于文昌县三十六年度地方岁入岁出第一次追加预算一案，经核编完竣，计岁入岁出各列八千三百零一万八千元，请核定等情，请公决案。

（决议）通过。

九、主席交议，据会计处签呈，关于南雄县三十六年度地方岁入岁出第二次追加预算一案，经核编完竣，计岁入岁出各列三亿六千零五十五万二千元，请核定等情，请公决案。

（决议）通过。

十、主席交议，据会计处签呈，关于丰顺县三十六年度地方岁入岁出第二次追加预算一案，经核编完竣，计岁入岁出各列四亿四千五百四十六万四千元，请核定等情，请公决案。

（决议）通过。

十一、主席交议，据会计处签呈，关于潮阳县三十六年度地方岁入岁出第三次追加预算一案，经核编完竣，计岁入岁出各列二亿二千三百三十五万二千元，请核定等情，请公决案。①

十二、主席交议，据民政厅呈，本厅主任秘书钟盛麟经已去职，遗缺拟派吴荣楫代理，请核示等情，请公决案。

（决议）通过。

十三、主席交议，据建设厅呈，本厅视察陈翊湛业经去职，遗缺拟

---

① 原文缺"决议"内容。

派关敏可代理，请核示等情，经准予派代，请追认案。

（决议）追认。

广东省政府第十一届委员会
第二十七次会议纪录

时　　间　四月六日

地　　点　本府会议厅

出席者　宋子文　胡善恒　姚宝猷　谢文龙　邹　琳　华振中

公出者　徐景唐　韩汉英　詹朝阳　黄　晃

告假者　肖次尹　黄文山　黄范一

列席者　史延程　黄镇球　杜梅和　黄秉勋　毛松年　陶林英
　　　　关自恕　朱润深　陈鸿藻　程克祥　张尔超　陈肇燊

主　　席　宋子文

纪　　录　苏旭升

宣读第二十六次会议纪录。

报告事项

一、秘书处报告，奉交下会计处签呈，关于省级各机关公教员工等三月份价领粮食一案，经委员会议通过，惟查审查意见第三项，折价部分只适用于广州市内省级机关，其在各县之省级机关，实难赶及照此办法办理，为适应事实起见，经拾商财政厅田粮处同意，拟于该项文首加入"广州区部分"等五字，另于文末加入"广东区部分各机关价领手续仍由田粮处照向例办理"一节，请核定分行后报会议等情，并奉准如拟办理。

二、秘书处报告，关于阳春县平坦乡人民吕××因派收平粜谷纠纷事件不服阳春县政府处分，向本府提起诉愿一案，查本案现据原处分官署呈复，已将原处分撤销，应不予受理，经依法拟具决定书，并签准如拟办理。

三、秘书处报告，奉交下会计处签呈，关于田赋粮食管理处签请补助一区专署三十七年一、二月份，派员督征田赋旅费一千万元一案，拟照财政厅意见，准予补助五百万元，款在三十七年度第二预备金项下拨支，请核定等情，并奉准如拟办理。

四、秘书处报告，奉交下会计处签呈，以奉行政院训令，转发简化事前审计程序暂行办法，饬遵照一案，拟报会议分行，请核示等情，并奉准如拟办理。

五、民政厅、财政厅、教育厅、建设厅、秘书处、警保处、田赋粮食管理处、社会处、会计处、统计处、人事处、卫生处、地政局、新闻处、设计考核委员会报告一周办理重要工作，粤侨事业辅导委员会报告二月份办理重要工作。

讨论事项

一、主席交议，据设计考核委员会签呈，关于本省各县市局长三十七年度考绩工作成绩百分比总分标准，遵经约集各机关重行订定，请核示等情，请公决案。

（决议）通过。

二、主席交议，据沙田整理处签呈，为依据广东省沙田整理办法第十一条规定，拟具广东省各县沙田产权证明文件审查办法，请核定等情，请公决案。

（决议）通过。

三、主席交议，据卫生处呈，以奉卫生部令，饬将本处妇婴卫生实验室，改名为妇婴保健所，兹遵将本处妇婴卫生实验室暂行组织规程标题，修正为妇婴保健所组织规程，并将条文酌予修正，请核示等情，请公决案。

（决议）通过。

四、主席交议，据沙田整理处签呈，本省办理沙田补价登记应收各费，除测绘费经奉核定外，共余依法应征规费，尚有登记费、土地权利书状费、复丈费、代书费等项，兹将各项征收标准重新拟订，请核示等情，请公决案。

（决议）通过。

五、主席交议，据沙田整理处签呈，关于沙田补价登记进行中业权发生异议时，拟由持异议人缴纳保证金，俟案确定后发还或抵纳，以利业务推进，请核示等情，请公决案。

（决议）通过。

六、主席交议，据地政局签呈，关于本府征收正南路以西一带土地一案，遵经约集财政厅、会计处商定办法六项，请核示等情，请公决案。

（决议）通过。

七、主席交议，据会计处签呈，拟自本年四月份起，调整各县（市局）政府及所属机关学校办公费数额，请核定等情，请公决案。

（决议）通过。

八、主席交议，据会计处签呈，拟自本年四月份起，增加各县（市局）政府特别赞，请核定等情，请公决案。

（决议）通过。

九、主席交议，准粤穗戡乱建国动员委员会，拟送本省各县市戡乱建国动员委员会组织通则，请通饬各县市遵照组织成立一案，提请公决案。

（决议）修正通过。

十、主席交议，据会计处签呈，关于卸任人事处长江完白呈请核发留办交代办公费及生活补助费，并准价领三月份粮食一案，拟议意见，请提会核定等情，请公决案。

（决议）通过。

十一、主席交议，据会计处签呈，关于统计处呈请拨发迁移费一案，经奉准拨发一千五百万元，该款拟在本年度第二预备金科目开支，请核示等情，经准予照办，请追认案。

（决议）追认。

十二、主席交议，据会计处签呈，关于澄海县三十六年度地方岁入岁出第二次追加预算一案，经核编完竣，计岁入岁出各列九亿三千七百五十四万六千元，请核定等情，请公决案。

（决议）通过。

十三、主席交议，据会计处签呈，关于南海县三十六年度地方岁入岁出第三次追加预算一案，经核编完竣，计岁入岁出各列一十四亿九千四百五十三万九千元，请核定等情，请公决案。

（决议）通过。

十四、主席交议，据会计处签呈，关于连南县三十六年度地方岁入岁出第三次追加预算一案，经核编完竣，计岁入岁出各列一亿二千五百六十九万六千元，请核定等情，请公决案。

（决议）通过。

十五、主席交议，据卫生处呈，本处秘书周达谋已调任视察，遗缺拟以第一科长吴锋文调充，递遗第一科长缺拟派丘锦铨代理，请核示等情，请公决案。

（决议）通过。

广东省政府第十一届委员会
第五十一次会议纪录①

时　　间　十月五日

地　　点　本府会议厅

出席者　宋子文　胡善恒　姚宝猷　谢文龙　邹　琳　徐景唐
　　　　肖次尹　詹朝阳　黄文山　黄范一　黄　晁

公出者　华振中　韩汉英

列席者　史延程　黄镇球　杜梅和　黄秉勋　毛松年　陈洪范
　　　　郭汉鸣　朱润深　陈鸿藻　程克祥　张尔超　陈肇燊
　　　　苏粤海

主　　席　宋子文

纪　　录　苏旭升

宣读第五十次会议纪录。

报告事项

一、秘书处报告，关于汕头市商民吴××因征实纠纷事件不服汕头

---

① 自第二十七次会议纪录后，《广东省政府公报》没再刊载会议纪录。第十一届委员会第五十一至五十五、第五十七至五十九次会议纪录是从零散档案中查出。第五十九次以后直至第十二届委员会之前的会议录档案原件不存。

市政府处分，提起诉愿一案，查本案系争地系属农地，原处分官署依本省土地征收实物规则折征赋实，委无不合，应予驳回，经依法拟具决定书，并签准如拟办理。

二、秘书处报告，奉交下会计处签呈，关于本府各机关，于本年五月一日以前，依照通案，裁减员役已领发遣散费暨价领公粮报府察核者，除前汇列报告外，计续有省警第一、二大队，省立罗定中学，有线电话队等四单位，裁减职员共二十八人，公役十四人，两个月遣散费共国币六亿零五百二十五万八千八百元，公粮一百一十二市石，请列报会议等情，并奉准如拟办理。

三、秘书处报告，奉交下会计处签呈，关于财政厅呈请拨发国币一十二亿元为修理万福路经管房舍作为职员宿舍一案，查属需要，拟予照准，款在本年下半年度第二预备金开支，请核示等情，并奉准如拟办理。

四、秘书处报告，奉交下会计处签呈，以本处专员罗以文奉主计部由贵州省水利局调任，该员调任旅费计国币四千四百二十七万八千元，奉准由处指定科目照拨。兹拟在本年上半年度第二预备金科目拨支，请核定分行后报会议等情，奉准如拟办理。

五、秘书处报告，奉交下民政厅签呈，关于本省在清剿期间，各县市局乡镇保长副，准由县市政府圈委或遴派一案，前经第二十三次会议通过施行，并报内政部核备在案。现准内政部电复，案经呈奉行政院核示：（一）绥靖区各省乡镇保长副之产生方式，由选举或派充，仍照本院前令规定，准由各该省酌办，惟应均以本地人充任为限。（二）非绥靖区省份之匪区，得比照第一项规定办理，其余各地仍应依现行法令办理。转嘱查照等由。拟照办理，并将前定办法废止，请核示等情，并奉准如拟办理。

六、秘书处报告，奉交下肖委员次尹签，以本省三十七年下半年度总预算岁入部分，省公有营业及盈余收入科目，列金圆券一十万元之分配，由原召集人拟定报会。经会同有关机关拟定，计分配实业公司六万元，省银行四万元，请核定报会后交会计处并案办理等情，并奉准如拟办理。

七、民政厅报告一周办理重要工作。

八、财政厅报告一周办理重要工作。

九、教育厅报告一周办理重要工作。

十、建设厅报告一周办理重要工作。

十一、秘书处报告一周办理重要工作。

十二、田赋粮食管理处报告一周办理重要工作。

十三、社会处报告一周办理重要工作。

十四、会计处报告一周办理重要工作。

十五、统计处报告一周办理重要工作。

十六、人事处报告一周办理重要工作。

十七、卫生处报告一周办理重要工作。

十八、地政局报告一周办理重要工作。

十九、新闻处报告一周办理重要工作。

二十、设计考核委员会报告一周办理重要工作。

二十一、沙田整理处报告一周办理重要工作。

讨论事项

一、主席交议，据沙田整理处签呈，为拟具广东省各县沙田逾限不补价登记及不补缴价费处理办法，请提会决定施行等情，请公决案。

（决议）交肖、胡、徐、詹、黄（文山）、黄（范一）六委员及地政局审查，由肖委员约集。

二、主席交议，据沙田整理处签呈，为拟具介绍沙田补价奖金处理办法，请提会决定施行等情，请公决案。

（决议）通过。

三、主席交议，据沙田整理处签呈，为拟具解决沙骨权纠纷及沙田苛杂处理办法，请提会决定等情，请公决案。

（决议）并第一案审查。

四、主席交议，据教育厅呈，拟修正本省各县市局整理教育款产实施办法第四条及第十二条条文，请核示等情，请公决案。

（决议）通过。

五、主席交议，据卫生处签呈，拟将本省各县市局卫生院医疗收费表规定数额，改订为金圆券，是否可行，请提会决定等情，请公决案。

（决议）通过。

六、主席交议，据民政厅签呈，为拟具广东省加强推行禁烟禁赌方案，并将广东省各行政区专员及县市局长查禁种烟奖惩标准重新修订，请核定颁行等情，请公决案。

（决议）通过。

七、主席交议，据民政厅签呈，拟将本省动员时期军人及其家属优待条例施行细则第七条及第十七条条文，分别修正，请核示等情，请公决案。

（决议）通过。

八、主席交议，据地政局签呈，为改订土地复丈费征收标准，请核示等情，请公决案。

（决议）通过。

九、主席交议，据田粮处签呈，为拟具本省各县市局三十七年度田赋征实征借公粮积谷应征额表，及预算配额表，请提会决定施行等情，请公决案。

（决议）通过。

十、主席主议，据财政厅签呈，拟将本年度各县城镇宅地地价税税额调整，并折合金圆券征收，请核定等情，请公决案。

（决议）交肖委员及财政厅、地政局审查，由肖委员约集。

十一、主席交议，据委员肖次尹及财政厅、会计处会签，奉交审查财政厅签拟修正本省各县征收码头租办法第三条条文一案，经会同审查完竣，列具意见，请提会核定等情，请公决案。

（决议）通过。

十二、主席交议，据建设厅签呈，关于农田水利建设委员会呈拟修正该会组织规程及编制表一案，请提会决定等情，请公决案。

（决议）通过。

十三、肖、黄（文山）、黄（晃）三委员会复，奉交审查本府三十七年度下半年工作计划一案，经审查完竣，兹列具意见，请公决案。

（决议）通过。

十四、主席交议，据会计处签呈，关于省级囚犯副食费，拟比照司法囚犯办理，本年九至十二月份，计共需金圆券四千一百四十二元，除在本年下半年度囚犯副食费科目余款拨支外，不敷之数在第二预备金项下垫付，请核示等情，请公决案。

（决议）通过。

十五、主席交议，据会计处签呈，关于奉准按月拨助学运小组经费金圆券五百元一案，计九至十二月份共需二千元，该款拟在本年下半年度第二预备金项下开支，请核示等情，经准予照办，请追认案。

（决议）追认。

十六、主席交议，据会计处签呈，关于海康县三十七年上半年度地方岁入岁出第一次追加预算一案，经核编完竣，计岁入岁出各列国币一十一亿三千七百九十三万九千元，请核定等情，请公决案。

（决议）通过。

十七、主席交议，据会计处签呈，关于韦顺县三十七年上半年度地方岁入岁出第二次追加预算一案，经核编完竣，计岁入岁出各列国币七亿九千三百万元，请核定等情，请公决案。

（决议）通过。

十八、主席交议，据会计处签呈，关于东莞县三十七年上半年度地方岁入岁出第二次追加预算一案，经核编完竣，计岁入岁出各列国币五亿零六十五万元，请核定等情，请公决案。

（决议）通过。

十九、主席交议，据会计处签呈，关于鹤山县三十七年上半年度地方岁入岁出第一次追加预算一案，经核编完竣，计岁入岁出各列国币二十九亿五千八百七十五万八千元，请核定等情，请公决案。

（决议）通过。

二十、主席交议，据会计处签呈，关于文昌县三十七年上半年度地方岁入岁出第一次追加预算一案，经核编完竣，计岁入岁出各列国币三亿四千五百零五万五千元，请核定等情，请公决案。

（决议）通过。

二十一、主席交议，据地政局呈，本局第三科科长吕泽湘经调充技正，遗缺拟派曹乃疆代理，请核示等情，请公决案。

（决议）通过。

二十二、主席交议，据民政厅呈，拟派范正儒代理本厅视察，请核示等情，请公决案。

（决议）通过。

二十三、主席交议，据建设厅呈，公路局局长陈锦松辞职，经予照准，遗缺拟以副局长邹柏茂调升，请核示等情，请公决案。

（决议）通过。

二十四、主席交议，据建设厅呈，合作事业管理处处长曾三省辞职，经予照准，遗缺拟派王龙舆代理，请核示等情，请公决案。

（决议）通过。

广东省政府第十一届委员会
第五十二次会议纪录

时　　间　十月十二日
地　　点　本府会议厅
出席者　宋子文　华振中　胡善恒　姚宝猷　谢文龙　邹　琳
　　　　徐景唐　詹朝阳　黄文山　黄范一　黄　晃
公出者　韩汉英
告假者　肖次尹
列席者　史延程　黄镇球　杜梅和　黄秉勋　毛松年　陈洪范
　　　　郭汉鸣　朱润深　陈鸿藻　程克祥　张尔超　陈肇燊
　　　　苏粤海
主　　席　宋子文
纪　　录　苏旭升
宣读第五十一次会议纪录。

报告事项

一、秘书处报告，关于陆丰县附城镇陇头村公民陈××等因并乡纠纷事件不服陆丰县政府处分提起诉愿一案，经饬据陆丰县政府复称，已将原处分撤销，本件诉愿事实已不存在，应不受理，经依法拟具决定书，并签准如拟办理。

二、秘书处报告，关于阳江县合山乡第四保国民学校基金保管委员会主任委员岑××等因学校基金纠纷事件不服阳江县政府处分，提起诉愿一案，查本件诉愿书不合法定程式，经批知依限更正。惟诉愿人逾期不遵，又不声明原因，应不予受理，经依法拟具决定书并签准如拟办理。

三、秘书处报告，奉交下会计处签呈，以查本府专案核定，在本年下半年度省预算各科目动支各项费用，截至现在止，共计金圆券四千七百零六元九角五分，兹谨汇列清表一份，请列报会议等情，并奉准如拟办理。

四、民政厅报告一周办理重要工作。

五、财政厅报告一周办理重要工作。

六、教育厅报告一周办理重要工作。

七、建设厅报告一周办理重要工作。

八、秘书处报告一周办理重要工作。

九、田赋粮食管理处报告一周办理重要工作。

十、社会处报告一周办理重要工作。

十一、会计处报告一周办理重要工作。

十二、统计处报告一周办理重要工作。

十三、人事处报告一周办理重要工作。

十四、卫生处报告一周办理重要工作。

十五、地政局报告一周办理重要工作。

十六、新闻处报告一周办理重要工作。

十七、设计考核委员会报告一周办理重要工作。

十八、沙田整理处报告一周办理重要工作。

讨论事项

一、主席交议，据建设厅呈，为拟具广东省专营公路征收专营补贴费办法，并拟将本省公路修复及行车办法第九条，暨施行细则第三条条文，分别修正，请提会决定施行等情，请公决案。

（决议）交黄、黄、黄三委员审查，由黄委员文山约集。

二、主席交议，据田粮处签呈，为拟具三十七年度征起国省粮防止各县挪用亏空办法三项，请核示等情，请公决案。

（决议）并同十月份省级公粮案审查。

三、主席交议，据民政厅签呈，关于黄埔市政筹备委员会拟呈该会组织规程暨编制预算一案，遵经约集有关机关审核，分别整理完竣，请核示等情，请公决案。

（决议）通过。

四、主席交议，据会计处签呈，关于田粮处呈请增拨一、三、六区专保公署派员督导田粮业务及复勘灾歉旅费，共金圆券一千零二十九元五角六分一案，该款拟准在三十七年下半年度第二预备金项下开支，请核示等情，请公决案。

（决议）通过。

五、主席交议，据田粮处签呈，为拟具三十七年度征收中山县沙田赋实办法，请提会决定施行等情，请公决案。

（决议）修正通过。

修正之点如下：原办法第一项文末"不得用包征方式交商承办"之下，另加入"征粮时应特别注意大户照数征足"等十四字。

六、主席交议，据教育厅呈，为拟具广东省卫生教育委员会组织规程，请提会决定施行等情，请公决案。

（决议）通过。

七、主席交议，据田粮处签呈，关于番禺县政府拟呈该县三十七年度沙田赋实征收实施办法一案，拟议意见，请提会核定等情，请公决案。

（决议）修正通过。

修正之点如下：原办法照田粮处签拟修正，并于第四项文末"不得短欠"之下，另加入"征粮时应特别注意大户照数征足"等十四字。

八、主席交议，据委员肖次尹等签，奉交约集原审查预算人员，审查会计处拟编本省各级主管人员特别办公费及各机关薪俸明细表等五案，经约集会同审查完竣，列具意见，请提会核定等情，请公决案。

（决议）通过。

九、主席交议，据会计处签呈，关于乐会县三十七年上半年度地方岁入岁出第一次追加预算一案，经核编完竣，计岁入岁出各列国币一十六亿二千五百六十三万六千元，请核定等情，请公决案。

（决议）通过。

十、主席交议，据会计处签呈，关于三水县三十六年度地方岁入岁出第二次追加预算一案，经核编完竣，计岁入岁出各列国币四亿八千零五万七千元，请核定等情，请公决案。

（决议）通过。

十一、主席交议，据建设厅呈，拟派谢瑞灼代理公路局副局长，请核示等情，请公决案。

（决议）通过。

十二、主席交议，据教育厅呈，本厅督学严子才经已去职，遗缺拟以主任科员邓肇元升充，请核示等情，请公决案。

（决议）通过。

十三、主席交议，据民政厅呈，拟派林广进代理本厅视察，请核示等情，请公决案。

（决议）通过。

广东省政府第十一届委员会
第五十三次会议纪录

时　　间　十月十九日

地　　点　本府会议厅

出席者　宋子文　华振中　胡善恒　姚宝猷　谢文龙　邹　琳
　　　　徐景唐　肖次尹　詹朝阳　黄文山　黄范一　黄　晃

公出者　韩汉英

列席者　史延程　黄镇球　黄秉勋　毛松年　陈洪范　朱润深
　　　　陈鸿藻　程克祥　张尔超　陈肇燊　苏粤海　李　振

主　　席　宋子文

纪　　录　苏旭升

宣读第五十二次会议纪录。

报告事项

一、民政厅报告一周办理重要工作。

二、财政厅报告一周办理重要工作。

三、教育厅报告一周办理重要工作。

四、建设厅报告一周办理重要工作。

五、秘书处报告一周办理重要工作。

六、田赋粮食管理处报告一周办理重要工作。

七、社会处报告一周办理重要工作。

八、会计处报告一周办理重要工作。

九、统计处报告一周办理重要工作。

十、人事处报告一周办理重要工作。

十一、卫生处报告一周办理重要工作。

十二、地政局报告一周办理重要工作。

十三、新闻处报告一周办理重要工作。

十四、设计考核委员会报告一周办理重要工作。

十五、沙田整理处报告一周办理重要工作。

讨论事项

一、主席交议，据财政厅签呈，为拟具本省各县（市局）征收各项税捐超额提奖分配细则，请核定施行等情，请公决案。

（决议）交肖、胡、黄（文山）三委员审查，由肖委员约集。

二、黄（文山）、华、黄（晃）三委员会复，奉交审查台山县宁昌公路筹备处主任黄××因筹筑公路事件不服公路处转饬停筑之处分，提起诉愿之决定书一案，经审查完竣，列具意见，请公决案。

（决议）诉愿驳回，一面由建设厅照审查意见修正案，由台山县政府遵办。

三、主席交议，据委员肖次尹签，奉交审查会计处拟订改善县乡公教员工长警待遇办法一案，经审查完竣，并将原办法酌予修正，请提会决定施行等情，请公决案。

（决议）照审查意见修正通过。①

四、主席交议，据秘书处签呈，为修正本省各县市教育特种基金保管委员会组织规程，请提会核定等情，请公决案。

———————————

① 原修正办法附后，现略。

（决议）通过。

五、主席交议，据卫生处呈，为修订本省卫生试验所病原诊断检验收费表，及试验品物收费表，请核示等情，请公决案。

（决议）通过。

六、黄、黄、黄三委员会复，奉交审查本省专营公路征收专营补贴费办法一案，经审查完竣，列具意见，请公决案。

（决议）通过。

七、黄委员文山函复，奉交审查三十七年度征起国省粮防止各县挪用亏空办法三项一案，经约集有关机关会同审查完竣，列具意见，请公决案。

（决议）通过。

八、主席交议，据会计处签呈，关于连南、乐东、保亭、白沙四县政府及所属机关主管人员，暨参议会秘书特别办公费，拟照核定各县市支给标准，予以补助，款在下半年度贫瘠县份补助费科目拨支，请核定等情，请公决案。

（决议）通过。

九、主席交议，据委员黄文山等签，奉交审查三十七年夏灾各县应减免赋额一案，经审查完竣，列具意见，请提会核定等情，请公决案。

（决议）通过。

十、主席交议，据民政厅长华振中签呈，以奉饬约集有关机关，研商自卫经费筹集办法一案，遵经约集会同订定自卫特捐筹集办法广东省施行细则，及本省各县（市局）自卫经费筹给监核委员会组织规程，请施行等情，请公决案。

（决议）修正通过。

修正点如下：原施行细则第九条修正为"自卫特捐票照，除就原税捐调整税率附收者，应于原税票各联上加戳，注明带收数目，不另发据外，其余由财政厅规定格式，颁发各县（市局）印制备用"。

十一、主席交议，据田粮处签呈，关于东莞县政府等拟呈，该县三十七年度沙田赋实征收办法，经酌予修正，是否可行，请核定等情，请公决案。

（决议）通过。

十二、主席交议，据委员黄文山等签，奉交审查十月份省级公教员工等价领食粮一案，经审查完竣，列具意见，请核定等情，经准照办，请追认案。

（决议）追认。

十三、主席交议，据会计处签呈，关于琼山县三十七年上半年度地方岁入岁出第一次追加预算一案，经核编完竣，计岁入岁出各列国币六十三亿三千一百五十七万四千元，请核定等情，请公决案。

（决议）通过。

十四、主席交议，据会计处签呈，关于恩平县三十七年上半年度地方岁入岁出第一次追加预算一案，经核编完竣，计岁入岁出各列国币二十亿五千三百一十九万八十元，请核定等情，请公决案。

（决议）通过。

十五、主席交议，据会计处签呈，关于防城县三十七年上半年度地方岁入岁出第一次追加预算一案，经核编完竣，计岁入岁出各列国币三亿五千四百七十四万六千元，请核定等情，请公决案。

（决议）通过。

十六、主席交议，据会计处签呈，关于阳江县三十七年上半年度地方岁入岁出第一次追加预算一案，经核编完竣，计岁入岁出各列国币八十八亿七千五百七十四万六千元，请核定等情，请公决案。

（决议）通过。

十七、主席交议，据会计处签呈，关于海丰县三十七年半年度地方岁入岁出第一次追加预算一案，经校编完竣，计岁入岁出各列国币九十二亿一千八百四十万四千元，请核定等情，请公决案。

（决议）通过。

十八、主席交议，据会计处签呈，关于普宁县三十七年上半年度地方岁入岁出第二次追加预算一案，经核编完竣，计岁入岁出各列国币一十四亿一千三百二十一万八千元，请核定等情，请公决案。

（决议）通过。

十九、主席交议，据民政厅长华振中签呈：（一）五华县长魏育怀辞职，拟予照准，遗缺拟派杨竞华代理。（二）大埔县长丘成清辞职，拟予照准，遗缺拟派饶邦泰代理。（三）阳江县长王渊另候任用，拟予

580

免职，遗缺拟派李谨彪代理。检同各该员履历，请核示等情，请公决案。

（决议）通过。

广东省政府第十一届委员会
第五十四次会议纪录

时　　间　十月二十六日
地　　点　本府会议厅
出席者　宋子文　华振中　胡善恒　姚宝猷　谢文龙　邹　琳
　　　　徐景店　肖次尹　詹朝阳　黄文山　黄范一　黄　晃
公出者　韩汉英
列席者　史延程　黄镇球　杜梅和　黄秉勋　毛松年　陈洪范
　　　　关自恕　郭汉鸣　朱润深　陈鸿藻　程克祥　张尔超
　　　　陈肇燊
主　　席　宋子文
纪　　录　苏旭升
宣读第五十三次会议纪录。

报告事项

一、秘书处报告，关于龙门县城北乡下派村民何××等因不服龙门县政府核准廖彩联等在下派围垦下开采石塘之处分，提起诉愿一案，经饬据龙门县政府复称，已将原处分撤销，本件诉愿事实已不存在，应不予受理，经依法拟具决定书，并签准如拟办理。

二、秘书处报告，关于曲江县人民李余氏等因不服前韶关市政筹备处征收河西火灾区土地之处分，提起诉愿一案，现据该诉愿人等呈，请撤回诉愿前来，则本件事实已不存在，应不予受理，经依法拟具决定书，并签准如拟办理。

三、秘书处报告，关于灵山县狮岭乡中心国民学校基金保管委员会主任委员李××等因不服灵山县政府判划狮岭乡校产之处分，提起诉愿一案，经饬据灵山县政府呈称，已将原处分撤销，本案事实已不存在，应不予受理，经依法拟具决定书，并奉准如拟办理。

四、秘书处报告，奉交下会计处签呈，关于三民主义学会等联呈，拟于国父诞辰举行三民主义学术展览会，请拨助经费一案，经奉核定补助金圆券四百元，该款拟在本年下半年度第二预备金科目开支，请核示等情，并奉准如拟办理。

五、秘书处报告，奉交下，肖委员等六委员及毛会计长，审查本省示范县县政实施方案意见：（一）关于实验县设置办法，由民政厅另行草拟呈府核办。（二）原方案经酌加修正，并拟改为整顿县政办法实施注意事项。（三）本注意事项，拟报由本府委员会议备案后，由民政厅通令遵照等词。并奉批如拟办理。

六、民政厅报告一周办理重要工作。

七、财政厅报告一周办理重要工作。

八、教育厅报告一周办理重要工作。

九、建设厅报告一周办理重要工作。

十、秘书处报告一周办理重要工作。

十一、田赋粮食管理处报告一周办理重要工作。

十二、社会处报告一周办理重要工作。

十三、会计处报告一周办理重要工作。

十四、统计处报告一周办理重要工作。

十五、人事处报告一周办理重要工作。

十六、卫生处报告一周办理重要工作。

十七、地政局报告一周办理重要工作。

十八、新闻处报告一周办理重要工作。

十九、设计考核委员会报告一周办理重要工作。

二十、沙田整理处报告一周办理重要工作。

讨论事项

一、主席交议，据委员肖次尹等会签，奉交审查解决沙骨权纠纷及沙田苛杂处理办法一案，经审查完竣，列具意见，请提会决定等情，请公决案。

（决议）缓议。

582

二、主席交议，据委员肖次尹及财政厅、地政局会签，奉交审查财政厅签，拟调整本年度各县城镇宅地地价税税额一案，经审查完竣，议拟意见，请提会决定等情，请公决案。

（决议）照审查意见所附税额表办理。

三、主席交议，据地政局签呈，拟将租佃契约登记工本费，改订为每件征收金圆券两角，规定主佃各缴一角，自本年十月一日起实施，是否可行，请核示等情，请公决案。

（决议）通过。

四、肖、胡、黄（文山）三委员会复，奉交审查本省各县（市局）征收各项税捐超额提奖分配细则一案，经审查完竣，拟具意见，当否，请公决案。

（决议）通过。

五、主席交议，据秘书处签呈，关于南海县沙丸乡大冲保保长吕××因禾埠疆界争执事件不服南海县政府之处分，提起诉愿一案，经审查完竣，依法拟具决定书，原处分撤销，请核示等情，请公决案。

（决议）通过。

六、主席交议，据秘书处签呈，关于灵山县人民黄××等因庙产科纠纷事件不服灵山县政府之处分，提起诉愿一案，经审查完竣，依法拟具决定书，原处分撤销，请核示等情，请公决案。

（决议）通过。

七、主席交议，据会计处签呈，关于本府音乐队呈请核拨金圆券一千三百三十九元二角以制发员役冬季服装一案，拟准予制发，款在本年下半年度音乐队服装费，及第一预备金科目，分别拨支，请核示等情，请公决案。

（决议）（一）服装费免议。（二）该队于十月底裁撤员役遣散，并各准发给薪俸及价领粮食两个月。

八、主席交议，据会计处签呈，关于建设厅呈请核拨农林处三十七年度冬耕督导临时费金圆券一万二千五百一十元一案，该款拟在三十七年下半年度第二预备金项下开支，请核示等情，请公决案。

（决议）由主席查明贷款情形决定。

九、主席交议，据会计处签呈，关于三十七年下半年度无线电总台及所属电讯器材费，暨该台呈请拨款购置扩音机等费，兹议拟核拨意见，请核示等情，请公决案。

（决议）（一）扩音机等购置费，准另在本年下半年度第一预备金科目拨支。（二）电讯器材赞照签拟办理。

十、主席交议，据会计处签呈，关于新闻处呈，以编印主席就职一周年纪念特刊，请拨发印刷费金圆券一千九百九十六元一案，该款拟准在本年下半年度第二预备金科目开支，请核示等情，请公决案。

（决议）通过。

十一、主席交议，据会计处签呈，关于省参议会电请拨发该会台湾访问团来回程旅费，共金圆券二万四千六百元一案，该款拟在本年下半年度新兴事业费科目拨支，请核示等情，经准予照办，请追认案。

（决议）追认。

十二、主席交议，据会计处签呈，关于本府三十七年下半年度工作计划印刷费，共金圆券一千六百五十七元五角，拟在本年下半年度第二预备金科目拨支，请核示等情，请追认案。

（决议）追认。

十三、主席交议，据会计处签呈，关于昌江县三十七年上半年度地方岁入岁出第一次追加预算一案，经核编完竣，计岁入岁出各列国币九亿二千四百万元，请核定等情，请公决案。

（决议）通过。

十四、主席交议，据会计处签呈，关于南澳县三十七年上半年度地方岁入岁出第一次追加预算一案，经核编完竣，计岁入岁出各列国币四亿五千六百八十万五千元，请核定等情，请公决案。

（决议）通过。

十五、主席交议，据会计处签呈，关于新会县三十六年度地方岁入岁出第三次追加预算一案，经核编完竣，计岁入岁出各列国币六千七百一十万五千元，请核定等情，请公决案。

（决议）通过。

十六、主席交议，据会计处签呈，关于高明县三十六年度地方岁入岁出第二次追加预算一案，经核编完竣，计岁入岁出各列国币八千零一十九万六千元，请核定等情，请公决案。

（次议）通过。

十七、主席交议，据会计处签呈，关于平远县三十七年上半年度地方岁入岁出第一次追加预算一案，经核编完竣，计岁入岁出各列国币三十亿二千八百七十四万三千元，请核定等情，请公决案。

（决议）通过。

十八、主席交议，据会计处签呈，关于普宁县三十六年度地方岁入岁出第四次追加预算一案，经核编完竣，计岁入岁出各列国币五亿八千一百零四万三千元，请核定等情，请公决案。

（决议）通过。

十九、主席交议，据财政厅呈，拟派肖明柱代理本厅第二科科长，请核示等情，请公决案。

（决议）通过。

二十、主席交议，据社会处呈，拟派张沂代理本处视导，请核示等情，请公决案。

（决议）通过。

二十一、主席交议，据民政厅长华振中签呈：（一）高要县长周乃芬另候任用，拟予免职，遗缺拟派朱建雄代理。（二）高明县长廖宗明拟予免职，遗缺拟派谢伟豪代理。（三）澄海县长彭文和拟予免职，遗缺拟派侯慕彝代理。（四）昌江县长陈××擅离职守，拟予撤职，遗缺拟派陈孝韦代理。（五）乐会县长李向荣辞职，拟予照准，遗缺拟派王琼代理。检同各该员履历，请核定等情，请公决案。

（决议）通过。

广东省政府第十一届委员会
第五十五次会议纪录

时　间　十一月二日

地　点　本府会议厅

出席者　宋子文　华振中　胡善恒　姚宝猷　谢文龙　邹　琳

	徐景唐	肖次尹	詹朝阳	黄文山	黄范一	黄　晃
列席者	史延程	张炎元	杜梅和	黄秉勋	毛松年	陈洪范
	关自恕	郭汉鸣	朱润深	陈鸿藻	程克祥	张尔超
	陈肇燊					

主　席　宋子文

纪　录　苏旭升

宣读第五十四次会议纪录。

报告事项

一、秘书处报告，关于中山县中医师公会常务理事潘××等因不服中山县政府将伊等当选中山县中医师公会理监事予以除名并以候补理监事递补之处分，提起诉愿一案，经饬据中山县政府呈称，已将原处分撤销，是本案事实已不存在，应不予受理，经依法拟具决定书，并签准如拟办理。

二、秘书处报告，奉交下建设厅签呈，以据合作事业管理处呈，为促进合作事业，拟在不增加政费支出原则下，试行合作事业义务辅导制，将全省划分为二十二个辅导区，每区设置义务辅导员一人。附呈合作事业辅导区设置办法及辅导员聘派办法，请核转准予实施前来。查所订办法尚属允当，拟予照准，请核示等情，并奉准如拟办理。

三、秘书处报告，奉交下民政厅签呈，以增城县民罗裔澄等御匪保乡，罗陈氏奋勇救火忍痛牺牲亲子，大义凛然，案经国防部转内政部函，请本府酌予抚恤，拟如财政厅意见，一次过给予恤金金圆券三十圆，款在本年下半年度第二预备金科目拨支，请核示等情，并奉准如拟办理。

四、民政厅报告一周办理重要工作。

五、财政厅报告一周办理重要工作。

六、教育厅报告一周办理重要工作。

七、建设厅报告一周办理重要工作。

八、秘书处报告一周办理重要工作。

九、田赋粮食管理处报告一周办理重要工作。

十、社会处报告一周办理重要工作。

十一、会计处报告一周办理重要工作。

十二、统计处报告一周办理重要工作。

十三、人事处报告一周办理重要工作。

十四、卫生处报告一周办理重要工作。

十五、新闻处报告一周办理重要工作。

十六、地政局报告一周办理重要工作。

十七、设计考核委员会报告一周办理重要工作。

十八、沙田整理处报告一周办理重要工作。

讨论事项

一、主席交议，据财政厅呈，为拟具各县延解协助款处分办法，请提会决定施行等情，请公决案。

（决议）交黄（文山）、华、胡三委员及田粮处、会计处审查，由黄委员约集。

二、主席交议，据建设厅呈，拟改订土石采取执照费及调查矿产护照费收费数额，自本年十一月一日起实行，请核示等情，请公决案。

（决议）通过。

三、主席交议，据秘书处签呈，奉交研议设考会拟具本府各厅处会局主管官代判府稿办法，经会同研究修正，是否可行，请核示等情，请公决案。

（决议）交肖、华、黄（文山）三委员审查，由肖委员约集。

四、主席交议，据秘书处签呈，关于顺德县淋山乡第一中心国民学校基金保管委员会代表朱××等因高埠禾更谷纠纷事件不服顺德县政府之处分，提起诉愿一案，经审查完竣，依法拟具决定书，原处分撤销，请核示等情，请公决案。

（决议）通过。

五、主席交议，据会计处签呈，关于新闻处呈，拟将各区专署及各县市局新闻组股事业费，调整为每月金圆券七十元，请照前案规定饬拨一案，拟议意见，请核示等情，请公决案。

（决议）通过。

六、主席交议，据会计处签呈，关于本府前饬省银行垫付第三清剿区架设高要、新兴、高明、云浮各县间电话材料费，共金圆券一万一千一百二十一元一案，该款拟在本年下半年度新兴事业费项下开支，请核示等情，请公决案。

（决议）通过。

七、主席交议，为依照院颁财经补充办法，加强民生日用品之配售，及工业原料之供应，利用资金促进生产，安定民生起见，特修订广东粮食经理委员会及燃料供销委员会组织规程，并订定纱布供销、粮食增产、工业增产三委员会组织规程，及拟派各委员会委员名单，请公决案。

（决议）修正通过。①

八、主席交议，据民政厅签呈，为拟具本省示范县（市）设置计划大纲，请核夺等情，请公决案。

（决议）交肖、华、胡、姚、黄（文山）、黄（晃）六委员及毛会计长审查，由黄委员文山约集。

九、主席交议，据会计处签呈，关于大埔县三十七年上半年度地方岁入岁出第一次追加预算一案，经核编完竣，计岁入岁出各列国币七亿零七百零四万八千元，请核定等情，请公决案。

（决议）通过。

十、主席交议，据会计处签呈，关于开建县三十七年上半年度地方岁入岁出第一次追加预算一案，经核编完竣，计岁入岁出各列国币五亿九千七百七十三万四千元，请核定等情，请公决案。

（决议）通过。

十一、主席交议，据会计处签呈，关于惠来县三十七年上半年度，地方岁入岁出第一次追加预算一案，经核编完竣，计岁入岁出各列国币二十五亿七千三百九十七万二千元，请核定等情，请公决案。

（决议）通过。

十二、主席交议，据会计处签呈，关于三水县三十七年上半年度，地方岁入岁出第一次追加预算一案，经校编完竣，计岁入岁出各列国币三十亿一千五百一十二万四千元，请核定等情，请公决案。

（决议）通过。

十三、主席交议，据会计处签呈，关于广宁县三十七年上半年度，

---

① 原修正之点附后，现略。

地方岁入岁出第一次追加预算一案，经核编完竣，计岁入岁出各列国币二十一亿三千八百二十二万五千元，请核定等情，请公决案。

（决议）通过。

十四、主席交议，据会计处签呈，关于饶平县三十七年上半年度，地方岁入岁出第二次追加预算一案，经核编完竣，计岁入岁出各列国币二亿九千九百五十四万八千元，请核定等情，请公决案。

（决议）通过。

十五、主席交议，据建设厅呈，为公路局正工程司兼技术室主任黄发瑶，拟调升该局副局长，请核示等情，请公决案。

（决议）通过。

十六、主席交议，据建设厅呈，拟派陈瑞星代理合作事业管理处课长，请核示等情，请公决案。

（决议）通过。

十七、主席交议，据财政厅呈，拟派袁飞翰代理本厅视察，请核示等情，请公决案。

（决议）通过。

十八、主席交议，据财政厅呈，拟派方印朝代理本厅视察，请核示等情，请公决案。

（决议）通过。

十九、主席交议，据民政厅长华振中签呈：（一）新会县长李务滋辞职，拟予照准，遗缺拟以增城县长张寿调充，递遗增城县长缺，拟派叶恭信代理。（二）梅县县长张简孙另候任用，拟予免职，遗缺拟派张君燮代理。（三）兴宁县长肖蔚民另候任用，拟予免职，遗缺拟派陈郁萍代理。（四）南澳县长林师珍辞职，经奉核准，遗缺拟派陈鸿强代理。检同各该员履历，请核示等情，请公决案。

（决议）通过。

广东省政府第十一届委员会
第五十七次会议纪录

时　间　十一月十六日

地　点　本府会议厅

出席者　邹　琳　华振中　胡善恒　姚宝猷　谢文龙　肖次尹
　　　　詹朝阳　黄文山　黄范一　黄　晃

公出者　宋子文　韩汉英

告假者　徐景唐

列席者　杜梅和　张炎元　黄秉勋　毛松年　陈洪范　关自恕
　　　　郭汉鸣　朱润深　陈鸿藻　程克祥　张尔超　陈肇燊

主　席　宋子文（邹琳代）

纪　录　苏旭升

宣读第五十六次会议纪录。

报告事项

一、秘书处报告，奉交下建设厅签呈，以本省农田水利建设委员会经费，系由省救灾会拨用，而救灾会设有监核委员会监核账目，似毋庸另组织监核委员会，兹拟将该会组织规程第九条条文修正为"本会一切财产账目，由省政府委托广东省救灾会监核委员会监核"，请核定等情，并奉准如拟办理。

二、秘书处报告，奉交下会计处签呈，以本府专案核定，在本年下半年度省预算预备金科目动支各项费用，而每案未达提会标准者除前汇报外，截至现在止，共计金圆券六千七百一十七元三角三分，谨汇列清表，请补报会议等情，并奉准如拟办理。

三、民政厅报告一周办理重要工作。

四、财政厅报告一周办理重要工作。

五、教育厅报告一周办理重要工作。

六、建设厅报告一周办理重要工作。

七、秘书处报告一周办理重要工作。

八、田赋粮食管理处报告一周办理重要工作。

九、社会处报告一周办理重要工作。

十、会计处报告一周办理重要工作。

十一、统计处报告一周办理重要工作。

十二、人事处报告一周办理重要工作。

十三、卫生处报告一周办理重要工作。

十四、地政局报告一周办理重要工作。

十五、新闻处报告一周办理重要工作。

十六、设计考核委员会报告一周办理重要工作。

十七、沙田整理处报告一周办理重要工作。

讨论事项

一、詹、华、胡、肖、黄（范一）五委员会复，奉交审查本省各县市税捐稽征处组织规程一案，经审查完竣，列具意见，请公决案。

（决议）原组织规程第五条不予修改，余照审查意见通过。

二、主席交议，据田粮处地政局会签，为拟具本省各县地籍赋籍配合整理办法，请提会核定等情，请公决案。

（决议）修正通过。

修正点如下：原办法第十条修正为"本办法经省政府委员会议通过施行，并报地政、粮食、财政三部核备"。

三、主席交议，据会计处签呈，关于财政厅拟呈营业税经征经费分配表一案，谨拟具意见，请提会核定等情，请公决案。

（决议）照财政厅原拟分配办法办理。

四、主席交议，据会计处签呈，为编具本省三十七年上半年度第二次追加岁入岁出预算清表，请提会核定等情，请公决案。

（决议）通过。

五、主席交议，据财政厅签呈，拟将本省各县征收码头租办法第三条条文，及各县市场租征额等级表，分别修正，请提会核定等情，请公决案。

（决议）通过。

六、主席交议，据会计处签呈，拟调整各县市（局）政府及所属机关办公费、特别费暨县市参议会办公费支给标准，自十一月份起实行，请提会核定等情，请公决案。

（决议）通过。

七、主席交议，据会计处签呈，关于省参议会人员十一、十二月份交通费，拟照中央规定加一倍半标准予以增拨，共计金圆券五千零六元八角六分，该款拟在本年下半年度第二预备金科目拨支，请核示等情，请准予照办，请追认案。

（决议）追认。

八、主席交议，据田粮处签呈，拟调整本省各县治安不靖及不产稻谷地区三十七年度田赋征实折征金圆券标准，自本年十一月十一日起实施，请核示等情，经准照办，请追认案。

（决议）追认。

九、主席交议，据会计处签呈，关于兴宁县三十七年上半年度地方岁入岁出第二次追加预算一案，经核编完竣，计岁入岁出各列国币一十六亿六千六百三十八万五千元，请核定等情，请公决案。

（决议）通过。

十、主席交议，据会计处签呈，关于儋县三十七年上半年度地方岁入岁出第一次追加预算一案，经核编完竣，计岁入岁出各列国币三亿六千三百零三万元，请核定等情，请公决案。

（决议）通过。

十一、主席交议，据会计处签呈，关于封川县三十七年上半年度地方岁入岁出第四次追加预算一案，经核编完竣，计岁入岁出各列国币二亿九千三百九十一万七千元，请核定等情，请公决案。

（决议）通过。

十二、主席交议，据财政厅呈，拟派彭国熙代理本厅视察，请核示等情，请公决案。

（决议）通过。

十三、主席交议，据地政局呈，拟派杨卓超代理番禺县地籍整理办事处副处长，请核示等情，请公决案。

（决议）通过。

十四、主席交议，据地政局呈，拟派林世茂代理曲江县地籍整理办事处副处长，请核示等情，请公决案。

（决议）通过。

十五、主席交议，据教育厅呈，拟派陈佩东代理本厅督学，请核示等情，请公决案。

（决议）通过。

十六、主席交议，据民政厅长华振中签呈，新丰县长李××经予撤职，遗缺兹拟派张汉良代理，检同该员履历，请核示等情，请公决案。

（决议）通过。

广东省政府第十一届委员会
第五十八次会议纪录

时　　间　十一月二十三日

地　　点　本府会议厅

出席者　宋子文　华振中　胡善恒　姚宝猷　谢文龙　邹　琳
　　　　　徐景唐　肖次尹　詹朝阳　黄文山　黄范一　赞　晃

公出者　韩汉英

列席者　黄镇球　杜梅和　黄秉勋　毛松年　陈洪范　关自恕
　　　　　郭汉鸣　朱润深　陈鸿藻　程克祥　张尔超　陈肇燊

主　　席　宋子文

纪　　录　苏旭升

宣读第五十七次会议纪录。

报告事项

一、秘书处报告，关于兴宁县原长石乡第九、十、十一保代表丘××等因缩编乡镇事件不服兴宁县政府将该三保编入宁中乡之处分，提起诉愿一案，查区乡疆界等行政区域之划分为国家内务行政，不得由人民加以变更，本案应予驳回，经依法拟具决定书，并签准如拟办理。

二、秘书处报告，奉交下会计处签呈，为期县级人员待遇能获较合理之改善与实惠起见，关于本府颁行之改善县乡镇公教员工长警待遇办法，第一、二项规定，除无价拨发之公粮外，如有余粮，不论赋实公粮，其扣价标准，拟准由县参酌市价及预算作价自定，至价拨数量限制，职员最多不得超过一市石四市斗，警长六市斗，警役四市斗，请核示等情，并奉准如拟办理。

三、秘书处报告，奉交下地政局代电，拟将实施整理地籍之中山、罗定等十四县征收测绘费标准，自本年十一月十六日起，依照省参议会意见，每市亩改为征收稻谷两市斤，每市斤暂行折收金圆券五角（不足一亩者作一亩计），除分饬遵照外，请核备等情，并奉准如拟办理。

四、民政厅报告一周办理重要工作。

五、财政厅报告一周办理重要工作。

六、教育厅报告一周办理重要工作。

七、建设厅报告一周办理重要工作。

八、秘书处报告一周办理重要工作。

九、田赋粮食管理处报告一周办理重要工作。

十、社会处报告一周办理重要工作。

十一、会计处报告一周办理重要工作。

十二、统计处报告一周办理重要工作。

十三、人事处报告一周办理重要工作。

十四、卫生处报告一周办理重要工作。

十五、地政局报告一周办理重要工作。

十六、新闻处报告一周办理重要工作。

十七、设计考核委员会报告一周办理重要工作。

十八、沙田整理处报告一周办理重要工作。

讨论事项

一、主席交议，据委员黄文山等签，奉交审查本省示范县设置计划大纲一案，经会同审查，将原大纲分别酌予修正，请提会决定等情，请公决案。

（决议）通过。

二、主席交议，据民政厅签呈，关于第七区刘专员函呈，建议解除本省酿制米酒禁令一案，似可照办，请核示等情，请公决案。

（决议）缓议。

三、主席交议，据会计处签呈，关于秘书处呈请拨还垫支本府各项招待费及负担纪念会费，共金圆券二千九百二十二元一角一案，该款拟准在本年下半年度第一预备金科目拨支归垫，请核示等情，请公决案。

（决议）通过。

四、主席交议，据秘书处签呈，为拟具广东省政府审查案件办法，请核示等情，请公决案。

（决议）通过。

五、主席交议，据会计处签呈，关于建设厅转缴长途电话所三十六年度营业报告及决算书一案，谨拟议意见，请核示等情，请公决案。

（决议）通过。

六、主席交议，据会计处签呈，关于本府前饬省银行垫付琼崖飓灾赈款金圆券五万元一案，该款拟在本年下半年度新兴事业费项下开支，请核示等情，经准予照办，请追认案。

（决议）追认。

七、主席交议，据会计处签呈，关于追悼陈树人先生大会筹备处函请拨助经费一案，经奉核定补助金圆券一千元，该款拟在本年下半年度第一预备金科目拨支，请核示等情，经准予照办，请追认案。

（决议）追认。

八、主席交议，据会计处签呈，关于阳江县三十七年上半年度地方岁入岁出第一次追加预算一案，经核编完竣，计岁入岁出各列国币八亿九千九百零三万九千元，请核定等情，请公决案。

（决议）通过。

九、主席交议，据会计处签呈，关于博罗县三十七年上半年度地方岁入岁出第一次追加预算一案，经核编完竣，计岁入岁出各列国币二十亿一千二百二十八万元，请核定等情，请公决案。

（决议）通过。

十、主席交议，据会计处签呈，关于廉江县三十七年上半年度地方岁入岁出第二次追加预算一案，经核编完竣，计岁入岁出各列国币三亿一千六百九十八万三千元，请核定等情，请公决案。

（决议）通过。

十一、主席交议，据会计处签呈，关于四会县三十七年上半年度地方岁入岁出第一次追加预算一案，经核编完竣，计岁入岁出各列国币三十一亿七千四百三十七万四千元，请核定等情，请公决案。

（决议）通过。

十二、主席交议，据会计处签呈，关于新丰县三十六年度地方岁入岁出第一次追加预算一案，经核编完竣，计岁入岁出各列国币五千零七万元，请核定等情，请公决案。

（决议）通过。

十三、主席交议，据建设厅呈，拟派伍瑞明代理本厅技正，请核示等情，请公决案。

（决议）通过。

十四、主席交议，据建设厅呈，拟派崔天相代理公路局督察，请核示等情，请公决案。

（决议）通过。

十五、主席交议，据地政局呈，拟派王玉振代理中山县地籍整理办事处副处长，请核示等情，请公决案。

（决议）通过。

十六、主席交议，据卫生处呈，拟派方友济代理省立第一医院主任医师，请核示等情，请公决案。

（决议）通过。

十七、主席交议，据民政厅呈，拟派虞泽广代理本厅视察，请核示等情，请公决案。

（决议）通过。

十八、主席交议，据建设厅呈，拟派林朱栋代理本厅技正，请核示等情，请公决案。

（决议）通过。

十九、主席交议，据民政厅长华振中签呈：（一）惠来县长方××维持治安不力，拟予撤职，遗缺拟派邹瑛代理。（二）从化县长张××推行县政不力，拟予免职，遗缺拟派谢伟松代理。（三）三水县长邬奋鹏另候任用，拟予免职，遗缺拟派李荟代理。（四）德庆县长陈焕华另候任用，拟予免职，遗缺拟派华文治代理。（五）梅茂县长欧××推行县政不力，拟予免职，遗缺拟派谭廷光代理。检同各该员履历，请核示等情，请公决案。

（决议）通过。

广东省政府第十一届委员会
第五十九次会议议程①

时　　间　十一月三十日

地　　点　本府会议厅

主　　席　宋子文

纪　　录　苏旭升

宣读第五十八次会议纪录。

报告事项

一、秘书处报告，奉交下地政局呈，关于黄埔港土地处理办法，前经委员会议通过。兹拟于本年十二月一日起，由本局设立土地测量队第一分队，负责施测该市三角测量；三十八年一月起施测图根户地。俟测有相当图幅，再行依法设立该市地籍整理办事处。除该市地籍整理计划预算专案呈核外，请核备等情，并奉准如拟办理。

讨论事项

一、主席交议，据人事处签呈，为拟具广东省级公务员保障办法草案，请核夺等情，请公决案。②

二、主席交议，据社会处签呈，为遵照社会部令，拟订广东省各种联谊组合管理办法，请核定施行等情，请公决案。

三、主席交议，据秘书处签呈，关于蕉岭县人民林××因保证纠纷事件不服蕉岭县政府将其一部产业查封拍卖之处分，提起诉愿一案，经审查完竣，依法拟具决定书，请核示等情，请公决案。

四、主席交议，据会计处签呈，关于连南、乐东、保亭、白沙四县政府及参议会办公费、县政府特别费、县府及所属机关主管人员暨参议

---

① 档案原文不刊明出席者和列席者，同时讨论事项各项缺"决议"内容。

② 原保障办法草案附后，现略。

会秘书特别办公费，拟援照成案，半数予以补助，计十一，十二月份，共需金圆券四千五百七十四元五角二分，该款拟在下半年度贫瘠县份补助费科目拨支，请核示等情，请公决案。